STM32 嵌入式系统基础教程

周翟和　主编
陆　熊　黄晓梅　参编

科学出版社
北　京

内 容 简 介

本书首先以 Cortex-M3 内核为例，介绍了 STM32 内核架构、存储空间、中断方式、指令集等 ARM 基础内容。随后以微处理器 STM32F103ZET6 为例，结合配套的开发板硬件，有针对性地介绍 STM32 内部资源、最小系统设计，并从面上分析 STM32 芯片的引脚配置、常用片上资源、外围接口电路设计等内容，从而让读者对 STM32 系统有一个整体认识。然后以“LED 闪烁”典型例程为引导，由浅入深，逐步讲述了 MDK 开发环境、工程建立、程序编译、库函数、端口配置等软硬件使用方法。结合 CPU 片上资源配置，采用具体实验例程，详细介绍各个模块的功能和使用方法。最后以两轮自平衡小车控制系统设计为例，从实际工程开发的角度，介绍 STM32 应用系统软硬件的设计和实现。

本书条理清晰，通俗易懂，可作为高等学校工科各专业的教材，也可供 STM32 初学者参考使用。

图书在版编目(CIP)数据

STM32 嵌入式系统基础教程/周翟和主编. —北京：科学出版社，2018.9

ISBN 978-7-03-045622-9

Ⅰ. ①S… Ⅱ. ①周… Ⅲ. ①微控制器-教材 Ⅳ. ①TP332.3

中国版本图书馆 CIP 数据核字(2015)第 212749 号

责任编辑：余 江 张丽花 王 苏/ 责任校对：郭瑞芝
责任印制：张 伟 / 封面设计：迷底书装

科学出版社 出版
北京东黄城根北街 16 号
邮政编码：100717
http://www. sciencep. com
北京中科印刷有限公司 印刷
科学出版社发行 各地新华书店经销
*
2018 年 9 月第 一 版 开本：787×1092 1/16
2021 年 7 月第四次印刷 印张：17 1/2
字数：423 000

定价：88. 00 元

(如有印装质量问题，我社负责调换)

前　言

意法半导体(STMicroelectronics, ST)公司是世界上最大的半导体公司之一，在很多领域居世界领先水平。其中，STM32 系列微控制器凭借其产品多样化、性价比高、开发简单易学等优点，成为应用最广的 ARM 器件之一。STM32F1 系列属于中低端的 32 位 ARM 微控制器，该系列芯片由 ST 公司出品，其内核是 Cortex-M3。该系列芯片按片内 Flash 的大小可分为三大类：小容量(16KB 和 32KB)、中容量(64KB 和 128KB)和大容量(256KB、384KB 和 512KB)。芯片集成 TIM、CAN、ADC、SPI、I2C、USB、UART 等多种片上资源，适合测控系统的开发。

为了使读者更加快速并深入地掌握 ARM 微控制器的设计与开发，本书以具有代表性的 ST 公司产品中的 STM32F103ZET6 为例，并结合最新的库开发方式，全面系统地介绍 ARM 微控制器的原理和应用。本书首先从 STM32F103ZET6 的硬件基础入手，分析 STM32 内核架构的组成；接着讲述 STM32 最小应用系统，以及 STM32 的几种常用接口电路及引脚配置等；然后介绍基于 Keil 软件的开发流程，给出片内常用模块原理及使用方法；最后以两轮自平衡小车控制系统设计为例详细讲述 STM32 应用系统的软硬件设计方法。

全书共 9 章。第 1 章为绪论，简要介绍 STM32 处理器的特点、应用领域以及 STM32 的学习方法。第 2 章讲述 STM32 的内核架构，包括内部功能结构、寄存器组及 CPU 运行模式、存储器和存储空间、独特的 Thumb-2 指令集、中断和异常、STM32 的调试等。第 3 章为 STM32 硬件基础，内容涵盖 STM32 最小应用系统设计、串行数据通信接口电路设计、人机接口及显示电路设计、STM32 引脚配置、STM32 芯片的命名规则和选型问题。第 4 章为软件开发基础，内容主要以如何点亮一个 LED 为例介绍 STM32 软件开发流程、集成开发环境及其应用。第 5 章为库函数及应用，主要包括库函数简介、库函数应用、LED 程序剖析。第 6 章为基本模块及其应用开发，包括通用数字输入/输出(GPIO)模块、NVIC 与中断控制、显示与键盘模块、模/数转换(ADC)模块、DMA 控制器模块。第 7 章为时间模块及其应用开发，主要讲述 SysTick 定时器、RTC 实时时钟、通用定时器模块、定时器脉冲宽度调制(PWM)、定时器互补死区。第 8 章为通信外设模块及其应用开发，包括串行通信模块、串行外设(SPI)模块、串行外设(I2C)模块、局域网控制器、可变静态存储控制器。第 9 章为 ARM 在自平衡小车中的应用，系统介绍两轮自平衡小车控制系统、两轮自平衡小车控制系统硬件设计、两轮自平衡小车控制系统软件设计。一般章节均配有内容概述和实验例程，并在最后附有习题与思考题，以便读者实践。

本书内容系统翔实，章节安排结构合理，讲解通俗易懂，使读者可以循序渐进地推进 STM32 的学习与开发，其由浅入深的安排尤其适合在校学生和科研机构开发人员学习使用。希望读者在学习过程中尝试更多的练习与实践，这样会更快地领悟和吸收书中的知识。

本书由周翟和主编，陆熊、黄晓梅参编，其中第 3、4 章由陆熊编写，第 5、6 章由黄晓梅编写，其余章节由周翟和编写并统稿。研究生胡佳佳、沈超、赵庆涛、虞波、陈如意、吕建新、王锋、崔培林、张倩云、钟雨露、刘颀绮、马静敏等参与了本书的文字修订、插图绘制、文稿录入、编辑校订等工作。在本书编写过程中参考了大量的中外文献和资料，在此一并致谢。

由于编者水平和能力有限，书中不当之处在所难免，恳请读者批评指正。

编　者

2018 年 6 月

目　录

第 1 章　绪论…………………………………………………………1
1.1　概述…………………………………………………………1
1.2　典型 STM32 处理器简介…………………………………………1
1.3　STM32 系列 MCU 的优点…………………………………………2
1.4　STM32 应用领域…………………………………………………4
1.5　STM32 学习方法…………………………………………………5
习题与思考题…………………………………………………………5
第 2 章　STM32 内核架构……………………………………………6
2.1　概述…………………………………………………………6
2.2　内部功能结构……………………………………………………7
2.2.1　总体结构及功能模块概述……………………………………7
2.2.2　总线结构…………………………………………………8
2.2.3　流水线……………………………………………………9
2.3　寄存器组及 CPU 运行模式………………………………………10
2.3.1　寄存器组…………………………………………………10
2.3.2　CPU 运行模式……………………………………………12
2.4　存储器和存储空间………………………………………………13
2.4.1　存储空间映射……………………………………………13
2.4.2　存储器的各种访问属性……………………………………14
2.4.3　位带技术…………………………………………………15
2.5　独特的 Thumb-2 指令集…………………………………………16
2.5.1　指令集开发………………………………………………17
2.5.2　Thumb-2 指令集体系结构…………………………………17
2.6　中断和异常……………………………………………………18
2.6.1　NVIC 概览………………………………………………18
2.6.2　中断的进入与退出…………………………………………18
2.6.3　中断嵌套…………………………………………………19
2.6.4　尾链技术…………………………………………………19
2.6.5　晚到异常…………………………………………………19
2.7　调试支持………………………………………………………19
习题与思考题…………………………………………………………20
第 3 章　STM32 硬件基础……………………………………………21
3.1　概述…………………………………………………………21
3.2　STM32 芯片的引脚选型和配置……………………………………21

3.2.1 STM32 芯片的命名规则和选型 ······ 21
3.2.2 STM32 芯片的引脚配置 ······ 22
3.3 STM32 最小应用系统设计 ······ 25
3.3.1 电源电路设计 ······ 25
3.3.2 复位电路设计 ······ 27
3.3.3 时钟电路设计 ······ 27
3.3.4 JTAG 接口电路设计 ······ 28
3.3.5 外部存储器扩展 ······ 28
3.4 外设板硬件资源设计 ······ 30
3.4.1 串行通信接口 ······ 31
3.4.2 串行外设接口 ······ 32
3.4.3 USB 接口 ······ 33
3.4.4 CAN 总线控制器接口 ······ 33
3.4.5 键盘接口电路 ······ 34
3.4.6 数码管显示电路 ······ 35
3.4.7 LCD 及其接口电路 ······ 36
3.4.8 步进电机 ······ 38
3.4.9 SD 卡接口 ······ 38
3.4.10 其他外设资源 ······ 39
习题与思考题 ······ 41
第 4 章 软件开发基础 ······ 42
4.1 概述 ······ 42
4.2 集成开发环境及其应用 ······ 42
4.2.1 开发工具简介 ······ 42
4.2.2 固件库简介 ······ 43
4.2.3 Keil MDK 的安装 ······ 44
4.2.4 J-LINK 驱动安装 ······ 45
4.3 STM32 应用程序开发调试实例 ······ 46
4.3.1 STM32 工程建立 ······ 46
4.3.2 LED 闪烁代码编写及分析 ······ 56
4.3.3 配置 J-LINK 硬件调试 ······ 57
4.3.4 STM32 程序下载 ······ 57
习题与思考题 ······ 59
第 5 章 库函数及应用 ······ 60
5.1 概述 ······ 60
5.2 库函数简介 ······ 61
5.3 库函数应用实例 ······ 63
5.4 深入剖析 LED 闪烁例程 ······ 65
5.4.1 LED 闪烁例程说明 ······ 65

5.4.2 LED 闪烁例程分析与实验……66
5.4.3 程序分析……68
习题与思考题……73
第 6 章 基本模块及其应用开发……74
6.1 概述……74
6.2 通用数字输入/输出模块……74
6.2.1 GPIO 模块结构与工作原理……74
6.2.2 GPIO 模块寄存器说明……76
6.2.3 实验部分……79
6.3 NVIC 与中断控制……84
6.3.1 STM32 中断优先级……85
6.3.2 中断的使能与除能……86
6.3.3 中断的挂起与清除……87
6.3.4 中断建立全过程的演示……87
6.3.5 实验部分……87
6.4 显示与键盘模块……93
6.4.1 数码管显示……93
6.4.2 LCD 显示与键盘模块……97
6.5 ADC 模块……102
6.5.1 ADC 模块结构及其工作原理……104
6.5.2 ADC 模块寄存器……104
6.5.3 实验部分……109
6.6 DMA 控制器模块……116
6.6.1 DMA 模块结构及其工作原理……116
6.6.2 DMA 模块寄存器……117
6.6.3 实验部分……119
习题与思考题……124
第 7 章 时间模块及其应用开发……125
7.1 概述……125
7.2 SysTick 定时器……125
7.2.1 SysTick 时钟源结构图……126
7.2.2 SysTick 定时器工作分析……126
7.2.3 SysTick 控制寄存器……127
7.2.4 实验部分……128
7.3 RTC 实时时钟……131
7.3.1 RTC 模块结构……132
7.3.2 UNIX 时间戳……133
7.3.3 实验部分……133
7.4 通用定时器模块……144

7.4.1 定时器模块结构与工作原理……144
7.4.2 定时器寄存器……145
7.4.3 实验部分……150
7.5 定时器脉冲宽度调制……153
7.5.1 定时器脉冲宽度调制输出工作原理……153
7.5.2 定时器寄存器……153
7.5.3 实验部分……157
7.6 高级定时器……163
7.6.1 高级定时器死区原理……163
7.6.2 刹车和死区寄存器(TIMx_BDTR)……165
7.6.3 实验部分……166
习题与思考题……169
第8章 通信外设模块及其应用开发……170
8.1 概述……170
8.2 USART通信模块……170
8.2.1 串行通信模块的结构与工作原理……170
8.2.2 串行通信模块的寄存器……172
8.2.3 实验部分……174
8.3 SPI通信模块……180
8.3.1 SPI模块的结构与工作原理……180
8.3.2 SPI模块的寄存器……182
8.3.3 实验部分……187
8.4 I2C通信模块……196
8.4.1 STM32的I2C模块简介……196
8.4.2 I2C协议简介……196
8.4.3 I2C模块的寄存器……198
8.4.4 实验部分……204
8.5 局域网控制器……212
8.5.1 CAN 协议简介……212
8.5.2 STM32的CAN特性及架构……215
8.5.3 实验部分……216
8.6 可变静态存储控制器……230
8.6.1 FSMC模块的结构与工作原理……230
8.6.2 FSMC的寄存器……232
8.6.3 实验部分……235
习题与思考题……241
第9章 ARM在自平衡小车中的应用……242
9.1 两轮自平衡小车控制系统……242
9.1.1 控制原理……242

9.1.2 控制系统组成结构 …………243
9.2 两轮自平衡小车控制系统硬件设计 …………244
9.2.1 控制系统硬件结构 …………244
9.2.2 控制系统硬件原理 …………245
9.2.3 引脚配置说明 …………256
9.3 两轮自平衡小车控制系统软件设计 …………257
9.3.1 软件总体设计 …………257
9.3.2 部分模块软件设计 …………258
9.3.3 姿态融合算法软件设计 …………263
习题与思考题 …………267
参考文献 …………268

第1章 绪　　论

1.1　概　　述

STM32 系列是基于为高性能、低成本、低功耗的嵌入式应用专门设计的 ARM Cortex-M3（简称 CM3）内核，按性能不同分成两个不同的系列：STM32F103 增强型系列和 STM32F101 基本型系列。增强型系列的时钟频率达到 72MHz，是同类产品中性能最高的产品；基本型系列的时钟频率为 36MHz，以 16 位产品的价格得到比 16 位产品大幅提升的性能，是 16 位产品用户的最佳选择。两个系列都内置 32～128KB 的闪存，不同的是 SRAM 的最大容量和外设接口的组合不同。时钟频率为 72MHz 时，从闪存执行代码，STM32 功耗为 36mA，是市场上 32 位功耗最低的产品，相当于 0.5mA/MHz。

STM32 已经发布了超过 75 个不同的型号。这些型号分成四组：中央处理器（Central Processing Unit，CPU）时钟频率高达 36MHz 的基本型、CPU 时钟频率高达 72MHz 的增强型、增加通用串行总线（Universal Serial Bus, USB）device 外设并且运行在时钟频率为 48MHz 的 USB 型，以及互联型。互联型增加的先进通信外设包括以太网 MAC 和 USB HOST/OTG 控制器。所有型号 STM32 的引脚和软件兼容，并且提供容量高达 512KB 的 Flash ROM 和 64KB 的 SRAM。由最初的版本到现在，STM32 已经可以扩展到更大的 RAM 和 Flash ROM，以及具有更加复杂外设的设备。

STM32 也是一款低功耗高性能的微控制器。它可以以 2V 的供电电压运行在 72MHz，所有功能运行起来仅消耗 36mA。结合 Cortex-M3 的低功耗模式，STM32 的待机功耗仅为 2μA。同时，一个内部 8MHz RC 振荡器的存在，使该芯片能够在外部振荡器处于启动的情况下，迅速退出低功耗模式。这种快速进入和退出低功耗模式的优点进一步降低了整体功耗。

1.2　典型 STM32 处理器简介

STM32 系列处理器目前分为两个系列，如图 1.1 所示。STM32F101 是基本型系列，工作在 36MHz 频率处；STM32F103 是增强型系列，工作在 72MHz 频率处，带有更多片内 RAM 和丰富的外设。两个系列的产品拥有相同的片内 Flash 选项，在软件和引脚封装方面可兼容。

基本型系列是 STM32 处理器的入门产品，其价格仅相当于 16 位的 MCU，却拥有 32 位 MCU 的性能，其外设的配置能提供优秀的控制和连接能力。增强型系列产品则将 32 位 MCU 的性能和功效引向一个新的级别，内含的 Cortex-M3 内核工作在 72MHz，能实现高端的运算，且其外设的配置可以带来极好的控制和连接能力。

STM32 全系列处理器拥有脚对脚、外设及软件的高度兼容性。这给其应用带来了全方位的灵活性，可以在不必修改原始框架及软件的条件下，将应用升级到需要更多的存储空间，或精简到使用更少的存储空间，或改用不同的封装规格。

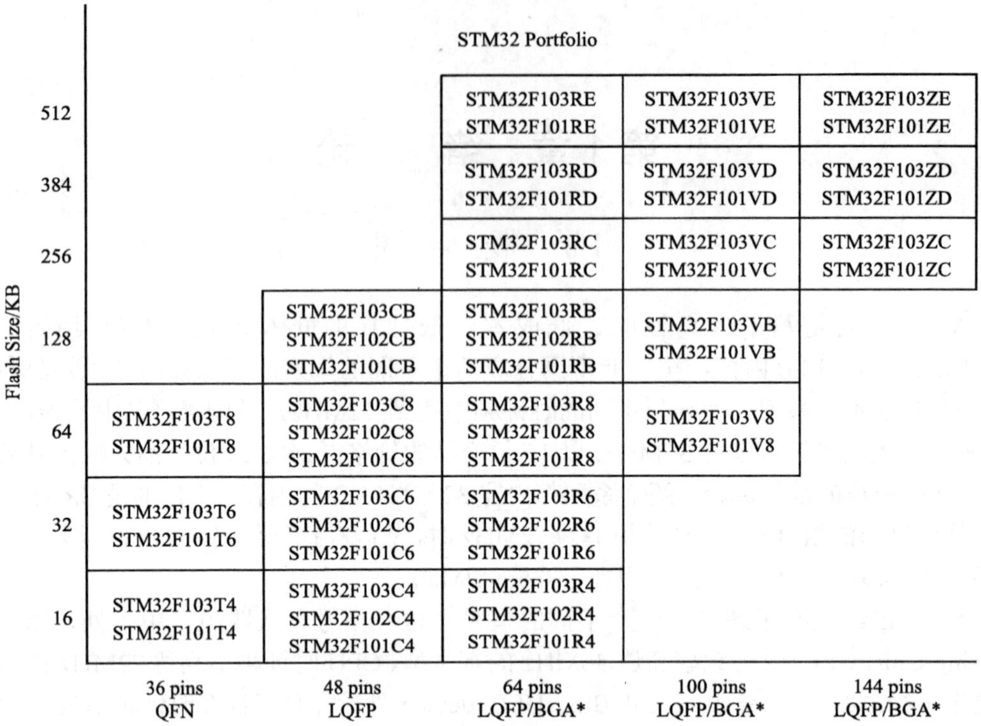

图 1.1　STM32 系列处理器的分类

对于使用同一平台进行多个项目的开发，STM32 更是一种非常好的选择。因为在 STM32 全系列产品中，既有适合仅需少量的存储空间和引脚的，也有满足需要更多的存储空间和引脚的；既有适于高性能应用的，又有满足低功耗要求的；既有适合低成本简单应用的，也有满足高端复杂应用的。STM32 产品全系列兼容，这个优点使项目之间的代码重用和代码移植变得非常方便。

1.3　STM32 系列 MCU 的优点

1. 先进的内核结构

STM32 系列使用了 ARM 最新的、具有先进架构的 Cortex-M3 内核。Cortex-M3 是一个 32 位的处理器内核，采用哈佛结构，拥有独立的指令总线和数据总线，可以让取指与数据访问并行。

2. 优秀的功耗控制

高性能并非意味着更加耗电，STM32 处理器经过特殊处理，针对市场上主要的 3 种能耗需求进行了优化。

(1) 在运行模式时，使用高效率的动态耗电机制，代码在 Flash 中以 72MHz 全速运行时，如果外部时钟开启，处理器仅消耗 27mA 的电流。

(2) 在待机状态时保持极低的电能消耗，典型的耗电值仅为 2μA。

(3) 在使用电池供电时，提供 2.0～3.6V 的低电工作能力。

STM32 处理器具有 3 种低功耗模式和灵活的时钟控制机制，用户可以根据自己所需的耗电性能要求进行合理的优化。STM32 还内嵌了实时时钟(RTC)，它既可由 32kHz 外部晶体提供频率基准，也可由内部 RC 电路提供频率基准。RTC 有其单独的供电电路，内置的开关使其既可使用外部纽扣电池供电，又可由主电源供电。在 3.3V 的供电电压下，其典型的消耗电流仅为 1.4μA。另外，RTC 中还包含用于数据备份的 20B RAM。

STM32 处理器从停机模式唤醒通常只需要不到 7μs 的时间，而从待机或复位状态启动通常只需 55μs 就可以进入运行状态。

3. 性能优越而且功能创新的片上外设

STM32 处理器片上外设的优势来源于双 APB 总线结构，其中有一个高速 APB(速度可达 CPU 的运行频率)，使连接到该总线上的外设能以更高的速度运行。

(1) USB 接口可达到 12Mbit/s；

(2) USART 接口高达 4.5Mbit/s；

(3) SPI 接口可达 18Mbit/s；

(4) I2C 接口频率可达 400kHz；

(5) GPIO 的最大翻转频率为 18MHz；

(6) PWM 定时器最高可使用 72MHz 时钟输入。

针对 MCU 应用中最常见的电机控制，STM32 对片上外设进行了一些功能创新。STM32 增强型系列处理器内嵌了非常适合三相无刷电机控制的定时器和 ADC，其高级 PWM 定时器具有以下功能：

(1) 6 路 PWM 输出；

(2) 产生带死区时间的 PWM 信号；

(3) 边沿对齐和中心对称波形；

(4) 紧急故障停机、可与两路 ADC 及其他定时器同步；

(5) 可编程防范机制可以用于防止对寄存器的非法写入；

(6) 编码器输入接口；

(7) 霍尔传感器接口；

(8) 完整的向量控制环。

以上专门的外围电路与高性能 Cortex-M3 内核相结合，可将完整的向量控制环软件执行时间缩短为 21μs(无传感器模式、三相永磁同步电机(Permanent Magnet Synchronous Motor, PMSM))。当电流采样频率为 10kHz 时，CPU 的工作负载低于 25%，这样，处理器还可以执行电机控制之外的其他任务。

4. 高度的集成整合

STM32 处理器最大限度地实现集成，尽可能地减少对外部器件的要求。STM32 封装如图 1.2 所示。

(1) 内嵌电源监控器，带有上电复位、低电压检测、掉电检测、自带时钟的看门狗定时器。

(2) 一个主晶振可以驱动整个系统。低成本的 4～6MHz 晶振即可驱动 CPU、USB 以及所有外设；内嵌 PLL 可产生多种频率；可以为内部实时时钟选择 32kHz 的晶振。

(3) 内嵌精确的 8MHz RC 振荡电路，可用作主时钟源，还有针对 RTC 或看门狗的低频

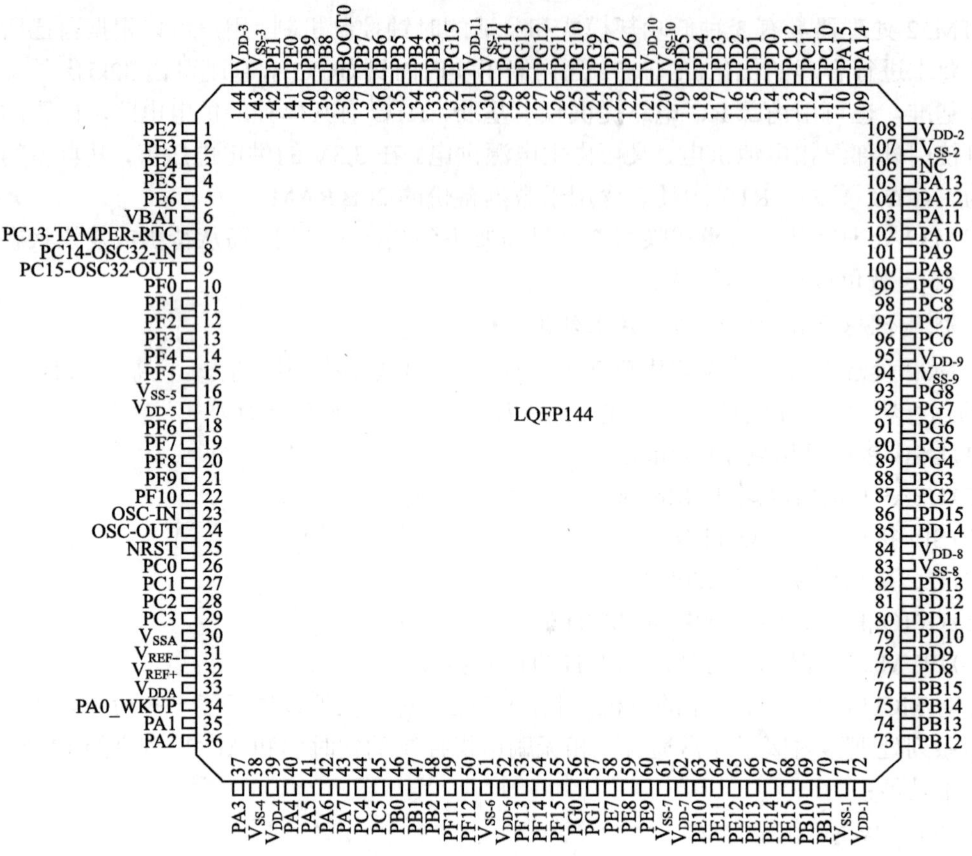

图 1.2　STM32 系列 144 引脚 LQFP 封装顶视图

率 RC 电路。

(4) LQPF100 封装芯片的最小系统只需 7 个滤波电容作为外围器件。

(5) 易于开发。STM32 系列处理器易于开发，可使产品快速进入市场。

1.4　STM32 应用领域

纵观 MCU 市场，目前主流的构架方式可以分为两类：自主知识产权构架和基于 ARM 构架的 MCU。自主知识产权构架主要包括英特尔的 X86 构架、飞思卡尔的 Power PC、Microchip 的 PIC 系列、Atmel 的 AVR 系列等，基于 ARM 构架的 MCU 则由众多开发基于 ARM 构架的厂商组成，包括 ST、NXP、NEC 以及收购了 Luminary 的 TI 等。

2007 年 6 月，ST 公司宣布发布第一款基于 Cortex-M3 并内嵌 32～128KB 闪存的 STM32 微控制器系列产品。目前在全球已经举办了超过 200 个的设计研讨会，售出超过 16000 套开发工具。它的应用领域十分广泛，一种结构可以覆盖低功耗、高性能和低成本等多种产品需求。在销售终端（银行读卡机、收银机等）、身份识别设备（公路自动收费系统、安全和生物特征识别等）、工业自动化（现场数据采集器、电表等）、消费类电子（计算机外设、游戏手柄等）、建筑安全防护/消防/供热通风与空气调节（Heating, Ventilation Air Conditioning，HVAC）（报警系统、控制面板等)、医疗领域(心脏监控、便携式测试仪器等)、通信领域(3G 基站监控、光纤接入控制等)、家电(电动自行车、洗衣机等)、仪器表(电子秤、电表等)中都可以看到 STM32。由此可见，STM32 应用于市面上一半以上的电子产品。

1.5　STM32 学习方法

学习 STM32 控制器，一般可以遵循如图 1.3 所示的学习流程。首先了解其结构框架和性能概述，掌握其特点；其次要学习其硬件基础，包括 CPU 结构、存储器配置及最小系统支持模块等；接下来要掌握其软件开发方法，熟悉其仿真软件和开发环境，掌握其寄存器组；然后，学习自己需要用到的片内外设资源的工作原理和编程方法；最后，根据 STM32 应用系统设计方法，进行软、硬件设计和系统调试。

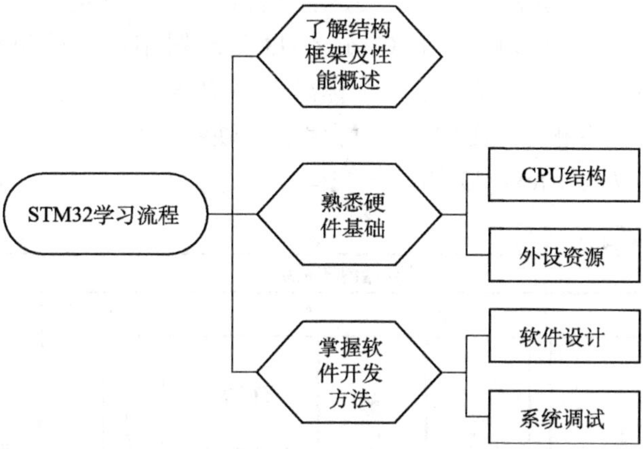

图 1.3　STM32 学习流程

在学习 STM32 的过程中应该多实践、多写程序、多看代码、多问问题，这也是学习微处理器的通用方法。

习题与思考题

1.1　STM32 采用哪种内核？该内核有何特点？

1.2　STM32 系列如何分类？

1.3　简述 STM32 系列 MCU 的优点。

1.4　简述哈佛结构的特点。

1.5　简述 STM32 处理器的发展历史和发展趋势。

1.6　简述 STM32 处理器的典型应用领域。

1.7　目前市场上的主要 ARM 厂商有哪些？

1.8　简述 STM32 的主要性能。

第 2 章　STM32 内核架构

2.1　概　　述

STM32 是基于 Cortex 内核的微处理器。目前，Cortex 内核已经成为 ARM 公司最新一代嵌入式处理的核心，Cortex 处理器具有一个完整的处理核心，包括 Cortex CPU 和围绕在其周围的一系列系统设备。Cortex-M3 是一个 32 位处理器内核，体现为内部数据路径、寄存器、存储器接口都是 32 位的。内核采用哈佛结构，独立的指令总线和数据总线可以让取指和数据访问并行处理。同时为了适应比较复杂的应用情况，需提供更多的存储系统功能，为此 Cortex-M3 提供了一个可选的 MPU。而 Cortex-M3 处理器相对于早期的 ARM 处理器的一个关键性进步在于，它为开发人员提供了一个标准的既快速又具备绝对性的中断系统结构。此外，Cortex-M3 内部还具有很多调试组件，可用于在硬件水平上支持调试操作，如指令断点、数据观察点等。图 2.1 为 Cortex-M3 的简化视图。

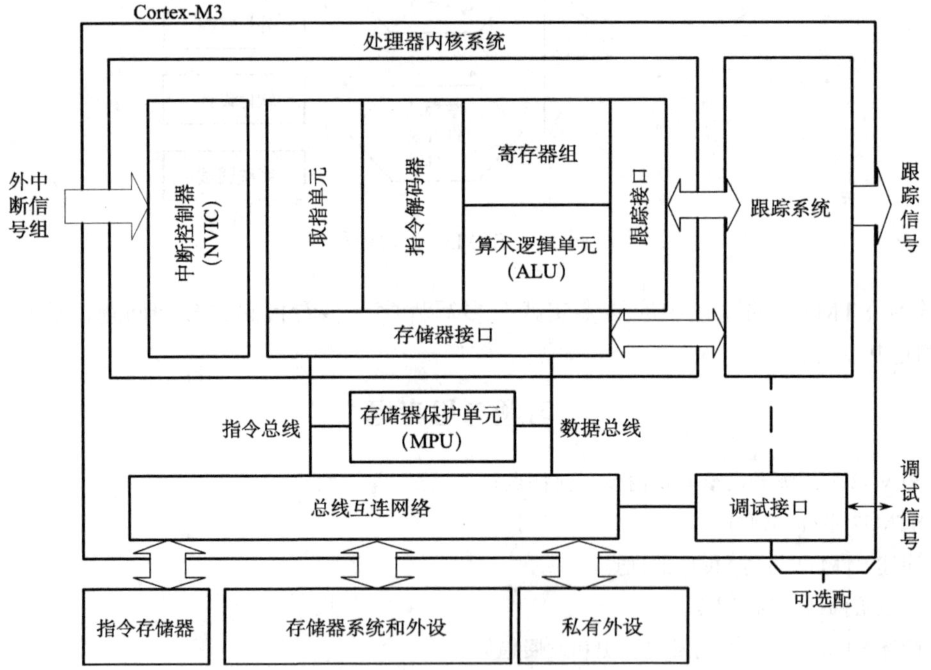

图 2.1　Cortex-M3 简化视图

本章将从内核的总体结构、CPU、存储器、指令集、中断系统以及调试支持等方面简要介绍 STM32 的内核架构，让读者对内核架构有基本的了解。

2.2 内部功能结构

2.2.1 总体结构及功能模块概述

STM32 具有丰富的片内资源和强大的功能，其总体结构如图 2.2 所示。其片内含 CPU、各种类型的存储器及外设，它们均挂接在总线(包括程序总线、数据总线、DMA 总线等)上。

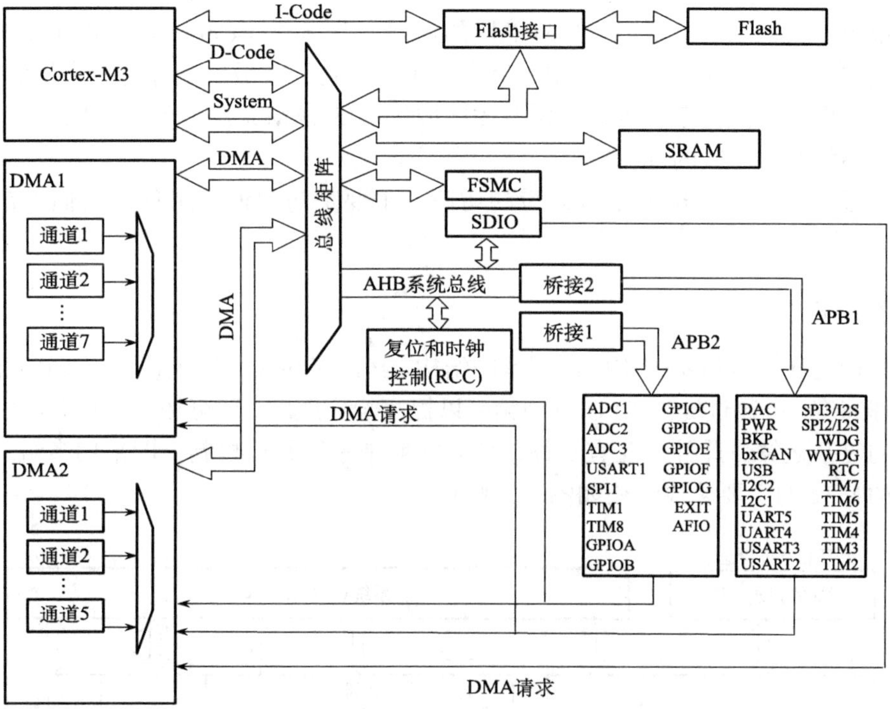

图 2.2　STM32F103ZET6 总体结构

1. CPU

STM32F103ZET6 的 CPU 具有 32 位 Cortex-M3 架构，支持多达 240 个外部中断，内嵌了嵌套向量中断控制器，还可以选择配上一个存储器保护单元(MPU)。

2. 片内存储器

STM32F103ZET6 包括 512KB(256K×16 位)的片内 Flash、64KB(32K×16 位)的 SRAM。Flash 用于存放用户程序代码或者数据表，可以通过 JTAG 接口烧写或者擦除，CPU 对其访问需要等待时间。SRAM 每个周期只能访问一次，但是 CPU 对其访问时无须等待。

3. 片内外设

STM32F103ZET6 的片内外设主要包括 4 个通用 16 位带有输入捕获、输出比较和 PWM 输出的定时器，2 个 16 位基本定时器，2 个可以死区输出的高级定时器，2 个看门狗定时器，以及 SysTick 定时器。STM32 强大的定时器可以体现出 STM32 的强大性能和在电机控制方面的特殊优势。除此之外，还有 3 个串行外设结构(SPI/ I2C)、一个现场总线通信接口(CAN)、2 个内部集成电路模块(I2C)和 112 个通用输入/输出(GPIO)引脚。另外，还包括 NVIC 中断管理、3 个 ADC、1 个 DAC、1 个 SDIO。

4. 片内总线

STM32F103ZET6 内部有若干个总线接口，使得它的内核(Cortex-M3)能够同时取地址和访问内存。这些总线包括：

(1)指令存储区总线(两条)；

(2)系统总线；

(3)私有外设总线。

两条指令存储区总线负责对代码存储区的访问，分别是 I-Code 总线和 D-Code 总线。I-Code 总线用于取指，D-Code 总线用于查表等操作，它们按最佳执行速度进行优化。

系统总线用于访问内存和外设，覆盖的区域包括 SRAM、片上外设、片外 RAM、片外扩展，以及系统级存储区的部分空间。

私有外设总线负责一部分私有外设的访问，主要是访问调试组件，它们也在系统级存储区。

2.2.2 总线结构

总线结构是计算机体系结构中最基本的结构，其性能很大程度上决定了 CPU 的性能。为了提高处理速度，可通过提高 CPU 时钟频率以提高响应速度，还可加宽数据总线宽度以进行更高位数的复杂运算。此外，还有一种最佳方案就是采用并行机制，即采用多组总线，执行流水线。STM32 的主要总线结构如图 2.3 所示。

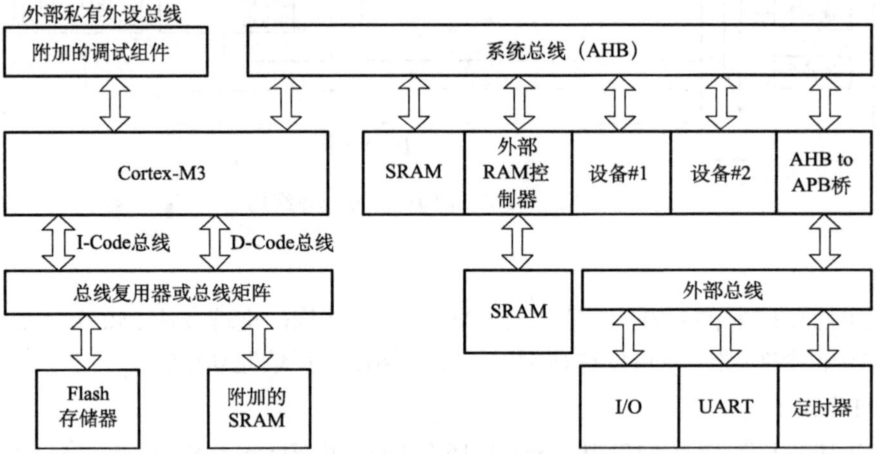

图 2.3　STM32 的主要总线结构

通常情况下，芯片厂商都会钩住(Hook Up)所有送往寄存器和外设的总线信号，并且在少数情况下，芯片厂商会把总线连接到总线桥上，并且允许外部总线系统连接到芯片上。基于 Cortex-M3 内核的 STM32 微控制器的总线接口是基于 AHB-LITE 和 APB 协议的，它们的规格在 AMBA(Advanced Microcontroller Bus Architecture)片上总线协议规格书(第 4 版)中给出。

1. I-Code 总线

I-Code 总线是一条基于 AHB-LITE 总线协议的 32 位总线，负责在 0x0000_0000～0x1FFF_FFFF 的取指操作。取指以字的长度执行，即使是对于 16 位指令也是如此。因此，CPU 内核可以一次取出两条 16 位 Thumb 指令。

2. D-Code 总线

D-Code 总线也是一条基于 AHB-LITE 总线协议的 32 位总线，负责在 0x0000_0000～0x1FFF_FFFF 的数据访问操作。尽管 Cortex-M3 支持非对齐访问，但是绝对不会看到该总线上任何非对齐的地址，这是因为处理器的总线接口会把非对齐的数据传送都转换成对齐的数据传送。因此，连接到 D-Code 总线上的任何设备只需支持 AHB-LITE 的对齐访问，不需要支持非对齐访问。

3. 系统总线

系统总线也是一条基于 AHB-LITE 总线协议的 32 位总线，负责在 0x2000_0000～0xDFFF_FFFF 和 0xE010_0000～0xFFFF_FFFF 的所有数据传送，取指和数据访问都要算上。和 D-Code 总线一样，所有的数据传送都是对齐的。

4. 外部私有外设总线

这是一条基于 APB 总线协议的 32 位总线。此总线负责 0xE004_0000～0xE00F_FFFF 的私有外设访问。但是，由于此 APB 存储空间的一部分已经被 TPIU、ETM 以及 ROM 表使用，只留下 0xE004_2000～E00F_F000 这个区间用于配接附加的(私有)外设。

5. 调试访问端口总线

调试访问端口总线接口是一条基于增强型 APB 规格的 32 位总线，它专用于挂接调试接口，如 SWJ-DP 和 SW-DP。

2.2.3 流水线

基于 Cortex-M3 内核的 STM32 微处理器使用一个 3 级流水线，流水线的 3 个级别分别是取指、解码和执行，如图 2.4 所示。

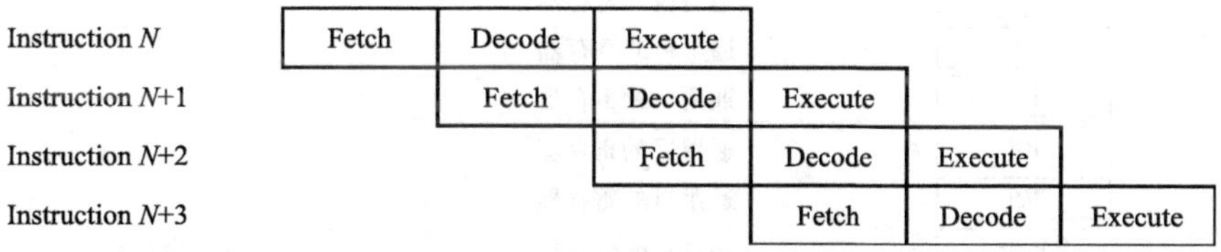

图 2.4　STM32 微处理器的流水线

当看到图 2.4 时，很多读者会认为是 4 级流水线结构，理由是总线接口在访问内存时的行为。但是这一级是在处理器的外部，故处理器自身还是只有 3 级流水线。

当运行的指令大多数是 16 位时会发现，处理器每隔一个周期会做一次取指。这是因为 Cortex-M3 有时可以一次取出两条指令(一次能取 32 位)，因此在第 1 条 16 位指令取来时，也顺带着把第 2 条 16 位指令取来了。此时总线接口就可以先歇一个周期再取指。或者如果缓冲区是满的，总线接口就空闲下来了。有些指令执行需要多个周期，在这期间流水线就会暂停。

当执行到跳转指令时，需要清洗流水线，处理器会从跳转目的地重新取指。为了改善这种情况，Cortex-M3 支持一定数量的 ARM v7-M 新指令，以避免很多微型跳转。

由于流水线的存在，以及出于对 Thumb 代码兼容的考虑，读取 PC 时，会返回当前指令地址+4 的值。这个偏移量总是 4，不管是执行 16 位指令还是 32 位指令，这就保证了 Thumb 和 Thumb-2 之间的一致性。

在处理器内核的预取单元中也有一个指令缓冲区，它允许后续的指令在执行前先在里面排队，也能在执行未对齐的 32 位指令时，避免流水线断流。

2.3　寄存器组及 CPU 运行模式

寄存器组作为 CPU 内部重要的数据存储资源，用于暂存数据，是汇编程序员能直接使用的硬件资源之一。而 CPU 运行模式分为处理者模式和线程模式，同时通过引入特权级和用户级，能够在硬件水平上限制某些不受信任的或者还没有调试好的程序，以保护涉及要害的寄存器，提高了系统的可靠性。本节将简要介绍寄存器组及 CPU 的运行模式。

2.3.1　寄存器组

STM32F103ZET6 处理器拥有 R0～R15 以及一些特殊功能的寄存器，如图 2.5 所示。R0～R12 是最“通用目的”的，但是绝大多数的 16 位指令只能使用 R0～R7(低组寄存器)，而 32 位的 Thumb-2 指令则可以访问所有通用目的寄存器。特殊功能寄存器有预定义的功能，而且必须通过专用的指令来访问。

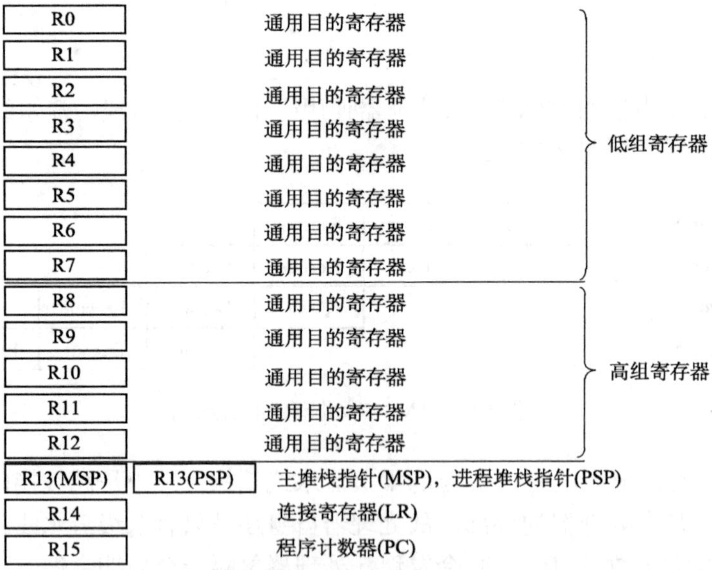

图 2.5　寄存器组

1. 通用目的寄存器 R0～R7

R0～R7 也称为低组寄存器，所有指令都能访问它们。它们的字长全部是 32 位，复位后的初值是不可预料的。

2. 通用目的寄存器 R8～R12

R8～R12 也称为高组寄存器。这是因为只有很少的 16 位 Thumb 指令能访问它们，32 位的 Thumb-2 指令则不受限制。它们也是 32 位字长且复位后的初值是不可预料的。

3. 堆栈指针 R13

R13 是堆栈指针，在 STM32F103ZET6 微控制器内核中共有两个堆栈指针，于是也就支持两个堆栈。当引用 R13(或写作 SP)时，引用到的是当前正在使用的那一个，另一个必须用特殊的指令来访问(MRS 和 MSR 指令)。这两个堆栈指针描述如下：

(1) 主堆栈指针(MSP)，或写作 SP_MAIN，这是默认的堆栈指针，它有 OS 内核、异常服务例程以及所有需要特权访问的应用程序代码；

(2) 进程堆栈指针(PSP)，或写作 SP_PROCESS，用于常规的应用程序代码(不处于异常服务例程中时)。

要注意的是，并不是每一个程序都要用全两个堆栈指针才算圆满。简单的应用程序只使用 MSP 就够。堆栈指针用于访问堆栈，并且 PUSH 指令和 POP 指令默认使用 SP。

在内核中，有专门的指令负责堆栈的操作——PUSH 和 POP。它们的汇编语言方法如下所示：

```
PUSH {R0}     ;*(--R13)=R0。R13是LONG*的指针
POP  {R0}     ; R0=*R13++
```

注意到后面的 C 程序风格的注释，它诠释了“向下生长的满栈”，STM32F103ZET6 的内核就是以这种方式使用堆栈的。因此，在 PUSH 新数据时，堆栈指针先减去一个单元。通常在进入一个子程序后，第一件事就是把寄存器的值先 PUSH 入堆栈中，在子程序退出前再 POP 曾经 PUSH 的那些寄存器。另外，PUSH 和 POP 还能一次操作多个寄存器，如下所示：

```
Subroutine_1
PUSH    {R0-R7,R12,R14}      ;保存寄存器列表
…                            ;执行处理
POP     {R0-R7,R12,R14}      ;恢复寄存器列表
BX  R14                      ;返回到主调函数
```

在程序中为了突出重点，可以一直把 R13 写作 SP。在程序代码中，MSP 和 PSP 都称为 R13/SP。不过，可以通过 MRS/MSR 指令来访问具体的堆栈指针。

MSP(SP_MAIN)是复位后默认使用的堆栈指针，服务于操作系统内核和异常服务例程；PSP(SP_PROCESS)典型地用于普通的用户线程中。

寄存器的 PUSH 和 POP 操作永远都是 4 字节对齐的，也就是说它们的地址必须是 0x4、0x8、0xC 等。事实上，R13 的最低两位被硬线连接到 0，并且总是读出 0。

4. 连接寄存器 R14

R14 是连接寄存器(LR)。在汇编程序中，可以把它写作 BOTH_LR 和 R14。LR 用于在调用子程序时存储返回地址。例如，在使用 BL(分支并连接，BRANCH AND LINK)指令时，就自动填充 LR 的值。

```
Main                    ;主程序
…
BL  Function1           ;使用“分支并连接”指令调用Function1
…                       ;PC=Function1，并且LR=Main的下一条指令地址
Function1               ;Function1的代码
BX  LR                  ;函数返回
```

尽管 PC 的 LSB 总是 0，LR 的 LSB 却是可读可写的，这是历史遗留的产物。在以前，由位 0 来指示 ARM/Thumb 的状态。因为有些 ARM 处理器支持 ARM 和 Thumb 状态并存，为了方便汇编程序移植，STM32 的内核需要允许 LSB 可读可写。

5. 程序计数器 R15

R15 是程序计数器，在汇编代码中一般都将其称为 PC。因为 STM32 的内部使用了指令流水线，读 PC 时返回的值是当前指令的地址+4。例如：

```
0x1000:     MOV     R0,         PC;     R0=0x1004
```

如果向 PC 中写数据，就会引起一次程序的分支(但是不更新 LR 寄存器)。STM32 内核中的指令至少是半字对齐的，所以 PC 的 LSB 总是读回 0。然而，在分支时，无论直接写 PC 的值还是使用分支指令，都必须保证加载到 PC 的数值是奇数(即 LSB=1)，用以表明这是在 Thumb 状态下执行的。若写了 0，则视为企图转入 ARM 模式，STM32 的内核将产生一个 FAULT 异常。

6. 特殊功能寄存器组

STM32 内核中的特殊功能寄存器包括：

(1)程序状态寄存器组(PSRs 或者 xPSR)；

(2)中断屏蔽寄存器组(PRIMASK、FAULTMASK 以及 BASEPRI)；

(3)控制寄存器(CONTROL)。

它们只能被专用的 MSR/MRS 指令访问，而且它们也没有与之相关联的访问地址。

```
MRS <gp_reg>,<special_reg>        ;读特殊功能寄存器的值到通用寄存器
MSR <special_reg>,<gp_reg>        ;写通用寄存器的值到特殊功能寄存器
```

2.3.2 CPU 运行模式

STM32 的 CPU 拥有更低的门数，是一个快速而易用的微控制器核心，同时它还支持实时操作系统的运行。Cortex-M3 CPU 有两种运行模式：线程(Thread)模式和处理(Handler)模式。CPU 不处理异常事件时会运行在 Thread 模式下，而当 CPU 需要处理一个异常事件时就会切换到 Handler 模式。此外，Cortex-M3 CPU 还有两种处理代码的方式：私有模式和非私有模式。在私有模式下，CPU 可以执行所有的指令。而在非私有模式下，部分指令是被禁止执行的(如对 xPSR 寄存器操作的 MRS 和 MSR 指令)，同时也不能对 CPU 的系统控制区中的寄存器进行操作。此外，堆栈的使用也是可以配置的，主堆栈在 Thread 模式和 Handler 模式下都可以使用。通过设置，Handler 模式也可以使用进程堆栈，图 2.6 显示了 Cortex-M3 CPU 两种运行模式的细节。

		运行模式	堆栈
模式（复位之后的状态）	Handler • 一个异常正在处理	私有模式 全控制开放	OS和异常 使用主堆栈
	Thread • 无异常正在处理 • 执行常规代码	私有/非私有模式	主/进程堆栈

图 2.6　Cortex-M3 CPU 的运行模式

如图 2.6 所示，Cortex-M3 CPU 在复位之后会以最开放的方式运行，即无论 Thread 模式还是 Handler 模式都在私有模式下执行，对处理器的任何资源都没有使用限制，Thread 模式和 Handler 模式都使用主堆栈。要开始运行一般应用的 C 程序，用户只需要设置好复位向量和堆栈的起始地址即可。然而，如果想要使用 RTOS(实时操作系统)或者开发一个有高度安全性能要求的项目，可以将 Cortex-M3 CPU 进入一种高级模式，在这种模式里，RTOS 或者异常事件在 Handler 模式下使用非私有模式运行，并使用主堆栈；而应用代码在线程模式下使用非私有模式运行，并使用进程堆栈。这样做的好处就是，系统代码和应用代码得到了分离，这样，即使应用代码发生故障也不会殃及 RTOS 的核心，造成整个系统崩溃。

2.4　存储器和存储空间

STM32 内核的存储器系统与传统的 ARM 架构相比，有很大的改革。首先，存储器映射是预定义的，并且规定好了哪个位置使用哪条总线。其次，存储器系统支持位带(bit-band)操作。通过位带操作实现了对单一比特的原子操作。位带操作仅适用于一些特殊的存储器区域。存储器系统支持非对齐访问和互斥访问。这两个特性是到了 ARM v7-M 时才出现的。最后，存储器系统支持 BOTH 小端配置和大端配置。

2.4.1　存储空间映射

基于 Cortex-M3 内核的 STM32 处理器是一个标准化的微控制器核心，其固定的存储映射方案就是标准化的一个表现。尽管 Cortex-M3 处理器有多重内部总线，但其存储区仍然是一个线性的 4GB 地址空间。

如图 2.7 所示，存储区最开始的 1GB 空间分为 Code(代码)区和 SRAM(静态内存)区。Code 区使用经过针对性优化的 I-Code 总线来连接。同理，SRAM 区使用 D-Code 总线连接。虽然 SRAM 也可以用来装载和执行代码，但这样做会使 CPU 不得不通过系统总线来取指令，产生额外的 CPU 等待周期，因此，在 SRAM 区中运行代码要比在 Code 区的片上 Flash 中运行慢。

接下来的 0.5GB 存储空间是片上外设区。微控制器的所有用户设备的基地址都落在这个区域内。片上外设区和 SRAM 区的起始 1MB 区域可以使用位带技术来实现位寻址。

随后的 2GB 地址空间是拓展外部 RAM 和外部设备用的。在扩展外部 RAM 时，地址空间为 0x60000000～0x9FFFFFFF。STM32 系列采用了一种新型的存储器扩展技术——可变静态存储控制器(Flexible Static Memory Controller，FSMC)，其在外部存储器扩展方面具有独特的优势。

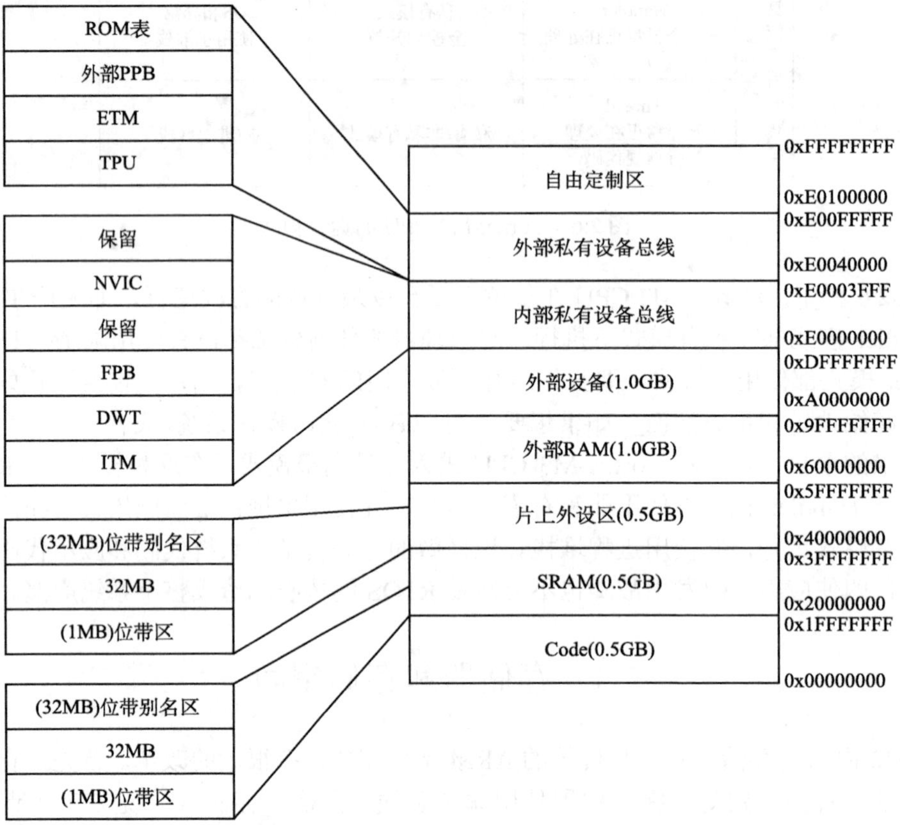

图 2.7　存储区和映射方案

最后的 0.5GB 是 Cortex-M3 处理器内部设备区，其中一部分是生产商为了给 Cortex-M3 处理器增加特殊功能而留。所有使用 Cortex-M3 内核的微控制器，其 Cortex-M3 处理器的寄存器都位于同一地址处。这使应用代码可以更加容易地在不同型号的 Cortex-M3 处理器之间，甚至是在基于 Cortex-M3 核心的不同品牌的微控制器之间进行移植。一旦学会使用一种 Cortex-M3 控制器和一套开发工具就可以积累大量可重复使用的代码，并可以在众多基于 Cortex-M3 内核的微控制器上使用。

2.4.2　存储器的各种访问属性

Cortex-M3 在定义了存储器映射之外，还为存储器的访问规定了 4 种属性，分别为可否缓冲(Bufferable)、可否缓存(Cacheable)、可否执行(Executable)和可否共享(Sharable)。如果配备了存储器保护单元(MPU)，则可以通过它配置不同的存储区，并覆盖默认的访问属性。Cortex-M3 片内没有配备缓存及缓存控制器，但是允许在外部添加缓存。通常，在提供了外部内存的同时还要附加一个内存控制器，用于管理对片内片外 RAM 的访问操作。地址可以通过另一种方法分为 8 个 512MB 等份。

(1) Code 区(0x00000000～0x1FFFFFFF)。此区是可以执行指令的，缓存属性为 WT(“写通”)，即不可缓存。此区也允许布设数据存储器。在此区上的数据操作是通过数据总线接口的，且在此区上的写操作是缓冲的。

(2) SRAM 区(0x20000000～0x3FFFFFFF)。此区用于片内 SRAM，写操作是缓冲的，并且可以选择 WB-WA 缓存属性。此区也可以执行指令，以允许把代码复制到内存中执行——常用于固件升级等维护工作。

(3) 片上外设区(0x40000000～0x5FFFFFFF)。此区用于片上外设，因此不可缓存，也不可以在此区执行指令。

(4) 外部 RAM 区的前半段(0x60000000～0x7FFFFFFF)。此区可用于布设片上 RAM 或片外 RAM，可缓存(缓存属性为 WB-WA)，并且可以执行指令。

(5) 外部 RAM 区的后半段(0x80000000～0x9FFFFFFF)。除了不可缓存外，其余功能同外部 RAM 区的前半段。

(6) 外部设备区的前半段(0xA0000000～0xBFFFFFFF)。用于片外外设的寄存器，也用于多核系统中的共享内存(需要严格按顺序操作，即不可缓冲)。此区也是个不可执行区。

(7) 外部设备区的后半段(0xC0000000～0xDFFFFFFF)。目前与外部设备区的前半段的功能完全一致。

(8) 系统区(0xE0000000～0xFFFFFFFF)。此区是私有外设和供应商指定功能区，不可执行代码。系统区涉及很多关键部位，因此访问都是严格序列化的(不可缓存、不可缓冲)。而供应商制定的功能区则可以缓存和缓冲。

2.4.3 位带技术

早期的 ARM7 和 ARM9 处理器使用“&”(与)、“|”(或)指令来对 SRAM 区或者外设存储区进行位操作。像一些 16 位单片机(如 MSP430)，这是一个“读—修改—写”的过程，如图 2.8 所示。

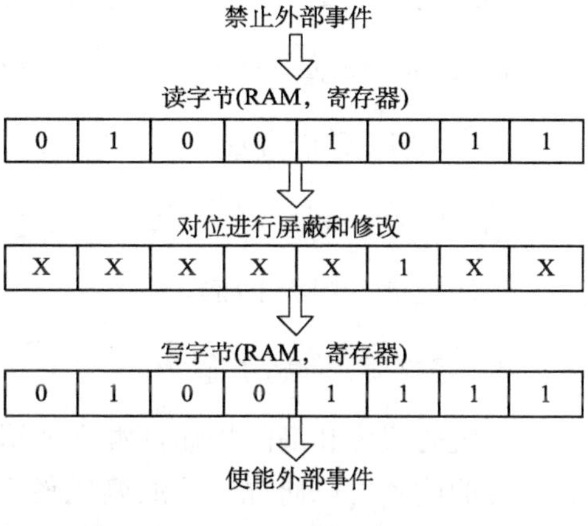

图 2.8 传统位操作方式

Cortex-M3 引入位操作还是很方便的，有专门的位操作指令，或者一种完整的布尔过程，但这会增加 Cortex-M3 CPU 的尺寸和复杂度。取而代之的做法是，Cortex-M3 处理器引入了一种称为位带的技术以实现设备区和 SRAM 存储空间的位操作，而不需要任何特殊的指令。Cortex-M3 系列处理器的可位寻址区由位带区(即 SRAM 的起始 1MB 空间或外设寄存器区)和 2 个大小为 32MB 的位带别名区组成。位带技术将位带区的每一位映射到对应的位带别名区。因此，用户只要对位带别名区进行字操作就可以实现对真实内存的位操作。图 2.9 显示了位带区的奥秘所在。

位带技术的优点很多。位带技术允许用户在不加入任何特殊指令的前提下实现位操作，同时仍然保持 Cortex-M3 尺寸的小巧性。在实际应用中，要对一个外设寄存器或者 SRAM 进行位操作时，需要计算与其对应的位带别名区中的地址。手册上给出的计算公式如下：

位带别名区地址 = 位带别名区基地址 + 字偏移地址

字偏移地址 = 字节相对位带区的偏移 ×0x20 + 位数目×4

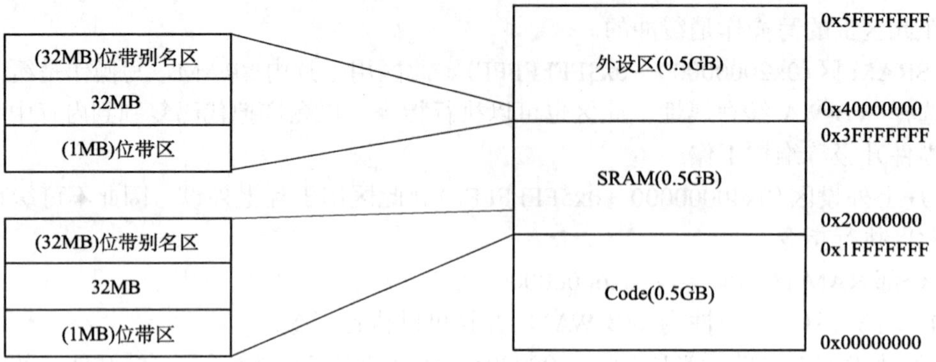

图 2.9　位带存储器映射

例如，现在要对 GPIOB 的端口数据输出寄存器(Port Output Data Register)的某个位进行置位或者清除。已知 GPIOB 的端口数据输出寄存器的物理地址是 0x40010C0C，则通过上述公式可以计算出 GPIOB 的第 8 位在位带别名区中的地址：

寄存器地址	0x40010C0C
设备位带区基地址	0x40000000
设备位带别名区基地址	0x42000000
位带区的字节偏移量	0x40010C0C − 0x40000000 = 0x10C0C
字偏移地址	(0x10C0C × 0x20) + (8 × 4) = 0x2181A0
位带别名区地址	0x42000000 + 0x2181A0 = 0x422181A0

然后使用 C 语言以此地址定义一个指针，用来对 GPIOB.08 口进行相应的置位和清除：

```
#define PortBbit8          (*(volatile unsigned long * )0x422181A0))
```

点亮 LED(C 语言)：

```
PortBbit8 = 1;
```

依次类推，熄灭 LED。

```
PortBbit8 = 0;
```

传统的置位和清除操作都混合使用了 16 位和 32 位指令，其至少要花费 14 个时钟周期，有兴趣的读者可以研究一下汇编代码。因为传统的位操作是用“与”“或”操作实现位操作的。

因此，通过位带技术对寄存器和 SRAM 使用位操作，可以有效减小代码量、缩短代码的运行时间，这带来的效率提升对于小型的嵌入式应用系统来说是相当可观的，也缩短了开发人员的开发时间。

2.5　独特的 Thumb-2 指令集

Cortex-M3 使用 Thumb-2 指令集，这是个重大的突破，因为它允许 32 位指令和 16 位指令水乳交融。其相对于 32 位 ARM 指令集有 26%的代码密度提升，而相对于 16 位 Thumb 指令集则有 25%的性能提升。

2.5.1 指令集开发

为了增强和扩展指令系统的能力，ARM 公司一直在不懈地努力。由于历史的原因(从 ARM7TDMI 开始)，ARM 处理器一直支持两种形式上相对独立的指令集，分别是：①32 位的 ARM 指令集，对应处理器状态为 ARM 状态；②16 位的 Thumb 指令集，对应处理器状态为 Thumb 状态。

可见，这两种指令集对应了两种处理器执行状态。在程序的执行过程中，处理器可以动态地在两种执行状态之间切换。实际上，Thumb 指令集在功能上是 ARM 指令集的一个子集，但它能带来更高的代码密度，给目标代码减肥。这对于很多应用是很经济的。

随着架构版本号的更新，新指令不断地加入 ARM 和 Thumb 指令集中。Thumb-2 是 2003 年夏天盛行的，它是 Thumb 指令的超集，支持 16 位和 32 位指令。

指令集的演进如图 2.10 所示，其详细说明在 The ARM Architecture Reference Manual 手册中。每次 ARM 出新版本时，此手册都会更新。到了 v7 时，因为以前的单一架构都被分成了 3 个款式，所以这个手册也跟着分成了 3 本。

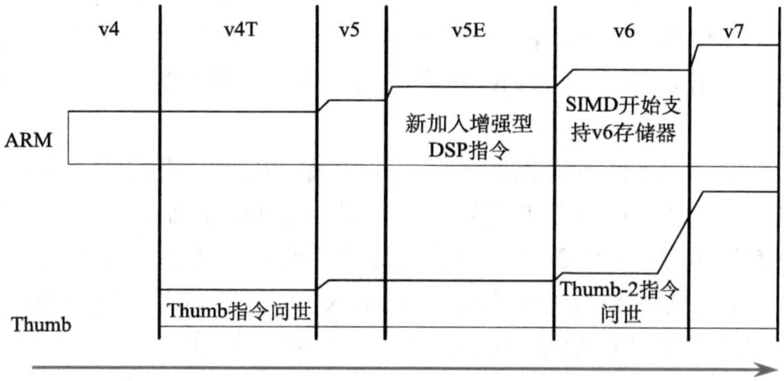

图 2.10 指令集演进图

2.5.2 Thumb-2 指令集体系结构

ARM7 和 ARM9 处理器支持两种指令集：32 位 ARM 指令集和 16 位 Thumb 指令集。开发人员在开发应用程序时经常需要在指令集的选用上花费很长的时间和精力，因为 32 位指令可以提升运行速度，而 16 位指令可以提升代码密度。Cortex-M3 CPU 使用 Thumb-2 指令集，该指令集是 16 位和 32 位指令集的混合体。Thumb-2 指令集含有一些高级的多周期指令，它们都可以在一个周期完成执行，但是前提是 CPU 至少需要 2～7 个周期将其分离开。

Thumb-2 指令集还有高级的分支指令(包括 test 和 compare 指令)，if/then 处理指令集合，为数据处理提供的字节、半字和字存取指令。Cortex-M3 CPU 同时还是一个精简指令集(Reduced Instruction Set Computer，RISC)处理器，它有丰富的指令集可以和 C 编译器很好地配合使用。除了一小部分可能用到非 ANSIC 关键字和使用汇编语句编写的中断向量表之外，一个典型的 Cortex-M3 应用程序可以全部使用 ANSIC 完成。

2.6　中断和异常

相较于早期的 ARM 处理器，Cortex-M3 处理器的一个关键进步就在于它的中断结构和对异常的处理。早期的 ARM 中断结构存在两个问题：首先，它的中断响应时间不是绝对性的；其次，中断结构本身不支持中断嵌套。Cortex-M3 处理器克服了以上缺点，为开发人员提供了一个标准、快速且具备绝对性的中断系统结构。

2.6.1　NVIC 概览

Cortex-M3 具有强大的中断控制能力。对于以前的 ARM7 和 ARM9，它的中断结构和对异常的处理有了很大的进步。首先介绍它的嵌套中断向量控制器(Nested Vector Interrupt Controller，NVIC)。

NVIC 是 Cortex-M3 处理器的标准配备。这意味着基于 Cortex-M3 核心的微控制器都有相同的中断结构，而不再取决于芯片制造商。因此，开发人员不必对整个中断控制寄存器组进行重新认识就可以将应用代码和操作系统方便地从其他基于 Cortex-M3 的微控制器移植到自己的微控制器上。NVIC 正如其名，支持中断嵌套，在 STM32 上可以支持 16 级中断优先级。用户可以全部使用 C 语言对 NVIC 进行设置，不需要任何宏汇编语言或者非 ANSIC 语言。

虽然 NVIC 是 Cortex-M3 处理器的一个标准单元，但是在进行微控制器设计时，为了保持控制器的低门数，NVIC 的中断通道数量并不是固定的，控制器设计厂家可以根据需要来设定 NVIC 的中断通道数。NVIC 有一个非可屏蔽中断和多达 240 个外部中断通道供给外部设备连接。此外，还有额外 15 个中断源位于 Cortex-M3 核心内部，用以响应 Cortex-M3 核心的内部异常。STM32 的 NVIC 最多可拥有 43 个可屏蔽中断通道。

2.6.2　中断的进入与退出

在 STM32 微控制器中，如果有一个外设请求到了中断，那么 NVIC 会请求 Cortex-M3 CPU 响应这个中断。一旦 CPU 进入了中断模式，它首先会将一系列寄存器压栈。Cortex-M3 压栈处理是比较有特色的，相比于 51 等单片机，它的压栈过程是由 CPU 中的微代码完成的，用户不需要在应用代码中加入任何压栈的指令。当压栈完成之后，将跳转的中断服务函数的入口地址就会被指令总线读取。从外设请求中断开始到执行中断服务函数的第一条指令只需要 12 个时钟周期。这是非常短的，在某些实时性要求比较高的地方，这是非常有必要的。

被微代码压栈的寄存器包括程序状态寄存器(PSR)、程序计数器(PC)及链接寄存器(LR)。这些寄存器包含 CPU 当前执行的信息。此外，R0～R3 寄存器也会被保存，这些寄存器往往用于参数传递，只有将 R0～R3 寄存器保存后，CPU 才可以在中断服务函数里使用这些寄存器。最后被压栈的还有 R12 寄存器，R12 是一个内部调用寄存器，当发生函数调用语句时会临时产生一些内部代码，这些代码就会使用 R12 寄存器装载。例如，如果在程序中使用了堆栈检测，则其额外产生的临时代码如果需要使用 CPU 寄存器，R12 寄存器就派上用场了。中断结束后，被打断的后台程序将会恢复，CPU 通过其内部微代码的驱使将堆栈恢复，同时将返回地址装载完成中断返回，所以后台程序能够在 12 个时钟周期之内恢复执行。

NVIC 能够非常快速地响应单一的中断，同样也可以在高实时性要求的应用中快速地响应多重中断。

2.6.3 中断嵌套

NVIC 允许高优先级中断打断正在执行的低级中断。在这种情况下，正在执行的中断服务程序会被中止，然后经过标准的 12 个时钟周期压栈时间后，开始执行新的中断服务程序。当高级中断完成执行时，堆栈会自动弹出，低级中断才得以返回继续执行。

NVIC 和 Cortex-M3 微控制器会根据优先级的设置来控制抢占与嵌套的行为。因此，在某个异常正在响应时，所有优先级不高于它的异常都不能抢占它，而且它自己也不能抢占自己。同时，相同的异常是不允许重入的。

2.6.4 尾链技术

如果高级中断正在执行，此时有一个低级中断请求到来，Cortex-M3 处理器的 NVIC 使用一种尾链技术确保在这两个中断之间得到最小的执行延时时间，描述如下：如果两个中断同时请求，则高优先级中断在 12 个时钟周期之后优先执行。但是在高级中断服务执行完毕之后 CPU 并不会返回后台程序，堆栈也不会被恢复，而是将下一个次高级中断的入口地址载入，这样做的结果是只需要花费 6 个时钟周期就可以开始执行下一个中断服务。在最后一个挂起中断完成执行之后，堆栈恢复，CPU 载入返回地址，后台程序就会在 12 个周期之内得到执行。

但是有一种特殊的情况，如果一个低级中断在某个高级中断的返回时刻来临，则堆栈恢复的操作会被忽略，堆栈指针会恢复它原来的值，这需要额外的 6 个时钟周期来装载中断服务的地址。所以在这种情况下，新的中断要得到执行则需要 7～18 个时钟周期的延时。

2.6.5 晚到异常

在嵌入式实时系统中，经常会遇到一种情况：一个低级中断服务在执行时发生一个高级中断请求。晚到异常是指高级中断请求在低级中断压栈阶段发生，此时 NVIC 当然会马上转到处理高级中断，而原本属于低级中断的压栈操作会继续执行，但是这个压栈操作取代了原本高级中断应当执行的压栈操作。这样，从高级中断开始到其完成压栈操作只需要 6 个时钟周期，并且此期间 CPU 还完成了新中断服务入口地址的载入。一旦高级中断服务完成执行，原本的低级中断会在尾链技术的支持下，在 6 个时钟周期之后返回执行。

2.7 调 试 支 持

Cortex-M3 在内核水平上搭载了若干种调试相关的特性。最主要的就是程序执行控制，包括停机(HALTING)、单步执行(STEPPING)、指令断点、数据观察点、寄存器和存储器访问、性能速写(PROFILING)以及各种跟踪机制。

Cortex-M3 的调试系统基于 ARM 最新的 CORSIGHT 架构。不同于以往的 ARM 处理器，内核本身不再含有 JTAG 接口，取而代之的是 CPU 提供称为调试访问接口(DAP)的总线接口。通过这个总线接口，可以访问芯片的寄存器，也可以访问系统存储器，甚至是在内核运行时访问。对此总线接口的使用，是由一个调试端口(DP)设备完成的。DP 不属于 Cortex-M3 内核，但它们是在芯片的内部实现。目前可用的 DP 包括 SWJ-DP(既支持传统的 JTAG 调试，也支持新的串行线调试协议)和 SW-DP(去掉了对 JTAG 的支持)。另外，也可以使用 ARM CORSIGHT 产品家族的 JTAG-DP 模块。因此有 3 个 DP 可选，芯片制造商可以从中选择一个，以提供具体的调试端口(通常选 SWJ-DP)。

此外，Cortex-M3 还能挂载一个嵌入式跟踪宏单元(ETM)。ETM 可以不断地发出跟踪信息，这些信息通过一个称为跟踪端口接口单元(TPIU)的模块送到内核的外部，再在芯片外面使用一个跟踪信息分析仪，就可以把 TPIU 输出的已执行指令信息捕捉到，并且送给调试主机，也就是 PC。

在 Cortex-M3 中，调试动作可以由一系列的事件触发，包括断点、数据观察点、FAULT 条件或者外部调试请求输入的信号。当调试事件发生时，Cortex-M3 可能会停机，也可能进入调试监视器异常。具体如何反应，应根据与调试相关的寄存器的配置确定。

与调试相关的还有仪器化跟踪宏单元(ITM)，它也有自己的办法把数据送往调试器。通过把数据写到 ITM 的寄存器中，调试器能够跟踪接口来收集这些数据，并且显示或者处理。此方法不但容易使用，而且比 JTAG 的输出速度更快。

习题与思考题

2.1 STM32F103ZET6 内部的总线接口有哪些？

2.2 STM32 的总线结构包括哪几部分？

2.3 STM32 微处理器使用几级流水线？分别指的是什么？

2.4 STM32 的通用目的寄存器的特点是什么？

2.5 简述堆栈指针的使用方法。

2.6 特殊功能寄存器有哪些？主要作用是什么？

2.7 Cortex-M3 的 CPU 包括哪些运行模式？简述每种运行模式的特点。

2.8 与早期 ARM7 和 ARM9 相比，STM32 位带技术有哪些优势？

2.9 简述嵌套中断向量控制器(NVIC)。

2.10 请描述中断中的尾链技术。

第 3 章　STM32 硬件基础

3.1　概　　述

本章将从宏观的角度介绍 STM32 硬件开发板的各个组成部分，首先从整体上把握和理解开发板的每个外设功能，做到对开发板的架构有个大概的认识，然后结合软件编程，在随后的章节中详细介绍各个模块的原理和功能。该硬件开发板主要由最小系统核心板和外设底板两部分组成。其中最小系统的核心是微控制器，外设底板上承载着开发板的各个功能部件。可以做这样一个简单的比喻，最小系统在开发板中的作用相当于人体的大脑，它控制着开发板运行；外设底板相当于躯干，它执行微控制器的命令，是最小系统的延伸与扩展。

开发板中 STM32 最小系统包括 STM32 芯片、电源电路、复位电路、时钟电路和 JTAG 接口以及各种类型的扩展存储器。外设底板主要包括通信模块、输入输出模块和执行模块。具体设计细节将在 3.3 节介绍。实验板整体结构如图 3.1 所示。

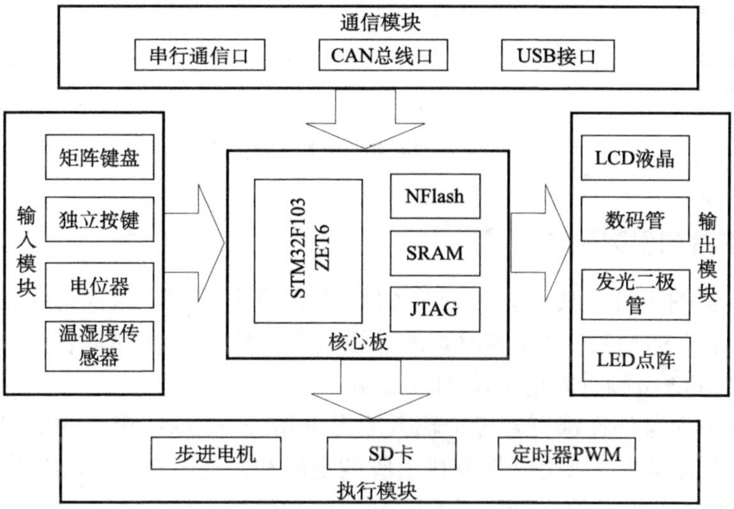

图 3.1　实验板整体结构

本章将对基于 STM32 微控制器的开发板进行介绍，内容涉及 STM32 开发板系统的选型、引脚配置、总体设计和功能模块设计等内容，让读者对 STM32 硬件设计有一个全面的了解，为接下来的功能模块软硬件设计学习打下一定的基础。

3.2　STM32 芯片的引脚选型和配置

3.2.1　STM32 芯片的命名规则和选型

如图 3.2 所示，STM32 的型号系列分为两个分支：增强型和基本型。增强型配备完整的外设，同时，CPU 可以在最高 72MHz 的主频下运行。基本型配备数量较少的外设，同时，最高 CPU 主频为 36MHz。尤为重要的是，无论增强型还是基本型，它们的封装类型和引脚分布都是完全一致的。这个特点可以使开发人员在使用 STM32 系列微控制器时，不必改动 PCB 就可以随意更换器件型号。

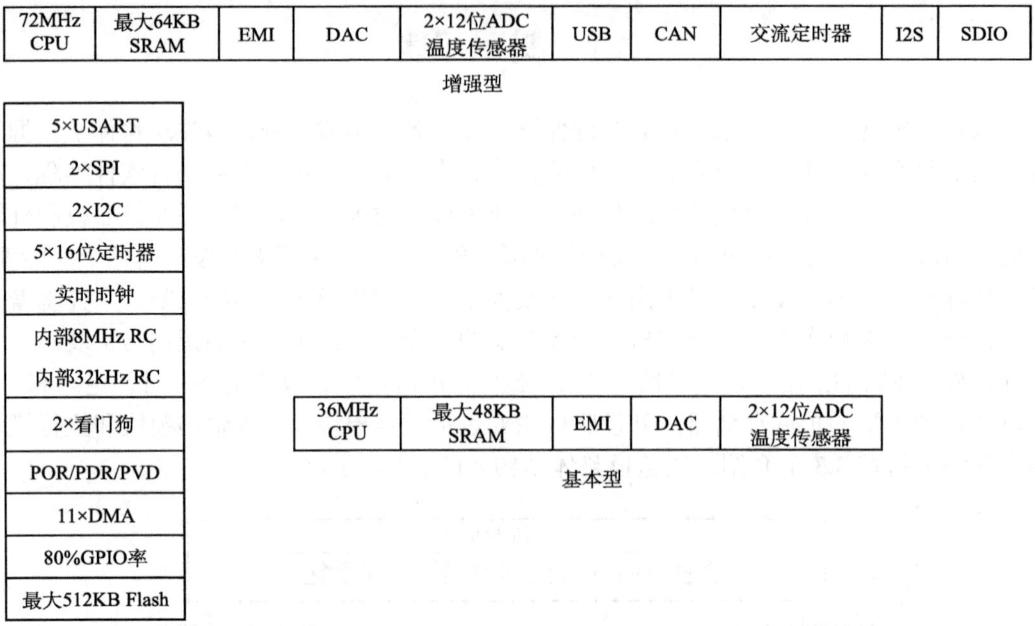

图 3.2　STM32 增强型和基本型对比

3.2.2　STM32 芯片的引脚配置

STM32 有丰富的引脚，其中大容量的 CPU 有上百个引脚。尽管有这么多引脚，其功能模块也会出现复用。STM32 中许多内置的外设输入和输出引脚都具有重映射(Remap)的功能。下面针对 STM32 引脚重映射情况加以说明。

STM32 的每个内置外设都有若干个输入输出引脚。一般这些引脚的输出脚位都是固定不变的。为了让设计工程师可以更好地安排引脚的走向和功能，在 STM32 中引入了外设引脚重映射的概念，即一个外设的引脚除了具有默认的脚位外，还可以通过设置重映射寄存器的方式，把这个外设的引脚映射到其他脚位。表 3.1 是 STM32F103xC 中有关 USART3 引脚的摘要片段。

表 3.1　引脚重映射

引脚名称	类型	I/O 电平	主功能(复位后)	可选复用功能	
				默认复用功能	重定义功能
PB10	I/O	FT	PB10	I2C2_SCL/USART3_TX	TIM2_CH3
PB11	I/O	FT	PB11	I2C2_SDA/USART3_RX	TIM2_CH4
PD8	I/O	FT	PD8	FSMC_D13	USART3_TX
PD9	I/O	FT	PD9	FSMC_D14	USART3_RX

从表 3.1 中可以看出，USART3_TX 的默认引脚是 PB10，USART3_RX 的默认引脚是 PB11。但经过重映射后，可以变更 USART3_TX 的引脚为 PD8，变更 USART3_RX 的引脚为 PD9。STM32 中的很多内置外设都具有重映射的功能，如 USART、定时器、CAN、SPI、I2C 等，详细内容请参看 STM32 参考手册和 STM32 数据手册。有些模块(内置外设)的重映射功能还可以有多种选择。表 3.2 是有关 USART3 输入输出引脚的重映射功能表。

表 3.2　USART3 重映射

复用功能	USART3_REMAP[1:0]=00 (没有重映射)	USART3_REMAP[1:0]= 00 (部分重映射)	USART3_REMAP[1:0]=11 (完全重映射)
USART3_TX	PB10	PC10	PD8
USART3_RX	PB11	PC11	PD9
USART3_CK	PB12	PC12	PD10
USART3_CTS	PB13		PD11
USART3_RTS	PB14		PD12

从表 3.2 中可以看出，USART3 的 TX 和 RX 默认的引脚是 PB10 和 PB11，根据配置位的设置，可以重映射到 PC10 和 PC11，还可以重映射到 PD8 和 PD9。

一个模块的功能引脚无论从默认的脚位引出还是从重映射的脚位引出，都要通过 GPIO 端口模块实现，相应的 GPIO 端口必须配置为输入(对应模块的输入功能，如 USART 的 RX)或复用输出(对应模块的输出功能，如 USART 的 TX)。对于输出引脚，可以按照需要配置为复用推挽输出或复用开漏输出。

图 3.3 是 STM32 的 GPIO 端口模块使用复用功能时的配置。从图中可以看出，配置为复用输出时，该端口对应的 GPIO 输出功能将不起作用。例如，当配置 PB10 对应的引脚为复用输出功能时，操作 PB10 对应的输出寄存器将不影响引脚上的信号。从图中还可以看出，普通的 GPIO 端口输入功能与复用输入功能的配置方式没有分别，这意味着在使用引脚的复用输入功能时，可以在这个引脚的输入寄存器上读出引脚上的信号。例如，在使能了 USART3 模块时，可以读 GPIOB_IDR 寄存器，得到 PB11 信号线上的当前状态。

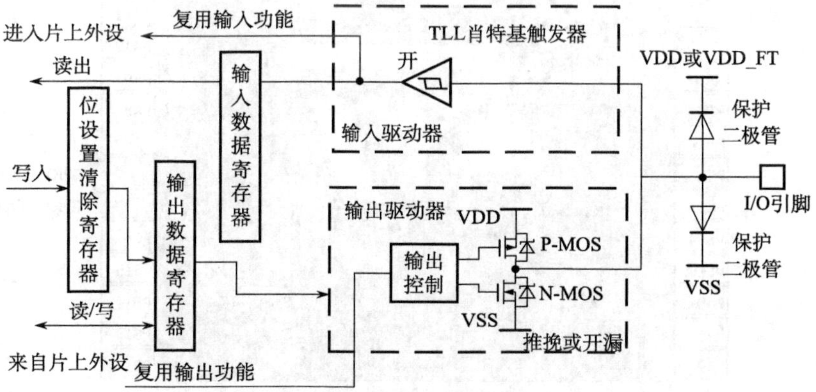

图 3.3　复用功能配置

有不少引脚上配备了来自多个模块的复用功能引脚，如表 3.2 中的 PB10，默认复用功能就有 I2C2_SCL 和 USART3_TX 两个。TIM2 重映射后，TIM2_CH3 也使用 PB10 的复用功能。在使用引脚的复用功能时，需要注意在软件上只可以使能一个外设模块，否则在引脚上可能产生信号冲突。例如，如果使能了 USART3 模块，同时没有对 USART3 进行重映射配置，则不可以使能 I2C2 模块。同理，如果需要使用 I2C2 模块，则不能使能 USART3 模块。但是如果配置了 USART3 的引脚重映射，USART3 的 TX 和 RX 信号将从 PC10 和 PC11 或 PD8 和 PD9 引出，避开了 I2C2 使用的 PB10 和 PB11，这时就可以同时使用 I2C2 模块和 USART3 模块了。

USART3 模块共有 5 个信号，分别为 TX、RX、CK、CTS 和 RTS。从表 3.2 中可以看出，重映射是对所有信号同时有效。这 5 个信号中，在使能了 USART3 模块后，只有 TX 和 RX 始终与对应的引脚相连，而其他 3 个信号分别有独立的控制位，控制它们是否与外部引脚相连。如果程序中不使用某个信号的功能，则可以关闭这个信号的功能，对应的引脚可以作为其他功能的引脚。例如，当关闭了 USART3 的 CK、CTS 和 RTS 功能并且没有重映射 USART3 时，PB12、PB13 和 PB14 可以作为通用输入输出端口使用，也可以作为其他模块的复用功能引脚。

STM32 的其他模块也分别存在着重映射，如 CAN、JTAG/SWD 复用功能映射、ADC 复用功能映射、定时器复用功能映射、SPI 复用功能映射等。因此，在使用 STM32 时需要额外注意这些细节。尤其在 JTAG 出现复用时需要读者考虑使用 SWD 调试和下载程序，这样可以解决 I/O 冲突问题。

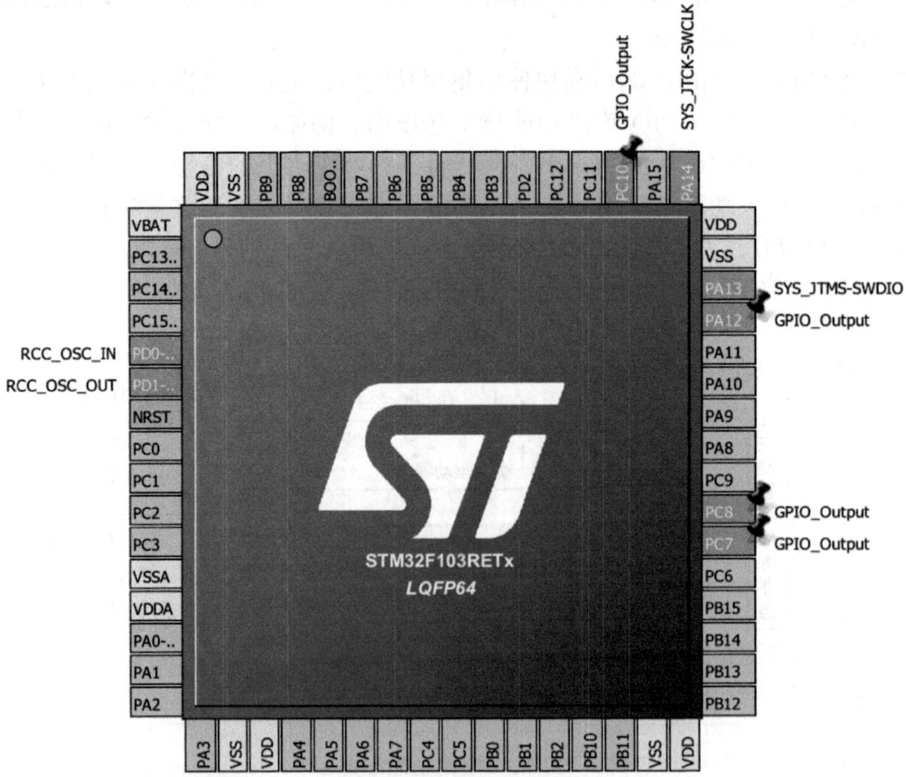

图 3.4　STM32CubeMX 引脚配置图

读者看到这里或许感觉 STM32 的引脚配置十分烦琐，这一点 ST 公司早就想到了。为方便开发者开发，提高软件开发的效率，STM32CubeMX 便应运而生，其引脚配置如图 3.4 所示。STM32CubeMX 是 ST 公司的主动原创工具，它可以减少开发的时间和费用。STM32CubeMX 集成了一个全面的软件平台，支持 STM32 每一个系列的 MCU 开发。这个平台包括 STM32Cube HAL（一个 STM32 的抽象层集成软件，确保 STM32 系列最大的移植性）。再加上兼容的一套中间件（RTOS、USB、TCP/IP 和图形），所有内嵌软件组件附带了全套例程。STM32CubeMX 是一个图形化编程软件，可以直接根据开发人员所需的功能勾选，以 HAL 库文件为基础自动产生代码。开发者就可以轻松应用每一个外设。因此，使用 HAL 库可以大大缩短用户的程序编写时间，进而降低开发成本。每个外设驱动都由一组函数组成，这组函数覆盖了该外设的所有功能。每个器件的开发都由一个通用应用编程界面（Application Programming Interface，API）驱动，API 对该驱动程序的结构、函数和参数名称都进行了标准化。STM32CubeMX 直接生成的工程支持 IAR、Keil、TrueSudio 等主流的编译工具。

本书只对 STM32CubeMX 做一个简单的介绍，感兴趣的读者可以自行去 ST 官网了解及下载。但 STM32CubeMX 程序具有良好的封装性，这对初学 STM32 的读者或许并不是一个较好的选择。

3.3 STM32 最小应用系统设计

STM32 最小应用系统是指用尽量少的外围电路构成的可以使 STM32 正常工作、实现基本功能的最简单系统，也称为最小硬件系统或最小系统。STM32 最小系统应当包括 STM32 芯片、电源电路、复位电路、时钟电路和 JTAG 接口，此外，也可以为其扩展各种类型的存储器。本节以 STM32F103ZET6 为例设计 STM32 最小应用系统，介绍相关电路。STM32 应用系统的硬件设计包括最小硬件系统设计和扩展外围接口两部分。设计 STM32 应用系统时，首先需要根据数据手册了解 STM32 芯片的基本参数，接着根据相应的参数需求选择元器件设计最小应用系统，然后根据应用需求为其扩展必要的外围接口。

图 3.5 所示为 STM32 最小系统，图中对应序号说明见表 3.3。

表 3.3　最小系统资源列表

①	微控制器：STM32F103ZET6	⑥	电源开关
②	外部存储扩展：NOR Flash	⑦	SPI Flash
③	外部存储扩展：SRAM	⑧	EEPROM
④	USB 供电接口	⑨	RTC 供电电池
⑤	SWD 调试口	⑩	复位开关

3.3.1 电源电路设计

电源是 STM32 微控制器不可缺少的重要组成部分。一个良好的电源设计是系统稳定工作运行的保障。在进行硬件系统设计之前需要估算整个系统的整体功率，然后进行电源芯片的选型工作，其性能的优劣直接关系到硬件系统的可靠性、稳定性及电磁兼容性。

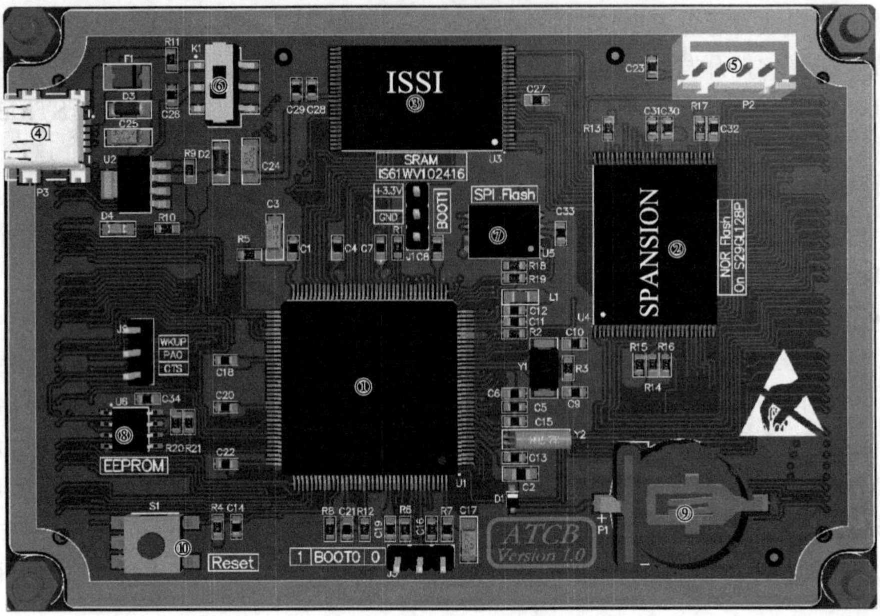

图 3.5　STM32 最小系统

如图 3.6 所示，STM32 使用单电源供电，工作电压范围为 2.0～3.6V。STM32 含有一个内置的电压调节器，提供 Cortex-M3 所需的 1.8V 电源。当主电源 VDD 掉电后，通过 VBAT 脚为实时时钟(RTC)和备份寄存器提供电源。但如果最小系统没有使用备份电池，则 VBAT 引脚必须和 VDD 引脚连接。如果要启用 ADC 功能，为了确保输入为低压时获得更好的精度，用户可以连接一个独立的外部参考电压到 VREF+和 VREF−引脚上，注意 VREF 的电压范围为

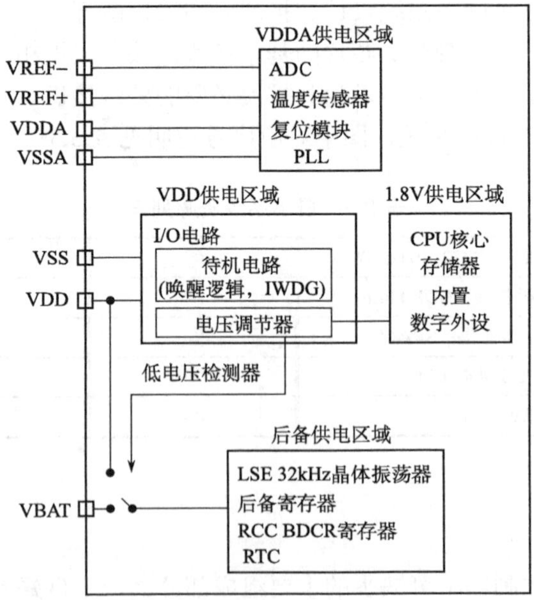

图 3.6　STM32 整体供电需求

2.4V～VDDA。对于 64 脚或更少的 STM32 芯片，其没有外部 VREF+和 VREF−引脚，事实上，它在芯片内部与 ADC 的电源(VDDA)和地(VSSA)相连。

因此，STM32 最小系统实际上是一个 3.3V 的应用系统，设计的电源供电电路如图 3.7 所示。首先由 CZ1 电源接口输入直流电源，二极管在电路中的作用为防止电源反接，经过两电容滤波后，通过 LM7805 将电源稳压至 5V。然后采用 SPX1117M3-3.3V，将 5V 转换 3.3V。SPX1117M3-3.3V 输出电流可达 800mA，输出电压的精度在±1%以内，并具有电流限制和热保护等功能，广泛应用在手持式仪表和工业控制等领域。使用时，输出端至少需要一个 10μF 的钽电容来改善瞬态响应和稳定性。

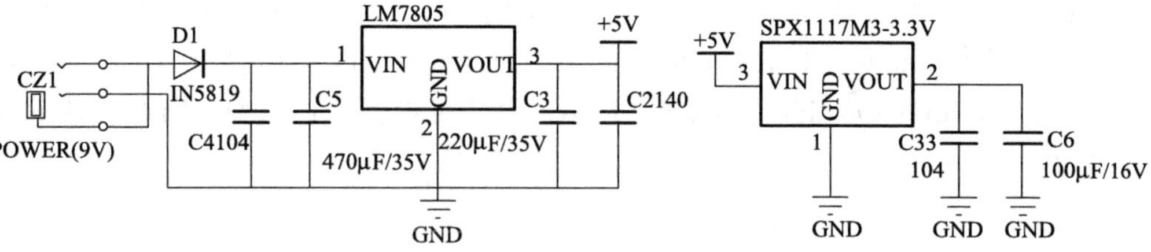

图 3.7　STM32 系统电源供电电路

3.3.2　复位电路设计

STM32 芯片的高速、低功耗特性导致其噪声容限低，对电源的纹波、瞬态响应性能、时钟源的稳定性、电源监控可靠性等方面提出了更高的要求。本最小系统设计中的复位电路采用专用的微控制器电源监控芯片 SP708S 用以提高系统的稳定性。由于在进行 JTAG 调试时，NRST 是可由 JTAG 仿真器控制复位的，所以使用了三态缓冲门 73HC125 进行驱动，复位模块设计原理图如图 3.8 所示。

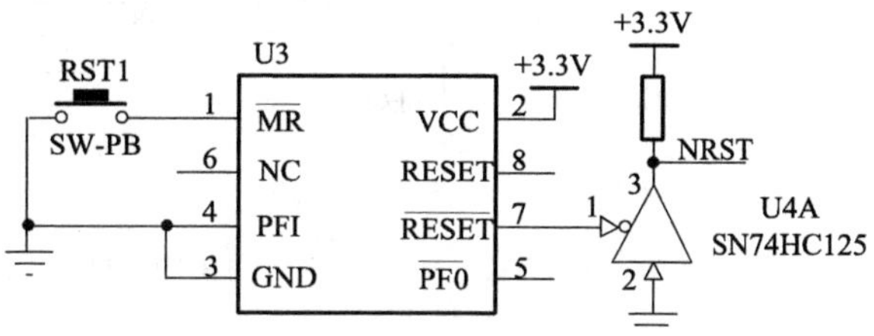

图 3.8　复位模块设计原理图

图 3.8 中，信号 NRST 连接到 STM32 芯片的复位引脚 RESET。当需要复位时，SP708S 立即输出复位信号，其引脚 7 输出低电平使其导通，信号 NRST 将输出低电平使系统复位。平时，SP708S 的引脚 7 输出高电平，两三态门截止。上拉电阻将信号 NRST 上拉为高电平，系统可正常运行或进行 JTAG 仿真调试。

3.3.3　时钟电路设计

STM32 带有内部 RC 振荡器，可以为内部锁相环(PLL)提供时钟，这样，STM32 依靠内部振荡器就可以在 72MHz 的满速状态下运行。但是内部 RC 振荡器相比外部晶振来说不够准确，也不够稳定，而使用外部晶振或外部时钟源内部 PLL 电路可调整系统时钟，系统运行速度更快。最小系统使用了外部 8MHz 晶振，如图 3.9 所示，用 1MΩ 电阻 R26 与晶振并联，使系统更容易起振。选用 8MHz 晶振的原因是串口波特率更精确，同时支持芯片内部的 PLL 功能和 ISP 功能。

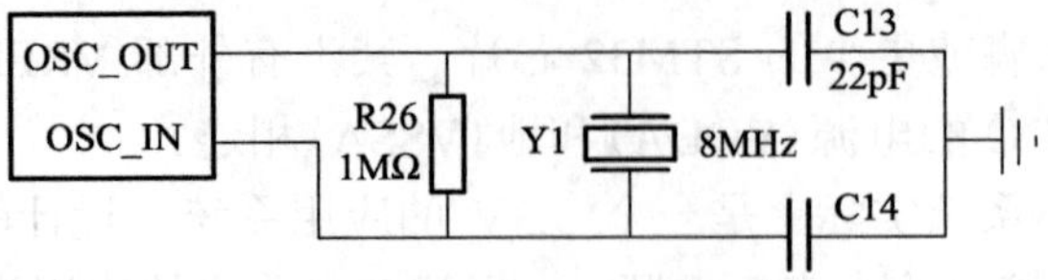

图 3.9　时钟模块设计原理图

3.3.4　JTAG 接口电路设计

为了让 STM32 最小系统运行起来，还需要硬件调试端口。采用 ARM 公司提出的标准 20 脚 JTAG 仿真调试口，JTAG 接口上的信号 NRST 可以与复位电路相连接，达到共同控制系统复位的目的。根据 STM32 的应用说明手册需要在 JTCK 引脚上接一个下拉电阻，系统复位后，STM32F103ZET6 内部的 JTAG 口才可以使用。JTAG 模块具体的设计如图 3.10 所示。

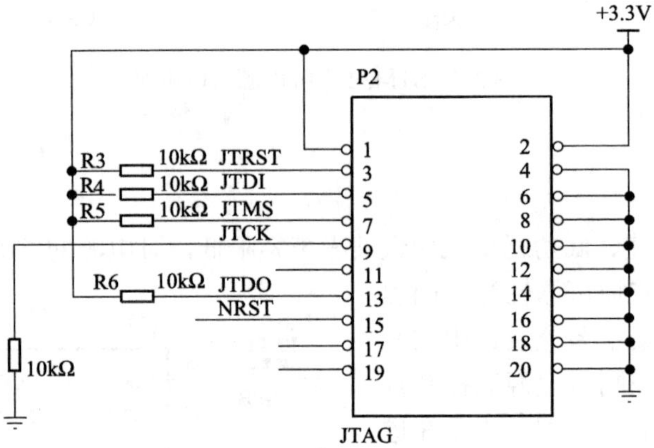

图 3.10　JTAG 模块设计原理图

3.3.5　外部存储器扩展

STM32 系列采用一种新型的存储器扩展技术 FSMC，其在外部存储器扩展方面具有独特的优势，可根据系统的应用需要，方便地进行不同类型大容量静态存储器的扩展。FSMC 是 STM32 系列中内部集成 256KB 以上的 Flash，之所以称为“可变”是因为通过对特殊功能寄存器的设置，FSMC 能够根据不同的外部存储器类型，发出相应的数据 / 地址 / 控制信号类型以匹配信号的速度，从而使 STM32 系列微控制器不仅能够应用各种不同类型、不同速度的外部静态存储器，而且能够在不增加外部器件的情况下同时扩展多种不同类型的静态存储器，满足系统设计对存储容量、产品体积以及成本的综合要求。

FSMC 管理 1GB 的映射地址空间。该空间划分为 4 个大小为 256MB 的 BANK，每个 BANK 又划分为 4 个 64MB 的子 BANK。FSMC 的两个控制器管理的映射地址空间不同。NOR Flash 控制器管理第 1 个 BANK，NAND / PC Card 控制器管理第 2～4 个 BANK。由于两个控制器管理的存储器类型不同，扩展时应根据选用的存储设备类型确定其映射位置。

大容量且引脚数在 100 脚以上的 STM32F103ZET6 芯片都带有 FSMC 接口。FSMC 能够与同步或异步存储器和16位PC存储器卡连接，STM32的FSMC接口支持包括SRAM、NAND Flash、NOR Flash和PSRAM等在内的存储器。设计选用K9F1208作为外接NAND Flash芯片，K9F1208是容量为512Mbit即64MB的存储器，它由4096个块(Block)组成，其中每个块又由32个页(Page)组成，每个页由512B+16B组成。K9F1208的读写都是以页为单位的，擦除则以块为单位。K9F1208挂接在STM32的FSMC总线，控制信号定义如表3.4所示。

表3.4 FSMC接口控制信号定义

FSMC信号名称	输入/输出	功能
A[17]	输出	NAND闪存地址锁存允许信号(ALE)
A[16]	输出	NAND闪存命令锁存允许信号(CLE)
D[7:0]	输入/输出	8位复用的、双向地址/数据总线
NCE[*x*]	输出	片选，*x*=2、3
NOR(=NRE)	输出	输出使能(存储器端信号名称：读使能，NRE)
NWE	输出	写使能
WAIT/INT[3:2]	输入	NAND闪存就绪/繁忙，输入至FSMC的信号

STM32外接NAND Flash接口电路如图3.11所示。

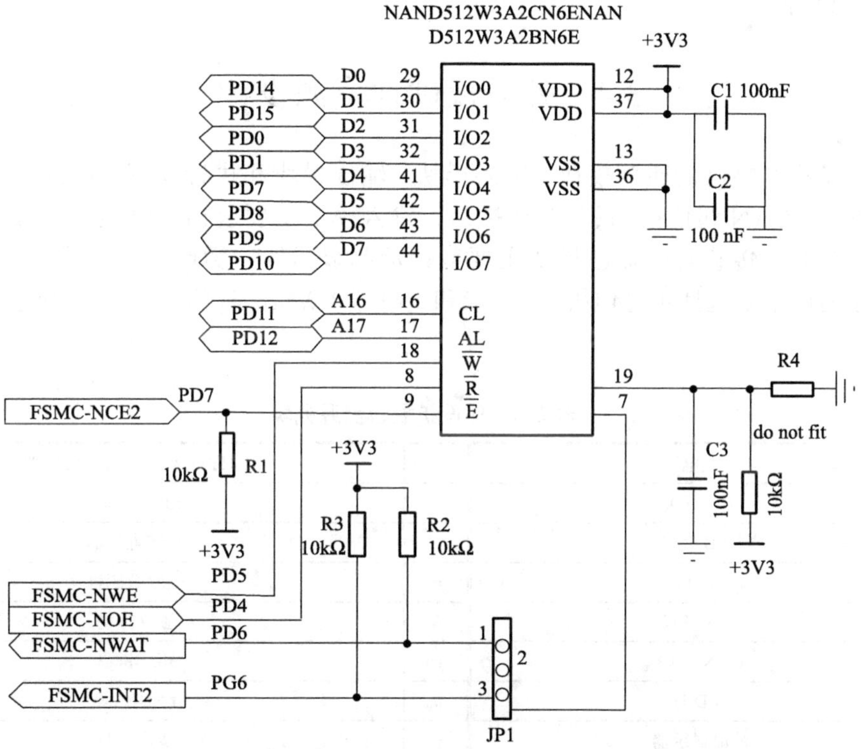

图3.11 STM32外接NAND Flash接口电路

从 FSMC 的角度看，把外部存储器划分为固定大小为 256MB 的 4 个存储块，其中块 2 和块 3 属于 NAND 存储块，每个存储块又可以划分为通用和属性空间。通用和属性空间又可以在低 256KB 部分划分为 3 个区，如表 3.5 所示。

表 3.5　通用和属性空间低 256KB 区域划分

区域名称	HADDR[17:16]	地址范围
地址区	1X	0x020000～0x03FFFF
命令区	01	0x010000～0x01FFFF
数据区	00	0x000000～0x00FFFF

应用软件使用这 3 个区访问 NAND Flash：

(1) 发送命令到 NAND Flash。软件只需要对命令区的任意一个地址写入命令即可。

(2) 指定操作 NAND Flash 的地址。软件只需要对地址区的任意一个地址写入命令即可。因为一个 NAND 地址有 4 字节或 5 字节(依实际的存储器容量而定)，需要连续地执行对地址区的写才能输出完整的操作地址。

(3) 读写数据。软件只需要对数据区的任意一个地址写入或读出数据即可。因为 NAND 闪存存储器自动累加其内部的操作地址，读写数据时没有必要变换数据区的地址，即不必对连续的地址区操作。

3.4　外设板硬件资源设计

外设扩展板主要包括通信模块、输入模块、输出模块和执行模块。通信模块主要包括串行通信接口、CAN 通信接口和 USB 接口；输入模块主要包括矩阵键盘、独立按键、旋转电位器和温湿度传感器；输出模块主要包括液晶显示器、数码管、发光二极管和 LED 点阵；执行模块主要包括步进电机、SD 卡和定时器 PWM，具体如图 3.12 所示，图中对应序号见表 3.6。

表 3.6　外设扩展板资源列表

①	供电电源	⑩	DHT11 数字温湿度传感器
②	电源开关	⑪	SD 卡接口
③	USB 接口	⑫	旋转电位器
④	JTAG 接口	⑬	七段数码管
⑤	RS232 串口	⑭	独立按键
⑥	CAN 接口	⑮	矩阵键盘
⑦	LED 灯	⑯	LED 点阵
⑧	液晶显示器	⑰	步进电机
⑨	蜂鸣器	⑱	BLCD 无刷直流电机接口

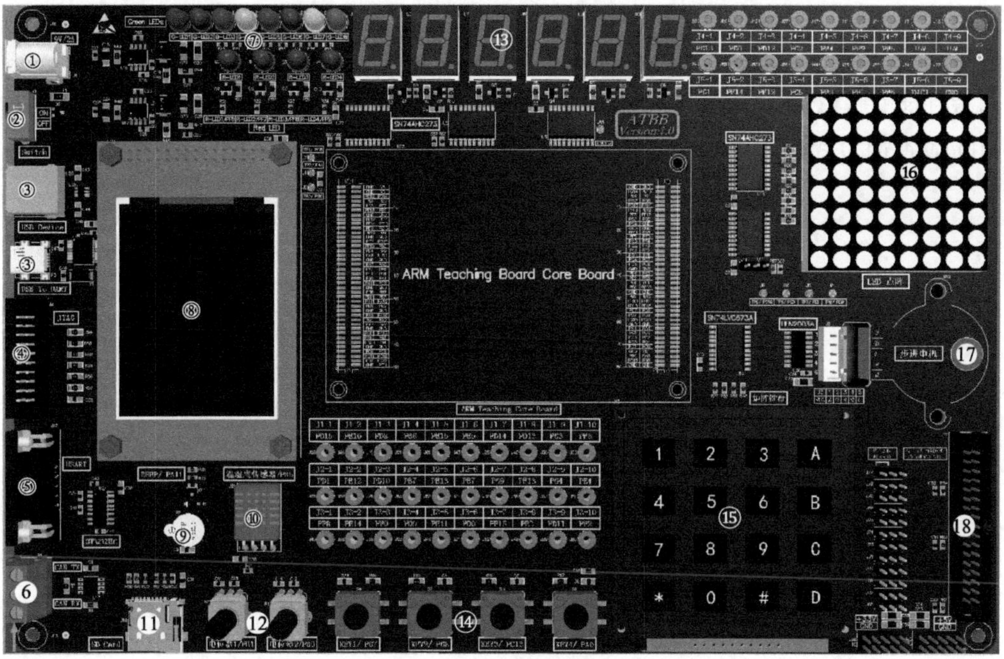

图 3.12　STM32 外设扩展板

3.4.1　串行通信接口

串行通信接口是嵌入式系统中常用的接口之一。在以 STM32 为主控芯片的数据采集或监控系统中，经常需要及时将相关信息传送给上位 PC，此时可以使用 RS232 总线实现 STM32 与 PC 之间的通信。RS232 是美国电子工业联盟(Electronic Industries Alliance, EIA)制定的串行数据通信的接口标准，通常有两种接口形式：一种为 9 脚，另一种为 25 脚。在嵌入式控制系统中，一般使用 9 脚的 RS232 接口。其引脚定义如表 3.7 所示。

表 3.7　RS232 接口引脚定义(9 脚)

引脚号	信号	定义	引脚号	信号	定义
1	DCD	载波检测	6	DSR	数据准备好
2	RXD	接收数据	7	RTS	请求发送
3	TXD	发送数据	8	CTS	清除发送
4	DTR	数据终端准备好	9	RI	振铃提示
5	SGND	信号地			

当引脚资源紧张时，可以仅使用 RXD 和 TXD 两个引脚，即可完成设备的双向异步传输。RS232 采用逻辑负电平，逻辑 1(MARK)：−3～−15V，对应 TTL 电平的“1”；逻辑 0(SPACE)：+3～+15V，对应 TTL 电平的“0”。STM32 用于串行通信的通用同步/异步收发器(USART)采用的是 TTL 电平。因此，电平转换芯片实现了电平转换。STM32 配备了 3 个增强型 USART 接口，每个 USART 接口的最大通信速率为 4.5Mbit/s。STM32 的 USART 接口是一个可全面

定制的串行通信接口，其数据长度、停止位和波特率都是可以设置的。采用 9 脚的 RS232 接口实现 STM32 的 USART1 与 PC 通信的硬件电路如图 3.13 所示。图中采用符合 RS232 电平标准的驱动芯片 MAX232 实现电平转换，同时增加传输距离。硬件电路完成后即可根据需要采用中断或查询方式编程实现 STM32 和 PC 之间的通信。

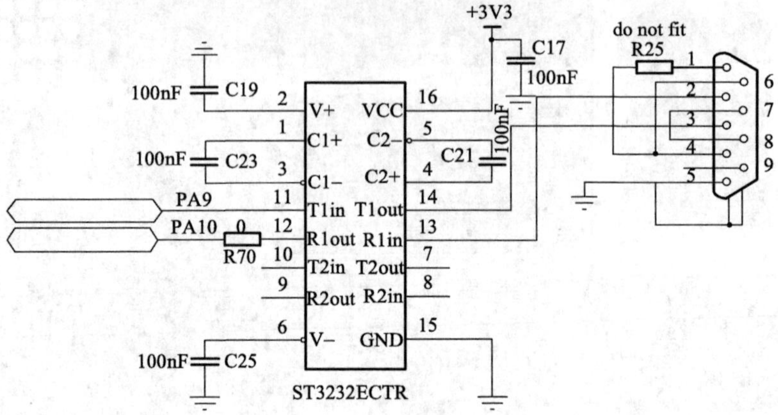

图 3.13　串行通信接口电路

3.4.2　串行外设接口

为了能与其他 IC 通信，STM32 配备了两个 SPI 接口，并提供高达 18MHz 的全双工 SPI 通信。需要注意的是，一个 SPI 接口位于满速 72MHz 的 APB2 高速总线上，另一个 SPI 接口则挂载在满速 36MHz 的 APB1 低速总线上。串行外设接口 SPI 可用于 STM32 与移位寄存器、显示驱动器、串行 ADC、串行 DAC 、串行 EEPROM 以及日历时钟芯片等外围器件通信。下面以使用 SPI 总线驱动串行 Flash 的电路为例来介绍其应用。

M25P64 是一款带有先进写保护机制和高速 SPI 总线访问的 8MB 串行 Flash 存储器。其部分主要引脚功能描述如下。引脚 Q：输出串行数据。引脚 D：输入串行数据。引脚 C：串行时钟信号输入。引脚 S：片选，该引脚低电平有效，若为高电平，则串行数据输出 Q 为高阻抗状态。引脚 HOLD：控制端，暂停串行通信。在 HOLD 状态下，串行数据输出 Q 为高阻抗，时钟输入 C 和数据输入 D 无效。引脚 W：写保护端，能够限制写指令和擦除指令的操作区域，低电平有效。

通过 STM32 的 SPI1 接口与 M25P64 通信的接口电路如图 3.14 所示。SPI1_MISO、SPI1_SCK、SPI1_MOSI 与 M25P64 的引脚 Q、C、D 直接连接，实现 SPI 通信。当 SPI 使能

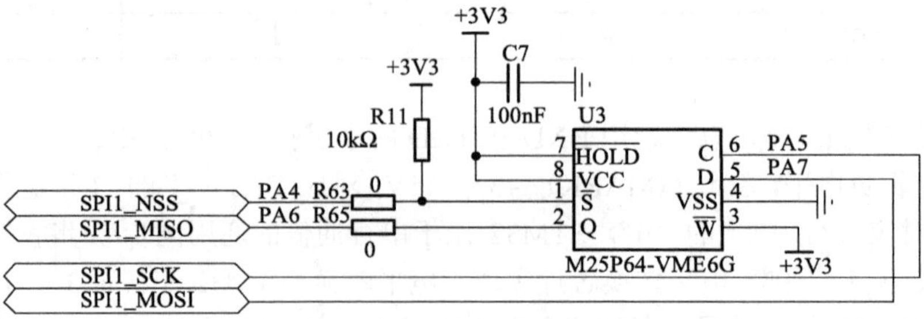

图 3.14　串行外设接口电路

实现数据传输时，SPI_NSS 将 M25P64 的引脚 S 拉低，M25P64 使能。STM32 与 M25P64 通信时，一般工作于主模式。

3.4.3 USB 接口

USB 是电子设备中最常用的连接方式。USB 具有易于扩展、价格低廉、易于升级、速度快和支持热插拔等优点，广泛用于与 PC 相连的设备中。

开发板拥有一个 MiniUSB 接口，一个 USB 接口设备。用于 STM32 与计算机的 USB 通信，通过此 MiniUSB 头，开发板就可以实现与计算机的 USB 通信。开发板总共板载了 2 个 MiniUSB 头，一个用于 USB 转串口，连接 CH341T 芯片；另一个用于 STM32 内带的 USB。如图 3.15 所示，同时，开发板可以通过此 MiniUSB 头供电，主要是因为使用方便，并且可以给开发板提供更大的电流。

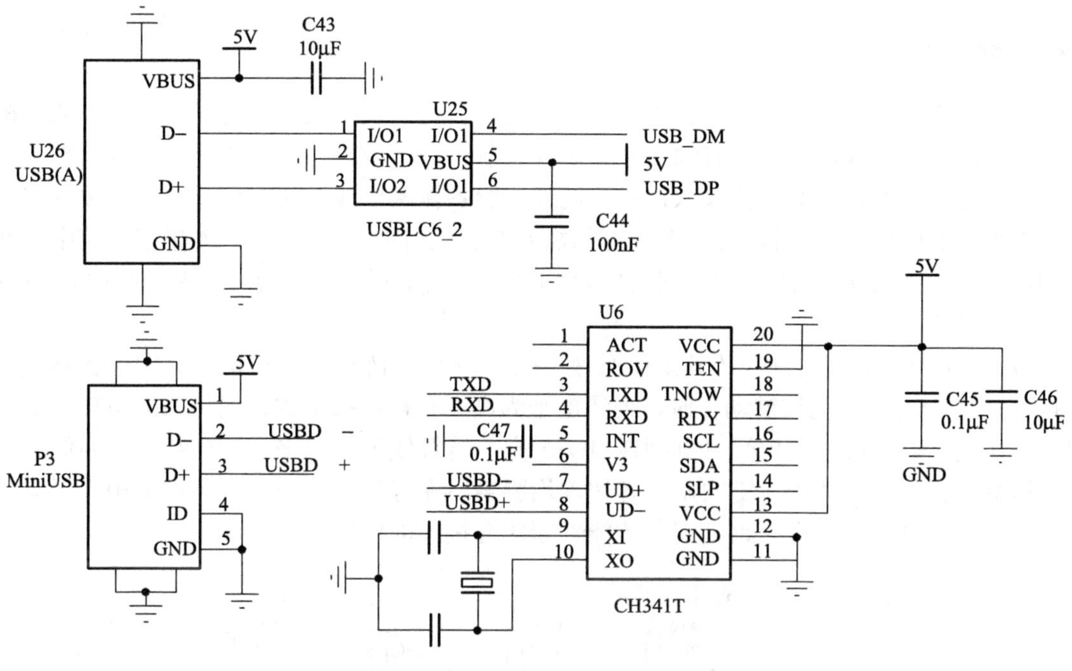

图 3.15 USB 接口电路

3.4.4 CAN 总线控制器接口

CAN 总线有较高的可靠性和错误检测能力，已成为应用最广泛的现场总线之一。STM32 含有 CAN 接口模块，其兼容 CAN 总线标准接口规范 2.0A 和 2.0B（主动），位速率高达 1Mbit/s。它可以接收和发送 11 位标识符的标准帧，也可以接收和发送 29 位标识符的扩展帧，具有 3 个发送邮箱、2 个接收 FIFO、3 级 14 个可调节的滤波器。CAN 总线上的信号通常以差分方式在两条数据线（CANH 和 CANL）上传输。静态时，CAN 总线为“隐形”，CANH 和 CANL 的电平分别为 3.5V 和 1.5V（电位差为 2V）。为了使 STM32 的 CAN 接口模块符合高速 CAN 总线电平，需要使用 CAN 收发器实现电平转换。由于 STM32 是 3.3V 供电，故可选 TI 的 3.3V 的 CAN 收发器 SN65HVD230，接口电路如图 3.16 所示。

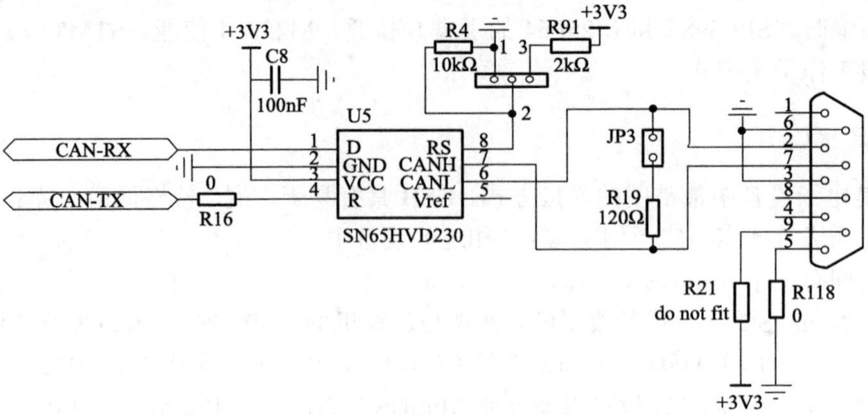

图 3.16　CAN 接口电路

3.4.5　键盘接口电路

键盘是嵌入式系统中常用的输入设备。通过键盘输入数据或命令可以实现简单的人机通信。键盘由按键构成，常用的有独立式和矩阵式(行列式)两种。独立式键盘的各按键相互独立，各自连接到处理器的一根输入口线，通过读取各输入口线的状态可获取所有按键状态。独立键盘与 STM32 连接时，每一个按键都需要 STM32 的一个 I/O 口。如果某系统中需要较多的按键，使用独立按键会占用过多的 I/O 口资源。当用到多个按键时，为了节省 I/O 口线，引入矩阵键盘。

以 4×4 矩阵键盘为例介绍其工作原理。图 3.17 为矩阵键盘接口电路。图中各列线使用上拉电阻接至 3.3V。无按键动作时，列线电平为高。有按键按下时，列状态由与其接通的行线电平决定。若行线为高电平，则列线电平为高。若行线为低电平，则列线电平为低。由于矩阵键盘中行线、列线由多键共用，各按键均影响所在行列的电平，故各按键相互影响，需要将行信号、列信号结合起来处理，才能判断闭合按键的位置。

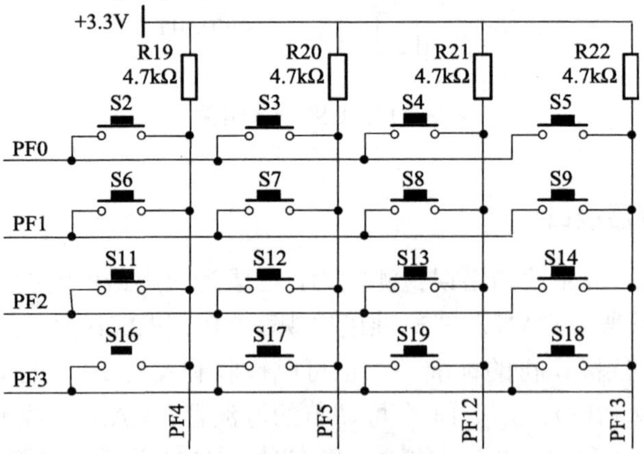

图 3.17　矩阵键盘接口电路

根据上述原理，判断键盘中有无按键按下是通过行线送入扫描线号，然后从列线读取状态得到的。其方法是依次给行线送低电平，检查列线的输入。如果列线全是高电平，则代表低电平信号所在的行中无按键按下；如果列线有输入为低电平，则代表低电平信号所在的行和出现低电平的列的交点处有按键按下。

STM32 扫描按键可以采用中断或者查询方式。其中查询方式一般是把矩阵键盘的行(列)输出信号相与以后接入 STM32 的外部中断口，程序里将这个外部中断设置为低电平触发就可以了。由于人的按键动作相对于 STM32 的处理速度来说很慢，一般采用查询方式便完全能够达到要求。

3.4.6 数码管显示电路

嵌入式系统中最常用的显示器有发光二极管(Light-Emitting Diode, LED)显示器和液晶显示器(Liguid Crystal Display, LCD)。LED 显示器也称为LED 数码管，是由LED 显示字段组成的显示器，有 7 段和“米”字段之分，而 7 段更常用。7 段式数码管实际上是由 7 个发光管组成 8 字形构成的，加上小数点就是 8 个。这些段分别由字母 a、b、c、d、e、f、g、dp 来表示。7 段式数码管有共阴极和共阳极之分，共阴极数码管使用时阴极连接于一起接地，当某 LED 的阳极接高电平时，相应的 LED 点亮，共阳极二极管则相反。

LED 显示器有静态显示和动态显示两种方式。静态显示时，每个数码管的每一个段码都由一个 ARM 的 I/O 端口进行驱动，或者使用如 BCD 码二-十进制译码器进行驱动。静态显示的优点是编程简单，显示亮度高，缺点是占用 I/O 端口多，如驱动 5 个数码管静态显示则需要 5×8=40 根 I/O 端口来驱动，实际应用时必须增加译码驱动器进行驱动，增加了硬件电路的复杂性。LED 数码管动态显示接口是单片机中应用最广泛的一种显示方式之一。动态驱动是将所有数码管的 8 个显示笔画 a、b、c、d、e、f、g、dp 的同名端连在一起，另外为每个数码管的公共极 COM 增加位选通控制电路，位选通由各自独立的 I/O 线控制。当 STM32 输出字形码时，STM32 对位选通 COM 端电路的控制，所以只要将需要显示的数码管的选通控制打开，该位就显示出字形，没有选通的数码管就不会亮。通过分时轮流控制各个数码管的 COM 端，就使各个数码管轮流受控显示，这就是动态驱动。在轮流显示过程中，每位数码管的点亮时间为 1～2ms，由于人的视觉暂留现象及 LED 的余辉效应，尽管实际上各位数码管并非同时点亮，但只要扫描的速度足够快，给人的印象就是一组稳定的显示数据，不会有闪烁感。动态显示的效果和静态显示是一样的，能够节省大量的 I/O 端口，而且功耗更低。

LED 显示器与 STM32 的硬件接口电路如图 3.18 所示。使用 LED 进行显示时，必须为其提供段选码和位选码。段选码可使用硬件译码或软件译码方法得到。硬件译码就是使用译码驱动芯片实现译码。本书采用 SN74AHC273 作为译码芯片，SN74AHC273 包含八进制 3 态非反转透明锁存器，其引脚定义如表 3.8 所示。

表 3.8　SN74AHC273 引脚定义

引脚	符号	功能
1	OE	3 态输出使能输入
2、3、4、5、6、7、8、9	D0～D7	数据输入
12、13、14、15、16、17、18、19	Q0～Q7	3 态锁存输出
11	C	锁存使能输入
10	GND	接地
20	VCC	电源电压

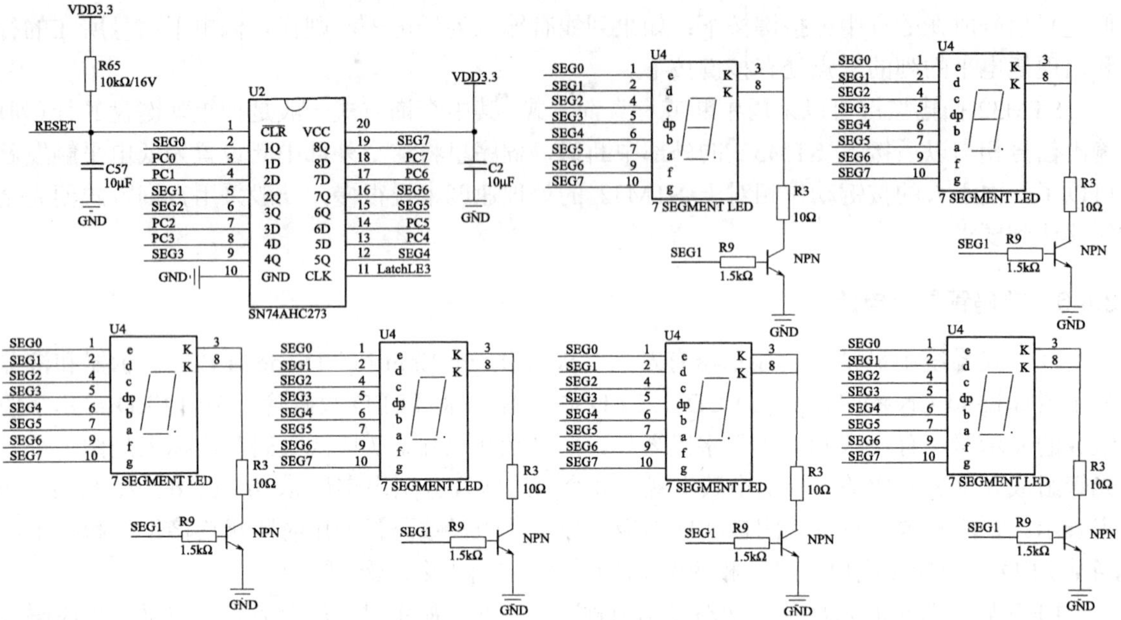

图 3.18　LED 数码管驱动电路

设计的接口电路使用了两个 SN74AHC273 芯片，事实上，在 LED 显示器控制时 U2 不是必需的，此处 U2 的使用是为了复用引脚，当引脚输出了数码管显示的数据位后，U3 将数据锁存释放相应的引脚。U2 的数据输出接 8 个数码管的段选信号。STM32 的 I/O 口直接控制 STM32 的 PF0 口控制芯片的使能。

3.4.7　LCD 及其接口电路

智能仪器仪表的操作过程需要人机对话，因此仪器中必须配备显示器，以便显示输入参数和测量输出的结果。液晶显示器具有体积小、分辨率高、功耗低、显示内容丰富等优点，广泛用于各种智能型仪器仪表中。本书选用 LCD12864 来实时显示嵌入式系统中的相关数据，其与同类型的点阵式 LCD 相比，无论硬件电路结构还是显示程序都要简洁得多，且成本也略低。

常用的 LCD12864 中有带字库的，也有不带字库的，其控制芯片有多种，如 T6963、ST7920 等。下面介绍一种以 ST7920 为主控芯片的 LCD12864。其连接方式有两种：并行方式和串行方式，可通过引脚 PSB 来配置。并行方式在很多相关书籍中均有介绍，在此不再赘述。下面介绍串行方式的相关使用。串行方式使用的 I/O 口较少，但传输速率比并行慢。LCD12864 的串行接口电路如图 3.19 所示。

在串行工作方式下，LCD12864 与 STM32 之间连接的控制线只需要 3 根：SID 数据线、SCLK 时钟脉冲线和 RESET 复位线。在本电路中，只需把引脚 PSB 接地即可工作在串行方式下。由于 LCD12864 采用 5V 供电，而 STM32 的 I/O 口引脚电压为 3.3V，故两者不能直接相连，在液晶的 3 个输入引脚(SID、SCLK、RESET)接上拉电阻至 5V，同时 STM32 对应的输出引脚配置成开漏输出，即可以解决电平匹配的问题。引脚 VO 上的电压越高，对比度越高。通过实验对比，使用的 LCD12864 在引脚 VO 接上固定的电阻 10kΩ、470Ω 进行分压实现了最佳的对比度。此外，为了防止供电不稳定，在电源两侧并联两个电容进行滤波。

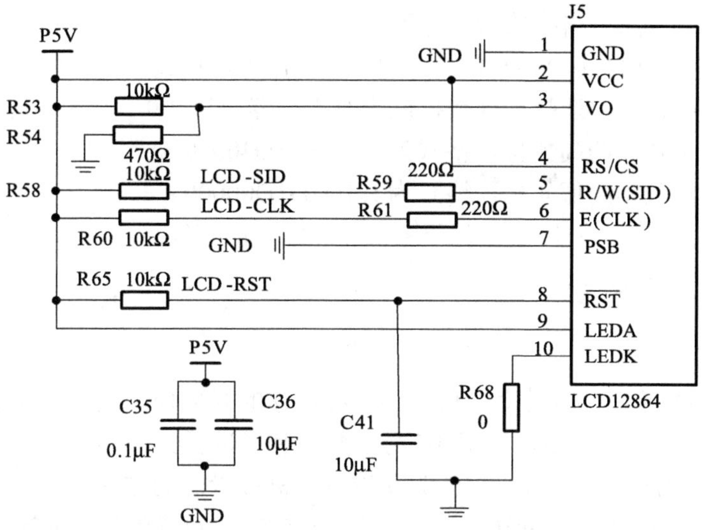

图 3.19 LCD12864 的串行接口电路

LCD12864 内部含有国标一级、二级简体中文字库的点阵图形液晶显示模块，内部固化 8192 个 16×16 点汉字字型在 CGROM 里，并提供 128 个 16×8 点 ASCII 字符集在 HCGROM 里。显示字符时，控制器 ST7920 内有供写入字符代码的缓存器 DDRAM，将要显示的中文或西文字符代码写入 DDRAM，硬件将依照编码自动从 CGROM 中选择将要显示的字型显示在屏幕上，其中 DDRAM 地址与液晶屏的 32 个字符显示区域有一一对应的关系，如表 3.9 所示。

表 3.9 DDRAM 地址与字符显示区域对应关系表

第一行	80H	81H	82H	83H	84H	85H	86H	87H
第二行	90H	91H	92H	93H	94H	95H	96H	97H
第三行	88H	89H	8AH	8BH	8CH	8DH	8EH	8FH
第四行	98H	99H	9AH	9BH	9CH	9DH	9EH	9FH

在串行工作模式下，LCD12864 的写时序和读时序相同，时序图如图 3.20 所示。

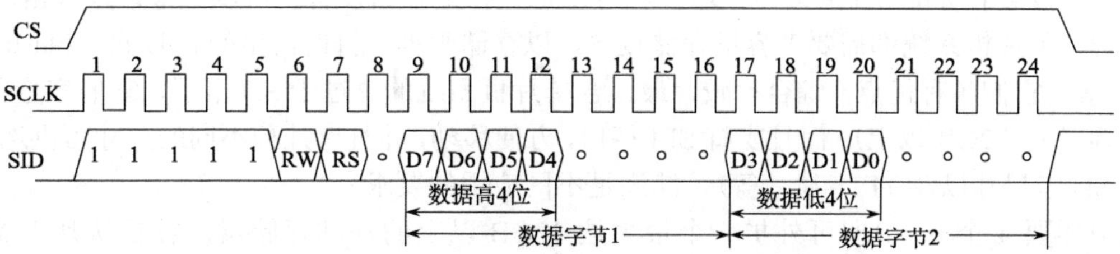

图 3.20 LCD12864 读写时序图

由图 3.20 可知，在串行工作模式下，当片选信号 CS 为高电平时，LCD 开始接收数据，在 24 个时钟脉冲信号 SCLK 下，完成 8 位串行数据的传送。其中串行数据信号 SID 的传送共分 3 个字节完成，其传送格式如下。

第一字节：格式为 11111RWRS0，以“11111”作为数据起始位，“RW”位选择数据的传输方向(读或写)，“RS”位选择内部数据或指令寄存器，以“0”作为结尾。

第二字节：8 位数据的高 4 位，格式为 D7D6D5D40000。

第三字节：8 位数据的低 4 位，格式为 D3D2D1D00000。

此外，由于液晶模块内部没有发送/接收缓冲区，故在发送/接收数据时，需要一个一个执行，否则会造成数据丢失。

3.4.8 步进电机

步进电机是将电脉冲信号转变为角位移或线位移的开环控制元件。在非超载的情况下，电机的转速、停止的位置只取决于脉冲信号的频率和脉冲数，而不受负载变化的影响。当步进驱动器接收到一个脉冲信号时，它就驱动步进电机按设定的方向转动一个固定的角度，称为步距角，它的旋转是以固定的角度一步一步运行的。可以通过控制脉冲个数来控制角位移量，从而达到准确定位的目的；同时，可以通过控制脉冲频率来控制电机转动的速度和加速度，从而达到调速的目的。一个步进电机的电路如图 3.21 所示。

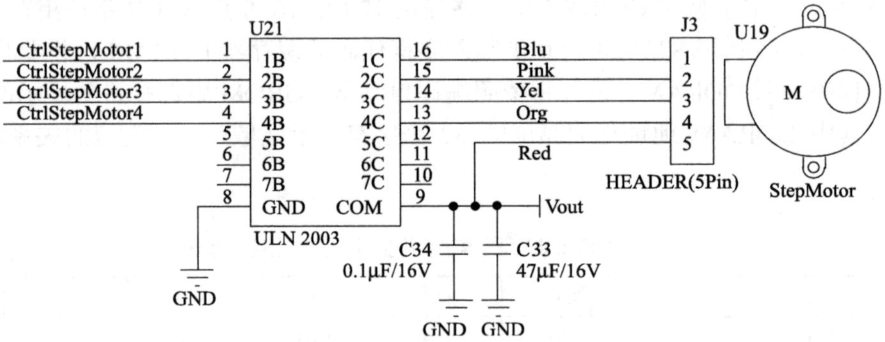

图 3.21　步进电机电路

3.4.9 SD 卡接口

开发板载有标准 SD 卡接口，这样就可以扩大容量存储设备，可以用来记录数据。

很多单片机系统都需要大容量存储设备，以存储数据，目前常用的有 U 盘、Flash 芯片、SD 卡等。它们各有优点，综合比较，最适合单片机系统的莫过于 SD 卡了，它的容量不仅可以做到很大(32GB 以上)，而且支持 SPI 接口，方便移动，并且有几种不同的尺寸可供选择(标准的 SD 卡尺寸以及 TF 卡尺寸等)，能满足不同应用的要求。

只需要 4 个 IO 口即可外扩一个最大达 32GB 以上的外部存储器，容量从几十 MB 到几十 GB，选择尺度很大，更换也很方便，编程简单，是单片机大容量外部存储器的首选。一个 SD 卡接口电路如图 3.22 所示。

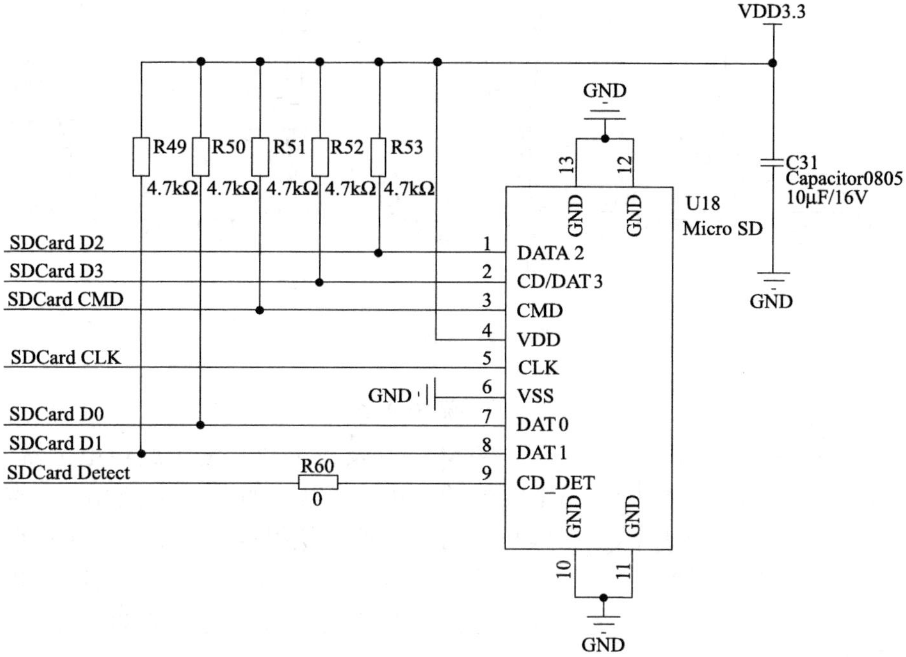

图 3.22　SD 卡接口电路

3.4.10　其他外设资源

1. 独立按键、LED、蜂鸣器

STM32 开发板上载有 4 个按键(User_Botton、Anti_Tamper、KEY3 和 WAKEUP)、4 个 LED(LED1、LED2、LED3 和 LED4)和一个蜂鸣器。4 个按键都可以实现按键输入实验和中断输入实验。开发板中的多数按键主要实现 LED 的亮灭操作，按键按下一次，它们的状态就翻转一次。其中，WAKEUP 按键具有唤醒和进入待机模式的功能。几种常见电路如图 3.23～图 3.25 所示。

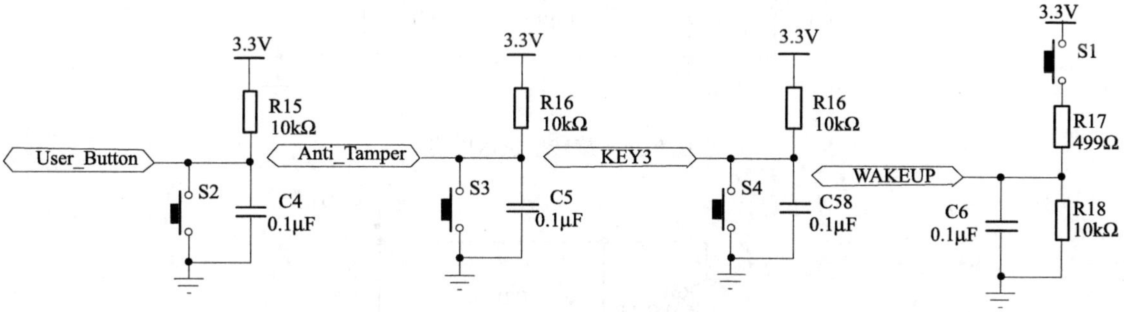

图 3.23　独立按键电路

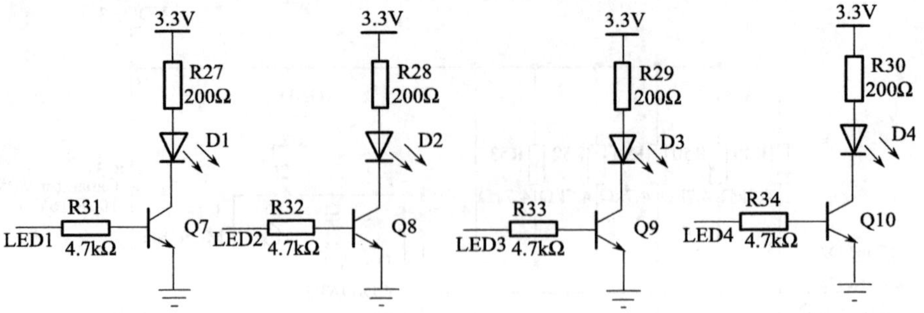

图 3.24　LED 电路

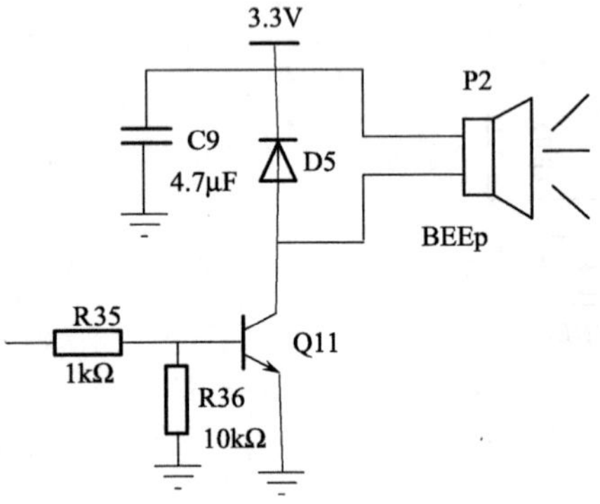

图 3.25　蜂鸣器电路

2. 旋转电位器

STM32 开发板上载有两个旋转电位器，它是可变电阻器的一种。其电路如图 3.26 所示。通常是由电阻体与转动或滑动系统组成，即靠一个动触点在电阻体上移动，获得部分电压输出。依据其特性我们将利用旋转电位器改变电压的方式实现 STM32 的 ADC 来采样外部电压值。

3. 温湿度传感器

DHT11 数字温湿度传感器是一款含有已校准数字信号输出的温湿度复合传感器，如图 3.27 所示。它应用专用的数字模块采集技术和温湿度传感技术，以确保产品具有极高的可靠性和卓越的长期稳定性。传感器包括一个电阻式感湿元件和一个 NTC 测温元件。

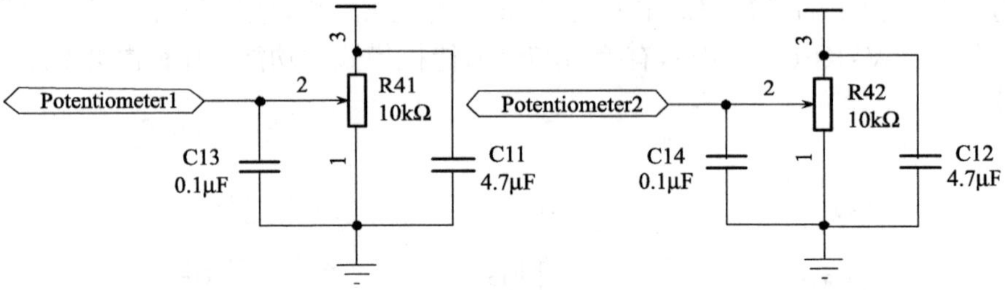

图 3.26　旋转电位器电路

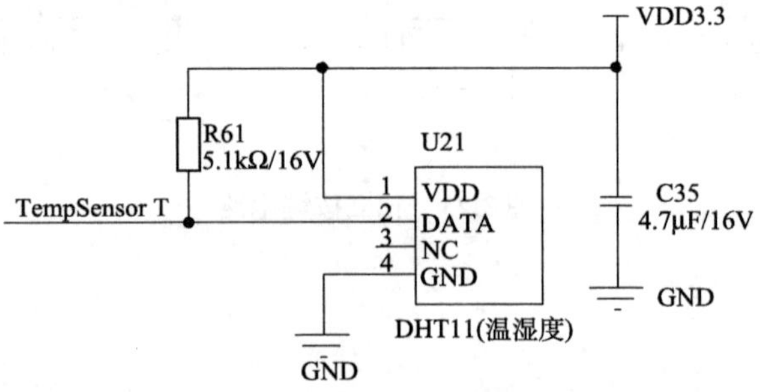

图 3.27　DHT11 数字温湿度传感器电路

习题与思考题

3.1 STM32 最小系统包括哪几部分？

3.2 STM32 电源电路如何改善瞬态响应和稳定性？

3.3 简要描述 STM32 复位电路的原理。

3.4 STM32 时钟电路采用的晶振大小是多少？

3.5 简要描述 FSMC 静态存储控制器的特点。

3.6 堆栈指针的使用方法有哪些？

3.7 特殊功能寄存器有哪些？主要作用是什么？

3.8 STM32 的 GPIO 口最多有几种复用功能？

3.9 在数码管驱动电路中，使用锁存器驱动数码管有哪些好处？

3.10 在 LED 电路及蜂鸣器电路中添加三极管驱动有哪些好处？

3.11 请简述去耦电容、旁路电容和滤波电容的作用。

第 4 章　软件开发基础

4.1　概　　述

初学 STM32 时，最重要的是如何从零开始运行第一个程序。“LED 闪烁”程序类似于 C 语言中的“Hello World”。下面以该程序为例，介绍如何在 ARM 平台上运行第一个程序。图 4.1 为 STM32 程序的基本开发流程，其中包括开发工具的安装、工程模板的建立、代码的编写、下载以及调试。

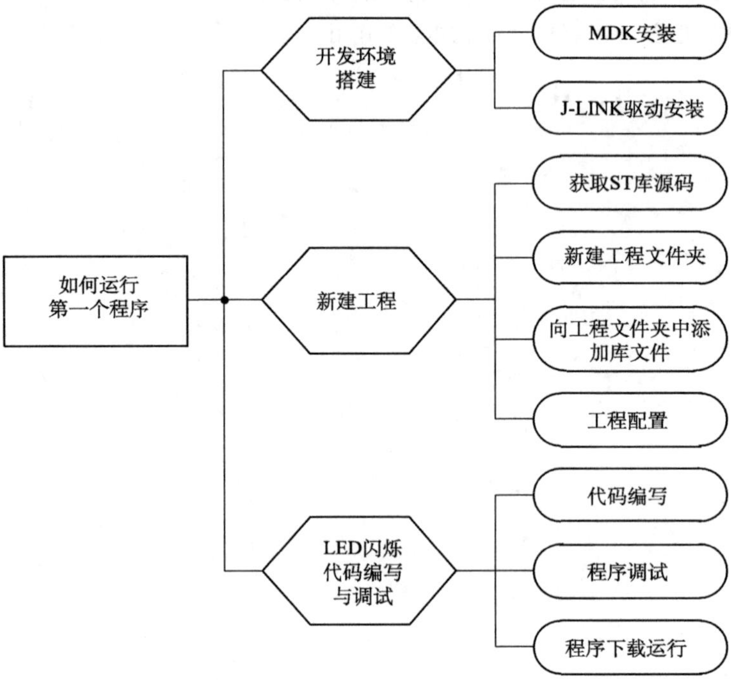

图 4.1　STM32 软件基本开发流程

本章以如何运行第一个程序“LED 闪烁”为例，简要介绍开发工具、固件库以及 MDK 的安装使用，并结合“LED 闪烁”程序的工程和代码，详细介绍工程模板的建立以及程序的运行、下载和调试，为读者的软件开发打下基础，便于后续的阅读学习。

4.2　集成开发环境及其应用

4.2.1　开发工具简介

随着 ARM7 和 ARM9 内核在微控制器领域的深入，出现了越来越多支持这些 CPU 开发的工具，主要有 Green Hills、Keil、IAR、GCC 和 TASKING 等。本书实验采用的是 Keil MDK 开发工具。

MDK 源自德国的 Keil 公司，是 RealView MDK（Microcontroller Development Kit）的简称。在全球，MDK 被超过 10 万的嵌入式开发工程师使用，其集成了业内最领先的技术，包括 μVision4 集成开发环境与 RealView 编译器。支持 ARM7、ARM9 和最新的 Cortex-M3 核处理器，自动配置启动代码，集成 Flash 烧写模块，强大的 Simulation 设备模拟、性能分析等功能。与 ARM 之前的工具包 ADS1.2 相比，MDK 编译器具有代码小、性能高的优点。RealView 编译器与 ADS1.2 相比具有如下优点：①代码密度比 ADS1.2 编译的代码尺寸小 10%；②比 ADS1.2 编译的代码性能高 20%。

Keil 公司开发的 ARM 开发工具 MDK 是用来开发基于 ARM 核的系列微控制器的嵌入式应用程序，它适合不同层次的开发者使用，包括专业的应用程序开发工程师和嵌入式软件开发的入门者。MDK 包含工业标准的 Keil C 编译器、宏汇编器、调试器和实时内核等组件，支持所有基于 ARM 的设备，能帮助工程师按照计划完成项目。

4.2.2 固件库简介

ST 公司为开发人员提供了一个完整的 STM32 设备固件库，以便开发人员能够更快地进行应用程序开发。固件库是一个由程序、数据结构和宏组成的固件函数包，同时还包括每个外设的驱动描述和应用实例。每个外设驱动都由一组函数组成。开发人员通过使用固件库，可以轻松地应用每一个外设，无须深入掌握底层硬件细节。这大大缩短了用户的开发时间，降低了开发成本。STM32 的 3.5 版库可以直接从官网获得，主要包括库源码及启动文件 Libraries、驱动实例和工程模板 Project、基于 ST 官方开发板的例程 Utilities、库版本更新说明以及库使用帮助文档。STM32 固件库目录如图 4.2 所示。

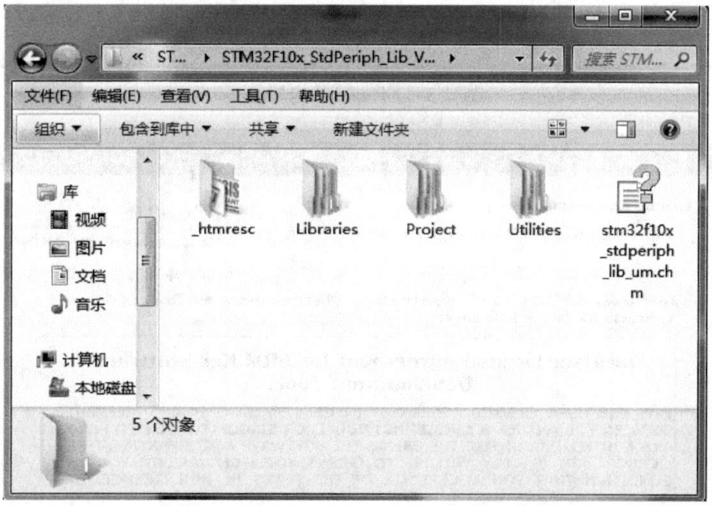

图 4.2 STM32×××标准外设体系结构

4.2.3 Keil MDK 的安装

1. 安装的最小系统要求

MDK 是 Windows 操作系统下的软件，安装 MDK 必须满足的最小系统要求如下。

(1) 操作系统：Windows XP SP2、Vista、Windows 7。

(2) 硬盘空间：300MB 以上。

(3) 内存：512MB 以上。

2. MDK 的安装步骤

(1) 购买 MDK 的安装程序，或从 http://www.embedinfo.com、http://www.Keil.com 下载 MDK 的评估版。

(2) 双击安装文件，弹出如图 4.3 所示的对话框。建议在安装之前关闭所有其他应用程序，单击 Next 按钮，弹出如图 4.4 所示的对话框。

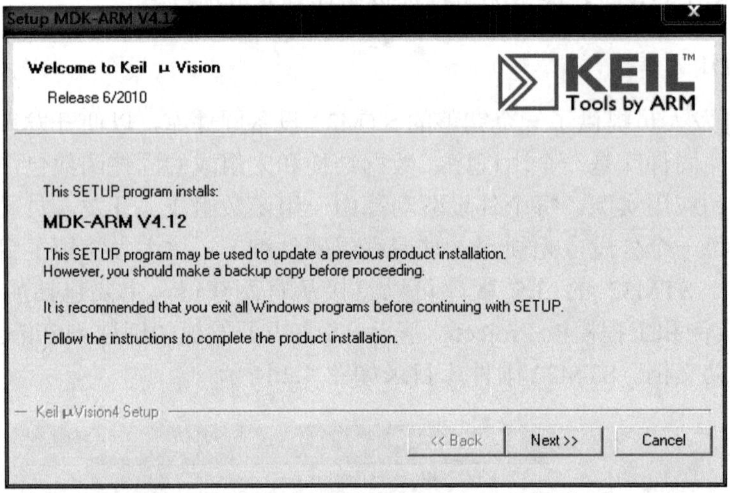

图 4.3 MDK 安装界面 1

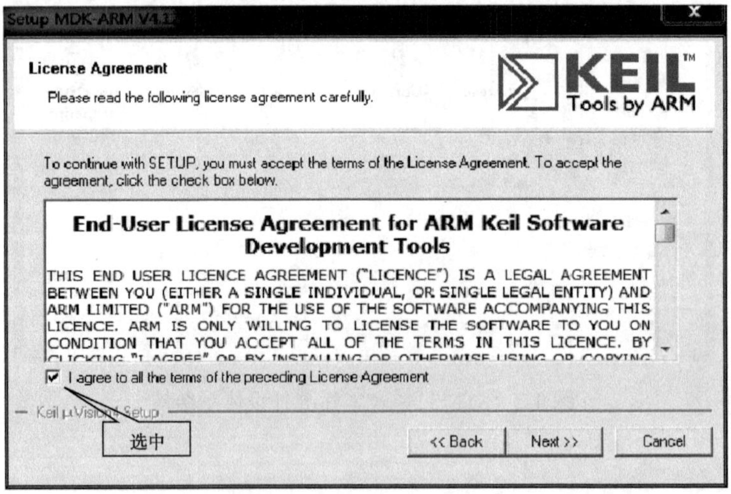

图 4.4 MDK 安装界面 2——接受许可协议

(3) 仔细阅读许可协议各条款，选中 I agree to all the terms of the preceding License Agreement 选项，单击 Next 按钮，弹出如图 4.5 所示的对话框。

图 4.5　MDK 安装界面 3——选择安装路径

(4) 单击 Browse 按钮选择安装路径，然后单击 Next 按钮，弹出如图 4.6 所示的对话框。

(5) 输入 First Name、Last Name、Company Name 以及 E-mail 后，单击 Next 按钮，安装程序将在计算机上安装 MDK。依据机器性能的不同，安装程序耗时半分钟到数分钟不等，单击 Finish 按钮结束安装。至此，开发人员就可以在计算机上使用 MDK 软件来开发嵌入式应用程序了。

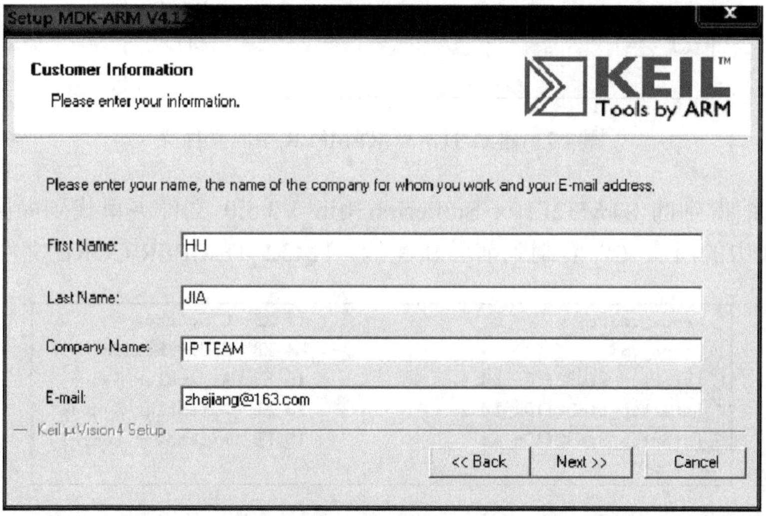

图 4.6　MDK 安装界面 4——输入个人信息

4.2.4　J-LINK 驱动安装

MDK 安装成功后可以进行代码的编写，而代码的下载与调试则需要借助 J-LINK，因此，需要先在计算机上安装 J-LINK 驱动，驱动可在网上下载，双击应用程序即可安装。

安装成功后，将 J-LINK 插接到计算机的 USB 口，即可在“我的电脑”→“管理”→“设备管理器”→“通用串行总线控制器”中看到一个 J-LINK driver。需要注意的是，在安装完 J-LINK 驱动后一定要将 J-LINK 插接到计算机的 USB 口，否则在计算机的设备管理器中无法查看到 J-LINK driver，当把 J-LINK 拔出计算机的 USB 口时，J-LINK driver 就会消失。

4.3 STM32 应用程序开发调试实例

4.3.1 STM32 工程建立

MDK 提供了丰富的工程管理工具，使基于 ARM 处理器的应用程序开发设计变得非常方便。本节以一个 Cortex-M3 处理器上的简单工程为例，对创建、调试、烧写一个工程的基本过程进行介绍，以帮助读者迅速掌握使用 MDK 的基本操作步骤。

1. 建立 STM32_TEMPER 文件夹

在开始之前，请读者先从网上获取 ST 公司提供的 STM32 固件库 STM32F10x_StdPeriph_Lib_V3.5.0，然后将其解压缩。

(1) 请在任意一个地方建立一个空文件夹，并将其命名为 STM32_TEMPER。然后在 STM32_TEMPER 里新建 6 个文件夹，分别命名为 CORE、HARDWARE、OBJ、STM32F10x_FWLib、SYSTEM、USER，如图 4.7 所示。

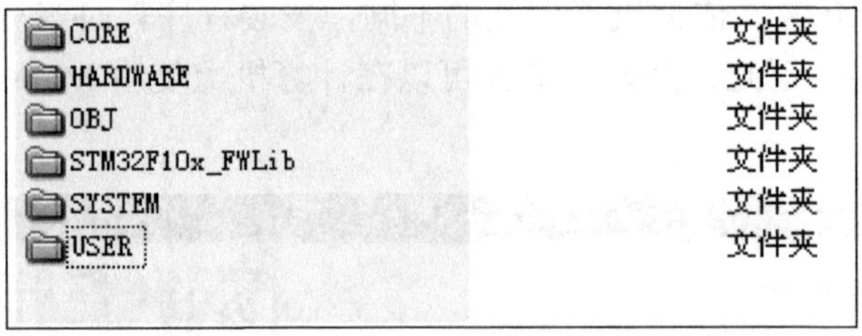

图 4.7 建立 STM32_TEMPER 中的文件夹

(2) 在解压缩得到的 STM32F10x_StdPeriph_Lib_V3.5.0 文件夹里找到如图 4.8 所示的文件，并将图 4.8 中的所有文件复制到前面新建的\STM32_TEMPER\CORE 文件夹中。

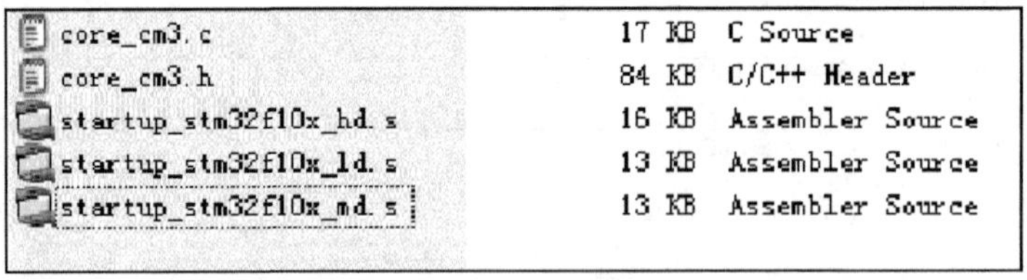

图 4.8 建立 STM32_TEMPER 中的文件夹

(3) 在解压缩得到的 STM32F10x_StdPeriph_Lib_V3.5.0 文件夹里找到 STM32F10x_StdPeriph_Driver 文件夹，如图 4.9 所示，并将里面的两个文件夹 src、inc 复制到前面新建的\STM32_TEMPER\ STM32F10x_FWLib 文件夹中。

CMSIS	文件夹
STM32F10x_StdPeriph_Driver	文件夹

图 4.9　STM32F10x_StdPeriph_Driver 文件夹

(4) 在解压缩得到的 STM32F10x_StdPeriph_Lib_V3.5.0 文件夹里找到如图 4.10 所示的 6 个文件，并将它们复制到前面新建的\STM32_TEMPER\ USER 文件夹中。

stm32f10x.h	620 KB	C/C++ Header
stm32f10x_conf.h	4 KB	C/C++ Header
stm32f10x_it.c	5 KB	C Source
stm32f10x_it.h	3 KB	C/C++ Header
system_stm32f10x.c	36 KB	C Source
system_stm32f10x.h	3 KB	C/C++ Header

图 4.10　STM32F10x_StdPeriph_Lib_V3.5.0 文件夹中需复制的 6 个文件

(5) 最后新建一个 main.c 文件，放入\STM32_TEMPER\ USER 文件夹中，如图 4.11 所示。

stm32f10x.h	620 KB	C/C++ Header
stm32f10x_conf.h	4 KB	C/C++ Header
stm32f10x_it.c	5 KB	C Source
stm32f10x_it.h	3 KB	C/C++ Header
system_stm32f10x.c	36 KB	C Source
system_stm32f10x.h	3 KB	C/C++ Header
main.c	0 KB	C Source

图 4.11　main.c 文件

建立 STM32_TEMPER 文件夹的用意在于，它可以作为以后进行 STM32 程序开发时的一个标准目录结构。以后在读者新建任何一个工程时，只要直接复制这个文件夹里面的 6 个文件夹就可以完成一个工程最基本的文件结构的建立，这样可以提高项目的开发效率。

2. 建立工程

(1) 打开 Keil μVision4，选择 Project→New μVision Project 菜单项(如果当前工程正在打开，请先执行 Project→Close Project 命令将其关闭)，在弹出的窗口中填写工程名和路径名(路径选择新建的 USER 文件夹，并将工程命名为 stm32_temper)，然后单击“保存”按钮，如图 4.12 所示。

(2) 保存之后，弹出对话框选择器件类型。此处根据实际情况选取，本书选择 STM32F103ZE 系列。如图 4.13 所示，可以看到右侧显示了该型号 STM32 器件的一些特性。

(3) 至此 STM32 的工程已经新建完毕，此时的 Keil MDK 窗口如图 4.14 所示。

(4) 右击 Target 1，选择 Manage Components 选项，在弹出的界面中将 Target 1 重命名为 stm32_temper，并依次添加 5 个 Groups，分别命名为 CORE、HARDWARE、STM32F10x_FWLib、SYSTEM、USER，如图 4.15 所示，完成后如图 4.16 所示。

(5) 右击 CORE，在弹出的菜单中选择 Add Files to Group，将 stm32_temper\CORE 文件夹中的 core_cm3.c、startup_stm32f10x_hd.s 文件添加进来，如图 4.17 所示。

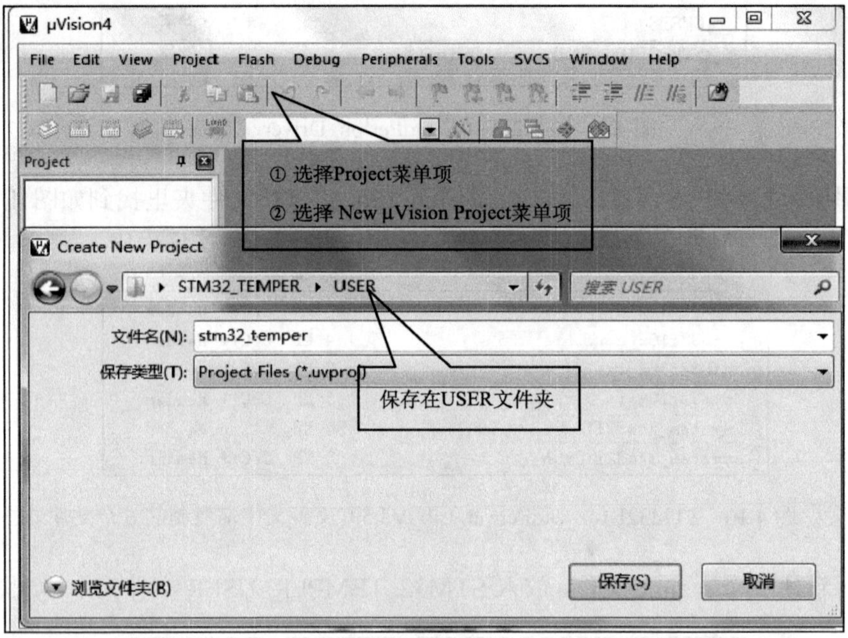

图 4.12　新建工程

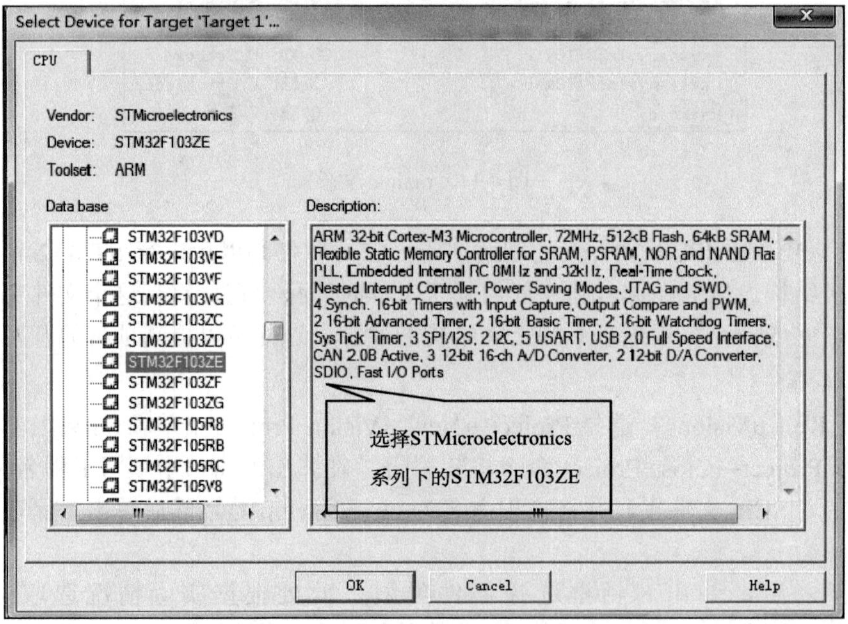

图 4.13　选择器件类型

(6) 给 STM32F10x_FWLib 文件夹添加 stm32_temper\STM32F10x_FWLib\src 路径下的 misc.c、stm32f10x_gpio.c 和 stm32f10x_rcc.c 这 3 个文件，如图 4.18 所示。

(7) 给 USER 文件夹添加 main.c、system_stm32f10x.c、stm32f10x_it.c，在 main.c 文件中键入一个 main 函数，如图 4.19 所示。

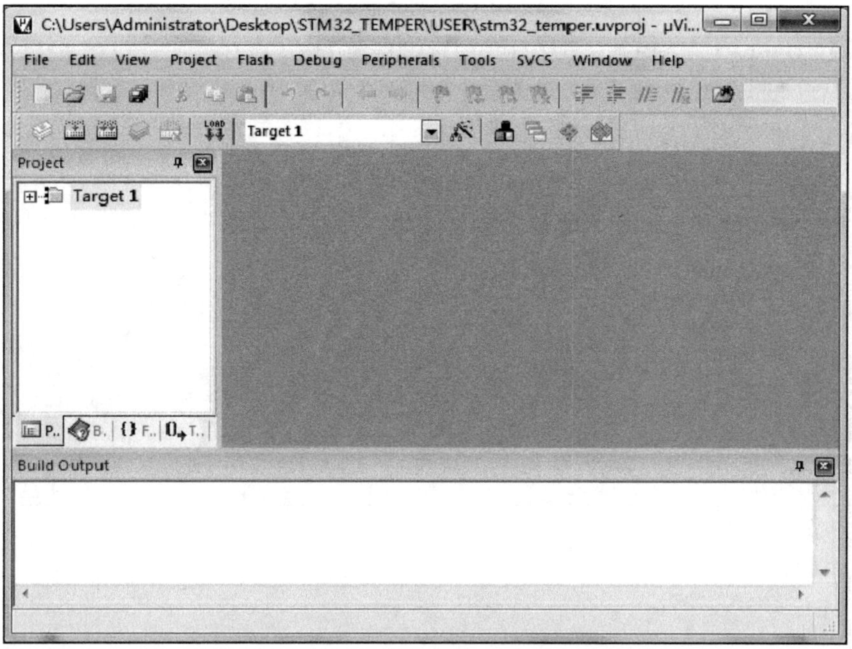

图 4.14　工程新建完毕

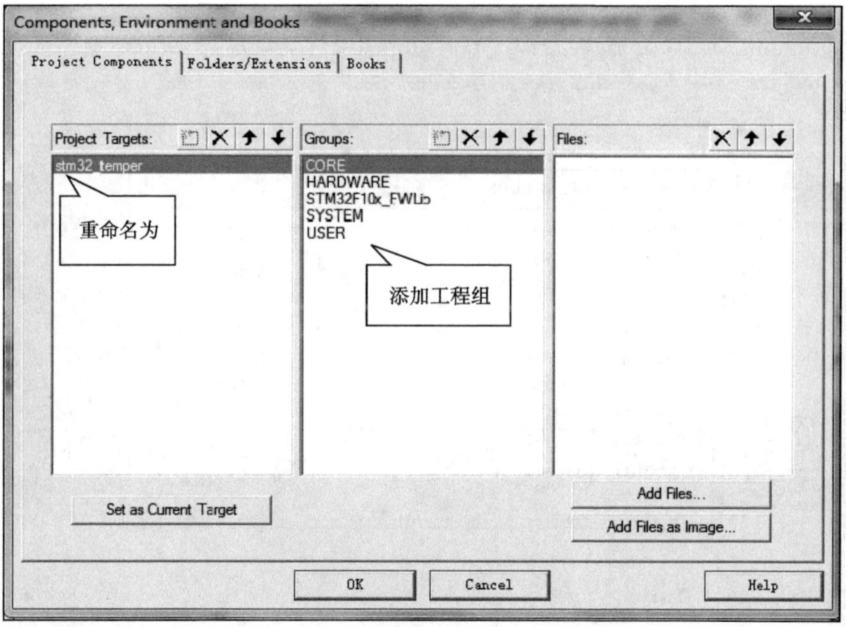

图 4.15　重命名及添加工程组

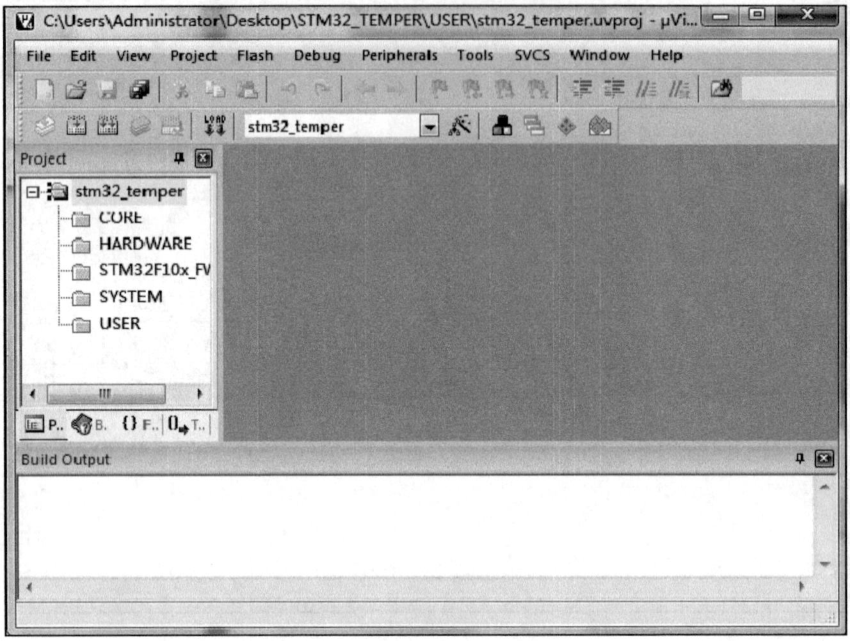

图 4.16　添加完成后界面

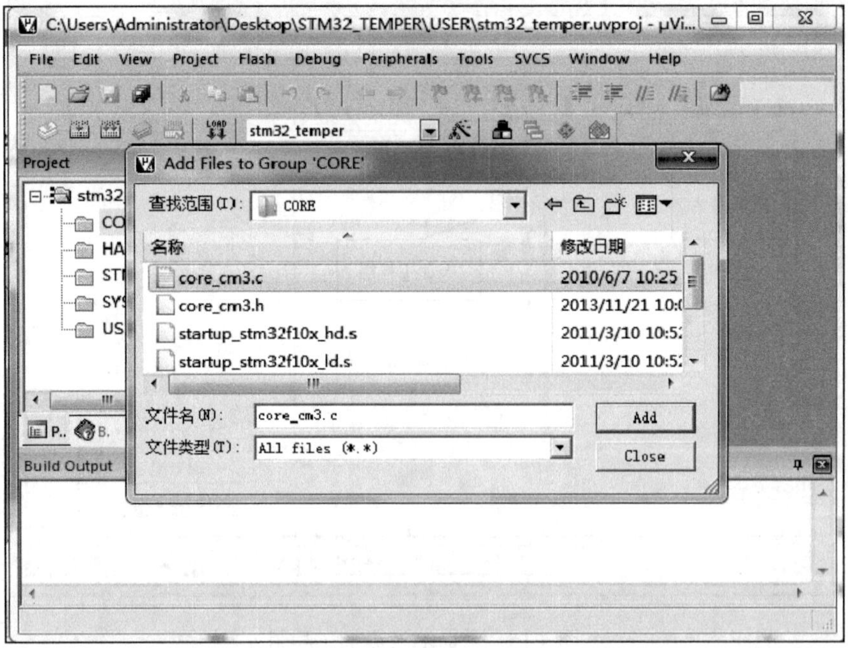

图 4.17　添加文件至 CORE

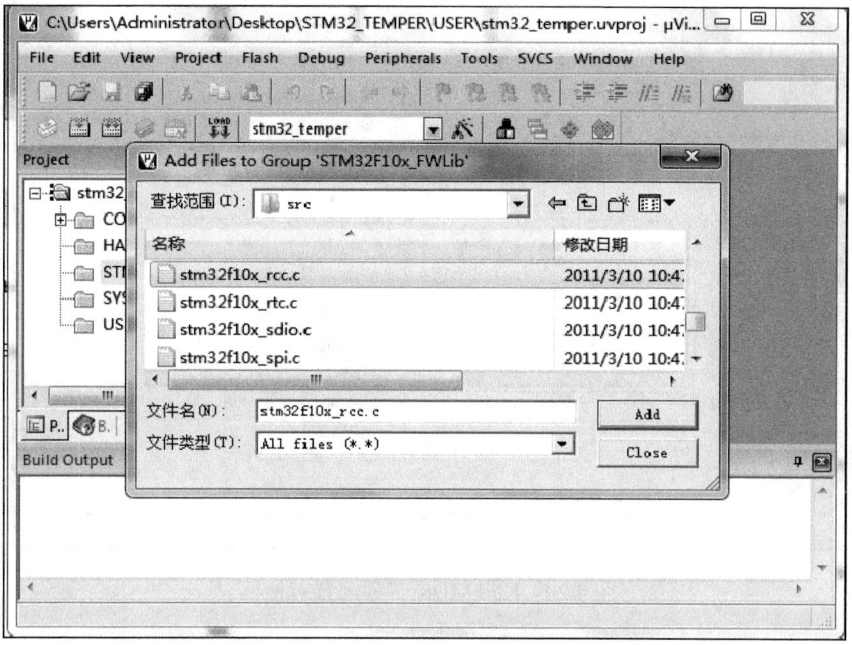

图 4.18 添加文件至 STM32F10x_FWLib

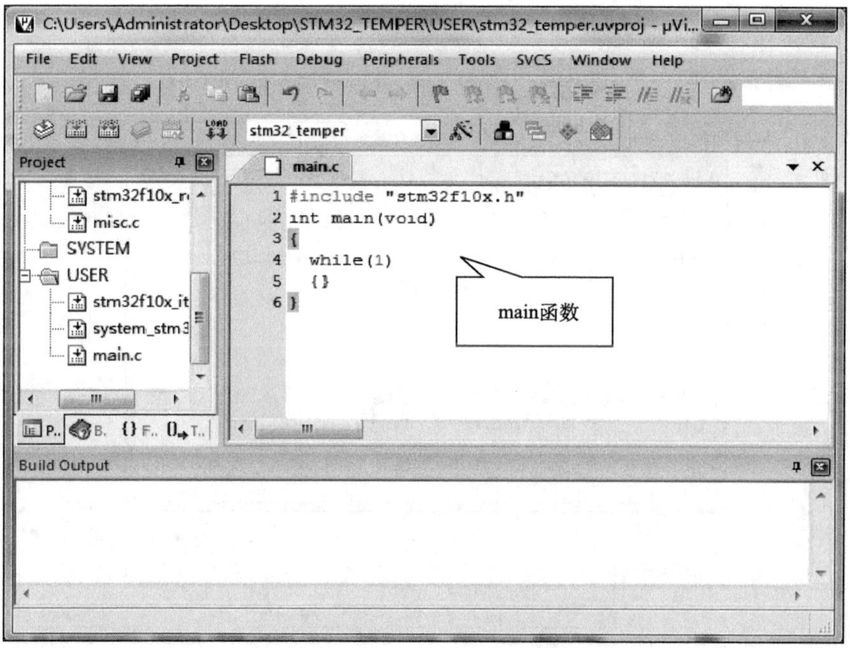

图 4.19 工程组文件添加完毕

(8) 右击 Project 区的 stm32_temper，在弹出的菜单中选择 Options for Target ‘stm32_temper’选项，弹出选项配置对话框，如图 4.20 所示。

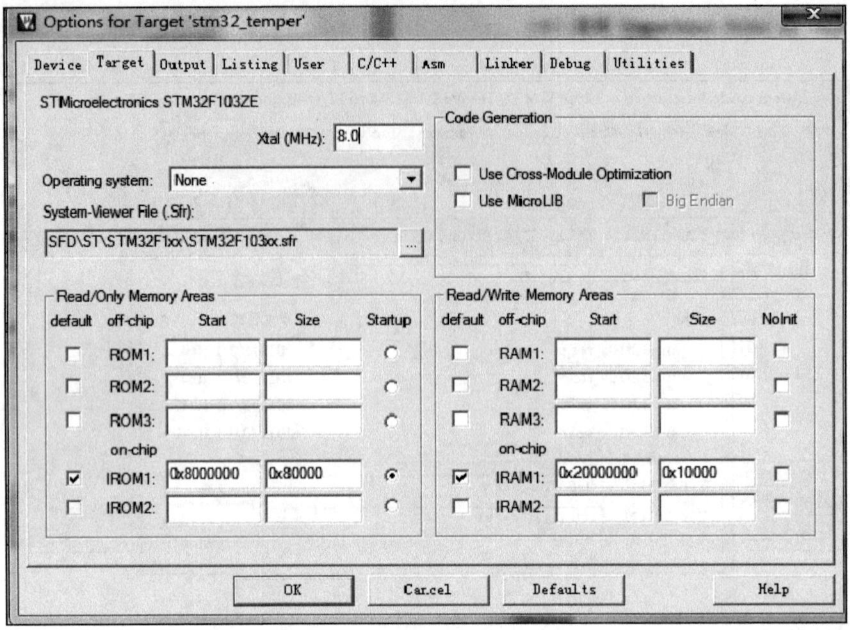

图 4.20　Keil MDK 工程配置对话框

(9) 选择 Output→Select Folder for Objects 选项，在弹出的对话框中选择\STM32_TEMPER\OBJ 路径，如图 4.21 所示。

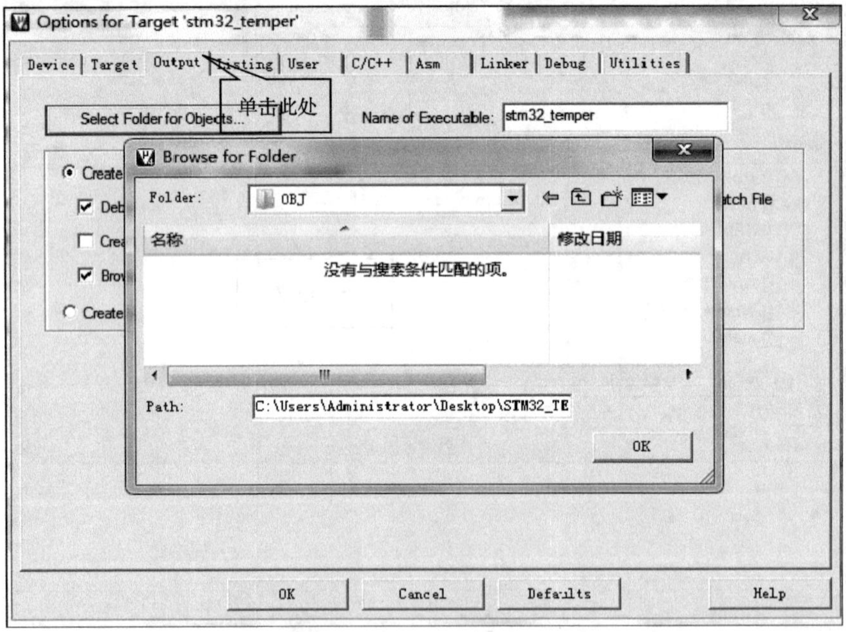

图 4.21　配置 Output 选项

(10) 选择 Listing→Select Folder for Lisitings 选项，在弹出的对话框中选择\STM32_TEMPER\LIST 路径，如图 4.22 所示。

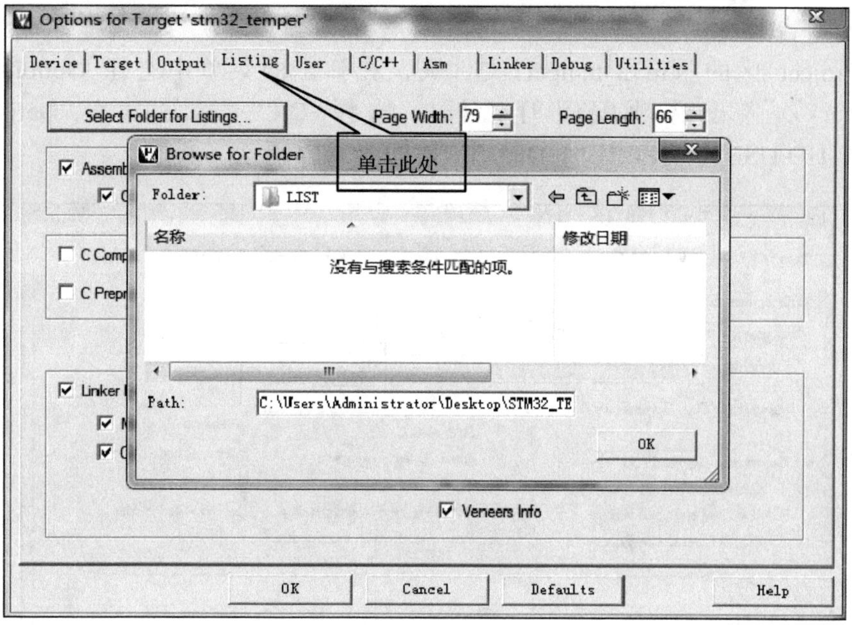

图 4.22　配置 Listing 选项

(11) 单击 OK 按钮退出 Options for Target ‘stm32_temper’对话框。

(12) 按下 F7 键(Build 的快捷键)进行编译，应该看到如图 4.23 所示的窗口。

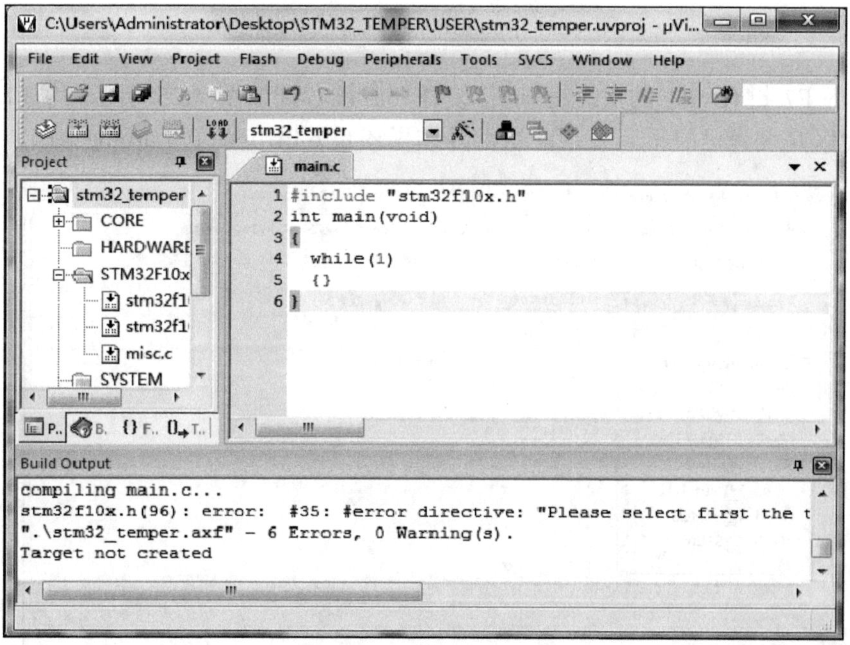

图 4.23　编译工程

在图 4.23 中，最下面的 Build Output 区是编译信息框，开发人员可以从中获取编译信息，如代码量、错误信息和警告信息等，可以发现此次编译结果为 6 Errors，0 Warning(s)，即“6

个错误，0 个警告”。

右击 Project 区的 stm32_temper 文件夹，在弹出的菜单中选择 Options for Target ‘stm32_temper’，弹出选项配置对话框，选择 C/C++标签，在 Define 处填写 STM32F10X_HD,USE_STDPERIPH_DRIVER，如图 4.24 所示。

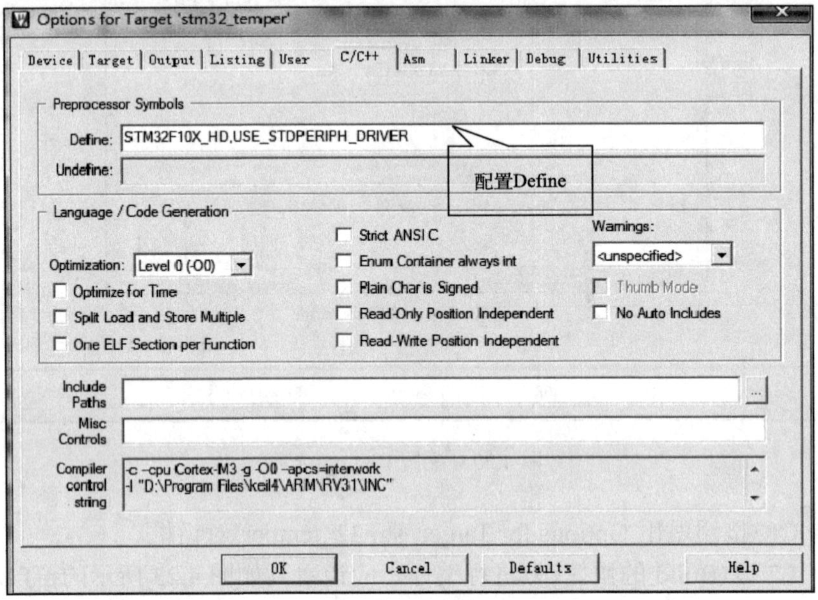

图 4.24　Keil MDK 选项配置对话框

再次按下 F7 键(Build 的快捷键)进行编译，应该看到如图 4.25 所示的窗口。最下面的 Build Output 区是编译信息框，发现此次编译结果还是 6 Errors，0 Warning(s)。

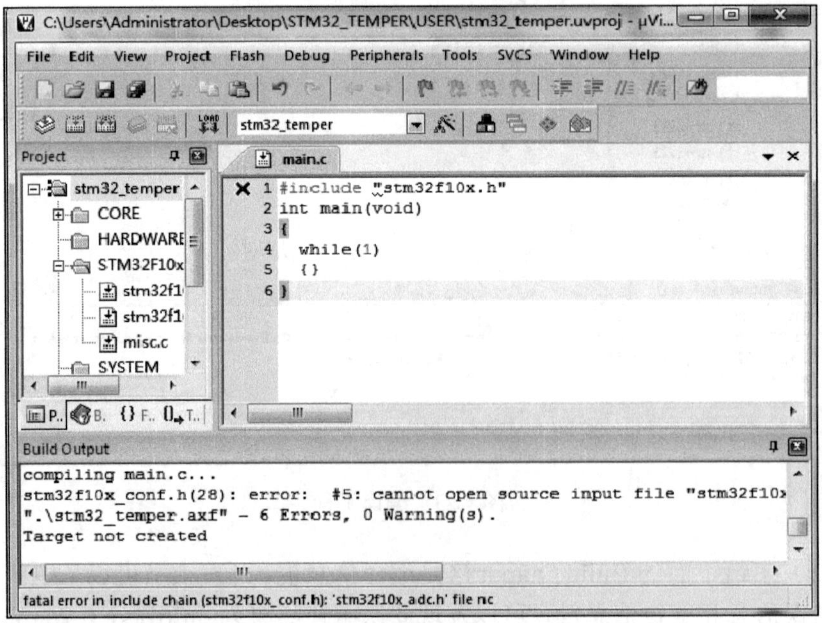

图 4.25　在 Define 填入相关信息后编译工程

右击 Project 区的 stm32_temper 文件夹，在弹出的菜单中选择 Options for Target 'stm32_temper'，弹出选项配置对话框，选择 C/C++标签，在 Include Paths 处添加头文件，如图 4.26 和图 4.27 所示。

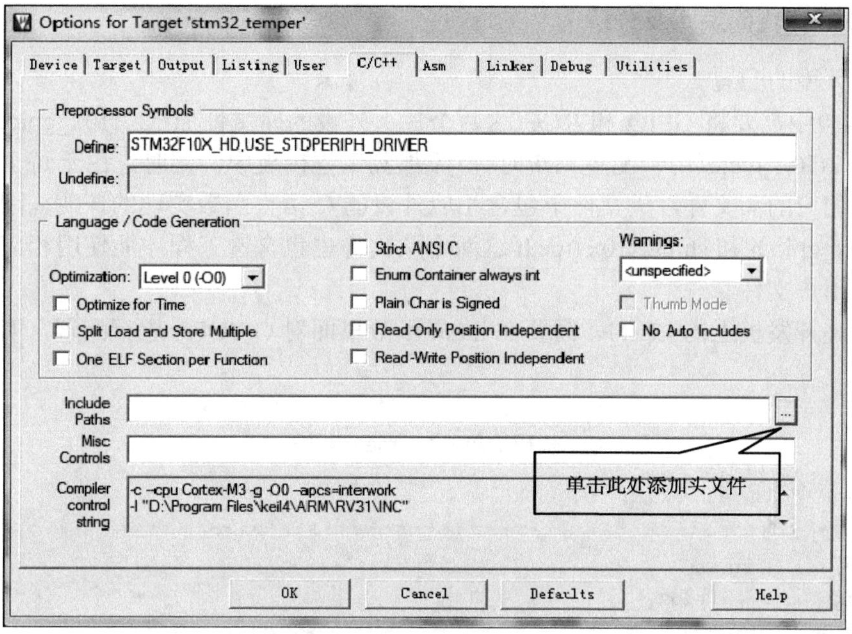

图 4.26　添加头文件对话框 1

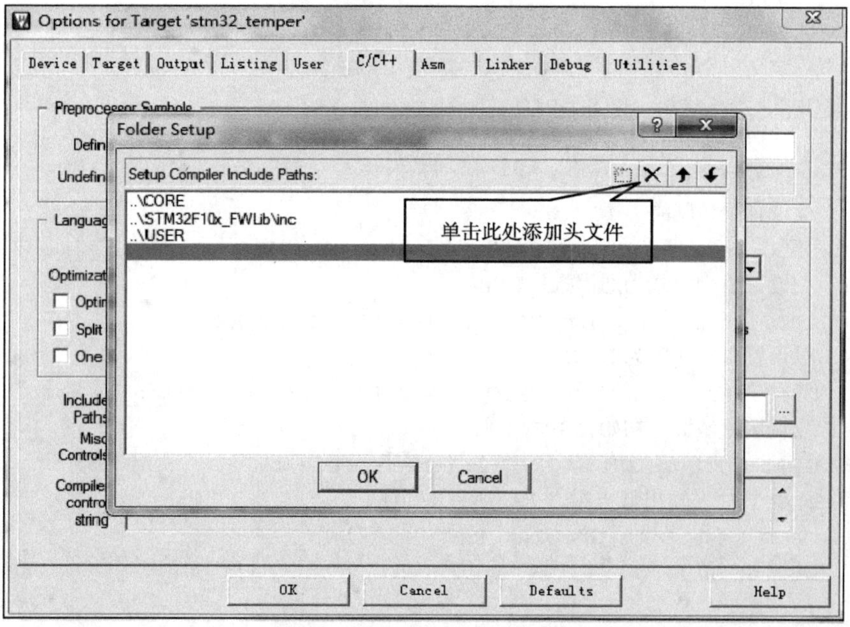

图 4.27　添加头文件对话框 2

再次按下 F7 键(Build 的快捷键)进行编译，发现此次编译结果为 0 Errors，0 Warning(s)，即“0 个错误，0 个警告”。

至此，一个完整的 STM32 工程就建立完成了。

4.3.2 LED 闪烁代码编写及分析

1)工程环境的配置

LED 实验中需要将 GPIO 和 RCC 这两个片上外设的库文件 stm32f10x_gpio.c(用于操作 I/O)和 stm32f10x_rcc.c(用于配置系统时钟)添加到工程模板中。同时，由于每个外设库的 c 文件对应着相应的头文件，头文件中包含相应外设的 C 语言函数实现的声明，因此，还需要将 stm32f10x_gpio.h 和 stm32f10x_rcc.h 这两个头文件也包含进工程才能使用相应的外设库。

2)编写用户文件

为了点亮开发板上的 LED1，需要在 main 函数里面对 GPIOF.6 进行配置，填写代码清单 4.1。

代码清单 4.1　main 函数

```
#include "stm32f10x.h"
/*******************************************************
* 函数名      : main              * 输出结果       : 无
* 函数描述    : main函数          * 返回值         : 无
* 输入参数    : 无
*******************************************************/
int main(void)
{
        //定义一个GPIO_InitTypeDef类型的结构体
        GPIO_InitTypeDef GPIO_InitStructure;
        //开启GPIOF的外设时钟
        RCC_APB2PeriphClockCmd(RCC_APB2Periph_GPIOF, ENABLE);
        //选择要控制的GPIOF.6
        GPIO_InitStructure.GPIO_Pin=GPIO_Pin_6
        //设置引脚模式为通用推挽输出
        GPIO_InitStructure.GPIO_Mode=GPIO_Mode_Out_PP;
        //设置引脚速率为50MHz
        GPIO_InitStructure.GPIO_Speed=GPIO_Speed_50MHz;
        //调用库函数，初始化GPIOF.6
        GPIO_Init(GPIOF, &GPIO_InitStructure);
        //GPIOF.6输出低电平，关闭所有LED灯
        GPIO_ResetBits(GPIOF, GPIO_Pin_6);
        while (1)
        {
            GPIO_SetBits(GPIOF,GPIO_Pin_6);      //GPIOF.6输出高电平
        }
}
```

在代码清单 4.1 中实现了对 LED 的配置，包括初始化结构体：代码中定义了类型为 GPIO_InitTypeDef 的结构体，GPIO_InitTypeDef 类型是库文件利用关键字 typedef 定义的新类型，在 stm32f10x_gpio.h 的头文件中可以查询其定义。

开启外设时钟：外设时钟默认为关闭状态，因此需要在初始化外设时设置为开启。

初始化库函数：使用 GPIO_Init() 函数进行初始化，该函数有两个输入参数，第一个参数表明初始化的端口为 GPIOF，第二个参数 GPIO_InitStructure 结构体配置了端口的引脚速率为 50MHz，采用通用推挽输出模式。

4.3.3 配置 J-LINK 硬件调试

为了在硬件平台上实现对代码的调试，需要使用 J-LINK，通过 J-LINK 可以进行代码单步运行，实时跟踪程序，从而找到程序中的 bug。具体配置如下。

(1) 单击按钮，打开 Options for Target ‘stm32_temper’对话框，选择 Debug 标签，选择仿真工具为 J-LINK/J-Trace Cortex，如图 4.28 所示。

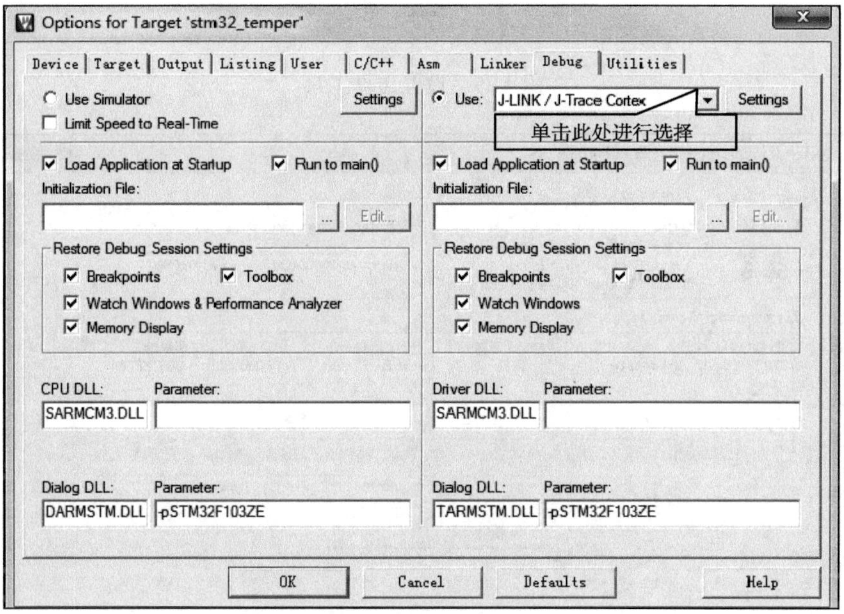

图 4.28 Debug 标签设置

(2) 选择 Utilities 标签，选择 J-LINK/J-Trace Cortex，单击 Settings 按钮，添加 Flash 类型，如图 4.29 和图 4.30 所示。

4.3.4 STM32 程序下载

程序的下载有两种方式，JLINKV8 下载和串口下载，本书采用 JLINKV8 方式。

(1) 给开发板上电，插上 J-LINK。

(2) 单击工具栏中的 Load 按钮就能将编译好的程序下载到 Flash 中，如图 4.31 所示。

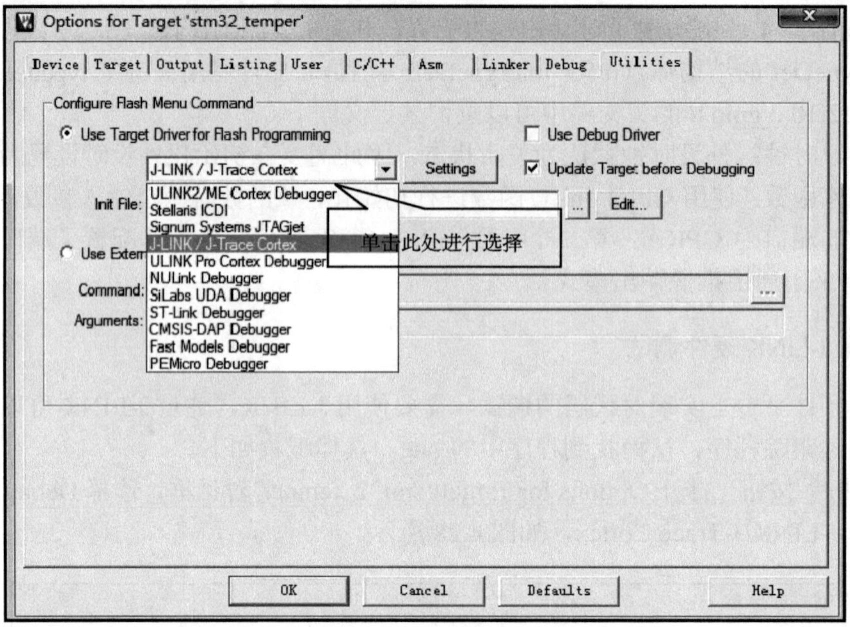

图 4.29　设置仿真工具

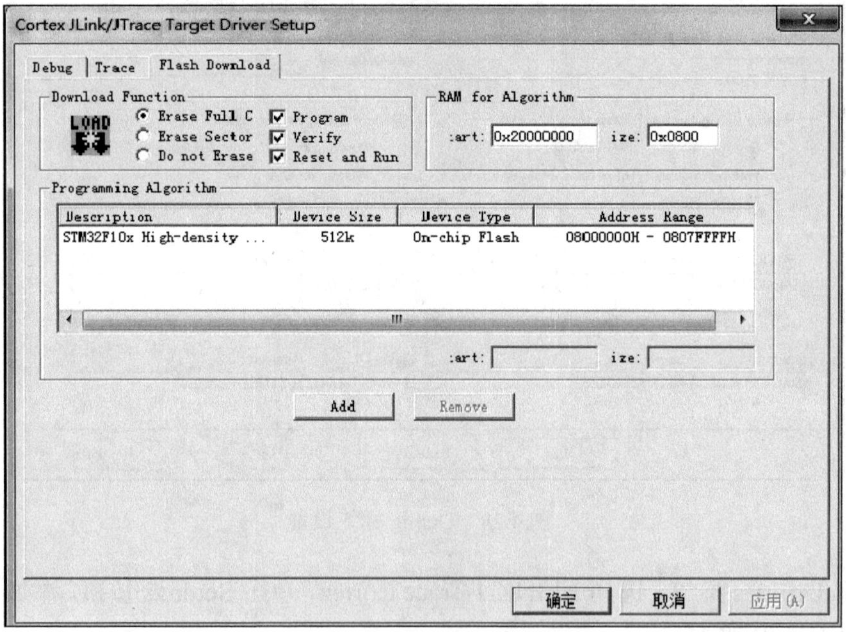

图 4.30　添加 Flash 类型

(3) 下载成功后，可观察到 LED 闪烁。程序是否自动运行可在选项：Target Options→Debug→Seetings→Flash DownLoad 中设置。若设置为不自动运行，则需要在下载程序后手动复位。

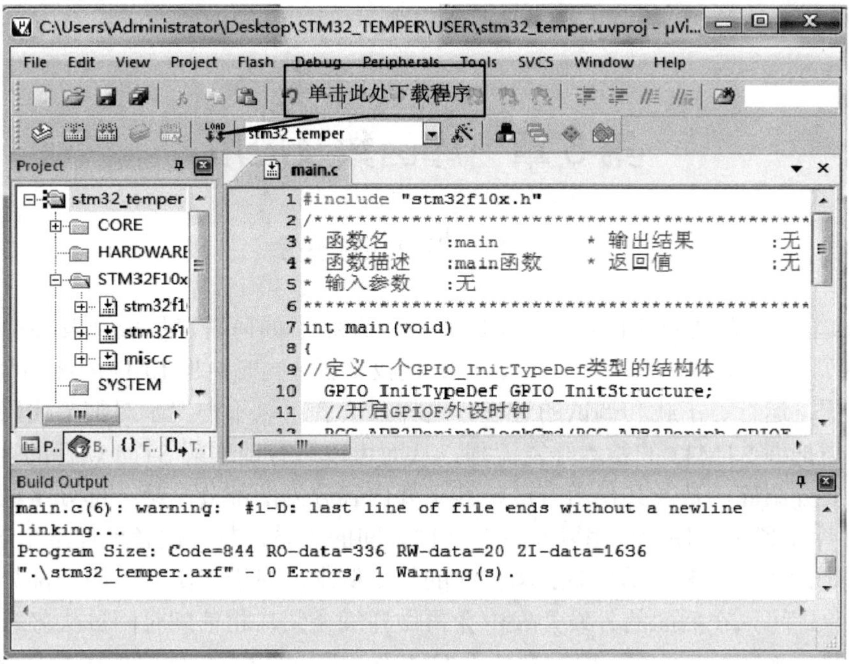

图 4.31　下载程序

习题与思考题

4.1　源程序的编制有哪些语言？各自的特点是什么？

4.2　STM32 进行软件开发的四个步骤是什么？

4.3　STM32 代码产生工具核心部分有哪些？各自的作用是什么？

4.4　MDK 的安装对计算机的系统有哪些要求？

4.5　MDK 的安装步骤是什么？

4.6　本书软件使用的固件库有哪些？

4.7　建立 STM32_TEMP 文件夹的意义是什么？

4.8　STM32_TEMP 文件夹中包含哪几个子文件夹？

4.9　MDK 软件如何进入配置界面？

4.10　固件库中哪两个文件复制到 STM32F10x_FWLip 中？

4.11　STM32 程序烧写软件是什么？

4.12　程序烧写步骤是什么？

4.13　MDK 程序烧写到 STM32 的哪个部分？

4.14　本书中开发板所使用 STM32 芯片中 Flash 空间的大小是多少?

4.15　烧写程序时 Debug 界面中 Use 如何选择？

第 5 章　库函数及应用

5.1　概　　述

第 4 章主要以典型的 LED 闪烁实验为例，介绍了如何搭建集成开发环境、如何获取 STM32 固件开发库以及如何新建一个 STM32 模板工程。同时给出 LED 闪烁的简要代码，介绍了程序配置、运行、下载和调试的过程。这样，读者可以不拘泥于对细节代码的分析，从宏观上感受与把握 STM32 的基本开发流程，从而可以更好地理解 STM 软件的开发过程。

本章主要介绍库函数及其使用方法，其主要内容分为两部分。第一部分是通过简单介绍 STM32 固件库中各个文件的作用以及各个文件之间的关系，帮助读者梳理整个 STM32 固件库的脉络，让读者建立起对 STM32 固件库的基本概念。对于库函数的简介部分，读者看完有个总体印象即可，在后面的外设开发中会再做详细介绍，相信到时回过头来看本章又会有不一样的见解。如图 5.1 所示，库函数处于 CMSIS 层，可以简单地将库函数理解为 MCU 硬

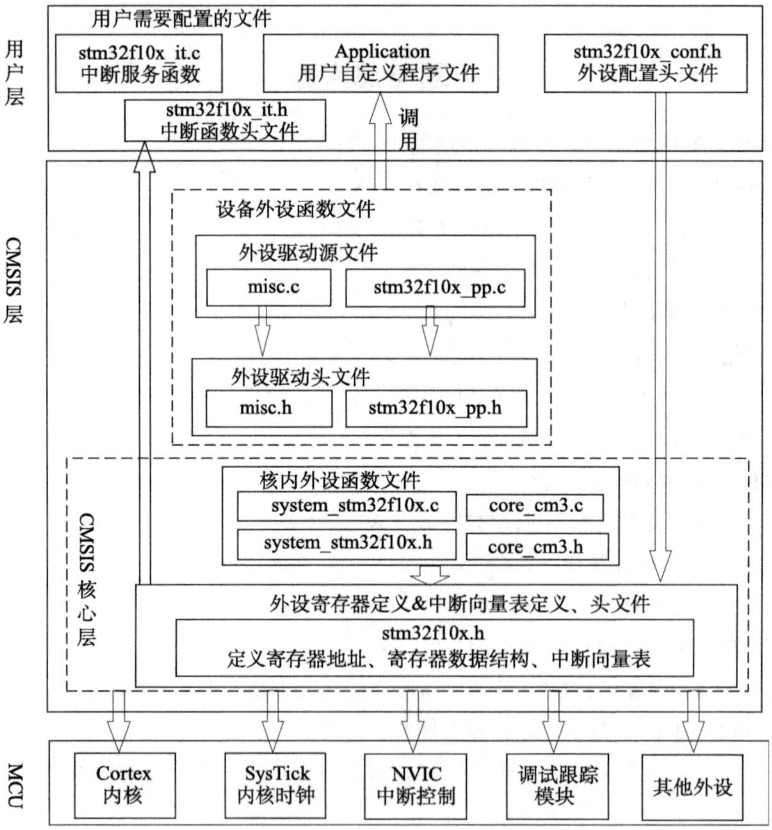

图 5.1　STM32 库文件结构

件的驱动函数。第二部分将接着第 4 章 LED 闪烁的例程继续深入介绍 STM32 固件库的开发方式。本部分将剖析 LED 闪烁代码原理实现的整个过程，解答读者心中“为什么要用库”以及“如何使用库开发”的困惑。最终让读者了解到利用库开发的整个流程，熟悉库函数的组织结构，根据 LED 闪烁的例程达到举一反三的效果。

5.2 库函数简介

ST 公司推出 STM32 微控制器之初，同时提供了一套完整细致的固件开发包，里面包含了在 STM32 开发过程中涉及的所有底层操作。通过在程序开发中引入这样的固件开发包，可以使开发人员从复杂冗余的底层寄存器操作中解放出来，将精力专注于应用程序的开发上，这便是 ST 公司推出这样一个开发包的初衷。

与 51/AVR 类单片机需要程序员自己进行底层寄存器配置的方式相比，STM32 库函数的使用可以避免从寄存器层次开始设计程序。STM32 中的库函数，就是 ST 公司将涉及的对外设的驱动，寄存器的配置等操作固化为一个个固定的函数(简称库函数)，那么在写程序的过程中，当程序员需要对寄存器进行配置、需要对某些外设进行常规性配置时，不需要再去关注底层的代码，直接通过调用相应的库函数即可，简单、省时。为什么提倡使用库函数，而不直接对 STM32 中的寄存器直接配置呢？STM32 微控制器的寄存器规模不是常见的 8 位单片机可以比拟的，STM32 中的寄存器是 32 位，一个 STM32 的寄存器就相当于 4 个 8 位单片机的寄存器，而 STM32 中这样的寄存器多达上百个，若细细琢磨各个寄存器的意义，必然会消耗相当长的时间，并且对于程序后续的维护、升级也会增加资源的消耗。对于当前“时间就是金钱”的行业竞争环境，使用库函数进行 STM32 的产品开发是更好的选择。

STM32 的固件库是怎样影响最底层的寄存器的，总结起来就是一句话：固件库首先将各个设备所有寄存器的配置字进行预先定义，然后封装在结构或枚举变量中，待用户调用对应的固件库函数时，会根据用户传入的参数从这些封装好的结构或枚举变量中取出对应的配置字，最后写入寄存器中，从而完成对底层寄存器的配置。

由此可见，固件库函数对于程序开发人员是十分便利的存在，只需要填写言简意赅的参数就可以在完全不关心底层寄存器的前提下完成相关寄存器的配置，具有相当不错的通用性和易用性。

STM32F10X 标准外设库是一个固件函数库，它由程序、数据结构和宏组成。该固件函数库包括了微控制器所有外设的性能特性。固件函数库由若干个库函数组成，相比于 51 系列单片机，程序员需要对寄存器中的每一位进行人工配置，STM32 中每一个外设都配备有相应的库函数用于驱动该外设，编程人员不需要掌握具体细节，通过调用库函数即可轻松应用每一个外设。利用库函数编写程序将大大缩减程序的编写时间，进而降低开发成本。

库函数按照类进行划分，可分为 ADC 库函数、BKP 库函数、CAN 库函数、DMA 库函数、EXTI 库函数、FLASH 库函数、GPIO 库函数、I2C 库函数、IWDG 库函数、NVIC 库函数、PWR 库函数、RCC 库函数、RTC 库函数、SPI 库函数、SysTick 库函数、TIM 库函数、TIM1 库函数、USART 库函数、WWDG 库函数。可以发现，STM32 中的库函数都是与外设有关的，每一个库函数完成特定的功能。这里以 BKP 库函数为例，BKP 库函数列表如表 5.1 所示。

表 5.1　BKP 库函数列表

函数名	描述
BKP_DeInit	将外设 BKP 的全部寄存器重设为默认值
BKP_TamperPinLevelConfig	设置侵入检测引脚的有效电平
BKP_TamperPinCmd	使能或者失能引脚的侵入检测功能
BKP_ITConfig	使能或者失能侵入检测中断
BKP_RTCOutputConfig	选择在侵入检测引脚上输出的 RTC 时钟源
BKP_SetRTCCalibrationValue	设置 RTC 时钟校准值
BKP_WriteBackupRegister	向指定的后备寄存器中写入用户程序数据
BKP_ReadBackupRegister	从指定的后备寄存器中读出数据
BKP_GetFlagStatus	检查侵入检测引脚事件的标志位被设置与否
BKP_ClearFlag	清除侵入检测引脚事件的待处理标志位
BKP_GetITStatus	检查侵入检测中断发生与否
BKP_ClearITPendingBit	清除侵入检测中断的待处理位

从表 5.1 中可以发现，BKP 库函数由 BKP_DeInit、BKP_TamperPinLevelConfig 等函数组成，每一个函数完成有关 BKP 外设的特定功能，例如，BKP_SetRTCCalibrationValue 的功能是设置 RTC 时钟校准值，当程序中需要对 RTC 时钟进行校准时，只要调用这个函数并按照需要向该函数中填入相应的参数即可，关于该函数的详细描述可参考《STM32 固件库使用手册》。

通过参考《STM32 固件库使用手册》可以得到关于函数 BKP_SetRTCCalibrationValue 的详细描述，如表 5.2 所示，这里需要重点关注的是它的输入参数，从它的函数原型中可以得知它的形参是 CalibrationValue，该参数表示的是 RTC 时钟的校准值，它的取值范围是 0～0x7F。如果程序中需要对 RTC 时钟的校准值设置为 0x7F，可以调用函数：

```
BKP_SetRTCCalibrationValue( 0x7F);//设置RTC时钟校准值为0x7F
```

表 5.2　BKP_SetRTCCalibrationValue 库函数描述

函数名	BKP_DeInit
函数原型	void BKP_DeInit(void)
功能描述	将外设 BKP 的全部寄存器重设为默认值
输入参数	无
输出参数	无
返回值	无
先决条件	无
被调用函数	RCC_BackupResetCmd

此处仅是以 BKP 库函数中的 BKP_SetRTCCalibrationValue 函数为例，简单介绍如何使用库函数以及在程序中使用到不熟悉的函数时，如何查询该函数的详细情况(参考《STM32 固件库使用手册》)。在本章的后续内容中将详细介绍库函数的使用。

5.3 库函数应用实例

本节将有选择性地介绍一些库函数的应用，通过这些库函数的应用实例，扩展到其他库函数的使用上，方法都是一样的。

1. 库函数 RCC_PCLK1Config

函数 RCC_PCLK1Config 说明如表 5.3 所示。

表 5.3 函数 RCC_PCLK1Config 说明

函数名	RCC_PCLK1Config
函数原型	void RCC_PCLK1Config (u32 RCC_PCLK1)
功能描述	设置低速 APB 时钟 (PCLK1)
输入参数	RCC_PCLK1：定义 PCLK1，该时钟源来自 AHB 时钟 (HCLK)

输入参数描述：RCC_PCLK1，定义低速 APB 时钟频率，见表 5.4。

表 5.4 参数 RCC_PCLK1 定义

RCC_PCLK1 参数	描述	RCC_PCLK1 参数	描述
RCC_HCLK_Div1	APB1 时钟=HCLK	RCC_HCLK_Div8	APB1 时钟=HCLK/8
RCC_HCLK_Div2	APB1 时钟=HCLK/2	RCC_HCLK_Div16	APB1 时钟=HCLK/16
RCC_HCLK_Div4	APB1 时钟=HCLK/4		

例如：

```
RCC_PCLK1Config(RCC_HCLK_Div1); //设置PCLK1为HCLK
RCC_PCLK1Config(RCC_HCLK_Div2); //设置PCLK1为HCLK 2分频
```

2. 库函数 RCC_ADCCLKConfig

函数 RCC_ADCCLKConfig 说明如表 5.5 所示。

表 5.5 函数 RCC_ADCCLKConfig 说明

函数名	RCC_ADCCLKConfig
函数原型	Void RCC_ADCCLKConfig (u32 RCC_ADCCLKSource)
功能描述	设置 ADC 时钟 (ADCCLK)
输入参数	RCC_ADCCLKSource：定义 ADCCLK 时钟，该时钟源自 APB2 时钟 (PCLK2)
输出参数	无
返回值	无
先决条件	无
被调用函数	无

输入参数描述：RCC_ADCCLKSource，设置 ADC 时钟频率，见表 5.6。

表 5.6　参数 RCC_ADCCLKSource 定义

RCC_ADCCLKSource 参数	描述	RCC_ADCCLKSource 参数	描述
RCC_PCLK2_Div2	ADC 时钟=PCLK/2	RCC_PCLK2_Div6	ADC 时钟=PCLK/6
RCC_PCLK2_Div4	ADC 时钟=PCLK/4	RCC_PCLK2_Div8	ADC 时钟=PCLK/8

例如：

```
RCC_ADCCLKConfig(RCC_PCLK2_Div2); //配置ADC时钟频率为PCLK2 2分频
```

3. 库函数 SysTick_CounterCmd

函数 SysTick_CounterCmd 说明如表 5.7 所示。

表 5.7　函数 SysTick_CounterCmd 说明

函数名	SysTick_CounterCmd
函数原型	void SysTick_CounterCmd (u32 SysTick_Counter)
功能描述	使能或者失能 SysTick 计数器
输入参数	SysTick_Counter：计数器新状态

输入参数描述：SysTick_Counter，用于设定 SysTick 计数器的状态，见表 5.8。

表 5.8　参数 SysTick_Counter 定义

SysTick_Counter 参数	描述
SysTick_Counter_Disable	失能计数器
SysTick_Counter_Enable	使能计数器
SysTick_Counter_Clear	清除计数器的值至 0

例如：

```
SysTick_CounterCmd(SysTick_Counter_Enable);//使能SysTick计数器
SysTick_CounterCmd(SysTick_Counter_Disable);//失能SysTick计数器
```

4. 库函数 ADC_RegularChannelConfig

函数 ADC_RegularChannelConfig 说明如表 5.9 所示。

表 5.9　函数 ADC_RegularChannelConfig 说明

函数名	ADC_RegularChannelConfig
函数原型	void ADC_RegularChannelConfig (ADC_TypeDef* ADCx, u8 ADC_Channel, u8 Rank, u8 ADC_SampleTime)
功能描述	设置指定 ADC 的规则组通道，设置它们的转化顺序和采样时间
输入参数 1	ADCx：x 可以是 1 或者 2 来选择 ADC 外设 ADC1 或 ADC2
输入参数 2	ADC_Channel：被设置的 ADC 通道
输出参数	无
返回值	无
先决条件	无
被调用函数	无

参数描述：ADC_Channel，指定通过调用函数 ADC_RegularChannelConfig 来设置的 ADC 通道，见表 5.10。

表 5.10　参数 ADC_Channel 定义

ADC_Channel 参数	描述	ADC_Channel 参数	描述
ADC_Channel_0	选择 ADC 通道 0	ADC_Channel_9	选择 ADC 通道 9
ADC_Channel_1	选择 ADC 通道 1	ADC_Channel_10	选择 ADC 通道 10
ADC_Channel_2	选择 ADC 通道 2	ADC_Channel_11	选择 ADC 通道 11
ADC_Channel_3	选择 ADC 通道 3	ADC_Channel_12	选择 ADC 通道 12
ADC_Channel_4	选择 ADC 通道 4	ADC_Channel_13	选择 ADC 通道 13
ADC_Channel_5	选择 ADC 通道 5	ADC_Channel_14	选择 ADC 通道 14
ADC_Channel_6	选择 ADC 通道 6	ADC_Channel_15	选择 ADC 通道 15
ADC_Channel_7	选择 ADC 通道 7	ADC_Channel_16	选择 ADC 通道 16
ADC_Channel_8	选择 ADC 通道 8	ADC_Channel_17	选择 ADC 通道 17

例如：

```
ADC_RegularChannelConfig(ADC1,ADC_Channel_2, 1, ADC_SampleTime_7Cycles5);
//设置ADC1使用第2转换通道，第1转换次序，采样时间为7.5周期
ADC_RegularChannelConfig(ADC1,ADC_Channel_8, 2, ADC_SampleTime_1Cycles5);
//设置ADC1使用第8转换通道，第2转换次序，采样时间为1.5周期
```

5.4　深入剖析 LED 闪烁例程

5.4.1　LED 闪烁例程说明

本小节以单个“LED 闪烁”为例，简单地介绍在 STM32 中如何使用库函数进行开发驱动 LED 外设，实现 LED 的闪烁。“LED 闪烁”类似于 C 语言中的“Hello Word”，是入门学习 ARM 的经典例程。STM32 中每一个外设都配备有相应的库函数用于驱动该外设，编程人员不需要掌握具体细节，通过调用库函数即可轻松应用每一个外设，利用库函数编写程序将大大缩减程序的编写时间，进而降低开发成本。编程人员也可以直接使用寄存器编程驱动外设工作，但是这种方法要求编程人员了解每个寄存器的配置内容，这样会增加学习难度和开发成本。“LED 闪烁”例程的基本原理是采用 STM32 的 GPIO 硬件资源配合 MDK 编写软件，利用软硬件配合实现单个 IO 口控制一个 LED 闪烁。该例程涉及有关 MDK 开发环境的设置可参考本书 4.1 节；涉及 STM32 工程建立和程序编译参考本书 4.2 节；涉及有关 GPIO 原理与寄存器设置参考本书 6.2 节；涉及 GPIO 库函数软件编程等参考本书 5.3 节。其他外设库函数的使用方法与本例大致相同，本书中后续第 6、7、8 章节也会详细介绍。接下来会详细介绍在 STM32 中如何使用库函数开发实现单个“LED 闪烁”，同时需要结合其他章节的内容学习该例程。

5.4.2 LED 闪烁例程分析与实验

1. 实验描述

本小节进行一个简单的流水灯实验设计：将 LED 延时循环闪烁。本实验的目的是学习如何对 STM32 的 GPIO 口进行简单的操作，同时熟悉 STM32 工程模板的使用。

实验目的： 掌握 STM32 专用工程模板的使用、掌握 JTAG 仿真使用、能够在 STM32 实验板上运行第一个程序、熟悉 STM32 的 GPIO 控制。

本程序的设计要点如下。

(1) GPIO 初始化：开启 GPIO 外设时钟 ；配置 GPIOF.6 为推挽输出，最大翻转频率为 50MHz。

(2) 通过在 GPIOF.6 上输出高电平点亮 LED，反之输出低电平则熄灭 LED。

2. 硬件连接

本实验的硬件电路如图 5.2 所示，LED1 通过一个 680Ω 的限流电阻接在 STM32 的 GPIOF.6 上，另一端接 GND。

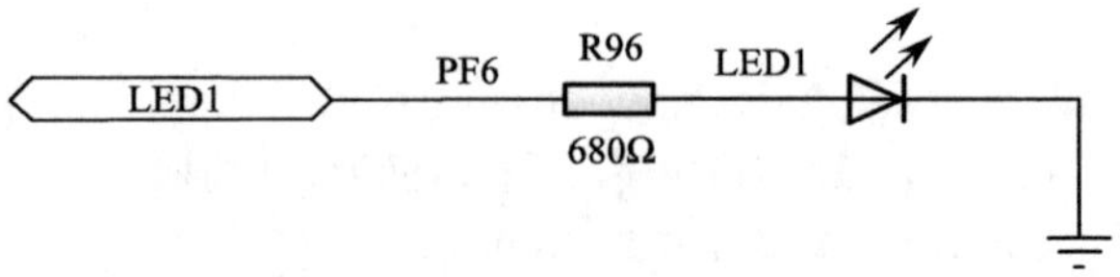

图 5.2　GPIO 实验硬件原理图

3. 程序配置

为了让这个程序在 STM32 板子上运行起来，还需要向 MDK 编辑器中添加一些文件，具体如表 5.11 所示。

表 5.11　LED 闪烁实验工程文件详情

文件组	包含文件	详情
STARTUP 文件组	startup_stm32f10x_hd.s	STM32 的启动文件
CMSIS 文件组	core_cm3.c	CM3 内核接口
	core_cm3.h	CM3 内核函数的头文件
	stm32f10x.h	宏定义头文件
	system_stm32f10x.c	设置系统时钟和总线时钟文件
	system_stm32f10x.h	系统时钟和总线时钟头文件
FWLIB 文件组	stm32f10x_gpio.c	GPIO 的底层配置函数
	stm32f10x_rcc.c	RCC 的底层配置函数
USER 文件组	main.c	用户应用代码
	stm32f10x_conf.h	外设头文件
	stm32f10x_it.c	STM32 的中断服务子程序
	stm32f10x_it.h	中断服务程序头文件
	led.c	自定义函数

4. 程序清单

具体程序如代码清单 5.1 和代码清单 5.2 所示。

代码清单 5.1 main 函数

```
#include "stm32f10x.h"
#include "led.h"
void Delay(__IO uint32_t nCount);
/*********************************************************
* 函数名      : main             * 输出结果       : 无
* 函数描述    : main函数         * 返回值         : 无
* 输入参数    : 无
*********************************************************/
int main(void)
{
    LED_GPIO_Config();                      //LED 端口初始化
    while (1)
    {
        GPIO_SetBits(GPIOF,GPIO_Pin_6);     //GPIOF.6输出高电平
        Delay(0x0FFFFF);                    //延时
        GPIO_ResetBits(GPIOF,GPIO_Pin_6);   //GPIOF.6输出低电平
    }
}
/************************************************************
* 函数名        : Delay           * 输出结果       : 无
* 函数描述      : 延时函数        * 返回值         : 无
* 输入参数      : 时间nCount
************************************************************/
void Delay(__IO uint32_t nCount)
{
    for(; nCount!=0;nCount--);
}
```

代码清单 5.2 LED 配置函数

```
#include "led.h"
/**************************************************************
* 函数名        : LED_GPIO_Config     * 输出结果       : 无
* 函数描述      : 初始化LED的GPIO     * 返回值         : 无
* 输入参数      : 无
**************************************************************/
void LED_GPIO_Config(void)
{
    //定义一个GPIO_InitTypeDef类型的结构体
    GPIO_InitTypeDef GPIO_InitStructure;
    //开启GPIOF的外设时钟
```

```
    RCC_APB2PeriphClockCmd(RCC_APB2Periph_GPIOF, ENABLE);
    //选择要控制的GPIOF.6
    GPIO_InitStructure.GPIO_Pin=GPIO_Pin_6;
    //设置引脚模式为通用推挽输出
    GPIO_InitStructure.GPIO_Mode=GPIO_Mode_Out_PP;
    //设置引脚速率为50MHz
    GPIO_InitStructure.GPIO_Speed=GPIO_Speed_50MHz;
    //调用库函数，初始化GPIOF.6
    GPIO_Init(GPIOF, &GPIO_InitStructure);
    //GPIOF.6输出低电平，关闭所有LED
    GPIO_ResetBits(GPIOF, GPIO_Pin_6);
}
```

5.4.3　程序分析

接下来对以上程序代码中涉及的库函数进行详细介绍，并以此举一反三，其他库函数的使用方法也以此类推。

主文件里的 stm32f10x.h 非常重要，它是一个非常底层的文件。它包含了 STM32 中寄存器地址和结构体类型定义，在使用到 STM32 固件库的地方都要包含这个头文件。led.h 是用户自定义头文件，它包含了 led.c 里的所有函数声明，还包含了 stm32f10x.h 文件。整个实验流程非常简单，首先初始化 LED 的 GPIO 端口，接着进入主循环，在主循环里面先点亮 LED1，延时一会熄灭 LED1，然后点亮 LED2，再延时后熄灭，如此循环。本实验程序只使用了一种方法来操作 GPIO，GPIO 操作具有灵活性与多样性，建议读者自行发掘多种操作方法。程序里面使用到的库函数 RCC_APB2PeriphClockCmd、GPIO_Init、GPIO_SetBits 和 GPIO_ResetBits 说明如下。

1) RCC_APB2PeriphClockCmd

函数描述如表 5.12 所示。

通过表 5.12 可以查询得到如下几个重要信息：函数原型、功能描述、输入参数 1、输入参数 2、输出参数、返回值等。

表 5.12　RCC_APB2PeriphClockCmd 函数描述

函数名	RCC_APB2PeriphClockCmd
函数原型	void RCC_APB2PeriphClockCmd (u32 RCC_APB2Periph, FunctionalState NewState)
功能描述	使能或者失能 APB2 外设时钟
输入参数 1	RCC_APB2Periph: 门控 APB2 外设时钟 参阅表 5.13：RCC_APB2Periph 查看更多该参数允许的取值范围
输入参数 2	NewState：指定外设时钟的新状态，这个参数可以取 ENABLE 或者 DISABLE
输出参数	无
返回值	无
先决条件	无
被调用函数	无

(1) 函数原型。由 void RCC_APB2PeriphClockCmd (u32 RCC_APB2Periph, FunctionalState NewState) 可知该库函数传入参数的类型、个数，以及该函数是无返回值的。这一点在使用该库函数时非常重要，必须按照给定的参数类型来设置参数。

(2) 功能描述。使能或者失能 APB2 外设时钟。通过函数的功能描述，可以大致了解所使用的库函数在程序中的作用和功能，这对于程序设计过程中库函数的选择至关重要。

(3) 输入参数 1。RCC_APB2Periph: 门控 APB2 外设时钟，在本程序设计中需要开启的是 GPIOF 的时钟，STM32 中的 GPIO 都是挂接在 APB2 总线上的，所以该参数可以具体设置为 RCC_APB2Periph_GPIOF (开启 GPIOF 的时钟)。

以上完成的是 RCC_APB2PeriphClockCmd 输入参数 1 的设置。

(4) 输入参数 2。这个参数可以选取 ENABLE 或者 DISABLE。其中，ENABLE 表示使能 (开启) 所选外设的时钟，让该外设进入工作状态；DISABLE 表示失能 (无效) 外设时钟，在这种情况下外设的时钟处于被封锁的状态，外设停止工作。

综合以上几点：本程序中选用的是 GPIOF，希望这个 I/O 口处于工作状态，调用该库函数，开启 I/O 口的外设时钟：

```
RCC_APB2PeriphClockCmd(RCC_APB2Periph_GPIOF,ENABE);
```

例如，需要使能 SPI1 的外设时钟时，可通过如下语句实现该功能：

```
RCC_APB2PeriphClockCmd(RCC_APB2Periph_SPI1,ENABLE);
```

需要关闭外设 TIM1 的时钟时，可以通过如下语句实现该功能：

```
RCC_APB2PeriphClockCmd(RCC_APB2Periph_TIM1,DISABLE);
```

其中，RCC_APB2PeriphClockCmd 函数描述中的 RCC_APB2Periph 说明见表 5.13。

表 5.13　RCC_APB2Periph 说明

RCC_APB2Periph	描述
RCC_APB2Periph_AFIO	功能复用 I/O 时钟
RCC_APB2Periph_GPIOF	GPIOF 时钟
RCC_APB2Periph_ADC1	ADC1 时钟
RCC_APB2Periph_ADC2	ADC2 时钟
RCC_APB2Periph_TIM1	TIM1 时钟
RCC_APB2Periph_SPI1	SPI1 时钟
RCC_APB2Periph_USART1	USART1 时钟
RCC_APB2Periph_ALL	全部 APB2 外设时钟

2) GPIO_Init

函数描述如表 5.14 所示。

通过表 5.14 可以查询得到如下几个重要的信息：函数原型、功能描述、输入参数 1、输入参数 2、输出参数和返回值等。

表 5.14 GPIO_Init 函数描述

函数名	GPIO_Init
函数原型	void GPIO_Init(GPIO_TypeDef* GPIOx, GPIO_InitTypeDef* GPIO_InitStruct)
功能描述	根据 GPIO_InitStruct 中指定的参数初始化外设 GPIOx 寄存器
输入参数 1	GPIOx：x 可以是 A、B、C、D 或者 F 来选择 GPIO 外设
输入参数 2	GPIO_InitStruct：指向结构 GPIO_InitTypeDef 的指针，包含了外设 GPIO 的配置信息，参阅 Section：GPIO_InitTypeDef 查看更多该参数允许的取值范围
输出参数	无
返回值	无
先决条件	无
被调用函数	无

(1)函数原型。通过 void GPIO_Init(GPIO_TypeDef* GPIOx, GPIO_InitTypeDef* GPIO_InitStruct)可以得到该库函数传入参数的类型、个数，以及该函数是无返回值的。这一点在使用该库函数时非常重要，必须按照给定的参数类型来设置参数。

(2)功能描述。根据 GPIO_InitStruct 中指定的参数初始化外设 GPIOx 寄存器。通过函数的功能描述，可以大致了解该库函数主要是用来对外设 GPIO 进行初始化的。

(3)输入参数 1。GPIOx：x 可以是 A、B、C、D、E、F 。通俗来讲，参数 1 可以分别设置为 GPIOA、GPIOB、 GPIOC、GPIOD、 GPIOE、GPIOF。

(4)输入参数 2。GPIO_InitStruct 指向结构 GPIO_InitTypeDef 的指针，包含了外设 GPIO 的配置信息。参数 2 是一个指向结构体的指针，所以在程序中对参数 2 的设置一定要以指针的形式，参数 2 可以写成 &GPIO_InitStructure。

本程序设计中用到的是 GPIOF，也就意味着需要对这两个 I/O 口进行初始化，通过调用 GPIO_Init( )库函数即可实现：

```
GPIO_Init(GPIOF, &GPIO_InitStructure);
```

(5)库函数内部设置。这一点非常重要，程序在调用 GPIO_Init 之前必须要对相关内部参数进行配置，配置完成后，才能调用该库函数。以上述程序中对 GPIOF 的初始化为例：

```
GPIO_InitTypeDef  GPIO_InitStructure;     //该结构体在初始化过程中必不可少
GPIO_InitStructure.GPIO_Pin=GPIO_Pin_6;     //选择要控制的引脚是GPIOF6
GPIO_InitStructure.GPIO_Speed=GPIO_Speed_50MHz;  //设置引脚速率为50MHz
GPIO_InitStructure.GPIO_Mode=GPIO_Mode_IPU;    //设置引脚模式为上拉输入
```

必须在完成以上配置过程后，才能调用 GPIO_Init 库函数：

```
GPIO_Init(GPIOF, &GPIO_InitStructure);      //调用库函数，初始化GPIOF6
```

GPIO_InitTypeDef 结构体的内部定义于文件 stm32f10x_gpio.h 中：

```
TypeDef  struct
{
```

```
    u16 GPIO_Pin;
    GPIOSpeed_ Pin;
    GPIOMode_TypeDef  GPIO_Mode;
} GPIO_InitTypeDef;
```

关于结构体 GPIO_InitStructure 的 3 个成员变量 GPIO_Pin、GPIO_Mode、GPIO_Speed 的取值可分别参照表 5.15～表 5.17。

表 5.15　GPIO_Pin 变量取值列表

GPIO_Pin	描述	GPIO_Pin	描述
GPIO_Pin_None	无引脚被中	GPIO_Pin_8	选中引脚 8
GPIO_Pin_0	选中引脚 0	GPIO_Pin_9	选中引脚 9
GPIO_Pin_1	选中引脚 1	GPIO_Pin_10	选中引脚 10
GPIO_Pin_2	选中引脚 2	GPIO_Pin_11	选中引脚 11
GPIO_Pin_3	选中引脚 3	GPIO_Pin_12	选中引脚 12
GPIO_Pin_4	选中引脚 4	GPIO_Pin_13	选中引脚 13
GPIO_Pin_5	选中引脚 5	GPIO_Pin_14	选中引脚 14
GPIO_Pin_6	选中引脚 6	GPIO_Pin_15	选中引脚 15
GPIO_Pin_7	选中引脚 7	GPIO_Pin_All	选中全部引脚

表 5.16　GPIO_Mode 变量取值列表

GPIO_Mode	描述	GPIO_Mode	描述
GPIO_ Mode_AIN	模拟输入	GPIO_ Mode_Out_OD	开漏输出
GPIO_ Mode_IN_FLOATING	浮空输入	GPIO_ Mode_Out_PP	推挽输出
GPIO_ Mode_IPD	下拉输入	GPIO_ Mode_AF_OD	复用开漏输出
GPIO_ Mode_IPU	上拉输入	GPIO_ Mode_AF_PP	复用推挽输出

表 5.17　GPIO_Speed 变量取值列表

GPIO_Speed	描述
GPIO_Speed_10MHz	高输出速率 10MHz
GPIO_Speed_2MHz	高输出速率 2MHz
GPIO_Speed_50MHz	高输出速率 50MHz

注：GPIO_InitTypeDef 中各参数的定义可查阅《STM32 固件库使用手册》或“stm32f10x_gpio.h”文件。以后涉及的函数参数，请读者查阅固件库手册或相关头文件。

3) GPIO_SetBits

函数描述如表 5.18 所示。

通过表 5.18 可以查询得到函数原型、功能描述、输入参数 1、输入参数 2、输出参数和返回值等重要信息。

(1) 函数原型。通过 void GPIO_SetBits(GPIO_TypeDef* GPIOx, u16 GPIO_Pin) 可以知道该库函数需要传入的两个参数以及两个参数的类型。

表 5.18　GPIO_SetBits 函数描述

函数名	GPIO_SetBits
函数原型	void GPIO_SetBits(GPIO_TypeDef* GPIOx, u16 GPIO_Pin)
功能描述	设置指定的数据端口位
输入参数 1	GPIOx：x 可以是 A、B、C、D 或者 E 来选择 GPIO 外设
输入参数 2	GPIO_Pin：待设置的端口位 该参数可以取 GPIO_Pin_x(x 可以是 0～15)的任意组合，参阅 Section：GPIO_Pin 查阅更多该参数的允许取值范围
输出参数	无
返回值	无
先决条件	无
被调用函数	无

(2)功能描述。设置指定的数据端口位。通过函数的功能描述，可以知道 GPIO_SetBits 主要用于设置 I/O 口的数据。

(3)输入参数 1。GPIOx：x 可以是 A、B、C、D、E、F。参数 1 可以分别设置为 GPIOA、GPIOB、 GPIOC、GPIOD、GPIOE、GPIOF。

(4)输入参数 2。GPIO_Pin 为待设置的端口位。该参数可以取 GPIO_Pin_x(x 可以是 0～15)。程序中利用 GBIOF6 控制 LED1 的亮灭，置位 GPIOF6 的功能可用如下语句实现：

```
GPIO_SetBits(GPIOF, GPIO_Pin_6);  //GBIOF6置位
```

4)GPIO_ResetBits

函数 GPIO_ResetBits 与 GPIO_SetBits 类似，说明见表 5.19。

表 5.19　函数 GPIO_ResetBits 说明

函数名	GPIO_ResetBits
函数原型	void GPIO_ResetBits(GPIO_TypeDef* GPIOx, u16 GPIO_Pin)
功能描述	设置指定的数据端口位
输入参数 1	GPIOx： x 可以是 A、 B、 C、 D 或者 E 来选择 GPIO 外设
输入参数 2	GPIO_Pin：待设置的端口位 该参数可以取 GPIO_Pin_x(x 可以是 0～15)的任意组合，参阅表 5.15： GPIO_Pin 查看更多该参数允许的取值范围
输出参数	无
返回值	无
先决条件	无
被调用函数	无

例如：

```
GPIO_ResetBits(GPIOF,GPIO_Pin_6); //清除GPIO6
```

习题与思考题

5.1 STM32 库函数 EXTI_GetFlagStatus 和 EXTI_GetITStatus 的区别是什么？

5.2 与传统的直接配置寄存器方式相比，库函数有哪些优点？

5.3 分别简述 ADC_DEINIT、ADC_INIT、ADC_STRUCTINIT、ADC_CMD、ADC_DMACMD、ADC_ITCONFIG 库函数的功能。

5.4 请问使用哪个函数清除中断标志位？

5.5 请使用库函数编写定时器初始化程序。

5.6 请使用库函数编写 ADC 初始化程序。

5.7 请思考库函数中的许多定义为什么是用结构体定义的？

5.8 请问代码“RCC_APB2PeriphClockCmd(RCC_APB2Periph_GPIOA|RCC_APB2Periph_GPIOB, ENABLE)”实现的是什么功能？为什么不使用 RCC_APB1PeriphClockCmd()函数？

5.9 请分别用库函数与直接配置寄存器方式编写一个呼吸灯程序。

5.10 请思考库函数是如何将寄存器封装起来的？

5.11 现需要编写一个 I2C 与串口驱动函数，请问需要包含哪些库文件？

5.12 ST 公司现已推出 HAL 库，请读者自行查阅资料简述 HAL 库与标准库的异同。

第 6 章　基本模块及其应用开发

6.1　概　　述

本章介绍 STM32 控制器的各个基本模块及其应用开发，包括硬件结构、工作原理、控制方法和寄存器与库函数应用，并以具体模块为例介绍其应用开发过程。首先以最简单的外设 GPIO 为例，以流水灯实验说明片内外设的应用开发步骤及软件编程方法，包括汇编语言仿真调试与基于驱动程序模板的 C 语言编程开发方法。接着介绍 STM32 控制器的 NVIC 中断管理、模/数转换外设、DMA 控制器等模块。

GPIO 是 STM32 最常用的外设之一，每个 GPIO 端口有两个 32 位配置寄存器(GPIOx_CRL、GPIOx_CRH)、两个 32 位数据寄存器(GPIOx_IDR、GPIOx_ODR)、一个 32 位置位/复位寄存器(GPIOx_BSRR)、一个 16 位复位寄存器(GPIOx_BRR)和一个 32 位锁定寄存器(GPIOx_LCKR)。STM32 的内核具有强大的中断响应系统，配置起来并不容易，因此需要一个强大而方便的中断控制器 NVIC。NVIC 是属于 Cortex 内核的器件。

STM32 中 12 位 ADC 是一种逐次逼近型模拟数字转换器。它多达 18 个通道，可测量 16 个外部和 2 个内部信号源。各通道的模数转换可以以单次、连续、扫描或间断模式执行。ADC 的结果可以以左对齐或右对齐的方式存储在 16 位数据寄存器中。直接存储器存取(DMA)用来提供在外设和存储器之间或者存储器和存储器之间的高速数据传输。数据不需要 CPU 干预，可以通过 DMA 快速地移动，这就节省了 CPU 的资源来进行其他操作。两个 DMA 控制器有 12 个通道(DMA1 有 7 个通道，DMA2 有 5 个通道)，每个通道专门用来管理来自一个或多个外设对存储器访问的请求。还有一个仲裁器来协调各个 DMA 请求的优先权。

6.2　通用数字输入/输出模块

STM32 控制器的大部分引脚都可以作为 GPIO 引脚。GPIO 作为 STM32 控制器与外部世界联系的基本接口，可以实现最基本的控制与数据传输任务。由于芯片上的引脚资源十分有限，GPIO 引脚一般与某些片内外设的外部引脚复用。GPIO 接口是 STM32 控制器最简单的外设，经常作为片内外设应用开发入门对象。

6.2.1　GPIO 模块结构与工作原理

STM32F103ZET6 控制器的 GPIO 接口共有 112 个通用 I/O 口，分为 A(16 个)、B(16 个)、C(16 个)、D(16 个)、E(16 个)、F(16 个)、G(16 个)。GPIO 引脚的内部结构示意图如图 6.1 所示。

由图 6.1 可见，图的最右端为 I/O 引脚，左端的器件位于芯片内部。I/O 引脚并联了两个用于保护的二极管。结构图的上半部分为输入模式结构，接下来就遇到了两个开关和电阻，与 VDD 相连的为上拉电阻，与 VSS 相连的为下拉电阻。再连接到 TTL 肖特基触发器就把电压信号转化为0、1 的数字信号存储在输入数据寄存器(IDR)。可以通过设置配置寄存器(CRL、CRH)控制 VDD、VSS 旁的两个开关，于是就可以得到 GPIO 的上拉输入模式(GPIO_Mode_IPU)和下拉输入模式(GPIO_Mode_IPD)。

从它的结构可以理解，若 GPIO 引脚配置为上拉输入模式。在默认状态下(GPIO 引脚无输入)，读取到 GPIO 引脚数据为 1(高电平)。而下拉输入模式则相反，在默认状态下，其引脚数据为 0(低电平)。而 STM32 的浮空输入模式(GPIO_Mode_IN_FLOATING)在芯片内部既没有接上拉电阻，也没有接下拉电阻，经触发器输入。配置成这个模式时直接用电压表测量其引脚电压为 1 点几伏，这是个不确定值。由于其输入阻抗较大，一般把这种模式用于标准的通信协议如 I2C、USART 的接收端。

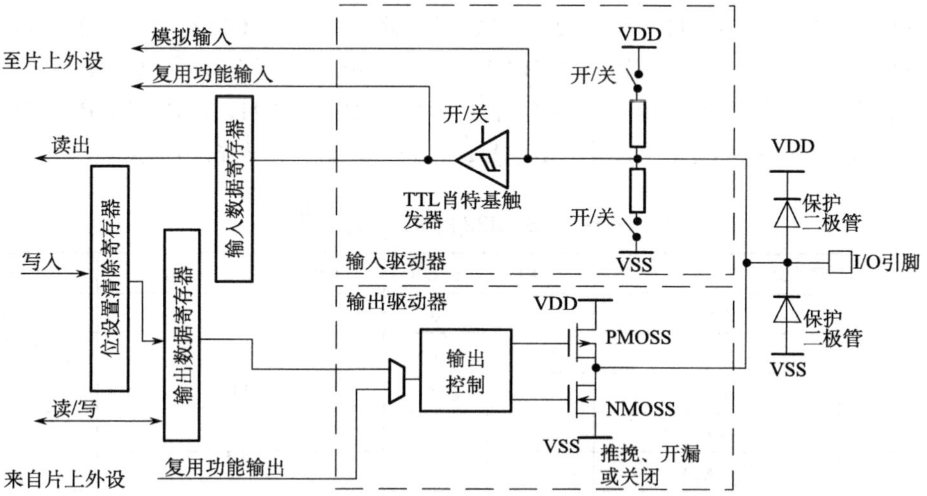

图 6.1　STM32 GPIO 引脚内部结构示意图

模拟输入模式(GPIO_Mode_AIN)则关闭了施密特触发器，不接上拉电阻和下拉电阻，经由另一线路把电压信号传送到片上外设模块，如传送给 ADC 模块，由 ADC 采集电压信号。所以使用 ADC 外设时，必须设置为模拟输入模式。图 6.1 的下半部分为输出模式结构，线路经过一个由 PMOS 和 NMOS 组成的单元电路。推挽输出模式是根据其工作方式命名的。输出高电平时，PMOS 导通；低电平时，NMOS 导通。两个管子轮流导通，一个负责灌电流，一个负责拉电流，使其负载能力和开关速度都比普通的方式有很大的提高。推挽输出的低电平为 0V，高电平为 3.3V。

在开漏输出模式时，如果控制输出为 0(低电平)，则使 NMOS 导通，输出接地。若控制输出为 1(无法直接输出高电平)，则既不输出高电平，也不输出低电平，为高阻态。正常使用时必须在外部接上一个上拉电阻。它具有“线与”特性，即很多个开漏模式引脚连接到一起时，只有当所有引脚都输出高阻态时，才由上拉电阻提供高电平，此高电平的电压为外部上拉电阻所接的电源的电压。若其中一个引脚为低电平，则线路就相当于短路接地，使整条线路都为低电平。

STM32 的 GPIO 输出模式分为通用推挽输出(GPIO_Mode_Out_PP)、通用开漏输出

(GPIO_Mode_Out_OD)、复用推挽输出(GPIO_Mode_AF_PP)和复用开漏输出(GPIO_Mode_AF_OD)。通用推挽输出模式一般应用在输出电平为 0V 和 3.3V 的场合。而通用开漏输出一般应用在电平不匹配的场合，如需要输出 5V 的高电平，就需要在外部接一个上拉电阻，电源为 5V，把 GPIO 设置为开漏模式，当输出高阻态时，由上拉电阻和电源向外输出 5V 的电平。对于相应的复用模式，则是根据 GPIO 的复用功能来选择的，如 GPIO 的引脚用作串口的输出，则使用复用推挽输出模式。如果用在 IC、SMBUS 这些需要线与功能的复用场合，就使用复用开漏模式。其他不同复用场合的复用模式引脚配置将在具体的例子中介绍。在使用任何一种开漏模式时，都需要接上拉电阻。

6.2.2　GPIO 模块寄存器说明

STM32 的每个 I/O 端口都有 7 个寄存器来控制。它们分别是：配置模式的 2 个 32 位的端口配置寄存器 CRL 和 CRH，2 个 32 位的数据寄存器 IDR 和 ODR，1 个 32 位的置位/复位寄存器 BSRR，1 个 16 位的复位寄存器 BRR，1 个 32 位的锁存寄存器 LCKR。本章仅介绍常用的几个寄存器。常用的 I/O 端口寄存器只有 4 个：CRL、CRH、IDR、ODR。CRL 和 CRH 控制着每个 I/O 口的模式及输出速率。STM32 的 I/O 口配置如表 6.1 所示。

表 6.1　STM32 的 I/O 口配置表

配置模式		CNF1	CNF0	MODE1	MODE0	PxODR 寄存器
通用输出	推挽	0	0	01		0 或 1
	开漏		1	10		0 或 1
复用输出	推挽	1	0	11		不使用
	开漏		1			不使用
输入	模拟输入	0	0	00		不使用
	浮空输入		1			不使用
	下拉输入	1	0			0
	上拉输入		0			1

STM32 输出模式配置如表 6.2 所示。

表 6.2　STM32 输出模式配置表

MODE[1:0]	意义	MODE[1:0]	意义
00	保留	10	最大输出速率为 2MHz
01	最大输出速率为 10MHz	11	最大输出速率为 50MHz

端口低配置寄存器 CRL 的描述如图 6.2 和表 6.3 所示。

该寄存器的复位值为 0x44444444。从图 6.2 中看到，复位值其实就是配置端口为浮空输入模式。由端口低配置寄存器 CRL 还可以得出：STM32 的 CRL 寄存器控制着每组 I/O 端口(A～G)低 8 位的模式。每个 I/O 端口的位占用 CRL 的 4 个位，高两位为 CNF，低两位为 MODE。这里可以记住几个常用的配置，如 0x0 表示模拟输入模式(ADC 用)、0x3 表示通用推挽输出模式(作为输出口用，50MHz)、0x8 表示上拉/下拉输入模式(作为输入口用)、0xB

31	30	29	28	27	26	25	24	23	22	21	20	19	18	17	16
CNF7[1:0]		MODE7[1:0]		CNF6[1:0]		MODE6[1:0]		CNF5[1:0]		MODE5[1:0]		CNF4[1:0]		MODE4[1:0]	
rw	rw	rw	rw	rw	rw	rw	rw	rw	rw	rw	rw	rw	rw	rw	rw
15	14	13	12	11	10	9	8	7	6	5	4	3	2	1	0
CNF3[1:0]		MODE3[1:0]		CNF2[1:0]		MODE2[1:0]		CNF1[1:0]		MODE1[1:0]		CNF0[1:0]		MODE0[1:0]	
rw	rw	rw	rw	rw	rw	rw	rw	rw	rw	rw	rw	rw	rw	rw	rw

图 6.2　CRL 数据

表 6.3　端口低配置寄存器 CRL 各位描述

位	描述
位 31:30 位 27:26 位 23:22 位 19:18 位 15:14 位 11:10 位 7:6 位 3:2	CNFy[1:0]：端口 x 配置位(y=0,…,7)，软件通过这些位配置相应的 I/O 端口 在输入模式(MODE[1:0]=00) 00：模拟输入模式 01：浮空输入模式(复位后的状态) 10：上拉/下拉输入模式 11：保留 在输出模式(MODE[1:0]>00) 00：通用推挽输出模式 01：通用开漏输出模式 10：复用推挽输出模式 11：复用开漏输出模式
位 29:28 位 25:24 位 21:20 位 17:16 位 13:12 位 9:8 位 5:4 位 1:0	MODEy[1:0]：端口 x 的模式位(y=0,…,7)，软件通过这些位配置相应的 I/O 端口 00：输入模式(复位后的状态) 01：输出模式，最大速率为 10MHz 10：输出模式，最大速率为 2MHz 11：输出模式，最大速率为 50MHz

表示复用输出(使用 I/O 口的第三功能、50MHz 速率)。CRH 寄存器的作用和 CRL 完全一样，只是 CRL 控制的是低 8 位输出口，而 CRH 控制的是高 8 位输出口。本书对 CRH 不作详细介绍。

如果读者想要设置 PORTA 的 11 位为上拉输入，12 位为推挽输出，完全可以用寄存器配置，但是本书不推荐使用寄存器编写应用程序，因为这样就违背了 STM32 芯片设计的初衷。现在市场上对产品的开发时间要求很高，所以要求开发者在最短的时间内开发出高效、可靠的产品，STM32 的库函数操作由此诞生。

```
GPIOA->CRH&=0XFFF00FFF;
```

```
GPIOA->CRH|=0X00038000;
GPIOA->ODR=1<<11;
```

读者可以通过上面的 3 句代码，设置 PA11 的 I/O 口为上拉输入，PA12 的 I/O 口为推挽输出，但是本书不推荐使用寄存器操作 STM32。IDR 是一个端口输入数据寄存器，只用了低 16 位。该寄存器为只读寄存器，并且只能以 16 位的形式读出。该寄存器各位的描述如图 6.3 和表 6.4 所示。

31	30	29	28	27	26	25	24	23	22	21	20	19	18	17	16
保留															
rw	rw	rw	rw	rw	rw	rw	rw	rw	rw	rw	rw	rw	rw	rw	rw
15	14	13	12	11	10	9	8	7	6	5	4	3	2	1	0
IDR15	IDR14	IDR13	IDR12	IDR11	IDR10	IDR9	IDR8	IDR7	IDR6	IDR5	IDR4	IDR3	IDR2	IDR1	IDR0
rw	rw	rw	rw	rw	rw	rw	rw	rw	rw	rw	rw	rw	rw	rw	rw

图 6.3　IDR 数据位

表 6.4　端口低配置寄存器 IDR 各位描述

位	描述
位 31:16	保留，始终读为 0
位 15:0	IDRy[15:0]：端口输入数据 (y=0,…,15)，这些位为只读并只能以字 (16 位) 的形式读出，读出值为对应 I/O 口的状态

如果想要了解 I/O 口的状态，只需要读取寄存器 IDR，再看看某个位的状态就可以，使用十分方便。除此以外，还有一个相对的 ODR 端口输出数据寄存器，也只用了低 16 位。该寄存器为可读可写寄存器，从该寄存器读出的数据可用于判断当前 I/O 口的输出状态。而向该寄存器写数据，则可以控制某个 I/O 口的输出电平。该寄存器的各位描述如图 6.4 和表 6.5 所示。

31	30	29	28	27	26	25	24	23	22	21	20	19	18	17	16
保留															
rw	rw	rw	rw	rw	rw	rw	rw	rw	rw	rw	rw	rw	rw	rw	rw
15	14	13	12	11	10	9	8	7	6	5	4	3	2	1	0
ODR15	ODR14	ODR13	ODR12	ODR11	ODR10	ODR9	ODR8	ODR7	ODR6	ODR5	ODR4	ODR3	ODR2	ODR1	ODR0
rw	rw	rw	rw	rw	rw	rw	rw	rw	rw	rw	rw	rw	rw	rw	rw

图 6.4　ODR 数据位

表 6.5　端口输出数据寄存器 ODR 各位描述

位	描述
位 31:16	保留，始终读为 0
位 15:0	ODRy[15:0]：端口输出数据 (y=0,…,15)，这些位为只读并只能以字 (16 位) 的形式操作 (注：对于 GPIOx_BSRR (x=A,…,E)，可以分别对各个 ODR 位进行独立的设置/清除)

6.2.3 实验部分

本小节进行一个简单的流水灯实验设计：4 路 LED 顺序闪烁。本实验的目的是学习如何对 STM32 的 GPIO 口进行简单的操作，同时熟悉 STM32 工程模板的使用。

实验目的： 掌握 STM32 专用工程模板的使用、掌握 JTAG 仿真使用、能够在 STM32 实验板上运行程序、熟悉 STM32 的 GPIO 控制。

基本要求： 完成基本的流水灯操作，实现 4 路 LED 循环点亮。

提高部分： (1) 修改 LED 流水灯延时时间，变为原来延时时间的 2 倍、4 倍。

(2) 修改流水灯循序，为 LED4> LED3> LED2> LED1。

(3) 修改成一个 LED 灯闪烁，例如 LED1 灯闪烁，其余灯都不亮。

(4) 修改成一个 LED 灯轮流闪烁，其余灯都亮。

拓展部分： 利用输入口，实现 4 个独立按键分别控制 4 路对应的 LED 灯闪烁。

1. 硬件电路

本实验的硬件电路图如图 6.5(a) 所示，LED1、LED2、LED3 和 LED4 分别通过一个 680Ω 的限流电阻接在 STM32 的 GPIOF.6、GPIOF.7、GPIOF.8 和 GPIOF.9 上，另一端接 GND。按键 S1、S2、S3 和 S4 的一端分别通过一个 10kΩ 的上拉电阻接在 STM32 的 GPIOG.6、GPIOG.8、GPIOC.13 和 GPIOA.0 上，另一端通过按键接 GND。其中按键 S2 的硬件原理如图 6.5(b) 所示，其余 3 个独立按键原理类似。

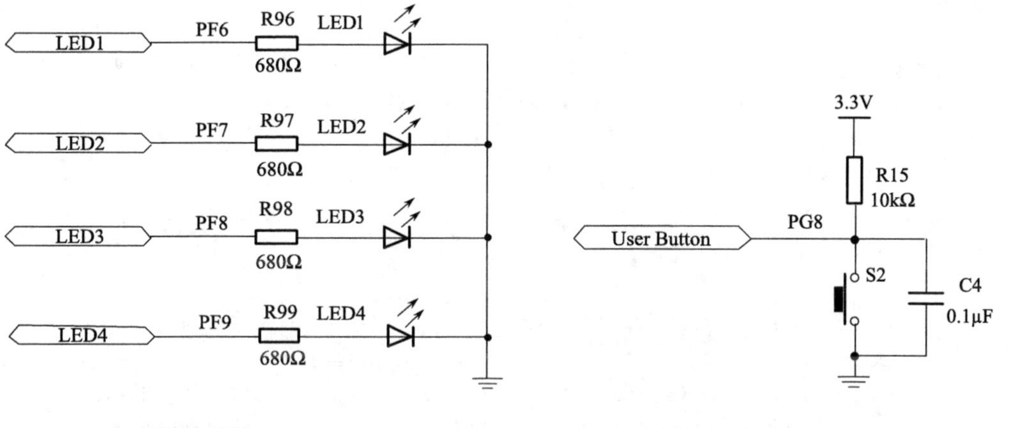

(a) LED硬件电路图　　　　(b) 按键硬件原理图

图 6.5　GPIO 实验硬件原理图

2. 程序设计

本程序的设计要点如下。

(1) GPIO 初始化。

①开启 GPIO 外设时钟。

②配置 GPIOF.6、GPIOF.7、GPIOF.8 和 GPIOF.9 为通用推挽输出，最大翻转频率为 50MHz。

(2) 通过在 GPIOF.6、GPIOF.7、GPIOF.8 和 GPIOF.9 上输出高电平点亮 LED，反之，输出低电平熄灭 LED。工程文件组详情如表 6.6 所示。

表 6.6　GPIO 实验工程文件详情

文件组	包含文件	详情
CORE 文件组	core_cm3.c	CM3 内核接口
	startup_stm32f10x_hd.s	STM32 的启动文件
FWLIB 文件组	stm32f10x_gpio.c	GPIO 的底层配置函数
	stm32f10x_rcc.c	RCC 的底层配置函数
HARDWARE 文件组	led.c	LED 的 GPIO 初始化函数
USER 文件组	main.c	用户应用代码
	stm32f10x_it.c	STM32 的中断服务子程序
	system_stm32f10x.c	设置系统时钟和总线时钟文件

3. 程序清单

具体程序如代码清单 6.1 和代码清单 6.2 所示。

代码清单 6.1　main 函数

```
#include "stm32f10x.h"
#include "led.h"
void Delay(__IO uint32_t nCount);
/*********************************************************
* 函数名      : main              * 输出结果       : 无
* 函数描述    : main函数          * 返回值         : 无
* 输入参数    : 无
*********************************************************/
int main(void)
{
    LED_GPIO_Config();                           //LED 端口初始化
    while (1)
    {
        GPIO_SetBits(GPIOF,GPIO_Pin_6);      //GPIOF.6输出高电平
        Delay(0x0FFFFF);                     //延时
        GPIO_ResetBits(GPIOF,GPIO_Pin_6);    //GPIOF.6输出低电平
        GPIO_SetBits(GPIOF,GPIO_Pin_7);      //GPIOF.7输出高电平
        Delay(0x0FFFFF);                     //延时
        GPIO_ResetBits(GPIOF,GPIO_Pin_7);    //GPIOF.7输出低电平
        GPIO_SetBits(GPIOF,GPIO_Pin_8);      //GPIOF.8输出高电平
        Delay(0x0FFFFF);                     //延时
        GPIO_ResetBits(GPIOF,GPIO_Pin_8);    //PIOF.8输出低电平
        GPIO_SetBits(GPIOF,GPIO_Pin_9);      //GPIOF.9输出高电平
        Delay(0x0FFFFF);                     //延时
        GPIO_ResetBits(GPIOF,GPIO_Pin_9);    //GPIOF.9输出低电平
    }
}
/**********************************************************
```

```
* 函数名         : Delay                  * 输出结果        : 无
* 函数描述       : 延时函数               * 返回值          : 无
* 输入参数       : 时间nCount
***********************************************************/
void Delay(__IO uint32_t nCount)
{
    for(; nCount != 0; nCount--);
}
```

代码清单 6.2　led 函数

```
#include "led.h"
/************************************************************
* 函数名         : LED_GPIO_Config        * 输出结果        : 无
* 函数描述       : 初始化LED的GPIO        * 返回值          : 无
* 输入参数       : 无
************************************************************/
void LED_GPIO_Config(void)
{
    //定义一个GPIO_InitTypeDef类型的结构体
    GPIO_InitTypeDef GPIO_InitStructure;
    //开启GPIOF的外设时钟
    RCC_APB2PeriphClockCmd(RCC_APB2Periph_GPIOF, ENABLE);
    //选择要控制的GPIOF.6、GPIOF.7、GPIOF.8、GPIOF.9
    GPIO_InitStructure.GPIO_Pin=GPIO_Pin_6|GPIO_Pin_7|GPIO_Pin_8|GPIO_Pin_9;
    //设置引脚模式为通用推挽输出
    GPIO_InitStructure.GPIO_Mode=GPIO_Mode_Out_PP;
    //设置引脚速率为50MHz
    GPIO_InitStructure.GPIO_Speed=GPIO_Speed_50MHz;
    //调用库函数，初始化GPIOF.6、GPIOF.7、GPIOF.8、GPIOF.9
    GPIO_Init(GPIOF, &GPIO_InitStructure);
    //GPIOF.6、GPIOF.7、GPIOF.8、GPIOF.9输出低电平，关闭所有LED
    GPIO_ResetBits(GPIOF, GPIO_Pin_6 | GPIO_Pin_7 | GPIO_Pin_8 | GPIO_Pin_9);
}
```

4. 库函数说明

主文件里的 stm32f10x.h 非常重要，它是一个非常底层的文件。它包含了 STM32 中寄存器地址和结构体类型定义，在使用到 STM32 固件库的地方都要包含这个头文件。led.h 是用户自定义头文件，它包含了 led.c 里的所有函数声明，还包含了 stm32f10x.h 文件。整个实验流程非常简单，首先初始化 LED 的 GPIO 端口，接着进入主循环，在主循环里面先点亮 LED1，延时一会熄灭 LED1，然后点亮 LED2，再延时后熄灭，如此循环。本实验程序只使用了一种方法来操作 GPIO，GPIO 操作具有灵活性与多样性，建议读者自行发觉多种操作方法。程序里面使用到的库函数 RCC_APB2PeriphClockCmd、GPIO_Init、GPIO_SetBits 和 GPIO_ResetBits 说明如下。

(1) RCC_APB2PeriphClockCmd 函数说明如表 6.7 所示。

表 6.7　RCC_APB2PeriphClockCmd 函数说明

函数名	RCC_APB2PeriphClockCmd
函数原型	void RCC_APB2PeriphClockCmd(u32 RCC_APB2Periph, FunctionalState NewState)
功能描述	使能或者失能 APB2 外设时钟
输入参数 1	RCC_APB2Periph: 门控 APB2 外设时钟、参阅 RCC_APB2Periph 说明查阅更多该参数允许取值范围
输入参数 2	NewState：指定外设时钟的新状态，这个参数可以取 ENABLE 或者 DISABLE
输出参数	无
返回值	无
先决条件	无
被调用函数	无

其中，表 6.7 中的 RCC_APB2Periph 说明见表 6.8。

表 6.8　RCC_APB2Periph 说明

RCC_APB2Periph	描述	RCC_APB2Periph	描述
RCC_APB2Periph_AFIO	功能复用 I/O 时钟	RCC_APB2Periph_ADC1	ADC1 时钟
RCC_APB2Periph_GPIOA	GPIOA 时钟	RCC_APB2Periph_ADC2	ADC2 时钟
RCC_APB2Periph_GPIOB	GPIOB 时钟	RCC_APB2Periph_TIM1	TIM1 时钟
RCC_APB2Periph_GPIOC	GPIOC 时钟	RCC_APB2Periph_SPI1	SPI1 时钟
RCC_APB2Periph_GPIOD	GPIOD 时钟	RCC_APB2Periph_USART1	USART1 时钟
RCC_APB2Periph_GPIOE	GPIOE 时钟	RCC_APB2Periph_ALL	全部 APB2 外设时钟

(2) GPIO_Init 函数说明见表 6.9。

表 6.9　GPIO_Init 函数说明

函数名	GPIO_Init
函数原型	void GPIO_Init(GPIO_TypeDef* GPIOx, GPIO_InitTypeDef* GPIO_InitStruct)
功能描述	根据 GPIO_InitStruct 中指定的参数初始化外设 GPIOx 寄存器
输入参数 1	GPIOx： x 可以是 A、 B、 C、 D 或者 E 来选择 GPIO 外设
输入参数 2	GPIO_InitStruct：指向结构 GPIO_InitTypeDef 的指针，包含了外设 GPIO 的配置信息。参阅参数 GPIO_Pin 定义：查阅更多该参数允许的取值范围
输出参数	无
返回值	无
先决条件	无
被调用函数	无

GPIO_InitTypeDef structure 结构体说明如下：

GPIO_InitTypeDef 定义于文件 stm32f10x_gpio.h 中。

```
typedef  struct
{
```

```
    u16 GPIO_Pin;
    GPIOSpeed_ Pin;
    GPIOMode_TypeDef  GPIO_Mode;
  } GPIO_InitTypeDef;
```

GPIO_InitTypeDef 中的 GPIO_Pin 用于定义带选择设置的 GPIO 引脚，见表 6.10。

表 6.10　参数 GPIO_Pin 定义

GPIO_Pin	描述	GPIO_Pin	描述
GPIO_Pin_None	无引脚被选中	GPIO_Pin_8	选中引脚 8
GPIO_Pin_0	选中引脚 0	GPIO_Pin_9	选中引脚 9
GPIO_Pin_1	选中引脚 1	GPIO_Pin_10	选中引脚 10
GPIO_Pin_2	选中引脚 2	GPIO_Pin_11	选中引脚 11
GPIO_Pin_3	选中引脚 3	GPIO_Pin_12	选中引脚 12
GPIO_Pin_4	选中引脚 4	GPIO_Pin_13	选中引脚 13
GPIO_Pin_5	选中引脚 5	GPIO_Pin_14	选中引脚 14
GPIO_Pin_6	选中引脚 6	GPIO_Pin_15	选中引脚 15
GPIO_Pin_7	选中引脚 7	GPIO_Pin_All	选中全部引脚

GPIO_InitTypeDef 中的 GPIO_Speed 定义 GPIO 最高输出频率，见表 6.11。

表 6.11　参数 GPIO_Speed 定义

GPIO_Speed	描述
GPIO_Speed_10MHz	最高输出速率 10MHz
GPIO_Speed_2MHz	最高输出速率 2MHz
GPIO_Speed_50MHz	最高输出速率 50MHz

GPIO_InitTypeDef 中的 GPIO_Mode 设置选中引脚的工作模式，见表 6.12。

表 6.12　参数 GPIO_Mode 定义

GPIO_Mode	描述	GPIO_Mode	描述
GPIO_Mode_AIN	模拟输入	GPIO_Mode_Out_OD	开漏输出
GPIO_Mode_IN_FLOATING	浮空输入	GPIO_Mode_Out_PP	推挽输出
GPIO_Mode_IPD	下拉输入	GPIO_Mode_AF_OD	复用开漏输出
GPIO_Mode_IPU	上拉输入	GPIO_Mode_AF_PP	复用推挽输出

注：GPIO_InitTypeDef 中各参数的定义可查阅《STM32 固件库使用手册》或“stm32f10x_gpio.h”文件。以后涉及的函数参数，请读者查阅固件库手册或相关头文件。

(3) GPIO_SetBits 函数说明见表 6.13。

表 6.13 GPIO_SetBits 函数说明

函数名	GPIO_SetBits
函数原型	void GPIO_SetBits(GPIO_TypeDef* GPIOx, u16 GPIO_Pin)
功能描述	设置指定的数据端口位
输入参数 1	GPIOx： x 可以是 A、 B、 C、 D 或者 E 来选择 GPIO 外设
输入参数 2	GPIO_Pin：待设置的端口位 该参数可以取 GPIO_Pin_x(x 可以是 0～15)的任意组合，参阅 Section： GPIO_Pin 查看更多该参数允许的取值范围
输出参数	无
返回值	无
先决条件	无
被调用函数	无

例如：

```
GPIO_SetBits(GPIOA,GPIO_Pin_10|GPIO_Pin_15); //置位GPIOA.10和GPIOA.15
```

(4)GPIO_ResetBits 函数说明见表 6.14。

表 6.14 GPIO_ResetBits 函数说明

函数名	GPIO_ResetBits
函数原型	void GPIO_RsetBits(GPIO_TypeDef* GPIOx, u16 GPIO_Pin)
功能描述	设置指定的数据端口位
输入参数 1	GPIOx： x 可以是 A、 B、 C、 D 或者 E 来选择 GPIO 外设
输入参数 2	GPIO_Pin：待设置的端口位 该参数可以取 GPIO_Pin_x(x 可以是 0～15)的任意组合，参阅 Section： GPIO_Pin 查看更多该参数允许的取值范围
输出参数	无
返回值	无
先决条件	无
被调用函数	无

例如：

```
GPIO_ResetBits(GPIOA,GPIO_Pin_10|GPIO_Pin_15); //清除GPIOA.10和GPIOA.15
```

6.3 NVIC 与中断控制

STM32 的内核具有强大的中断响应系统，它把能够打断当前代码执行流程的事件分为异常(Exception)和中断(Interrupt)，并把它们用一个表管理起来，编号为 0～15 的称为内核异常，而 16 以上的称为外部中断(外，相对内核而言)，这个表就称为中断向量表。

而 STM32 对这个表重新进行了编排，把编号为–3～6 的中断向量定义为系统异常，编号为负的系统异常不能设置优先级，如复位(Reset)、不可屏蔽中断(NMI)、硬错误(Hardfault)。从编号 7 开始为外部中断，这些中断的优先级都是可以自行设置的。

STM32 的中断很多，配置起来并不容易，因此，需要一个强大而方便的中断控制器 NVIC。NVIC 是属于 Cortex 内核的器件，它在内核中的位置如图 6.6 所示，不可屏蔽中断(NMI)和外部中断都由它来处理，而 SYSTICK 不是由 NVIC 控制的。

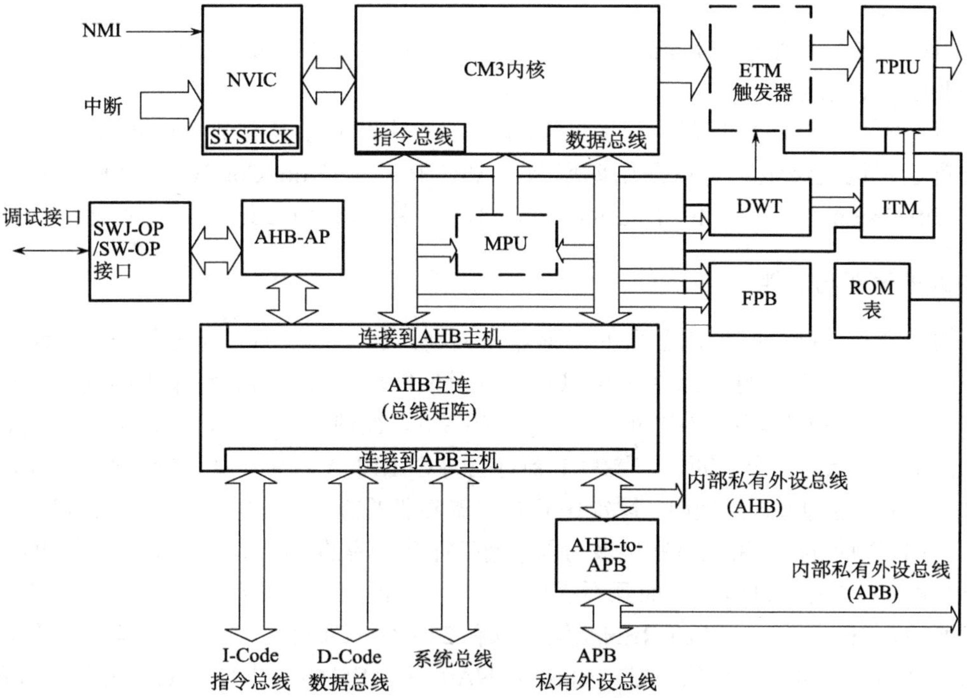

图 6.6　NVIC 在内核中的位置

6.3.1　STM32 中断优先级

STM32 的中断向量具有两个属性，一个为抢占属性，另一个为响应属性。属性编号越小，表明它的优先级别越高。

抢占属性是指打断其他中断的属性，即因为具有这个属性，会出现嵌套中断(在执行中断服务函数 A 的过程中被中断服务函数 B 打断，执行完中断服务函数 B 再继续执行中断服务函数 A)，抢占属性由 NVIC_IRQChannelPreemptionPriority 的参数配置。

响应属性则应用在抢占属性相同的情况下，当两个中断向量的抢占优先级相同时，如果两个中断同时到达，则先处理响应优先级高的中断，响应属性由 NVIC_IRQChannelSubPriority 的参数配置。

在配置优先级时，还要注意一个很重要的问题：中断种类的数量。NVIC 只可以配置 16 种中断向量的优先级。也就是说，抢占优先级和响应优先级的数量由一个 4 位的数字决定，有如下 5 组分配方式把这个 4 位数字的位数分配成抢占优先级部分和响应优先级部分。

第 0 组：所有 4 位用来配置抢占优先级，即 NVIC 配置的 2^4=16 种中断向量都是只有抢占属性，没有响应属性。

第 1 组：最高 1 位用来配置抢占优先级，低 3 位用来配置响应优先级。表示有 $2^1=2$ 种级别的抢占优先级(0 级、1 级)，有 $2^3=8$ 种响应优先级。即在 16 种中断向量之中，有 8 种中断的抢占优先级都为 0 级，而它们的响应优先级别分别为 0～7，其余 8 种中断向量的抢占优先级都为 1 级，响应优先级别分别为 0～7。

第 2 组：2 位用来配置抢占优先级，2 位用来配置响应优先级。即 $2^2=4$ 种抢占优先级，$2^2=4$ 种响应优先级。

第 3 组：高 3 位用来配置抢占优先级，最低 1 位用来配置响应优先级。即有 8 种抢占优先级，2 种响应优先级。

第 4 组：所有 4 位用来配置响应优先级。即 16 种中断向量具有都不相同的响应优先级。

要配置这些优先级组，可以采用库函数(NVIC_PriorityGroupConfig)，可输入的参数为 NVIC_PriorityGroup_0 ～ NVIC_PriorityGroup_4，分别为以上介绍的 5 种分配组。

6.3.2 中断的使能与除能

中断的使能和除能分别使用各自的寄存器来控制。这与传统的、使用单一位的两个状态来表达使能与除能是不同的。CM3 中可以有 240 对使能位 / 除能位，每个中断拥有一对。这 240 对分布在 8 对 32 位寄存器中(最后一对没有用完)。欲使能一个中断，需要写 1 到对应的 SETENA 位中；欲除能一个中断，需要写 1 到对应的 CLRENA 位中；如果向它们中写 0，不会有任何效果。通过这种方式，使能 / 除能中断时只需要把“当事位”写成 1，其他位可以全部为零。再也不用像以前那样，害怕有些位被写入 0 而破坏其对应的中断设置(写 0 没有效果)，从而实现每个中断都可以自顾地设置，而互不侵犯。只需单一的写指令，不再需要读、改、写。

综上所述，SETENA 位和 CLRENA 位可以有 240 对，对应的 32 位寄存器可以有 8 对，因此使用数字后缀来区分这些寄存器，如 SETENA0、SETENA1、SETENA7，如表 6.15 所示。但是在特定的芯片中，只有该芯片实现的中断，其对应的位才有意义。因此，如果使用的芯片支持 32 个中断，则只有 SETENA0/CLRENA0 才需要使用。SETENA/CLRENA 可以按字/半字/字节的方式来访问。又因为前 16 个异常已经分配给系统异常，故中断 0 的异常号是 16。

表 6.15 SETENA/CLRENA 寄存器族

名称	类型	地址	复位值	描述
SETENA0	R/W	0xE000_E100	0	中断 0～31 的使能寄存器，共 32 个使能位(位[*n*])，中断 #*n* 使能(异常号 16+*n*)
SETENA1	R/W	0xE000_E104	0	中断 32～63 的使能寄存器，共 32 个使能位
⋮	⋮	⋮	⋮	⋮
SETENA7	R/W	0xE000_E11C	0	中断 224～239 的使能寄存器，共 16 个使能位
CLRENA0	R/W	0xE000_E180	0	中断 0～31 的除能寄存器，共 32 个除能位(位[*n*])，中断 #*n* 除能(异常号 16+*n*)
CLRENA1	R/W	0xE000_E184	0	中断 32～63 的除能寄存器，共 32 个除能位
⋮	⋮	⋮	⋮	⋮
CLRENA7	R/W	0xE000_E19C	0	中断 224～239 的除能寄存器，共 16 个除能位

6.3.3 中断的挂起与清除

如果中断发生时，正在处理同级或高优先级异常或者被掩蔽，则中断不能立即得到响应，此时中断被悬起。中断的悬起状态可以通过中断设置悬起寄存器(SETPEND)和中断悬起清除寄存器(CLRPEND)来读取，还可以写它们来手工悬起中断。悬起寄存器和解悬寄存器也可以有 8 对，其用法和用量都与前面介绍的使能/除能寄存器完全相同，见表 6.16。

表 6.16 SETPEND/CLRPEND 寄存器族

名称	类型	地址	复位值	描述
SETPEND0	R/W	0xE000_E200	0	中断 0～31 的挂起寄存器，共 32 个挂起位(位[n])，中断 #n 挂起(异常号 16+n)
SETPEND1	R/W	0xE000_E204	0	中断 32～63 的挂起寄存器，共 32 个使能位
⋮	⋮	⋮	⋮	⋮
SETPEND7	R/W	0xE000_E21C	0	中断 224～239 的挂起寄存器，共 16 个使能位
CLRPEND0	R/W	0xE000_E280	0	中断 0～31 的清除寄存器，共 32 个清除位(位[n])，中断 #n 清除(异常号 16+n)
CLRPEND1	R/W	0xE000_E284	0	中断 32～63 的清除寄存器，共 32 个清除位
⋮	⋮	⋮	⋮	⋮
CLRPEND7	R/W	0xE000_E29C	0	中断 224～239 的清除寄存器，共 16 个清除位

6.3.4 中断建立全过程的演示

下面给出一个简单的例子，以演示如何建立一个外部中断。

(1) 当系统启动后，先设置优先级组寄存器。默认情况下使用组 0(7 位抢占优先级，1 位亚优先级)。

(2) 如果需要重定位向量表，先把硬 Fault 和 NMI 服务例程的入口地址写到新表项所在的地址中。

(3) 配置向量表偏移量寄存器，使之指向新的向量表(如果有重定位)。

(4) 为该中断建立中断向量。因为向量表可能已经重定位了，保险起见需要先读取向量表偏移量寄存器的值，再根据该中断在表中的位置，计算出服务例程入口地址应写入的表项，再填写之。如果一直使用 ROM 中的向量表，则不需要此步骤。

(5) 为该中断设置优先级。

(6) 使能该中断。

6.3.5 实验部分

本小节进行一个实验设计，演示 STM32 的外部中断触发功能。设计思路如下：配置一个 STM32 的外部中断，按下按键，进入中断服务程序，使 LED1 状态取反，再按下按键，LED1 状态再取反，如此循环。

实验目的：掌握 STM32 专用工程模板的使用、掌握 JTAG 仿真使用、熟悉 STM32 的 NVIC 控制。

基本要求：利用中断，实现 1 个独立按键控制 1 路 LED 闪烁的操作。

提高部分：(1) 利用中断，实现 1 个独立按键控制 4 路 LED 流水灯闪烁。

(2) 利用中断，用 1 个独立按键实现 4 路 LED 流水灯闪烁，并利用其他 2 个独立按键，分别实现对 LED 闪烁周期的调整，使其周期变为原来的 2、4、8 倍等及 50%、25%、12.5%等。

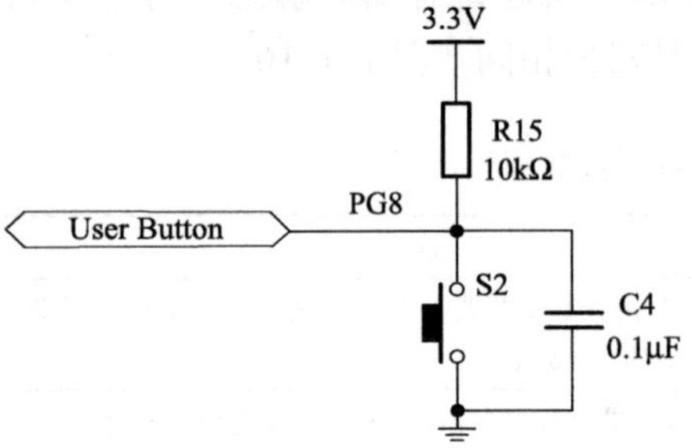

图 6.7　外部中断实验硬件原理图

拓展部分：利用中断，实现 4 个独立按键分别控制 4 路 LED 闪烁。

1. 硬件电路

按键 S1、S2、S3 和 S4 的一端分别通过一个 10kΩ 的上拉电阻接在 STM32 的 GPIOG.6、GPIOG.8、GPIOC.13 和 GPIOA.0 上，另一端通过按键接 GND。其中按键 S2 的原理如图 6.7 所示，GPIOG.8 作为外部中断源，接一个按键。

2. 程序设计

这里的程序设计涉及两大部分：NVIC 和 EXTI 的初始化工作(LED 的 GPIO 初始化在前面已介绍)，设计要点如下。

(1) 配置 NVIC，使用优先级分组 0，并赋予 EXIT8，0 级抢占优先级，0 级响应优先级。

(2) 开启 GPIOG 和 AFIO 时钟。

(3) 配置 GPIOG.8 为上拉输入，并将其设置为外部中断 EXTI8 的输入通道。

(4) 开启 EXTI8 中断，并在下降沿时触发中断。

工程文件组详情如表 6.17 所示。

表 6.17　GPIO 实验工程文件详情

文件组	包含文件	详情
CORE 文件组	core_cm3.c	CM3 内核接口
	startup_stm32f10x_hd.s	STM32 的启动文件
FWLIB 文件组	stm32f10x_gpio.c	GPIO 的底层配置函数
	stm32f10x_rcc.c	RCC 的底层配置函数
	stm32f10x_exti.c	外部中断 EXTI 单元的设置函数
	misc.c	外设对内核中 NVIC 的访问函数
HARDWARE 文件组	led.c	LED 的 GPIO 初始化函数
	exti.c	外部中断控制函数
USER 文件组	main.c	用户应用代码
	stm32f10x_it.c	STM32 的中断服务子程序
	system_stm32f10x.c	设置系统时钟和总线时钟文件

3. 程序清单

具体程序如代码清单 6.3～代码清单 6.5 所示。

代码清单 6.3　main 函数

```
#include "stm32f10x.h"
#include "led.h"
#include "exti.h"
/*****************************************************************
* 函数名        : main                  * 输出结果        : 无
* 函数描述      : main函数              * 返回值          : 无
* 输入参数      : 无
*****************************************************************/
int main(void)
{
   LED_GPIO_Config();           //LED 端口初始化
   EXTI_Config();               //外部中断配置
   while (1);                   //等待中断产生
}
```

代码清单 6.4　NVIC_Configuration 函数

```
#include "exti.h"
/*****************************************************************
* 函数名        : NVIC_Configuration    * 输出结果        : 无
* 函数描述      : 配置中断优先级        * 返回值          : 无
* 输入参数      : 无
*****************************************************************/
 static void NVIC_Configuration(void)
 {
       //定义一个NVIC_InitTypeDef类型的结构体
       NVIC_InitTypeDef NVIC_InitStructure;
       //选择中断优先级组第0组
       NVIC_PriorityGroupConfig(NVIC_PriorityGroup_0);
       //选择外部中断源
       NVIC_InitStructure.NVIC_IRQChannel=EXTI9_5_IRQn;
       //选择抢占优先级0级
       NVIC_InitStructure.NVIC_IRQChannelPreemptionPriority=0;
       //选择响应优先级0级
       NVIC_InitStructure.NVIC_IRQChannelSubPriority=0;
       //开启外部中断
       NVIC_InitStructure.NVIC_IRQChannelCmd=ENABLE;
       //调用库函数初始化中断
       NVIC_Init(&NVIC_InitStructure);
}
/*****************************************************************
* 函数名        : EXTI_PG8_Config        * 输出结果        : 无
* 函数描述      : 外部中断引脚配置       * 返回值          : 无
* 输入参数      : 无
*****************************************************************/
```

```
void EXTI_PG8_Config(void)
{
   //定义一个GPIO_InitTypeDef类型的结构体
   GPIO_InitTypeDef GPIO_InitStructure;
   //定义一个EXTI_InitTypeDef类型的结构体
   EXTI_InitTypeDef EXTI_InitStructure;
   //开启GPIOG的外设时钟和AFIO时钟
  RCC_APB2PeriphClockCmd(RCC_APB2Periph_GPIOG | RCC_APB2Periph_AFIO,ENABLE);
   //选择外部中断引脚GPIOG.8
   GPIO_InitStructure.GPIO_Pin=GPIO_Pin_8;
   //设置引脚模式为上拉输入
   GPIO_InitStructure.GPIO_Mode=GPIO_Mode_IPU;
   //调用库函数，初始化GPIOG.8
   GPIO_Init(GPIOG,&GPIO_InitStructure);
   //选择EXTI输入引脚GPIOG.8
   GPIO_EXTILineConfig(GPIO_PortSourceGPIOG,GPIO_PinSource8);
   //选择EXTI输入线EXTI_Line8
   EXTI_InitStructure.EXTI_Line=EXTI_Line8;
   //把EXTI_Line8的模式设置为中断模式
   EXTI_InitStructure.EXTI_Mode=EXTI_Mode_Interrupt;
   //设置触发模式为下降沿触发
   EXTI_InitStructure.EXTI_Trigger=EXTI_Trigger_Falling;
   //使能EXTI_LineCmd
   EXTI_InitStructure.EXTI_LineCmd=ENABLE;
   //调用库函数初始化EXTI
   EXTI_Init(&EXTI_InitStructure);
}
/*****************************************************************
* 函数名       : EXTI_Config              * 输出结果      : 无
* 函数描述     : 外部中断配置              * 返回值        : 无
* 输入参数     : 无
*****************************************************************/
void EXTI_Config(void)
{
    NVIC_Configuration();     //中断优先级配置
    EXTI_PG8_Config();        //外部中断引脚配置
}
```

代码清单 6.5　EXTI9_5_IRQHandler 函数

```
/*****************************************************************
* 函数名       : EXTI9_5_IRQHandler       * 输出结果      : 无
* 函数描述     : EXTI8中断函数             * 返回值        : 无
* 输入参数     : 无
*****************************************************************/
void EXTI9_5_IRQHandler(void)
```

```
{
    if(EXTI_GetITStatus(EXTI_Line8) != RESET)    //确保是否产生了EXTI_Line中断
    {
      //LED1 取反
      GPIO_WriteBit(GPIOF, GPIO_Pin_6)
      (BitAction)(1-GPIO_ReadOutputDataBit(GPIOF, GPIO_Pin_6));
      EXTI_ClearITPendingBit(EXTI_Line8);    //清除中断标志位
    }
}
```

4. 库函数说明

exti.h 是用户自定义头文件，它包含了 exti.c 里的所有函数声明，还包含 stm32f10x.h 文件。程序清单中省去了 LED 的 GPIO 配置，请读者参考前面的程序清单。以后所有的实验若涉及 LED，程序清单中将省去它的配置。整个实验非常简单，首先初始化 LED 的 GPIO 端口和外部中断，接着进入循环，等待中断产生，在中断服务程序中使 LED 的状态取反。程序里面涉及的库函数 NVIC_Init、EXTI_Init、EXTI_GetITStatus 和 EXTI_ClearITPendingBit 说明如下（GPIO_WriteBits 和 GPIO_ReadOutputDataBit 函数请读者参阅《STM32 固件库使用手册》的第 10 章）。

（1）NVIC_Init 函数说明见表 6.18。

表 6.18　NVIC_Init 函数说明

函数名	NVIC_Init
函数原型	void NVIC_Init（NVIC_InitTypeDef* NVIC_InitStruct）
功能描述	根据 NVIC_InitStruct 中指定的参数初始化外设 NVIC 寄存器
输入参数	NVIC_InitStruct：指向结构 NVIC_InitTypeDef 的指针，包含外设 GPIO 的配置信息。参阅 Section：NVIC_InitTypeDef 查看更多该参数允许的取值范围
输出参数	无
返回值	无
先决条件	无
被调用函数	无

NVIC_InitTypeDef structure 结构体说明如下：

NVIC_InitTypeDef 定义于文件“stm32f10x_nvic.h”中。

```
typedef struct
{
  u8 NVIC_IRQChannel;
  u8 NVIC_IRQChannelPreemptionPriority;
  u8 NVIC_IRQChannelSubPriority;
  FunctionalState NVIC_IRQChannelCmd;
} NVIC_InitTypeDef;
```

（2）EXTI_Init 函数说明见表 6.19。

表 6.19　EXTI_Init 函数说明

函数名	EXTI_Init
函数原型	void EXTI_Init(EXTI_InitTypeDef* EXTI_InitStruct)
功能描述	根据 EXTI_InitStruct 中指定的参数初始化外设 EXTI 寄存器
输入参数	EXTI_InitStruct：指向结构 EXTI_InitTypeDef 的指针，包含外设 EXTI 的配置信息。参阅 Section：EXTI_InitTypeDef 查看更多该参数允许的取值范围
输出参数	无
返回值	无
先决条件	无
被调用函数	无

EXTI_InitTypeDef structure 结构体说明如下：
EXTI_InitTypeDef 定义于文件“stm32f10x_exti.h”中。

```
typedef struct
{
   u32 EXTI_Line;
   EXTIMode_TypeDef EXTI_Mode;
   EXTIrigger_TypeDef EXTI_Trigger;
   FunctionalState EXTI_LineCmd;
} EXTI_InitTypeDef;
```

(3) EXTI_GetITStatus 函数说明见表 6.20。

表 6.20　EXTI_GetITStatus 函数说明

函数名	EXTI_GetITStatus
函数原型	ITStatus EXTI_GetITStatus(u32 EXTI_Line)
功能描述	检查指定的 EXTI 线路触发请求发生与否
输入参数	EXTI_Line：待检查 EXTI 线路的挂起位
输出参数	无
返回值	EXTI_Line 的新状态(SET 或者 RESET)
先决条件	无
被调用函数	无

(4) EXTI_ClearITPendingBit 函数说明见表 6.21。

表 6.21　EXTI_ClearITPendingBit 函数说明

函数名	EXTI_ClearITPendingBit
函数原型	void EXTI_ClearITPendingBit(u32 EXTI_Line)
功能描述	清除 EXTI 线路挂起位
输入参数	EXTI_Line：待清除 EXTI 线路的挂起位
输出参数	无

续表

返回值	无
先决条件	无
被调用函数	无

6.4 显示与键盘模块

6.4.1 数码管显示

本小节进行一个简单的数码管实验设计。设计一个计数器，从 0 计数到–999999，同时，数据在 6 个数码管上显示。

实验目的： 熟悉 STM32 的 GPIO 控制，掌握数码管工作的基本原理。

基本要求： 完成数码管的基本显示功能，数码管 SEG1～SEG6 显示从 000000～999999 循环变化的数字，从而测试数码管的好坏。

提高部分：(1)利用 4 个独立按键，输入任意 6 位数字，并显示。

(2)利用 4 个独立按键，输入任意 6 位带小数点的数字，并显示。

注：4 个独立按键可以分别设置为增加、减少、确定、删除等功能，或自行定义按键功能。

拓展部分： 利用 STM32 自带的时钟设计实时的时间显示程序。

1. 数码管工作原理

1) 8 位锁存器 SN74AHC273

一位钟控 D 触发器只能传送或存储一位二进制数据，而在实际工作中往往是一次传送或存储多位数据。为此，可以把若干个钟控 D 触发器的控制端 CP 连接起来，用一个公共的控制信号来控制，而各个数据端仍然是各自独立地接收数据。用这种形式构成的一次能传送或存储多位数据的电路称为锁存器。输出端的状态不会随输入端状态的变化而变化，只有在有锁存信号时输入的状态被保存到输出，直到下一个锁存信号。典型的逻辑电路是 D 触发器，其字长(位数)有 4 位、8 位等。

锁存器是一种对脉冲电平敏感的存储单元电路，它们可以在特定输入脉冲电平作用下改变状态。锁存就是把信号暂存以维持某种电平状态。锁存器最主要的作用是缓存，其次完成高速控制其与慢速外设的不同步问题，再次是解决驱动的问题，最后是解决一个 I/O 口既能输出也能输入的问题。SN74AHC273 是一个 8 位锁存器，本实验用两块 SN74AHC273 分别用于位锁存和段锁存。

2) 数码管

一种数码管是半导体发光器件，数码管可分为七段数码管和八段数码管，区别在于八段数码管比七段数码管多一个用于显示小数点的发光二极管单元(decimal point，DP)，其基本单元是发光二极管。

LED 数码管实际上是由 7 个发光管组成 8 字形构成的，加上小数点就是 8 个。这些段分别由字母 a、b、c、d、e、f、g、dp 来表示。当数码管特定的段加上电压后，这些特定的段就会发亮，以形成人们眼睛看到的 8 数码管字样了。例如，显示一个“2”字，那么应当是 a 亮 b 亮 g 亮 e 亮 d 亮 f 不亮 c 不亮 dp 不亮。LED 数码管有一般亮和超亮等不同之分，也有 0.5 寸、1 寸等不同的尺寸。小尺寸数码管的显示笔画常用一个发光二极管组成，而大尺寸的数码管由两个或多个发光二极管组成。一般情况下，单个发光二极管的管压降为 1.8V 左右，电流不超过 30mA。发光二极管的阳极连到一起连接到电源正极的称为共阳数码管，发光二极管的阴极连到一起连接到电源负极的称为共阴数码管。常用 LED 数码管显示的数字和字符是 0、1、2、3、4、5、6、7、8、9、A、B、C、D、E、F。

动态显示是将所有数码管通过分时轮流控制各个数码管的 COM 端，就使各个数码管轮流受控显示。将所有数码管的 8 个显示笔画 a、b、c、d、e、f、g、dp 的同名端连在一起，另外为每个数码管的公共极 COM 增加位选通控制电路，位选通由各自独立的 I/O 线控制，当单片机输出字形码时，所有数码管都接收到相同的字形码，但究竟是哪个数码管显示出字形，取决于单片机对位选通 COM 端电路的控制，所以只要将需要显示的数码管的选通控制打开，该位就显示出字形，没有选通的数码管就不会亮。

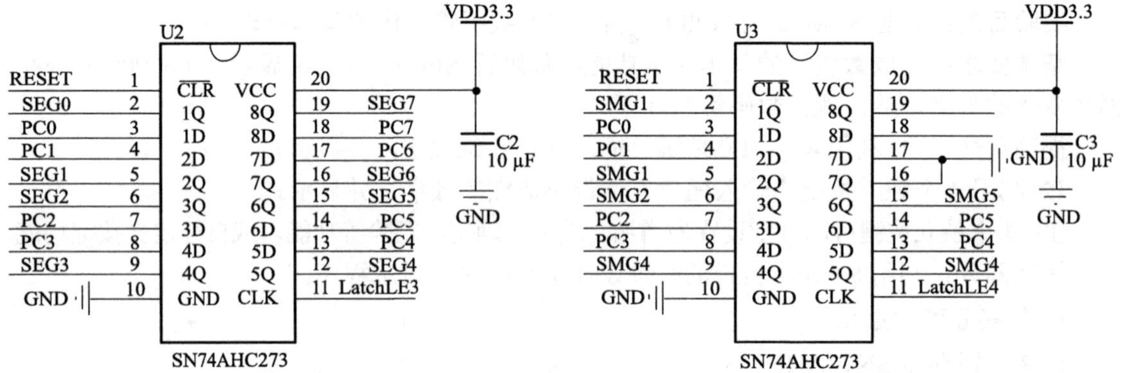

(a) SN74AHC273段锁存原理图　　(b) SN74AHC273位锁存原理图

图 6.8　SN74AHC273 原理图

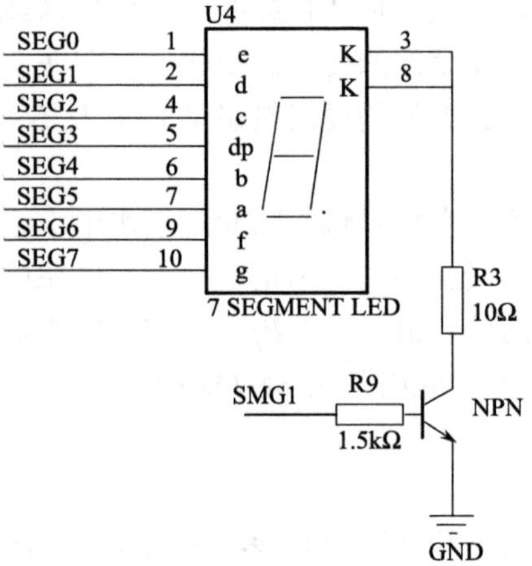

图 6.9　段数码管原理图

2. 硬件电路

本实验的硬件电路图如图 6.8 和图 6.9 所示。使用一个 8 位 D 触发器分别连接在数码管的 a、b、c、d、e、f、g、dp 的接口上，另一个 8 位 D 触发器连接在数码管的 SMG 接口上。

3. 程序设计

本实验的设计要点如下。

(1)开启 GPIO 外设时钟。

(2)配置端口为推挽输出，最大翻转频率为 50MHz。

工程文件组详情如表 6.22 所示。

表 6.22　数码管实验工程文件详情

文件组	包含文件	详情
CORE 文件组	core_cm3.c	CM3 内核接口
	startup_stm32f10x_hd.s	STM32 的启动文件

续表

文件组	包含文件	详情
FWLIB 文件组	stm32f10x_gpio.c	GPIO 的底层配置函数
	stm32f10x_rcc.c	RCC 的底层配置函数
HARDWARE 文件组	SEG.c	数码管的 GPIO 初始化函数
USER 文件组	main.c	用户应用代码
	stm32f10x_it.c	STM32 的中断服务子程序
	system_stm32f10x.c	设置系统时钟和总线时钟文件

4. 程序清单

具体程序如代码清单 6.6 和代码清单 6.7 所示。

代码清单 6.6　main 函数

```
#include "stm32f10x.h"
#include "SEG.h"
void delay(__IO uint32_t nCount);
int SEGCode[10]={0x77,0x41,0xB3,0xB6,0xD4,0xE6,0xE7,0x34,0xF7,0xF6};
int Number[6]={0};
int LatchBitCode[6]={0x20,0x10,0x08,0x04,0x02,0x01};
/*****************************************************************
* 函数名        : main              * 输出结果        : 无
* 函数描述      : main函数          * 返回值          : 无
* 输入参数      : 无
*****************************************************************/
int main(void)
{
    int i;
    int t=0;
    int temp;                                    //定义中间变量
    SEGPin_Init();                               //数码管初始化

    while(1)
    {
        Number[0]++;
        for(i=0;i<5;i++)
        {
            if(Number[i]>=10)
            {
                Number[i+1]++;
                Number[i]=0;
            }
        }
        if(Number[5]>=10)
```

```
        {
            Number[5]=0;
        }//从0计数到999999
        temp=SEGCode[Number[t]];
        Set_GPIOCdata0_7(temp);
        SEG_Latch();//段锁存
        Set_GPIOCdata0_7(LatchBitCode[t]);
        BIT_Latch();//位锁存
        t++;
        if(t>=6)
        {
            t=0;
        }
        delay(10000);                                          //简单延时
    }
}
void delay(__IO uint32_t nCount)                               //简单延时程序
{
    for(; nCount != 0; nCount--);
}
```

代码清单 6.7　SEG 函数

```
#include "SEG.h"
void SEGPin_Init(void)
{
    GPIO_InitTypeDef  GPIO_InitStructure;//定义GPIO初始化结构GPIO_InitStructure
    RCC_APB2PeriphClockCmd(RCC_APB2Periph_GPIOB|RCC_APB2Periph_GPIOC|
    RCC_APB2Periph_GPIOG,ENABLE);                               //开PB、PC、PG端口时钟
    GPIO_InitStructure.GPIO_Pin=GPIO_Pin_0|GPIO_Pin_1|GPIO_Pin_2|
    GPIO_Pin_3|GPIO_Pin_4|GPIO_Pin_5|GPIO_Pin_6|GPIO_Pin_7;
                                                                //选择PC[0…7]端口
    GPIO_InitStructure.GPIO_Mode=GPIO_Mode_Out_PP;              //设置端口模式
    GPIO_InitStructure.GPIO_Speed=GPIO_Speed_50MHz;             //引脚速率选择为50MHz
    GPIO_Init(GPIOC,&GPIO_InitStructure);
    GPIO_InitStructure.GPIO_Pin=GPIO_Pin_15;                    // 选择控制引脚PB15
    GPIO_InitStructure.GPIO_Mode=GPIO_Mode_Out_PP;              //设置端口模式
    GPIO_InitStructure.GPIO_Speed=GPIO_Speed_50MHz;             //引脚速率选择为50MHz
    GPIO_Init(GPIOB,&GPIO_InitStructure);
    GPIO_ResetBits(GPIOB,GPIO_Pin_15);
    GPIO_InitStructure.GPIO_Pin=GPIO_Pin_6;                     //选择控制引脚PB15PG6
    GPIO_InitStructure.GPIO_Mode=GPIO_Mode_Out_PP;              //设置端口模式
    GPIO_InitStructure.GPIO_Speed=GPIO_Speed_50MHz;             //引脚速率选择为50MHz
    GPIO_Init(GPIOG,&GPIO_InitStructure);
    GPIO_ResetBits(GPIOG,GPIO_Pin_6);
}
```

```
void SEG_Latch(void)     //段锁存
{
    GPIO_SetBits(GPIOB,GPIO_Pin_15);
    GPIO_ResetBits(GPIOB,GPIO_Pin_15);
}
void BIT_Latch(void)     //位锁存
{
    GPIO_SetBits(GPIOG,GPIO_Pin_6);
    GPIO_ResetBits(GPIOG,GPIO_Pin_6);
}
void Set_GPIOCdata0_7(int i)
{
    int data;
    data=GPIO_ReadOutputData(GPIOC);
    data&=0xFF00;
    data|=i;
    GPIO_Write(GPIOC,data);
}//读取PC口数据
```

6.4.2 LCD 显示与键盘模块

本小节进行一个矩阵键盘数字在 LCD 上显示的实验：扫描矩阵键盘上的按键，将按键的数值在液晶屏幕上显示。

实验目的：熟悉 STM32 的 GPIO 控制，掌握 LCD 以及矩阵键盘工作的基本原理。

基本要求：完成按键在液晶屏上的显示内容。

提高部分：(1)扫描矩阵键盘上的按键，将按键的数值在数码管上显示。

(2)利用矩阵键盘设计简单的加法计算器，并将具体数值在液晶上显示。

拓展部分：利用矩阵键盘设计简单的四则运算计算器，并将具体数值在液晶上显示。

1. LCD 与键盘工作原理

LCD 即液晶显示器，因其功耗低、体积小、承载的信息量大而广泛应用于信息输出或与用户进行交互，目前仍是各种电子显示设备的主流。

因为 STM32 内部没有集成专用的液晶屏和触摸屏的控制接口，所以在显示面板中应自带含有这些驱动芯片的驱动电路(液晶屏和触摸屏的驱动电路是独立的)。STM32 芯片通过驱动芯片来控制液晶屏和触摸屏。本实验以 2.8 寸液晶屏为例，它使用 ILI9341 芯片控制液晶屏，通过 ADS7843 芯片控制触摸屏。

液晶屏控制芯片的内部结构非常复杂，最主要的是位于中间的 GRAM(Graphics RAM)，可以理解为显存。GRAM 中每个存储单元都对应着液晶面板的一个像素点。它右侧的各种模块共同作用把 GRAM 存储单元的数据转化成液晶面板的控制信号，使像素点呈现特定的颜色，像素点组合起来则成为一幅完整的图像。

ILI9341 的主要控制信号线和配置引脚根据其不同设置状态可以使芯片工作在不同的模式，如每个像素点的位数是 6、16 还是 18 位，使用 SPI 接口还是 8080 接口与 MCU 进行通信，使用 8080 接口的哪种模式。MCU 通过 SPI 或 8080 接口与 ILI9341 进行通信，从而访问它的控制寄存器(CR)、地址计数器(AC)及 GRAM。LCD 为非发光性的显示装置，它需要借助背光源才能达到显示的功能，LED 控制器就是用来控制液晶屏中的 LED 背光源。

图像数据的像素点由红(R)、绿(G)、蓝(B)三原色组成，三原色根据其深浅程度分为 0～255 个级别，它们按不同比例的混合可以得出各种色彩，如 R255、G255、B255 混合后为白色。像素点数据的长度，主要分为 8、16、24 及 32 位。例如，以 8 位来描述的像素点可表示 256 色，16 位描述的为 65536 色，称为真彩色，也称为 64K 色。实际上，受人眼对颜色识别能力的限制，16 位色与 12 位色已经难以分辨了。

ILI9341 最高能够控制 18 位的 LCD，但为了数据传输简便，采用它的 16 位控制模式，以 16 位描述像素点。按照标准格式，16 位像素点的三原色描述的位数为 R:G:B =5:6:5，描述绿色的位数较多是因为人眼对绿色更敏感。

4×4 矩阵键盘扫描：

(1)4 根行线的 GPIO 均设为 Output，根列线的 GPIO 均设为 Input。

(2)4 根行线的 GPIO 分别置为 0111、1011、1101、1110，逐一读取列线 GPIO 的值，可确定是哪一个按键。

2. 硬件电路

本实验的硬件电路如图 6.10 和图 6.11 所示。

3. 程序设计

本程序的设计要点如下。

(1)开启 GPIO 外设时钟。

(2)配置端口为推挽输出，最大翻转频率为 50MHz。

工程文件组详情如表 6.23 所示。

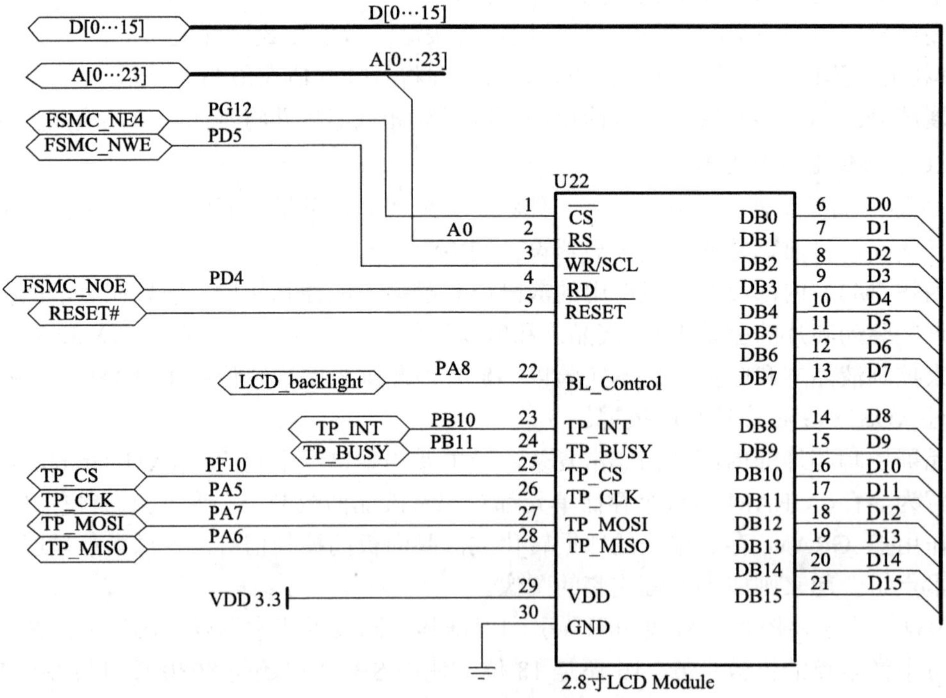

图 6.10　LCD 原理图

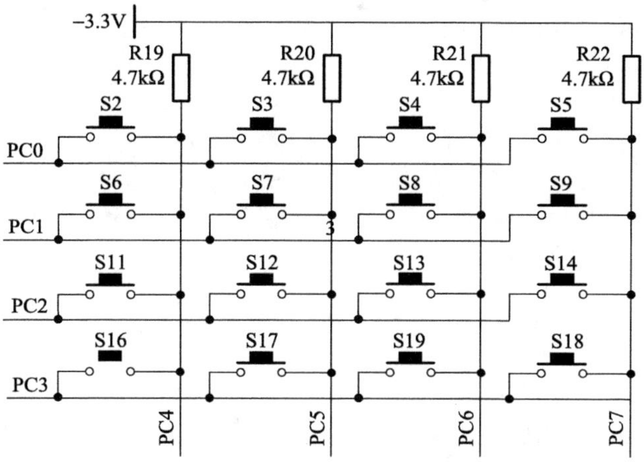

图 6.11　矩阵键盘原理图

表 6.23　LCD 实验工程文件详情

文件组	包含文件	详情
CORE 文件组	core_cm3.c	CM3 内核接口
	startup_stm32f10x_hd.s	STM32 的启动文件
FWLIB 文件组	stm32f10x_gpio.c	GPIO 的底层配置函数
	stm32f10x_rcc.c	RCC 的底层配置函数
HARDWARE 文件组	lcd.c	LCD 配置函数
USER 文件组	main.c	用户应用代码
	stm32f10x_it.c	STM32 的中断服务子程序
	system_stm32f10x.c	设置系统时钟和总线时钟文件

4. 程序清单

具体程序如代码清单 6.8 和代码清单 6.9 所示。

代码清单 6.8　main 函数

```
#include "stm32f10x.h"
#include "delay.h"
#include "lcd.h"
#include "Keyscan.h"
/********************************************************************
* 函数名          : main              * 输出结果          : 无
* 函数描述        : main函数          * 返回值            : 无
* 输入参数        : 无
********************************************************************/
int main(void)
{
{
    INT8U row=0,rowcopy=0;
    INT8U i=0;
    INT8U KeyValue=0;
```

```
    INT8U ReleaseFlag=1;
    INT8U Message;
    //定义中间变量
    delay_init();
    LCD_Init();
    POINT_COLOR=RED;                                          //设置字体为红色
    MatrixKeyScan_Init();
    while(1)
    {
        SetKeyScanIOState(row);
        KeyScanEnable();                                      //使能键盘扫描芯片
        KeyScan_Latch();                                      //锁存键盘扫描输出信号
        delay(200);
        KeyScan_Latch();
        KeyValue=((INT8U)(GPIOC->IDR&0x00F0))>>4;     //读PC4～PC7数据
        if(!ReleaseFlag)     //判断是否有键按下
        {
            if(KeyValue==0) //键松开
            {
                if(rowcopy==row)
                {
                    ReleaseFlag=1;
                }
            }
        }
        if(KeyValue)     //判断最后一次按下的键值
        {
            if(ReleaseFlag)
            {
                for(i=0;i<4;i++)
                {
                    if(KeyValue&0x01)
                    {
                        break;
                    }
                    KeyValue=KeyValue>>1;          //键值解析
                }
                Message=i*4+row+1;                 //对应第几行
        LCD_ShowNum(126,60,Message,2,16);
                rowcopy=row;
            }
            ReleaseFlag=0;                         //ReleaseFlag清零
        }
        delay_ms(100);
        KeyScanDisable();                          // 禁用按键扫描芯片
```

```
        GPIOCStateRecovery();                         // 恢复PC口推挽输出功能
        row++;
        if(row>=4)
        {
            row=0;
        }
            delay(200);
    }
}
}
```

代码清单 6.9　Keyboard 函数

```
#include "stm32f10x.h"
#include "delay.h"
/*******************************************************************
* 函数名          : Keyboard                  * 输出结果          : 无
* 函数描述        : Keyboard函数              * 返回值            : 无
* 输入参数        : 无
*******************************************************************/

void InitKey(void)                             //初始化矩阵键盘要使用的GPIO口
{
GPIO_InitTypeDef  GPIOStru;
GPIOStru.GPIO_Mode=GPIO_Mode_Out_PP;     //定义PC0～PC3为推挽输出
   GPIOStru.GPIO_Speed=GPIO_Speed_50MHz;
   GPIOStru.GPIO_Pin=GPIO_Pin_0|GPIO_Pin_1|GPIO_Pin_2|GPIO_Pin_3;
   RCC_APB2PeriphClockCmd(RCC_APB2Periph_GPIOC,ENABLE);
   GPIO_Init(GPIOC,&GPIOStru);
GPIOStru.GPIO_Mode=GPIO_Mode_IPD;        //定义PC4～PC7为下拉输入
   GPIOStru.GPIO_Speed=GPIO_Speed_50MHz;
   GPIOStru.GPIO_Pin=GPIO_Pin_4|GPIO_Pin_5|GPIO_Pin_6|GPIO_Pin_7;
   GPIO_Init(GPIOC,&GPIOStru);
}
int key(void)             //实现矩阵键盘。返回值为各按键的键值，此键值由用户自己定义
{
    int KeyVal=0;                              //KeyVal为最后返回的键值
    u16 WriteVal=0;                            //WriteVal为要写给PC口的数据
    GPIO_Write(GPIOC,(GPIOC->ODR&0xfff0|0xf)); //先让PC0～PC3全部输出高
    if((GPIOC->IDR & 0x00f0)==0x0000)
                          //如果PC4～PC7全为0，则没有键按下。此时，返回值为-1

        return -1;
else
    {
        delay_ms(5);                           //延时5ms去抖动
```

```
        if((GPIOC->IDR&0x00f0)==0x0000)
                    //如果延时5ms后，PC4～PC7又全为0，则刚才引脚的电位变化是抖动产生的

            return -1;
    }
    GPIO_Write(GPIOC,(GPIOC->ODR&0xfff0|0x1));  //让PC3～PC0输出二进制的0001
    switch(GPIOC->IDR&0x00f0)           //对PC4～PC7的值进行判断，以输出不同的键值
    {
        case 0x0010: KeyVal=15; break;
        case 0x0020: KeyVal=11; break;
        case 0x0040: KeyVal=7;break;
        case 0x0080: KeyVal=3;break;
    }
    GPIO_Write(GPIOC,(GPIOC->ODR&0xfff0|0x2));  //让PC3～PC0输出二进制的0010
    switch(GPIOC->IDR&0x00f0)            //对PC4～PC7的值进行判断，以输出不同的键值
    {
        case 0x0010: KeyVal=14; break;
        case 0x0020: KeyVal=10; break;
        case 0x0040: KeyVal=6;break;
        case 0x0080: KeyVal=2;break;
    }
    GPIO_Write(GPIOC,(GPIOC->ODR&0xfff0|0x4));  //让PC3～PC0输出二进制的0100
    switch(GPIOC->IDR&0x00f0)            //对PC4～PC7的值进行判断，以输出不同的键值
    {
        case 0x0010: KeyVal=13; break;
        case 0x0020: KeyVal=9;break;
        case 0x0040: KeyVal=5;break;
        case 0x0080: KeyVal=1;break;
    }
    GPIO_Write(GPIOC,(GPIOC->ODR&0xfff0|0x8));   //让PC3～PC0输出二进制的1000
    switch(GPIOC->IDR&0x00f0)            //对PC4～PC7的值进行判断，以输出不同的结果
    {
        case 0x0010: KeyVal=12; break;
        case 0x0020: KeyVal=8;break;
        case 0x0040: KeyVal=4;break;
        case 0x0080: KeyVal=0;break;
    }

    return KeyVal;
}
```

6.5　ADC 模块

12 位 ADC 是一种逐次逼近型模拟数字转换器。它有 18 个通道，可测量 16 个外部和 2

个内部信号源。各通道的模数转换可以以单次、连续、扫描或间断模式执行。ADC 的结果可以以左对齐或右对齐方式存储在 16 位数据寄存器中。

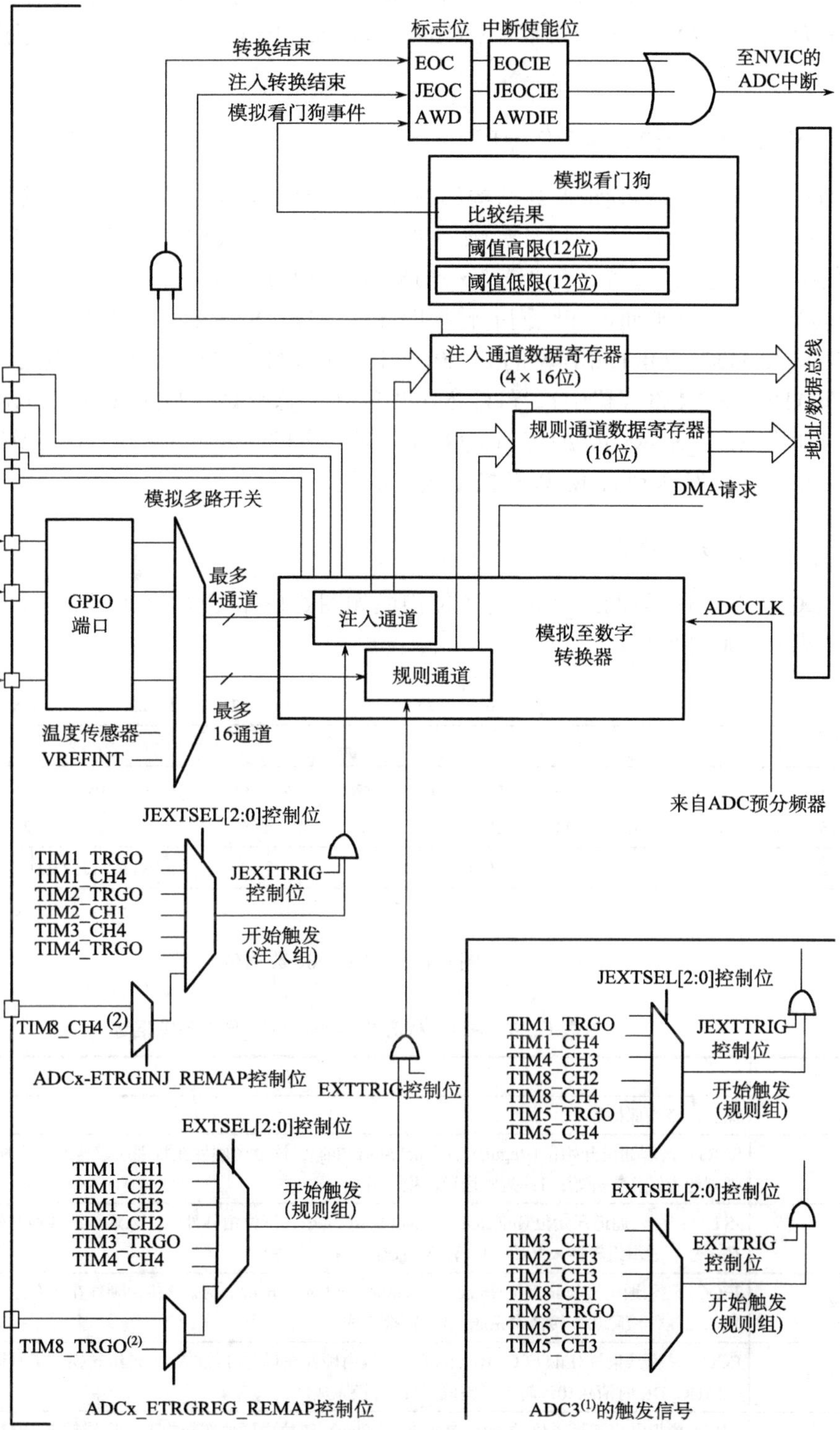

图 6.12　ADC 结构图

ADC 的主要特性如下：12 位的分辨率；转换结束、注入转换结束和发生模拟看门狗事件时产生中断；单次和连续转换模式；从通道 0 到通道 n 的自动扫描模式；带内嵌数据一致性的数据对齐；采样间隔可以按通道分别编程；规则转换和注入转换均有外部触发选项；供电要求为 2.4～3.6V；输入范围为 VREF−≤VIN≤VREF+；规则通道转换期间有 DMA 请求产生。

6.5.1 ADC 模块结构及其工作原理

ADC 有 16 个多路通道，其结构如图 6.12 所示。可以把转换组织分成两组：规则组和注入组。在任意多个通道上，以任意顺序进行的一系列转换构成成组转换。例如，按如下顺序完成转换：通道 3、通道 8、通道 2、通道 2、通道 0、通道 2、通道 2、通道 15。规则组由 16 个转换组成，规则通道和它们的转换顺序在 ADC_SQRx 寄存器中选择。规则组中转换的总数应写入 ADC_SQR1 寄存器的 L[3:0]位中；注入组由多达 4 个转换组成，注入通道和转换顺序在 ADC_JSQR 寄存器中选择，注入组里的转换总数目应写入 ADC_JSQR 寄存器的 L[1:0]位中。如果 ADC_SQRx 或 ADC_JSQR 寄存器在转换期间被更改，当前的转换被清除，一个新的启动脉冲将发送到 ADC 以转换新选择的组。

6.5.2 ADC 模块寄存器

ADC 状态寄存器(ADC_SR)的各位描述如图 6.13 和表 6.24 所示。其地址偏移为 0x00，复位值为 0x00000000。

31	30	29	28	27	26	25	24	23	22	21	20	19	18	17	16
保留															
rw	rw	rw	rw	rw	rw	rw	rw	rw	rw	rw	rw	rw	rw	rw	rw

15	14	13	12	11	10	9	8	7	6	5	4	3	2	1	0
保留											STRT	JSTRT	JEOC	EOC	AWD
											rc w0	rc w0	rc w0	rc w0	rc w0

图 6.13　ADC_SR 数据位

表 6.24　ADC 状态寄存器 ADC_SR 各位描述

位	描述
位 31:5	保留，必须保持为 0
位 4	STRT：规则通道开始位(Regular Channel Start Flag)。该位由硬件在规则通道转换开始时设置，由软件清除(0：规则通道转换未开始；1：规则通道转换已开始)
位 3	JSTRT：注入通道开始位(Injected Channel Start Flag)。该位由硬件在注入通道组转换开始时设置，由软件清除(0：注入通道组转换未开始；1：注入通道组转换已开始)
位 2	JEOC：注入通道转换结束位(Injected Channel End of Conversion)。该位由硬件在所有注入通道组转换结束时设置，由软件清除(0：转换未完成；1：转换完成)
位 1	EOC：转换结束位(End of Conversion)。该位由硬件在(规则或注入)通道组转换结束时设置，由软件清除或读取 ADC_DR 时清除(0：转换未完成；1：转换完成)
位 0	AWD：模拟看门狗标志位(Analog Watchdog Flag)。该位由硬件在转换的电压值超出了 ADC_LTR 和 ADC_HTR 寄存器定义的范围时设置，由软件清除(0：没有发生模拟看门狗事件；1：发生模拟看门狗事件)

ADC 控制寄存器 1(ADC_CR1)的各位描述如表 6.25 所示。其地址偏移为 0x04，复位值为 0x00000000。

表 6.25　ADC 控制寄存器 1(ADC_CR1)各位描述

位	描述
位 31:24	保留，必须保持为 0
位 23	AWDEN：在规则通道上开启模拟看门狗(Analog Watchdog Enable on Regular Channels)。该位由软件设置和清除(0：在规则通道上禁用模拟看门狗；1：在规则通道上使用模拟看门狗)
位 22	JAWDEN：在注入通道上开启模拟看门狗(Analog Watchdog Enable on Injected Channels)。该位由软件设置和清除(0：在注入通道上禁用模拟看门狗；1：在注入通道上使用模拟看门狗)
位 21:20	保留，必须保持为 0
位 19:16	DUALMOD[3:0]：双模式选择(Dual Mode Selection)，软件使用这些位选择操作模式(0000：独立模式；0001：混合的同步规则+注入同步模式；0010：混合的同步规则+交替触发模式；0011：混合同步注入+快速交叉模式；0100：混合同步注入+慢速交叉模式；0101：注入同步模式；0110：规则同步模式；0111：快速交叉模式；1000：慢速交叉模式；1001：交替触发模式)。注：在 ADC2 和 ADC3 中，这些位为保留位，在双模式中，改变通道的配置会产生一个重新开始的条件，这将导致同步丢失。建议在进行任何配置改变前关闭双模式
位 15:13	DISCNUM[2:0]：间断模式通道计数（Discontinuous Mode Channel Count)。软件通过这些位定义在间断模式下，收到外部触发后转换规则通道的数目(000：1 个通道；001：2 个通道；…；111：8 个通道)
位 12	JDISCEN：在注入通道组上的间断模式(Discontinuous Mode on Injected Channels)。该位由软件设置和清除，用于开启或关闭注入通道组上的间断模式(0：注入通道组上禁用间断模式；1：注入通道组上使用间断模式)
位 11	DISCEN：在规则通道上的间断模式（Discontinuous Mode on Regular Channels)。该位由软件设置和清除，用于开启或关闭规则通道组上的间断模式(0：规则通道组上禁用间断模式；1：规则通道组上使用间断模式)
位 10	JAUTO：自动的注入通道组转换（Automatic Injected Group Conversion)。该位由软件设置和清除，用于开启或关闭规则通道组转换结束后自动地注入通道组转换(0：关闭自动的注入通道组转换；1：开启自动的注入通道组转换)
位 9	AWDSGL：扫描模式中在一个单一的通道上使用看门狗(Enable the Watchdog on a Single Channel in Scan Mode)。该位由软件设置和清除，用于开启或关闭由 AWDCH[4:0]位指定的通道上的模拟看门狗功能(0：在所有通道上使用模拟看门狗；1：在单一通道上使用模拟看门狗)
位 8	SCAN：扫描模式(Scan Mode)。该位由软件设置和清除，用于开启或关闭扫描模式。在扫描模式中，转换由 ADC_SQRx 或 ADC_JSQRx 寄存器选中的通道(0：关闭扫描模式；1：使用扫描模式)。注：如果分别设置了 EOCIE 或 JEOCIE 位，则只在最后一个通道转换完毕后才会产生 EOC 或 JEOC 中断
位 7	JEOCIE：允许产生注入通道转换结束中断（Interrupt Enable for Injected Channels)。该位由软件设置和清除，用于禁止或允许所有注入通道转换结束后产生中断(0:禁止 JEOC 中断;1:允许 JEOC 中断)。当硬件设置 JEOC 位时产生中断
位 6	AWDIE：允许产生模拟看门狗中断（Analog Watchdog Interrupt Enable)。该位由软件设置和清除，用于禁止或允许模拟看门狗产生中断。在扫描模式下，如果看门狗检测到超范围的数值，只有在设置了该位时扫描才会中止(0：禁止模拟看门狗中断；1：允许模拟看门狗中断)
位 5	EOCIE：允许产生 EOC 中断(Interrupt Enable for EOC)。该位由软件设置和清除，用于禁止或允许转换结束后产生中断(0：禁止 EOC 中断；1：允许 EOC 中断)。当硬件设置 EOC 位时产生中断
位 4:0	AWDCH[4:0]：模拟看门狗通道选择位（Analog Watchdog Channel Select Bits)。这些位由软件设置和清除，用于选择模拟看门狗保护的输入通道(00000：ADC 模拟输入通道 0；00001：ADC 模拟输入通道 1；…；01111：ADC 模拟输入通道 15；10000：ADC 模拟输入通道 16；10001：ADC 模拟输入通道 17。保留所有其他数值)。注：ADC1 的模拟输入通道 16 和通道 17 在芯片内部分别连到了温度传感器和 VREFINT。ADC2 的模拟输入通道 16 和通道 17 在芯片内部连到了 VSS。ADC3 模拟输入通道 9、14、15、16、17 与 VSS 相连

ADC 控制寄存器 2(ADC_CR2)的各位描述如图 6.14 和表 6.26 所示。其地址偏移为 0x08，复位值为 0x00000000。

31	30	29	28	27	26	25	24	23	22	21	20	19	18	17	16
保留								TSVREFE	SWSTART	JSWSTART	EXTTRIG	EXTSEL[2：0]			保留
								rw	rw	rw	rw	rw	rw	rw	

15	14	13	12	11	10	9	8	7	6	5	4	3	2	1	0
JEXT TRIG	JEXTSEL[2：0]			ALIGN	保留		DMA	保留				RSTCAL	CAL	CONT	ADON
rw	rw	rw	rw	rw			rw					rw	rw	rw	rw

图 6.14　ADC_CR2 数据位

表 6.26　ADC_CR2 各位描述

位	描述
位 31:24	保留，必须保持为 0
位 23	TSVREFE：温度传感器和 VREFINT 使能（Temperature Sensor and VREFINT Enable）。该位由软件设置和清除，用于开启或禁止温度传感器和 VREFINT 通道。在多于 1 个 ADC 的器件中，该位仅出现在 ADC1 中(0：禁止温度传感器和 VREFINT；1：启用温度传感器和 VREFINT)
位 22	SWSTART：开始转换规则通道（Start Conversion of Regular Channels）。由软件设置该位以启动转换，转换开始后硬件马上清除此位。如果在 EXTSEL[2:0]位中选择了 SWSTART 为触发事件，则该位用于启动一组规则通道的转换(0：复位状态；1：开始转换规则通道)
位 21	JSWSTART：开始转换注入通道（Start Conversion of Injected Channels）。由软件设置该位以启动转换，软件可清除此位或在转换开始后由硬件马上清除此位。如果在 JEXTSEL[2:0]位中选择了 JSWSTART 为触发事件，则该位用于启动一组注入通道的转换(0：复位状态；1：开始转换注入通道)
位 20	EXTTRIG：规则通道的外部触发转换模式（External Trigger Conversion Mode for Regular Channels）。该位由软件设置和清除，用于开启或禁止可以启动规则通道组转换的外部触发事件(0：不用外部事件启动转换；1：使用外部事件启动转换)
位 19:17	EXTSEL[2:0]：选择启动规则通道组转换的外部事件（External Event Select for Regular Group）。这些位选择用于启动规则通道组转换的外部事件。ADC1 和 ADC2 的触发配置如下。000：定时器 1 的 CC1 事件；100：定时器 3 的 TRGO 事件；001：定时器 1 的 CC2 事件；101：定时器 4 的 CC4 事件；010：定时器 1 的 CC3 事件；110：EXTI 线 11/ TIM8_TRGO 事件(仅大容量产品具有 TIM8_TRGO 功能)；011：定时器 2 的 CC2 事件；111：SWSTART。ADC3 的触发配置如下。000：定时器 3 的 CC1 事件；100：定时器 8 的 TRGO 事件；001：定时器 2 的 CC3 事件；101：定时器 5 的 CC1 事件；010：定时器 1 的 CC3 事件；110：定时器 5 的 CC3 事件；011：定时器 8 的 CC1 事件；111：SWSTART
位 16	保留，必须保持为 0
位 15	JEXTTRIG：注入通道的外部触发转换模式（External Trigger Conversion Mode for Injected Channels）。该位由软件设置和清除，用于开启或禁止可以启动注入通道组转换的外部触发事件(0：不用外部事件启动转换；1：使用外部事件启动转换)
位 14:12	JEXTSEL[2:0]：选择启动注入通道组转换的外部事件（External Event Select for Injected Group）。这些位选择用于启动注入通道组转换的外部事件。ADC1 和 ADC2 的触发配置如下。000：定时器 1 的 TRGO 事件；100：定时器 3 的 CC4 事件；001：定时器 1 的 CC4 事件；101：定时器 4 的 TRGO 事件；010：定时器 2 的 TRGO 事件；110：EXTI 线 15/TIM8_CC4 事件(仅大容量产品具有 TIM8_CC4)；011：定时器 2 的 CC1 事件；111：JSWSTART。ADC3 的触发配置如下。000：定时器 1 的 TRGO 事件；100：定时器 8 的 CC4 事件；001：定时器 1 的 CC4 事件；101：定时器 5 的 TRGO 事件；010：定时器 4 的 CC3 事件；110：定时器 5 的 CC4 事件；011：定时器 8 的 CC2 事件；111：JSWSTART
位 11	ALIGN：数据对齐（Data Alignment）。该位由软件设置和清除(0：右对齐；1：左对齐)

位	描述
位 10:9	保留。必须保持为 0
位 8	DMA：直接存储器访问模式（Direct Memory Access Mode）。该位由软件设置和清除。详见 DMA 控制器章节(0：不使用 DMA 模式； 1：使用 DMA 模式）。 注：只有 ADC1 和 ADC3 能产生 DMA 请求
位 7:4	保留。必须保持为 0
位 3	RSTCAL：复位校准（Reset Calibration）。该位由软件设置并由硬件清除。在校准寄存器被初始化后该位将被清除(0：校准寄存器已初始化； 1：初始化校准寄存器）。 注：如果正在进行转换时设置 RSTCAL，清除校准寄存器需要额外的周期
位 2	CAL：A/D 校准（A/D Calibration）。该位由软件设置，以开始校准，并在校准结束时由硬件清除(0：校准完成； 1：开始校准）
位 1	CONT：连续转换（Continuous Conversion）。该位由软件设置和清除。如果设置了此位，则转换将持续进行直到该位被清除(0：单次转换模式； 1：连续转换模式）
位 0	ADON：开/关 A/D 转换器（A/D Converter ON / OFF）。该位由软件设置和清除。当该位为“0”时，写入“1”将把 ADC 从断电模式下唤醒。 当该位为“1”时，写入“1”将启动转换(0：关闭 ADC 转换/校准，并进入断电模式； 1：开启 ADC 并启动转换）。 注：如果在这个寄存器中与 ADON 一起还有其他位改变，则转换不被触发。这是为了防止触发错误的转换

ADC 采样时间寄存器 1(ADC_SMPR1)的各位描述如图 6.15 和表 6.27 所示。其地址偏移为 0x0C，复位值为 0x00000000。

31	30	29	28	27	26	25	24	23	22	21	20	19	18	17	16
保留								SMP17[2:0]			SMP16[2:0]			SMP15[2:1]	
								rw	rw	rw	rw	rw	rw	rw	rw

15	14	13	12	11	10	9	8	7	6	5	4	3	2	1	0
SMP15[0]	SMP14[2:0]			SMP13[2:0]			SMP12[2:0]			SMP11[2:0]			SMP10[2:0]		
rw	rw	rw	rw	rw	rw	rw	rw	rw	rw	rw	rw	rw	rw	rw	rw

图 6.15　ADC_SMPR1 数据位

表 6.27　ADC_SMPR1 的各位描述

位	描述
位 31:24	保留， 必须保持为 0
位 23:0	SMPx[2:0]：选择通道 x 的采样时间（Channel x Sample Time Selection）。这些位用于独立地选择每个通道的采样时间。在采样周期中通道选择位必须保持不变(000：1.5 周期；100：41.5 周期；001：7.5 周期；101：55.5 周期；010：13.5 周期；110：71.5 周期；011：28.5 周期；111：239.5 周期 ）。注：ADC1 的模拟输入通道 16 和通道 17 在芯片内部分别连到了温度传感器和 VREFINT。 ADC2 的模拟输入通道 16 和通道 17 在芯片内部连到了 VSS。 ADC3 模拟输入通道 14、15、16、17 与 VSS 相连

ADC 采样时间寄存器 2(ADC_SMPR2)如图 6.16 和表 6.28 所示。其地址偏移为 0x10，复位值为 0x00000000。

31	30	29	28	27	26	25	24	23	22	21	20	19	18	17	16
保留		SMP9[2:0]			SMP8[2:0]			SMP7[2:0]			SMP6[2:0]			SMP5[2:1]	
		rw	rw	rw	rw	rw	rw	rw	rw	rw	rw	rw	rw	rw	rw

15	14	13	12	11	10	9	8	7	6	5	4	3	2	1	0
SMP5[0]	SMP4[2:0]			SMP3[2:0]			SMP2[2:0]			SMP1[2:0]			SMP0[2:0]		
rw	rw	rw	rw	rw	rw	rw	rw	rw	rw	rw	rw	rw	rw	rw	rw

图 6.16　ADC_SMPR2 数据位

表 6.28　ADC_SMPR2 的各位描述

位	描述
位 31:30	保留，必须保持为 0
位 29:0	SMPx[2:0]：选择通道 x 的采样时间（Channel x Sample Time Selection）。这些位用于独立地选择每个通道的采样时间。在采样周期中通道选择位必须保持不变(000：1.5 周期；100：41.5 周期；001：7.5 周期；101：55.5 周期；010：13.5 周期；110：71.5 周期；011：28.5 周期；111：239.5 周期)。注：ADC3 模拟输入通道 9 与 VSS 相连

ADC 注入序列寄存器(ADC_JSQR)如图 6.17 和表 6.29 所示。其地址偏移为 0x38，复位值为 0x00000000。

31	30	29	28	27	26	25	24	23	22	21	20	19	18	17	16
保留										JL[1:0]		JSQ4[4:1]			
										rw	rw	rw	rw	rw	rw

15	14	13	12	11	10	9	8	7	6	5	4	3	2	1	0
JSQ4[0]	JSQ3[4:0]					JSQ2[4:0]					JSQ1[4:0]				
rw	rw	rw	rw	rw	rw	rw	rw	rw	rw	rw	rw	rw	rw	rw	rw

图 6.17　ADC_JSQR 数据位

表 6.29　ADC_JSQR 的各位描述

位	描述
位 31:22	保留，必须保持为 0
位 21:20	JL[1:0]：注入通道序列长度（Injected Sequence Length）。这些位由软件定义在规则通道转换序列中的通道数目(00：1 个转换；01：2 个转换；10：3 个转换；11：4 个转换)
位 19:15	JSQ4[4:0]：注入序列中的第 4 个转换（4th Conversion in Injected Sequence）。这些位由软件定义转换序列中的第 4 个转换通道的编号(0～17)。 注：不同于规则转换序列，如果 JL[1:0]的长度小于 4，则转换的序列顺序是从(4-JL)开始的。例如，ADC_JSQR[21:0] = 1000011000110011100010，意味着扫描转换将按下列通道顺序转换：7、3、3，而不是 2、7、3
位 14:10	JSQ3[4:0]：注入序列中的第 3 个转换（3rd Conversion in Injected Sequence）
位 9:5	JSQ2[4:0]：注入序列中的第 2 个转换（2nd Conversion in Injected Sequence）
位 4:0	JSQ1[4:0]：注入序列中的第 1 个转换（1st Conversion in Injected Sequence）

6.5.3 实验部分

本小节进行一个简单的实验设计，目的是掌握 STM32 中 ADC 的应用设置。实验只使用 STM32 微控制器的一个转换通道对外部电压进行采集，并将采集到的数据运算转换后使用串口向 PC 端传送结果。

实验目的： 掌握 STM32 中 ADC 的应用设置，进行电压信号的测量。

基本要求： 使用 PB1(电位器 1)测量直流电压，并将测量结果通过 USART 发送到 PC 上显示。

提高部分： 将单次采样改为连续采样模式，并将测量结果通过 USART 发送到 PC 上显示。

拓展部分： 独立完成 AD 采样滤波，精确到小数点后 3 位，要求在旋转电位器后，PC 串口接收到的每 20 组数据不发生跳变，可用求平均的方式进行数据处理。

1. 硬件电路

本实验的电路也很简单，只需要一个与 GPIOB.1 引脚(ADC1 的第 9 转换通道)连接的电位器和 USART 电平转换电路(参考本书第 8 章关于 STM32 的串口通信实验电路图)即可满足本程序设计的需求，如图 6.18 所示。

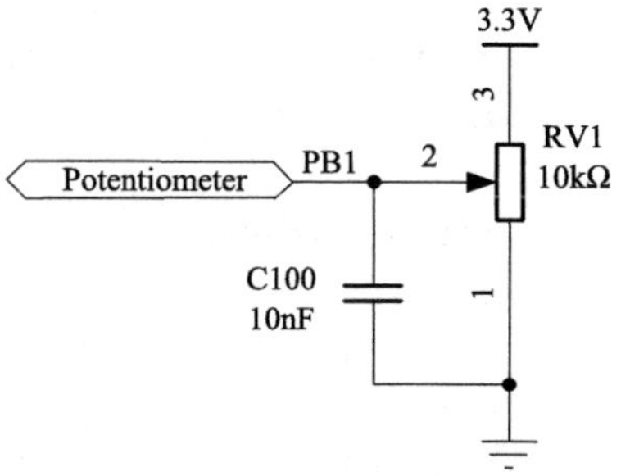

图 6.18　ADC 实验硬件原理图

2. 程序设计

本程序的设计要点如下。

(1)打开 ADC 设备时钟，同时打开 GPIOB 设备时钟。

(2)通过配置 GPIOB.1 引脚为模拟输入模式(该模式也仅为 ADC 单元所用)。

(3)初始化 ADC 寄存器组，使用 ADC1 的第 9 转换通道，转换通道数为 1，采样时间为 1.5 周期。

工程文件组详情如表 6.30 所示。

表 6.30　GPIO 实验工程文件详情

文件组	包含文件	详情
CORE 文件组	core_cm3.c	CM3 内核接口
	startup_stm32f10x_hd.s	STM32 的启动文件
FWLIB 文件组	stm32f10x_gpio.c	GPIO 的底层配置函数
	stm32f10x_rcc.c	RCC 的底层配置函数
	stm32f10x_adc.c	配置 ADC 的底层函数
	stm32f10x_usart.c	配置 USART 的底层函数
	misc.c	外设对内核中 NVIC 的访问函数
HARDWARE 文件组	adc.c	ADC 初始化函数
SYSTEM 文件组	usart.c	USART 初始化函数
	delay.c	SysTick 延时函数
USER 文件组	main.c	用户应用代码
	stm32f10x_it.c	STM32 的中断服务子程序
	system_stm32f10x.c	设置系统时钟和总线时钟文件

3. 程序清单

具体程序如代码清单 6.10 和代码清单 6.11 所示。

代码清单 6.10　main 函数

```
#include "stm32f10x.h"
#include "adc.h"
#include "usart.h"
#include "delay.h"
/*****************************************************************
* 函数名        : main                  * 输出结果       : 无
* 函数描述      : main函数              * 返回值         : 无
* 输入参数      : 无
*****************************************************************/
int main(void)
{
 float Adc_Value;                                       //定义ADC输出电压值变量
 u32 ADC_ConvertedValue;                                //定义ADC转换值变量
 delay_init();                                          //延时函数初始化
 uart_init(9600);                                       //串口初始化
 Adc_Init();                                            //ADC初始化
 printf("\r\n 这是一个单通道的ADC值采样实验.................\r\n");
 while (1)

         ADC_ConvertedValue=Get_Adc(ADC_Channel_9);//获取ADC转换值
         Adc_Value=(float)ADC_ConvertedValue/4096*3.3;
 //获取ADC输出电压值
         printf("\r\n Now the Adc_Value is %.5f \r\n", Adc_Value);
    //打印ADC输出电压值
         delay_ms(50);                                  //延时50ms
    }
}
```

代码清单 6.11　Adc_Init 函数

```
#include "adc.h"
/*****************************************************************
* 函数名        : Adc_Init              * 输出结果       : 无
* 函数描述      : ADC初始化函数         * 返回值         : 无
* 输入参数      : 无
*****************************************************************/
void Adc_Init(void)
{
ADC_InitTypeDef ADC_InitStructure;                  //初始化ADC的结构体
GPIO_InitTypeDef GPIO_InitStructure;                //初始化GPIO结构体
```

```
/* --------------ADC首先应该开时钟信号-------------------*/
     //72M/6=12,ADC最大时间不能超过14MHz
RCC_APB2PeriphClockCmd(RCC_APB2Periph_GPIOB|RCC_APB2Periph_ADC1,ENABLE);
    RCC_ADCCLKConfig(RCC_PCLK2_Div6);
/* --------------时钟信号设置完毕------------------------*/
GPIO_InitStructure.GPIO_Pin=GPIO_Pin_1;              //选择GPIO引脚
GPIO_InitStructure.GPIO_Mode=GPIO_Mode_AIN;          //模拟输入引脚
GPIO_Init(GPIOB,&GPIO_InitStructure);                //调用库函数初始化GPIO
//将外设 ADC1 的全部寄存器重设为默认值
ADC_DeInit(ADC1);
//ADC工作模式:ADC1和ADC2工作在独立模式，只有ADC1工作
ADC_InitStructure.ADC_Mode=ADC_Mode_Independent;
//模数转换工作在多通道模式
ADC_InitStructure.ADC_ScanConvMode=DISABLE;
//模数转换工作在单次转换模式
ADC_InitStructure.ADC_ContinuousConvMode=DISABLE;
//转换由软件而不是外部触发启动
ADC_InitStructure.ADC_ExternalTrigConv=ADC_ExternalTrigConv_None;
//ADC数据右对齐
ADC_InitStructure.ADC_DataAlign=ADC_DataAlign_Right;
//顺序进行规则转换的ADC通道的数目
ADC_InitStructure.ADC_NbrOfChannel=1;
//根据ADC_InitStruct中指定的参数初始化外设ADCx的寄存器
ADC_Init(ADC1,&ADC_InitStructure);
//使能指定的ADC1
ADC_Cmd(ADC1,ENABLE);
/* -------------对ADC做校验防止精度不准确--------------*/
//重置指定的ADC1的校准寄存器
ADC_ResetCalibration(ADC1);
//获取ADC1重置校准寄存器的状态，设置状态则等待
while(ADC_GetResetCalibrationStatus(ADC1));
//开始指定ADC1的校准状态
ADC_StartCalibration(ADC1);
//获取指定ADC1的校准程序，设置状态则等待
while(ADC_GetCalibrationStatus(ADC1));
//使能指定的ADC1的软件转换启动功能
ADC_SoftwareStartConvCmd(ADC1, ENABLE);
}

/*****************************************************************
* 函数名      : Get_Adc              * 输出结果       : 无
* 函数描述    : 获取ADC的转换值       * 返回值         : ADC转换结果
* 输入参数    : 指定的转换通道
*****************************************************************/
u16 Get_Adc(u8 ch)
```

```
{
    //设置指定ADC的规则组通道，设置它们的转换顺序和采样时间
/***************************************************************
        在配置好之后设置采样周期，最快为1.5个周期
        转换时间=采样周期+12.5个ADC时钟周期
        所以转换时间=1.5+12.5=14ADC时钟周期，就是1μs
***************************************************************/
    //ADC1,ADC通道，规则采样顺序值为1,采样时间为1.5周期
    ADC_RegularChannelConfig(ADC1,ch,1,ADC_SampleTime_1Cycles5 );
    //使能指定的ADC1的软件转换启动功能
    ADC_SoftwareStartConvCmd(ADC1,ENABLE);
    //等待转换结束
    while(!ADC_GetFlagStatus(ADC1,ADC_FLAG_EOC ));
    //返回最近一次ADC1规则组的转换结果
    return ADC_GetConversionValue(ADC1);
}
```

4. 库函数说明

主文件里面的 adc.h 是用户自定义头文件，它包含了 acd.c 里的所有函数声明。uart_init 在 usart.c 文件中定义，它是串口初始化函数文件，请读者参考第 8 章有关串口通信的实验程序。delay_ms 函数在 delay.c 文件中定义，它是 SysTick 延时函数文件，请读者参考第 7 章有关 SysTick 定时器的实验部分。主程序中，首先进行 SysTick 初始化、串口初始化、ADC 初始化，接着进入主循环，在主循环里面获取 ADC 的值，然后进行换算得到相应的电压值再通过串口打印出来，延时 50ms 后再获取 ADC 的值，然后打印，如此循环。程序里面涉及的库函数 RCC_ADCCLKConfig、ADC_DeInit、ADC_Init、ADC_Cmd、ADC_ResetCalibration、ADC_GetResetCalibrationStatus、ADC_StartCalibration、ADC_GetCalibrationStatus、ADC_SoftwareStartConvCmd、ADC_RegularChannelConfig、ADC_GetFlagStatus 和 ADC_GetConversionValue 如下所述。

(1) RCC_ADCCLKConfig 函数说明见表 6.31。

表 6.31　RCC_ADCCLKConfig 函数说明

函数名	RCC_ADCCLKConfig
函数原型	void ADC_ADCCLKConfig (u32 RCC_ADCCLKSource)
功能描述	设置 ADC 时钟 (ADCCLK)
输入参数	RCC_ADCCLKSource：定义 ADCCLK，该时钟源自 APB2 时钟 (PCLK2)
输出参数	无
返回值	无
先决条件	无
被调用函数	无

(2) ADC_DeInit 函数说明见表 6.32。

表 6.32　ADC_DeInit 函数说明

函数名	ADC_DeInit
函数原型	void ADC_DeInit(ADC_TypeDef* ADCx)
功能描述	将外设 ADCx 的全部寄存器重设为默认值
输入参数	ADCx：x 可以是 1 或者 2 来选择 ADC 外设 ADC1 或 ADC2
输出参数	无
返回值	无
先决条件	无
被调用函数	RCC_APB2PeriphClockCmd()

(3) ADC_Init 函数说明见表 6.33。

表 6.33　ADC_Init 函数说明

函数名	ADC_Init
函数原型	void ADC_Init(ADC_TypeDef* ADCx, ADC_InitTypeDef* ADC_InitStruct)
功能描述	根据 ADC_InitStruct 中指定的参数初始化外设 ADCx 的寄存器
输入参数 1	ADCx： x 可以是 1 或者 2 来选择 ADC 外设 ADC1 或 ADC2
输入参数 2	ADC_InitStruct：指向结构 ADC_InitTypeDef 的指针，包含了指定外设 ADC 的配置信息
输出参数	无
返回值	无
先决条件	无
被调用函数	无

(4) ADC_Cmd 函数说明见表 6.34。

表 6.34　ADC_Cmd 函数说明

函数名	ADC_Cmd
函数原型	void ADC_Cmd(ADC_TypeDef* ADCx, FunctionalState NewState)
功能描述	使能或者失能指定的 ADC
输入参数 1	ADCx：x 可以是 1 或者 2 来选择 ADC 外设 ADC1 或 ADC2
输入参数 2	NewState：外设 ADCx 的新状态，这个参数可以取 ENABLE 或者 DISABLE
输出参数	无
返回值	无
先决条件	无
被调用函数	无

(5) ADC_ResetCalibration 函数说明见表 6.35。

表 6.35　ADC_ResetCalibration 函数说明

函数名	ADC_ResetCalibration
函数原型	void ADC_ResetCalibration(ADC_TypeDef* ADCx)
功能描述	重置指定的 ADC 校准寄存器
输入参数	ADCx：x 可以是 1 或者 2 来选择 ADC 外设 ADC1 或 ADC2
输出参数	无
返回值	无
先决条件	无
被调用函数	无

(6) ADC_GetResetCalibrationStatus 函数说明见表 6.36。

表 6.36　ADC_GetResetCalibrationStatus 函数说明

函数名	ADC_ GetResetCalibrationStatus
函数原型	FlagStatus ADC_GetResetCalibrationStatus(ADC_TypeDef* ADCx)
功能描述	获取 ADC 重置校准寄存器的状态
输入参数	ADCx：x 可以是 1 或者 2 来选择 ADC 外设 ADC1 或 ADC2
输出参数	无
返回值	ADC 重置校准寄存器的新状态（SET 或者 RESET）
先决条件	无
被调用函数	无

(7) ADC_StartCalibration 函数说明见表 6.37。

表 6.37　ADC_StartCalibration 函数说明

函数名	ADC_StartCalibration
函数原型	void ADC_StartCalibration(ADC_TypeDef* ADCx)
功能描述	开始指定 ADC 的校准状态
输入参数	ADCx：x 可以是 1 或者 2 来选择 ADC 外设 ADC1 或 ADC2
输出参数	无
返回值	无
先决条件	无
被调用函数	无

(8) ADC_GetCalibrationStatus 函数说明见表 6.38。

表 6.38　ADC_GetCalibrationStatus 函数说明

函数名	ADC_GetCalibrationStatus
函数原型	FlagStatus ADC_GetCalibrationStatus(ADC_TypeDef* ADCx)
功能描述	获取指定 ADC 的校准程序

续表

输入参数	ADCx： x 可以是 1 或者 2 来选择 ADC 外设 ADC1 或 ADC2
输出参数	无
返回值	ADC 校准的新状态（SET 或者 RESET）
先决条件	无
被调用函数	无

(9) ADC_SoftwareStartConvCmd 函数说明见表 6.39。

表 6.39 ADC_SoftwareStartConvCmd 函数说明

函数名	ADC_SoftwareStartConvCmd
函数原型	void ADC_SoftwareStartConvCmd (ADC_TypeDef* ADCx, FunctionalState NewState)
功能描述	使能或者失能指定的 ADC 的软件转换启动功能
输入参数 1	ADCx：x 可以是 1 或者 2 来选择 ADC 外设 ADC1 或 ADC2
输入参数 2	NewState：指定 ADC 的软件转换启动新状态，这个参数可以取 ENABLE 或者 DISABLE
输出参数	无
返回值	无
先决条件	无
被调用函数	无

(10) ADC_RegularChannelConfig 函数说明见表 6. 40。

表 6.40 ADC_RegularChannelConfig 函数说明

函数名	ADC_RegularChannelConfig
函数原型	void ADC_RegularChannelConfig (ADC_TypeDef* ADCx, u8 ADC_Channel, u8 Rank, u8 ADC_SampleTime)
功能描述	设置指定 ADC 的规则组通道，设置它们的转换顺序和采样时间
输入参数 1	ADCx： x 可以是 1 或者 2 来选择 ADC 外设 ADC1 或 ADC2
输入参数 2	ADC_Channel：被设置的 ADC 通道
输入参数 3	Rank：规则组采样顺序，取值范围为 1～16
输入参数 4	ADC_SampleTime：指定 ADC 通道的采样时间值
输出参数	无
返回值	无
先决条件	无
被调用函数	无

(11) ADC_GetFlagStatus 函数说明见表 6.41。

表 6.41 ADC_GetFlagStatus 函数说明

函数名	ADC_GetFlagStatus
函数原型	FlagStatus ADC_GetFlagStatus (ADC_TypeDef* ADCx, u8 ADC_FLAG)
功能描述	检查指定 ADC 标志位置 1 与否
输入参数 1	ADCx： x 可以是 1 或者 2 来选择 ADC 外设 ADC1 或 ADC2
输入参数 2	ADC_FLAG：指定需要检查的标志位
输出参数	无
返回值	无
先决条件	无
被调用函数	无

(12) ADC_GetConversionValue 函数说明见表 6.42。

表 6.42 ADC_GetConversionValue 函数说明

函数名	ADC_GetConversionValue
函数原型	u16 ADC_GetConversionValue (ADC_TypeDef* ADCx)
功能描述	返回最近一次 ADCx 规则组的转换结果
输入参数	ADCx： x 可以是 1 或者 2 来选择 ADC 外设 ADC1 或 ADC2
输出参数	无
返回值	转换结果
先决条件	无
被调用函数	无

6.6 DMA 控制器模块

直接存储器存取(DMA)用来提供在外设和存储器之间或者存储器和存储器之间的高速数据传输。数据不需要 CPU 干预，可以通过 DMA 快速地移动，这就节省了 CPU 的资源来进行其他操作。两个 DMA 控制器有 12 个通道(DMA1 有 7 个通道，DMA2 有 5 个通道)，每个通道专门用来管理来自一个或多个外设对存储器访问的请求，还有一个仲裁器来协调各个 DMA 请求的优先权。

其主要特性如下。其有 12 个独立的可配置通道(请求)：DMA1 有 7 个通道，DMA2 有 5 个通道；每个通道都直接连接专用的硬件 DMA 请求，每个通道都同样支持软件触发。在同一个 DMA 模块上，多个请求间的优先权可以通过软件编程设置(共有四级：很高、高、中等和低)，优先权设置相等时由硬件决定(请求 0 优先于请求 1，依次类推)。源和目标地址必须按数据传输宽度对齐，且支持循环的缓冲器管理。

6.6.1 DMA 模块结构及其工作原理

DMA 模块结构如图 6.19 所示。

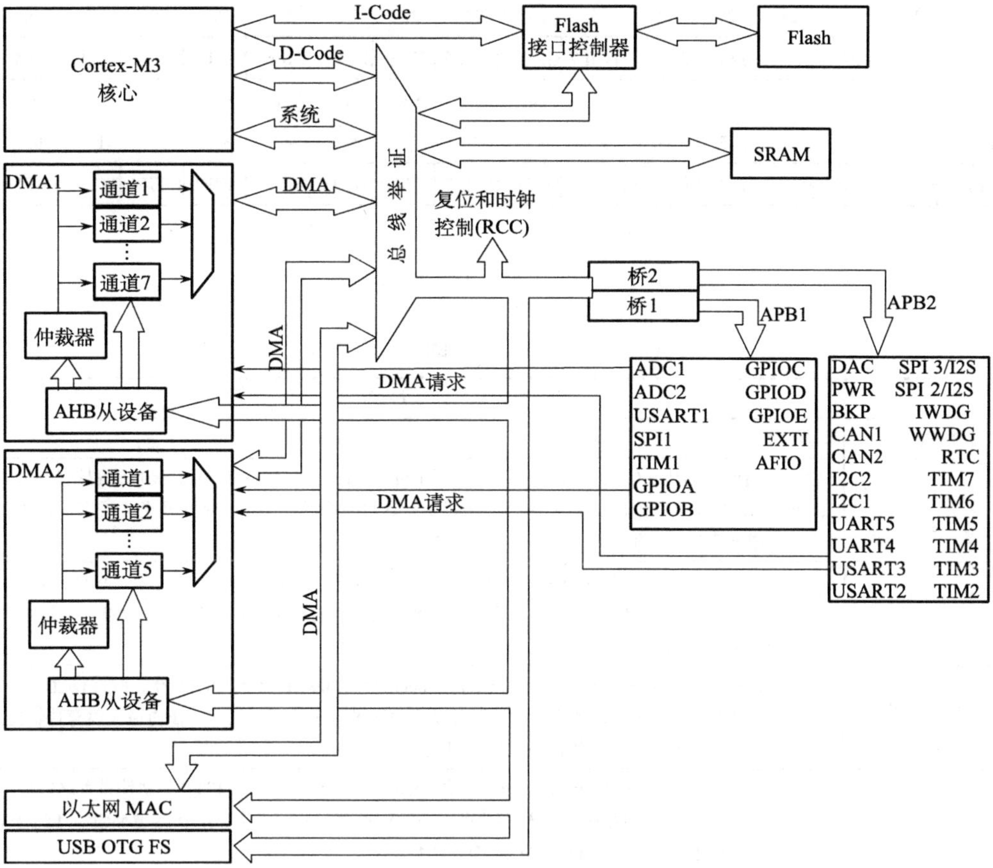

图 6.19　DMA 模块结构图

在发生一个事件后，外设向 DMA 控制器发送一个请求信号。DMA 控制器根据通道的优先权处理请求。当 DMA 控制器开始访问发出请求的外设时，DMA 控制器立即发送给它一个应答信号。当从 DMA 控制器得到应答信号时，外设立即释放它的请求。一旦外设释放了这个请求，DMA 控制器同时撤销应答信号。如果有更多的请求，外设可以启动下一个周期。总之，每次 DMA 传送由如下 3 个操作组成。

(1) 从外设数据寄存器或者从当前外设/存储器地址寄存器指示的存储器地址取数据，第一次传输的开始地址是 DMA_CPARx 或 DMA_CMARx 寄存器指定的外设基地址或存储器单元。

(2) 存数据到外设数据寄存器或者当前外设/存储器地址寄存器指示的存储器地址，第一次传输的开始地址是 DMA_CPARx 或 DMA_CMARx 寄存器指定的外设基地址或存储器单元。

(3) 执行一次 DMA_CNDTRx 寄存器的递减操作，该寄存器包含未完成的操作数目。

6.6.2　DMA 模块寄存器

DMA 中断状态寄存器 (DMA_ISR) 如图 6.20 和表 6.43 所示。其偏移为 0x00，复位值为 0x00000000。

31	30	29	28	27	26	25	24	23	22	21	20	19	18	17	16
保留				TEIF7	HTIF7	TCIF7	GIF7	TEIF6	HTIF6	TCIF6	GIF6	TEIF5	HTIF5	TCIF5	GIF5
				rw	rw	rw	rw	rw	rw	rw	rw	rw	rw	rw	rw

15	14	13	12	11	10	9	8	7	6	5	4	3	2	1	0
TEIF4	HTIF4	TCIF4	GIF4	TEIF3	HTIF3	TCIF3	GIF3	TEIF2	HTIF2	TCIF2	GIF2	TEIF1	HTIF1	TCIF1	GIF1
r	r	r	r	r	r	r	r	r	r	r	r	r	r	r	r

图 6.20　DMA_ISR 数据位

表 6.43　DMA_ISR 的各位描述

位	描述
位 31:28	保留，始终读为 0
位 27、23、19、15、11、7、3	TEIFx：通道 x 的传输错误标志(x = 1,…,7)(Channel x Transfer Error Flag)。硬件设置这些位。 在 DMA_IFCR 寄存器的相应位写入“1”可以清除这里对应的标志位(0：在通道 x 没有传输错误(TE)；1：在通道 x 产生了传输错误(TE))
位 26、22、18、14、10、6、2	HTIFx：通道 x 的半传输标志(x = 1,…,7)(Channel x Half Transfer Flag)。硬件设置这些位。 在 DMA_IFCR 寄存器的相应位写入“1”可以清除这里对应的标志位(0：在通道 x 没有半传输事件(HT)；1：在通道 x 产生了半传输事件(HT))
位 25、21、17、13、9、5、1	TCIFx：通道 x 的传输完成标志(x = 1,…,7)(Channel x Transfer Complete Flag)。硬件设置这些位。 在 DMA_IFCR 寄存器的相应位写入“1”可以清除这里对应的标志位(0：在通道 x 没有传输完成事件(TC)；1：在通道 x 产生了传输完成事件(TC))
位 24、20、16、12、8、4、0	GIFx：通道 x 的全局中断标志(x = 1,…, 7)(Channel x Global Interrupt Flag)。硬件设置这些位。 在 DMA_IFCR 寄存器的相应位写入“1”可以清除这里对应的标志位(0：在通道 x 没有 TE、HT 或 TC 事件；1：在通道 x 产生了 TE、HT 或 TC 事件)

DMA 通道 x 配置寄存器(DMA_CCRx)(x=1,…,7)如图 6.21 和表 6.44 所示。其偏移地址为 0x08+20x，复位值为 0x00000000。

31	30	29	28	27	26	25	24	23	22	21	20	19	18	17	16
保留															

15	14	13	12	11	10	9	8	7	6	5	4	3	2	1	0
保留	MEM2MEM	PL[1:0]		MSIZE[1:0]		PSIZE[1:0]		MINC	PINC	CIRC	DIR	TEIE	HTIE	TCIE	EN
	rw	rw	rw	rw	rw	rw	rw	rw	rw	rw	rw	rw	rw	rw	rw

图 6.21　DMA_CCRx 数据位

表 6.44　DMA_CCRx 的各位描述

位	描述
位 31:15	保留，始终读为 0
位 14	MEM2MEM：存储器到存储器模式(Memory to Memory Mode)。该位由软件设置和清除(0：非存储器到存储器模式；1：启动存储器到存储器模式)

续表

位	描述
位 13:12	PL[1:0]：通道优先级（Channel Priority Level）。这些位由软件设置和清除(00：低；01：中；10：高；11：最高)
位 11:10	MSIZE[1:0]：存储器数据宽度（Memory Size）。这些位由软件设置和清除(00：8 位；01：16 位；10：32 位；11：保留)
位 9:8	PSIZE[1:0]：外设数据宽度（Peripheral Size）。这些位由软件设置和清除(00：8 位；01：16 位；10：32 位；11：保留)
位 7	MINC：存储器地址增量模式（Memory Increment Mode）。该位由软件设置和清除(0：不执行存储器地址增量操作；1：执行存储器地址增量操作)
位 6	PINC：外设地址增量模式（Peripheral Increment Mode）。该位由软件设置和清除(0：不执行外设地址增量操作；1：执行外设地址增量操作)
位 5	CIRC：循环模式（Circular Mode）。该位由软件设置和清除(0：不执行循环操作；1：执行循环操作)
位 4	DIR：数据传输方向（Data Transfer Direction）。该位由软件设置和清除(0：从外设读； 1：从存储器读)
位 3	TEIE：允许传输错误中断（Transfer Error Interrupt Enable）。该位由软件设置和清除(0：禁止 TE 中断；1：允许 TE 中断)
位 2	HTIE：允许半传输中断（Half Transfer Interrupt Enable）。该位由软件设置和清除(0：禁止 HT 中断；1：允许 HT 中断)
位 1	TCIE：允许传输完成中断（Transfer Complete Interrupt Enable）。该位由软件设置和清除(0：禁止 TC 中断；1：允许 TC 中断)
位 0	EN：通道开启（Channel Enable）。该位由软件设置和清除(0：通道不工作；1：通道开启)

6.6.3 实验部分

本小节进行一个实验设计，目的是实现 STM32 微控制器的 DMA 数据搬运功能，并在搬运成功的基础上，考察其相对于使用 CPU 进行数据搬运的做法在效率上的提高。设计思路为在 DMA 数据搬运的同时进行 LED 控制。

实验目的： 掌握 DMA 控制器模块应用设置。

基本要求： 在 DMA 数据搬运的同时进行 LED 控制，数据可以是自己定义和保存的任意数据。

提高部分： (1) 在 PC 端数据还没接收完时，点亮 LED1，在数据接收完成时，关闭 LED1。可以采用 DMA 传输模式设置为一次传输，采用 DMA 传输完成中断。

(2) 若 ADC 采集使用 DMA 传输方式(可以是电位器电压数据或其他数据)，并将数据通过串口发送给上位机。可以先由 DMA 把 ADC 外设转换的数据传输到 SRAM，再进行处理，如通过串口发送给上位机。

拓展部分： ADC 采集(可以是电位器电压数据或其他数据)使用 DMA 传输方式，并将采集的数据在液晶上显示。

1. 硬件电路

因为 DMA 属于 STM32 的内部设备，所以本实验程序需要一个 LED 电路(和 6.3 节中的电路一致)和一个 USART 电平转换电路(见第 8 章中的串口通信)。

2. 程序设计

本程序的设计要点如下。

(1) 打开 DMA 时钟。

(2)配置 DMA 寄存器各组参数。这是本次实验成功与否的关键(详见程序注释)。

工程文件组详情如表 6.45 所示。

表 6.45　GPIO 实验工程文件详情

文件组	包含文件	详情
CORE 文件组	core_cm3.c	CM3 内核接口
	startup_stm32f10x_hd.s	STM32 的启动文件
FWLIB 文件组	stm32f10x_gpio.c	GPIO 的底层配置函数
	stm32f10x_rcc.c	RCC 的底层配置函数
	stm32f10x_dma.c	DMA 的底层配置函数
	stm32f10x_usart.c	USART 的底层配置函数
	misc.c	外设对内核中 NVIC 的访问函数
HARDWARE 文件组	dma.c	DMA 初始化函数
	led.c	LED 的 GPIO 初始化函数
SYSTEM 文件组	usart.c	USART 初始化函数
	delay.c	SysTick 延时函数
USER 文件组	main.c	用户应用代码
	stm32f10x_it.c	STM32 的中断服务子程序
	system_stm32f10x.c	设置系统时钟和总线时钟文件

3. 程序清单

具体程序如代码清单 6.12～代码清单 6.14 所示。

代码清单 6.12　main 函数

```
#include "stm32f10x.h"
#include "dma.h"
#include "usart.h"
#include "delay.h"
#include "led.h"
extern uint8_t SendBuff[SENDBUFF_SIZE];
uint16_t i;
/*****************************************************************
* 函数名        : main                  * 输出结果        : 无
* 函数描述      : main函数              * 返回值          : 无
* 输入参数      : 无
*****************************************************************/
int main(void)
{
    delay_init();              //延时函数初始化
    uart_init(9600);           //串口初始化
    DMA_Config();              //DMA配置
    LED_GPIO_Config();         //LED的GPIO初始化
```

```
    //填充将要发送的数据
    for(i=0;i<SENDBUFF_SIZE;i++)
    {
        SendBuff[i]=0xFF;
    }
    // USART1 向 DMA发出TX请求
    USART_DMACmd(USART1, USART_DMAReq_Tx,ENABLE);
    // 此时CPU是空闲的，可以干其他事情。例如，同时控制LED
    while (1)
    {
    //开灯
     GPIO_SetBits(GPIOF,GPIO_Pin_6|GPIO_Pin_7|GPIO_Pin_8|GPIO_Pin_9);
    //延时
    delay_ms(500);
    //关灯
     GPIO_ResetBits(GPIOF,GPIO_Pin_6|GPIO_Pin_7|GPIO_Pin_8|GPIO_Pin_9);
    //延时
     delay_ms(500);
    }
}
```

代码清单 6.13　DMA_Config 函数

```
#include "dma.h"
uint8_t SendBuff[SENDBUFF_SIZE];
/*****************************************************************
* 函数名        : DMA_Config          * 输出结果        : 无
* 函数描述      : DMA配置             * 返回值          : 无
* 输入参数      : 无
*****************************************************************/
void DMA_Config(void)
{
    DMA_InitTypeDef DMA_InitStructure;
    //开启DMA时钟
    RCC_AHBPeriphClockCmd(RCC_AHBPeriph_DMA1,ENABLE);
    //设置DMA源：串口数据寄存器地址
    DMA_InitStructure.DMA_PeripheralBaseAddr=USART1_DR_Base;
    //内存地址(要传输的变量的指针)
    DMA_InitStructure.DMA_MemoryBaseAddr=(u32)SendBuff;
    //方向：从内存到外设
    DMA_InitStructure.DMA_DIR=DMA_DIR_PeripheralDST;
    //传输大小DMA_BufferSize=SENDBUFF_SIZE
    DMA_InitStructure.DMA_BufferSize=SENDBUFF_SIZE;
    //外设地址不增
    DMA_InitStructure.DMA_PeripheralInc=DMA_PeripheralInc_Disable;
    //内存地址自增
```

```
    DMA_InitStructure.DMA_MemoryInc=DMA_MemoryInc_Enable;
    //外设数据单位
    DMA_InitStructure.DMA_PeripheralDataSize=DMA_PeripheralDataSize_ Byte;
    //内存数据单位 8bit
    DMA_InitStructure.DMA_MemoryDataSize=DMA_MemoryDataSize_Byte;
    //DMA模式：不断循环
    DMA_InitStructure.DMA_Mode=DMA_Mode_Normal ;
    DMA_InitStructure.DMA_Mode=DMA_Mode_Circular;
    //优先级：中
    DMA_InitStructure.DMA_Priority=DMA_Priority_Medium;
    //禁止内存到内存的传输
    DMA_InitStructure.DMA_M2M=DMA_M2M_Disable;
    //配置DMA1的4通道
    DMA_Init(DMA1_Channel4,&DMA_InitStructure);
    //使能DMA
    DMA_Cmd (DMA1_Channel4,ENABLE);
}
```

代码清单 6.14　dma 函数

```
#ifndef __DMA_H
#define __DMA_H
#include "stm32f10x.h"
#define SENDBUFF_SIZE   5000
#define USART1_DR_Base  0x40013804
// 0x40013800+0x04=0x40013804
void DMA_Config(void);
#endif /* __DMA_H */
```

4. 库函数说明

dma.h 是用户自定义头文件，它包含了 dma.c 里的所有函数声明，“#define USART1_DR_Base　0x40013804”是 USART1 的数据寄存器地址。主程序中，首先进行 SysTick 初始化、串口初始化、DMA 初始化，LED 的 GPIO 初始化，然后填充将要发送的数据，接着 USART1 向 DMA 发出 TX 请求(开始传输数据)，在主循环里控制 LED，使 4 个 LED 同时闪烁(注：实验时请将配套 STM32 开发板插上 J-LINK，插上串口线，打开调试助手，配置调试助手为“9600 8-N-1”和“十六进制显示”)。程序里面涉及的库函数 DMA_Init、DMA_Cmd、USART_DMACmd 如下所述。

(1) DMA_Init 函数说明见表 6.46。

表 6.46　DMA_Init 函数说明

函数名	DMA_Init
函数原型	void DMA_Init(DMA_Channel_TypeDef* DMA_Channelx, DMA_InitTypeDef* DMA_InitStruct)
功能描述	根据 DMA_InitStruct 中指定的参数初始化 DMA 的通道 x 寄存器

续表

输入参数 1	DMA Channelx： x 可以是 1,2,…,或者 7 来选择 DMA 通道 x
输入参数 2	DMA_InitStruct：指向结构 DMA_InitTypeDef 的指针，包含了 DMA 通道 x 的配置信息
输出参数	无
返回值	无
先决条件	无
被调用函数	无

DMA_InitTypeDef structure 结构体说明如下：

DMA_InitTypeDef 定义于文件“stm32f10x_dma.h”中。

```
typedef struct
{
u32 DMA_PerpheralBaseAddr;
u32 DMA_MemoryBaseAddr;
u32 DMA_DIR;
u32 DMA_BufferSize;
u32 DMA_PerpheralInc;
u32 DMA_MemoryInc;
u32 DMA_PerpheralDataSize;
u32 DMA_MemoryDataSize;
u32 DMA_Mode;
u32 DMA_Priority;
u32 DMA_M2M;
} DMA_InitTypeDef;
```

(2) DMA_Cmd 函数说明见表 6.47。

表 6.47　DMA_Cmd 函数说明

函数名	DMA_Cmd
函数原型	void DMA_Cmd(DMA_Channel_TypeDef* DMA_Channelx, FunctionalState NewState)
功能描述	使能或者失能指定的通道 x
输入参数 1	DMA Channelx： x 可以是 1,2,…,或者 7 来选择 DMA 通道 x
输入参数 2	NewState： DMA 通道 x 的新状态。这个参数可以取 ENABLE 或者 DISABLE
输出参数	无
返回值	无
先决条件	无
被调用函数	无

(3) USART_DMACmd 函数说明见表 6.48。

表 6.48　USART_DMACmd 函数说明

函数名	USART_ DMACmd
函数原型	USART_DMACmd (USART_TypeDef* USARTx, FunctionalState NewState)
功能描述	使能或者失能指定 USART 的 DMA 请求
输入参数 1	USARTx： x 可以是 1,2 或者 3 来选择 USART 外设
输入参数 2	USART_DMAreq：指定 DMA 请求
输入参数 3	NewState: USARTx DMA 请求源的新状态。这个参数可以取 ENABLE 或者 DISABLE
输出参数	无
返回值	无
先决条件	无
被调用函数	无

习题与思考题

6.1　STM32 的 GPIO 的配置模式有哪几种？如何进行配置模式的配置？

6.2　如何实现 STM32 引脚的重映射功能？

6.3　STM32 具有单独的位设置或位清除能力，这是通过什么寄存器来实现的？

6.4　出现在 STM32 I/O 引脚上的数据在每个 APB2 时钟被采样到哪个寄存器中？如何得到 I/O 状态？

6.5　简述嵌套向量中断控制器（NVIC）的主要特性。

6.6　简述 STM32 的中断优先级划分与抢占过程。

6.7　简述 STM32 的外部中断/事件控制（EXTI）的组成。

6.8　STM32 的 EXTI 线 16、线 17、线 18 分别连接到什么事件？

6.9　STM32 的所有端口都有外部中断能力。当使用外部中断线时，相应的引脚必须配置成什么模式？

6.10　简述 STM32 的 ADC 系统功能特性。

6.11　简述 STM32 的 ADC 转换过程。

6.12　ADC 的校准模式是通过设置什么寄存器、哪一位来启动的？

6.13　简述 STM32 的 DMA 控制器的基本功能。

6.14　用来设置 DMA 传输数据量的是哪个寄存器？

6.15　请描述 DMA 通道的工作模式、工作原理。

6.16　STM32 的 DMA 控制器有几个通道？这些通道的作用是什么？仲裁器的作用是什么？

第 7 章　时间模块及其应用开发

7.1　概　　述

STM32 控制器有 8 个定时器。定时器 1 和定时器 8 为高级定时器，专门用于电机控制。其他定时器为通用定时器。STM32 的通用定时器由一个通过可编程预分频器驱动的 16 位自动装载计数器构成。STM32 的通用定时器可以用于测量输入信号的脉冲长度(输入捕获)或者产生输出波形(输出比较和 PWM)等。使用定时器预分频器和 RCC 时钟控制器预分频器时，脉冲长度和波形周期可以在几微秒到几毫秒间调整。STM32 的每个通用定时器都是完全独立的，没有互相共享的任何资源。

STM32 的定时器除了 TIM6 和 TIM7，其他定时器都可以用来产生 PWM 输出，其中高级定时器 TIM1 和 TIM8 可以同时产生多达 7 路的 PWM 输出。在基本比较模式的基础上，每个定时器都拓展了一个专门的 PWM 输出模式。SysTick 定时器常被称为“系统节拍时钟”。SysTick 是属于 Cortex-M3 内核的一个“外设”，为实时操作系统的任务调度提供了必要的时钟节拍。STM32 的 RTC 外设实质上是一个掉电后还继续运行的定时器。从定时器的角度来说，相对于通用定时器 TIM 外设，它十分简单，只有很纯粹的计时功能(当然，可以触发中断)，但从掉电还继续运行的角度来说，它却是 STM32 中唯一一个具有如此强大功能的外设。所以 RTC 外设的复杂之处并不在于它的定时功能，而在于它掉电还继续运行的特性。所有的通用定时器都是基于 16 位的计数器，带有 16 位预分频器和自动重载寄存器。

定时器的计数模式可以设置为向上计数、向下计数和中央计数模式(从中间往两边计数)。定时器的驱动源有 8 个可选，这里包括系统主时钟提供的专用时钟、另外一个定时器产生的边沿输出以及通道捕获比较引脚输入的外部时钟。如果使用定时器边沿输出时钟或外部时钟，则需要 ETR 引脚将定时器内部的输入门控打开。TIM1 和 TIM8 是两个高级定时器，它们具有基本、通用定时器的所有功能，还具有三相 6 步电机的接口、刹车功能(Break Function)及用于 PWM 驱动电路的死区时间控制等，因此非常适合电机的控制。

7.2　SysTick 定时器

SysTick 定时器被捆绑在 NVIC 中，用于产生 SysTick 异常(异常号为 15)。以前，操作系统及所有使用了时基的系统都必须由硬件定时器来产生需要的滴答中断来作为整个系统的时基，滴答中断对操作系统尤其重要。例如，操作系统可以为多个任务许以不同数目的时间片，确保没有一个任务能霸占系统，或者把每个定时器周期的某个时间范围赐予特定的任务等，以及操作系统提供的各种定时功能，都与滴答定时器有关。因此，需要一个定时器来产生周期性的中断，最好还让用户程序不能随意访问它的寄存器，以维持操作系统“心跳”的节奏。

7.2.1 SysTick 时钟源结构图

SysTick 定时器的时钟树如图 7.1 所示，SysTick 定时器的时钟源可以使内部时钟(FCLK，CM3 上的自由运行时钟)或者外部时钟(CM3 微控制器上的 STCLK 信号)。不过，STCLK 信号的具体来源由芯片设计者决定。不同产品之间的时钟频率可能会大不相同，因此需要检视芯片的器件手册来决定时钟源。

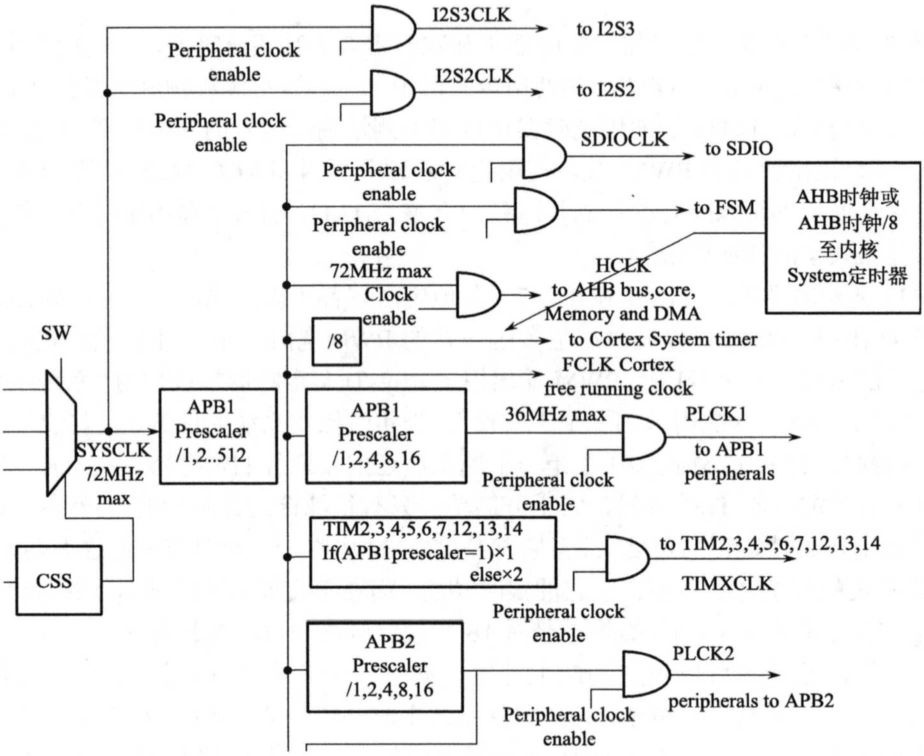

图 7.1 SysTick 定时器的时钟树

SysTick 定时器能产生中断，CM3 为它专门提供一个异常类型，并且在向量表中有它的一席之地。它使操作系统和其他系统软件在 CM3 器件间的移植变得简单多了，因为在所有 CM3 产品间，SysTick 的处理方式都是相同的。SysTick 定时器除了能服务于操作系统之外，还能用于其他目的，如作为一个闹铃、用于测量时间等。SysTick 定时器属 Cortex 内核部件，可以参考《Cortex-M3 权威指南》。

7.2.2 SysTick 定时器工作分析

SysTick 是一个 24 位的定时器，即一次最多可以计数 2^{24} 个时钟脉冲。这个脉冲计数值被保存到当前计数值寄存器(SysTick Current Value Register) STK_VAL 中，只能向下计数。每接收到一个时钟脉冲，STK_VAL 的值就向下减 1，直至 0。当 STK_VAL 的值减至 0 时，由硬件自动把重载寄存器(SysTick Reload Value Register) STK_LOAD 中保存的数据加载到 STK_VAL，重新向下计数。当 STK_VAL 的值计数至 0 时，触发异常，就可以在中断服务函数中处理定时事件了。当然，要使 SysTick 进行以上工作必须要对 SysTick 进行配置。它的控制配置很简单，只有 3 个控制位和一个标志位，都位于寄存器 STK_CTRL（SysTick Control and Status Register）中，见图 7.2。

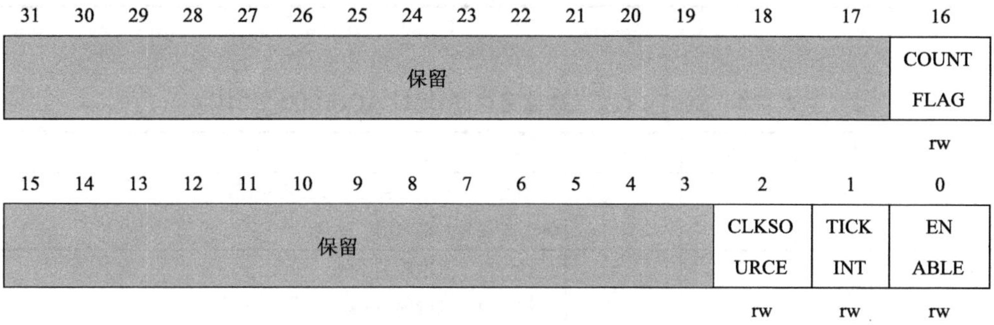

图 7.2　STK_CTRL 寄存器

位 0：ENABLE，为 SysTick 定时器的使能位，此位为 1 时使能 SysTick 定时器，此位为 0 时关闭 SysTick 定时器。

位 1：TICKINT，为异常触发使能位，此位为 1 并且 STK_VAL 计数至 0 时会触发 SysTick 异常，此位被配置为 0 时不触发异常。

位 2：CLKSOURCE，为 SysTick 的时钟选择位，此位为 1 时 SysTick 的时钟为 AHB 时钟，此位为 0 时 SysTick 的时钟为 AHB/8（AHB 的 8 分频）。

位 16：COUNTFLAG，为计数 0 标志位，若 STK_VAL 计数至 0，此标志位会被置 1。

7.2.3　SysTick 控制寄存器

有 4 个寄存器控制 SysTick 定时器，如表 7.1～表 7.4 所示。

表 7.1　SysTick 控制及状态寄存器（地址：0xE000_E010）

位段	名称	类型	复位值	描述
16	COUNTFLAG	R	0	如果在上次读取寄存器后，SysTick 已经计数到 0，则该位为 1。如果读取该位，该位将自动清 0
2	CLKSOURCE	R/W	0	0=外部时钟（STCLK） 1=内核时钟（FCLK）
1	TICKINT	R/W	0	1=SysTick 倒数计数到 0 时产生 SysTick 异常请求 0=数到 0 时无动作
0	ENABLE	R/W	0	SysTick 定时的使能位

表 7.2　SysTick 重装载数值寄存器（地址：0xE000_E014）

位段	名称	类型	复位值	描述
23:0	RELOAD	R/W	0	倒数计数至 0 时，将被重装载的值

表 7.3　SysTick 当前数值寄存器(地址：0xE000_E018)

位段	名称	类型	复位值	描述
23:0	CURRENT	R/W	0	读取时返回当前倒计数的值，写它则使之清 0，同时还会清除在 SysTick 控制及状态寄存器中的 COUNTFLAG

表 7.4　SysTick 校准数值寄存器(地址：0xE000_E01C)

位段	名称	类型	复位值	描述
31	NOREF	R	—	1=没有外部参考时钟(STCLK 不可用) 0=外部参考时钟可用
30	SKEW	R	—	1=校准值不是准确的 10ms 0=校准值是准确的 10ms
23:0	TENMS	R/W	0	在 10ms 的间隔中倒计数的格数。芯片设计者应该通过 Cortex-M3 的输入信号提供该数值。若该数值读回零，则表示无法使用校准功能

校准值寄存器提供了这样一个解决方案，它使系统即使在不同的 CM3 产品上运行，也能产生恒定的 SysTick 中断频率。最简单的做法就是：直接把 TENMS 的值写入重装载寄存器，这样，只要没突破系统的弹性极限，就能做到每 10ms 来一次 SysTick 异常。如果需要其他 SysTick 异常周期，则可以根据 TENMS 的值按比例计算。只不过在少数情况下，CM3 芯片可能无法准确地提供 TENMS 的值(如 CM3 的校准输入信号被拉低)，所以为保险起见，最好在使用 TENMS 前检查器件的参考手册。

SysTick 定时器除了能服务于操作系统，还能用于其他目的：如作为闹钟、用于测量时间等。要注意的是，当处理器在调试期间被喊停(Halt)时，SysTick 定时器也将暂停运作。

7.2.4　实验部分

本小节将进行如下实验设计：使用 STM32 微控制器的 SysTick 定时器产生长度为 1s 的时间间隔，并以此时间间隔闪烁 LED。

实验目的：掌握 STM32 SysTick 定时器的含义以及对 STM32 定时器的定时功能并熟练使用。

基本要求：使用 STM32 微控制器的 SysTick 定时器产生长度为 1s 的时间间隔，并以此时间间隔闪烁 LED1。

提高部分：要求 LED1 以 2s、4s、8s 等时间间隔进行闪烁。

拓展部分：利用 SysTick 定时器编制一个时钟显示程序，并用矩阵键盘和液晶等设置并显示时间。

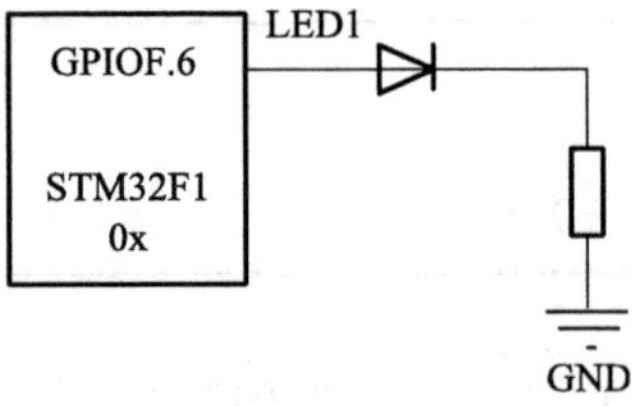

图 7.3　按键扫描实验硬件原理图

1. 硬件电路

本实验所需的硬件电路原理如图 7.3 所示，GPIOF.6 接 LED1。

2. 程序设计

本节程序设计十分简单，以下是一些要点汇总。

(1)配置 RCC 寄存器组，使用 PLL 作为系统时钟源，并输出 72MHz 时钟频率。

(2)打开 GPIOA 时钟，设置 GPIOA.4 引脚为推挽输出模式。

(3)配置 SysTick，选择经过 8 分频后的系统时钟源作为驱动时钟。

(4)配置 SysTick，写入预重装载值，使 SysTick 产生 1s 时间间隔。

本实验的重点在于根据不同时钟频率计算 SysTick 的重装载值。实际上非常简单。现分析如下。首先假设选择 PLL 输出的 72MHz 作为 STM32 微控制器的主时钟，并且将其 8 分频(72MHz/8=9MHz)后作为 SysTick 的驱动时钟。这样可以计算出 SysTick 的驱动时钟。因此，进一步可以计算出 SysTick 定时器进行一次“减一计数”所需时间为

$$T_{\mathrm{STDec}} = 1 / f_{\mathrm{STclk}}$$

那么，1s 所需的“减一计数”次数为

$$N = 1 / T_{\mathrm{STDec}} = 9000000$$

这就是要 SysTick 定时器在 9MHz 时钟频率驱动下产生 1s 时间间隔的重装值。

工程文件组详情如表 7.5 所示。

表 7.5　SysTick 定时器实验工程文件详情

文件组	包含文件	详情
BOOT 文件组	cortexm3_macro.s	STM32 的启动文件
	stm32f10x_vector.s	
LIBRARY 文件组	stm32f10x_gpio.c	GPIO 的底层配置函数
	stm32f10x_rcc.c	RCC 的底层配置函数
	stm32f10x_flash.c	
	stm32f10x_lib.c	集中管理库函数
INTERRUPT 文件组	stm32f10x_it.c	STM32 的中断服务子程序
SRC 文件组	main.c	用户代码

3. 程序清单

具体程序如代码清单 7.1 所示。

代码清单 7.1　main 函数

```
#include"stm32f10x_lib.h";
void RCC_Configuration(void);
void GPIO_Configuration(void);
void Systick_Configuration(void);
void Delay_Second(void);
/*******************************************************
* 函数名     : main             * 输出结果       : 无
* 函数描述   : main函数         * 返回值         : 无
* 输入参数   : 无
*******************************************************/
int main(void)
```

```
{
    RCC_Configuration(void);        //设置系统时钟
    GPIO_Configuration(void);       //设置GPIO端口
    Systick_Configuration(void);  //设置SysTick定时器
    while(1)
    {
      GPIO_WriteBit(GPIOF,GPIO_Pin_6,(BitAction))
      GPIO_ReadOutputDataBit(GPIOF,GPIO_Pin_6)));
      //翻转GPIOF.6电平
      Delay_Second( );          //延时1s
    }
}
/*******************************************************
* 函数名    : RCC_Configuration        * 输出结果      : 无
* 函数描述  : 设置系统各部分时钟        * 返回值        : 无
* 输入参数  : 无
*******************************************************/
void RCC_Configuration(void)
{
   ErrorStatus HSEStartUpStatus;              // 定义枚举类型变量HSEStartUpStatus
   RCC_DeInit();                              //复位系统时钟设置
   RCC_HSEConfig(RCC_HSE_ON);                 //开启HSE
   HSEStartUpStatus=RCC_WaitForHSEStartUp();//等待HSE起振并稳定
   if(HSEStartUpStates==SUCCESS)
   {
   RCC_HCLKConfig(RCC_SYSCLK_Div1);        //选择HCLK时钟源为SYSCLK 1 分频
   RCC_PCLK2Config(RCC_HCLK_Div1);         //选择PCLK2时钟源为HCLK 1分频
   RCC_PCLK1Config(RCC_HCLK_Div2);         //选择PCLK1时钟源为HCLK 2分频
   FLASH_SetLatency(FLASH_Latency_2);   //设置FlASH延时周期数为2
   FLASH_PrefetchBufferCmd(FLASH_PrefetchBuffer_Enable);//使能FlASH预取缓存
   RCC_PLLConfig(RCC_PLLSource_HSE_Div1,RCC_PLLMul_9);
   RCC_PLLCmd(ENABLE);  //使能PLL
   while(RCC_GetFlagStatus(RCC_FLAG_PLLRDY)==RESET);  //等待PLL输出稳定
   RCC_SYSCLKConfig(RCC_SYSCLKSource_PLLCLK);  //选择SYSCLK时钟源为PLL
   while(RCC_GetSYSCLKSource()!=0x08)         //等待PLL成为SYSCLK时钟源
   }
RCC_APB2PeriphClockCmd(RCC_APB2Periph_GPIOA,ENABLE);    //开启GPIOA的外设时钟
}
/*******************************************************
* 函数名    : GPIO_Configuration       * 输出结果      : 无
* 函数描述  : 设置GPIO端口             * 返回值        : 无
* 输入参数  : 无
*******************************************************/
GPIO_Configuration(void)
{
```

```
  GPIO_InitTypeDef GPIO_InitStructure;//定义一个GPIO_InitTypeDef类型的结构体
  GPIO_InitStructure.GPIO_Pin=GPIO_Pin_6;
  GPIO_InitStructure.GPIO_Speed=GPIO_Speed_50MHz;//设置引脚速率为50MHz
  GPIO_InitStructure.GPIO_Mode=GPIO_Mode_Out_PP; //设置GPIOA4为推挽输出
  GPIO_Init(GPIO&GPIO_InitStructure);                //调用库函数，初始化GPIOA
}
/**********************************************************
* 函数名     : Systick_Configuration        * 输出结果      : 无
* 函数描述   : 设置SysTick定时器             * 返回值        : 无
* 输入参数   : 无
**********************************************************/
Systick_Configuration(void)
{
    SysTick_CounterCmd(SysTick_Counter_Disable);  //失能SysTick定时器
    SysTick_CLKSourceConfig(SysTick_CLKSource_HCLK_Div8);
    //选择HCLK为SysTick时钟源
    SysTick_CounterCmd(SysTick_Counter_Clear);  //清除SysTick计数器
    SysTick_SetReload(9000*1000);
    //主频为72/8MHz，配置计数值为9000×1000可以得到1s定时间隔
}
/**********************************************************
* 函数名     : Delay_Second                 * 输出结果      : 无
* 函数描述   : 1s定时                        * 返回值        : 无
* 输入参数   : 无
**********************************************************/
void Delay_Second(void)
{
   SysTick_CounterCmd(SysTick_Counter_Enable);            //使能SysTick定时器
   while(SysTick_GetFlagStatus(SysTick_FLAG_COUNT)==0); //等待SysTick计数至0
   SysTick_CounterCmd(SysTick_Counter_Clear);           //清除SysTick计数器
}
```

7.3 RTC 实时时钟

STM32 的 RTC 外设，实质上是一个掉电后还继续运行的定时器。从定时器的角度来说，相对于通用定时器 TIM 外设，它十分简单，只有很纯粹的计时功能(当然，可以触发中断)；但从掉电还继续运行的角度来说，它却是 STM32 中唯一一个具有如此强大功能的外设。所以 RTC 外设的复杂之处并不在于它的定时功能，而在于它掉电还继续运行的特性。

以上所说的掉电，是指主电源 VDD 断开的情况。为了 RTC 外设掉电后能继续运行，必须给 STM32 芯片通过 VBAT 引脚接上锂电池。当主电源 VDD 有效时，由 VDD 给 RTC 外设供电；当 VDD 掉电后，由 VBAT 给 RTC 外设供电。但无论由什么电源供电，RTC 中的数据都保存在属于 RTC 的备份域中，若主电源 VDD 和 VBAT 都掉电，那么备份域中保存的所有数据将丢失。备份域除了 RTC 模块的寄存器，还有 42 个 16 位的寄存器可以在 VDD 掉电的

情况下保存用户程序的数据，系统复位或电源复位时，这些数据也不会被复位。

从 RTC 的定时器特性来看，它是一个 32 位的计数器，只能向上计数。它使用的时钟源有三种，分别为高速外部时钟的 128 分频、低速外部时钟 LSE、低速内部时钟 LSI。其中 HSE 时钟或 LSI 时钟在主电源 VDD 掉电的情况下，这两个时钟来源都会受到影响，因此没法保证 RTC 正常工作。因此 RTC 一般使用低速外部时钟 LSE，频率为实时时钟模块中常用的 32.768kHz，这是因为 $32768 = 2^{15}$，分频容易实现，所以它被广泛应用到 RTC 模块。在主电源 VDD 有效的情况下(待机)，RTC 还可以配置闹钟事件使 STM32 退出待机模式。

7.3.1 RTC 模块结构

图 7.4 为 RTC 架构图，当 VDD 掉电时，可在 VBAT 的驱动下继续运行。

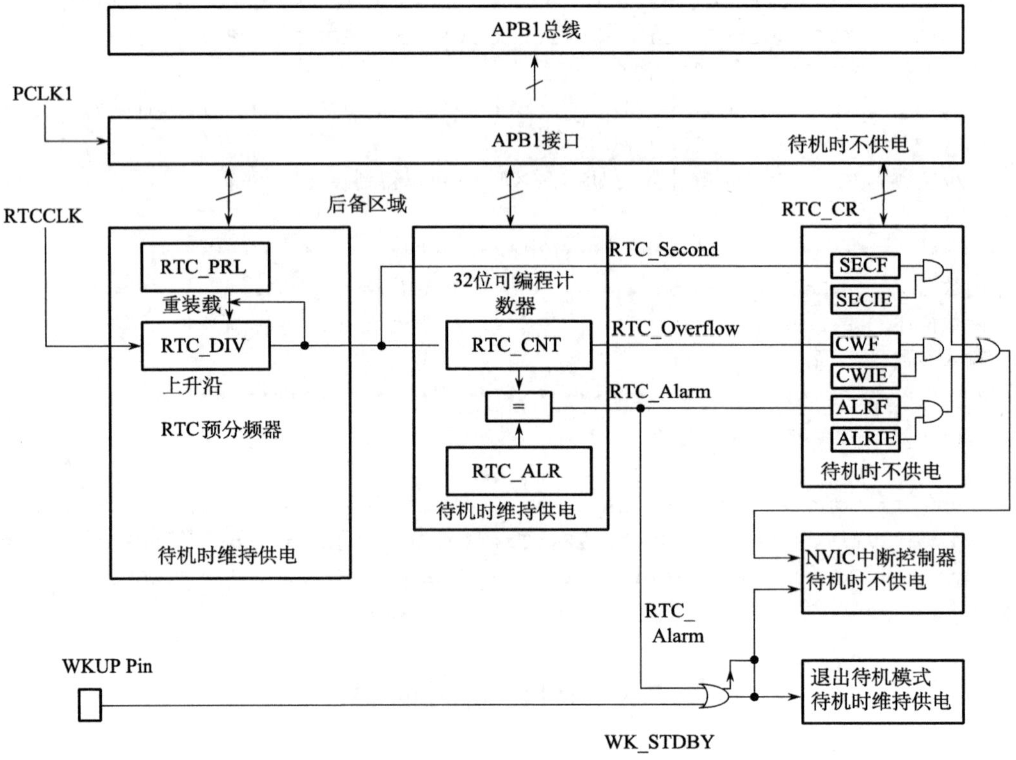

图 7.4　RTC 架构图

这部分仅包括 RTC 的分频器、计数器和闹钟控制器。若 VDD 主电源有效，RTC 可以触发 RTC_Second(秒中断)、RTC_Overflow(溢出事件)和 RTC_Alarm(闹钟中断)。由图 7.4 可以分析到，其中的定时器溢出事件无法被配置为中断。若 STM32 原本处于待机状态，可由闹钟事件或 WKUP 事件(外部唤醒事件，属于 EXTI 模块，不属于 RTC)使它退出待机模式。闹钟事件是在计数器 RTC_CNT 的值等于闹钟寄存器 RTC_ALR 的值时触发的。由于 RTC 的寄存器属于备份域，所以它的所有寄存器都是 16 位的。它的计数器 RTC_CNT 的 32 位由 RTC_CNTL 和 RTC_CNTH 两个寄存器组成，分别保存计数值的低 16 位和高 16 位。配置 RTC

模块的时钟时，把输入的 32768Hz 的 RTCCLK 进行 32768 分频得到实际驱动计数器的时钟 TR_CLK = RTCCLK/32768= 1Hz，计时周期为 1s，计时器在 TR_CLK 的驱动下计数，即每秒计数器 RTC_CNT 的值加 1。备份域的存在使 RTC 核具有完全独立于 APB1 接口的特性，因此对 RTC 寄存器的访问要遵守一定的规则。

系统复位后，禁止访问后备寄存器和 RTC，防止对后备区域(BKP)的意外写操作。执行以下操作使能对后备寄存器和 RTC 的访问：

(1) 设置 RCC_APB1ENR 寄存器的 PWREN 和 BKPEN 位来使能电源和后备接口时钟。

(2) 设置 PWR_CR 寄存器的 DBP 位使能对后备寄存器和 RTC 的访问。

设置为可访问后，在第一次通过 APB1 接口访问 RTC 时，必须等待 APB1 与 RTC 外设同步，确保读取出来的 RTC 寄存器值是正确的。若在同步之后，一直没有关闭 APB1 的 RTC 外设接口，就不需要再次同步了。

如果内核要对 RTC 寄存器进行任何的写操作，在内核发出写指令后，RTC 模块在 3 个 RTCCLK 时钟之后，才开始正式写 RTC 寄存器操作。已经知道，RTCCLK 的频率比内核主频低得多，所以必须要检查 RTC 关闭操作标志位 RTOFF。当这个标志被置 1 时，写操作才正式完成。

当然，以上操作都具有库函数，读者不必具体地查阅寄存器。

7.3.2 UNIX 时间戳

如果从现在起，把计数器 RTC_CNT 的计数值置 0，然后每秒加 1，RTC_CNT 什么时候会溢出呢？RTC_CNT 是 32 位寄存器，可存储的最大值为$(2^{32}-1)$，即如果这样计时，在 2^{32}s 后溢出。它是多少年呢？

$$N = 2^{32}/365/24/60/60 \approx 136\ 年$$

假如某个时刻读取到计数器的数值为 X=60×60×24×2，而且知道计数器是在 2011 年 1 月 1 日的 0 时 0 分 0 秒置 0 的，那么就可以根据计数器的这个相对时间数值，计算得这个时刻是 2011 年 1 月 3 日的 0 时 0 分 0 秒了。而计数器会在(2011+136)年左右溢出，回到 2011 年。那时如果我们还在使用这个计数器提供时间就会出现问题。定时器被置 0 的时间称为计时元年，相对计时元年经过的秒数称为时间戳，即本例中计数器的值。

大多数操作系统都是利用时间戳和计时元年来计算当前时间的，而这个时间戳和计时元年大家都取了同一个标准——UNIX 时间戳和 UNIX 计时元年。UNIX 计时元年设置为格林尼治时间 1970 年 1 月 1 日 0 时 0 分 0 秒，大概是为了纪念 UNIX 的诞生。而 UNIX 时间戳即当前时间相对于 UNIX 计时元年经过的秒数。在这个计时系统中，使用有符号的 32 位整型变量来保存 UNIX 时间戳，即实际可用计数位数比上面例子中的少了一位，少了这一位，UNIX 计时元年也相对提前了，这个计时方法在 2038 年 1 月 19 日 03 时 14 分 07 秒会发生溢出。这个时间离我们并不远，UNIX 时间戳被广泛应用到各种系统中，溢出可能会导致系统发生严重的错误。

7.3.3 实验部分

本小节将设计一个 RTC 实时时钟，将 STM32 的 RTC 设备在 UNIX 时间戳和备份电池的支援下设计成一个真正具有实时计时功能的模块，并使用串口向 PC 端打印时间信息。流程如图 7.5 所示。

实验目的： 掌握 STM32 RTC 实时时钟的含义，对 STM32 定时器的定时功能熟练使用。

基本要求： 将 STM32 的 RTC 设备在 UNIX 时间戳的支援下设计成一个真正具有实时计时功能的模块，并使用串口向 PC 端发送时间信息。

提高部分： 利用 RTC 定时器产生 1s 的延时，并使用该时间间隔，利用串口向 PC 端发送时钟的时间信息。

拓展部分： 利用 RTC 定时器编制一个实时时钟显示程序，用矩阵键盘和液晶等设置并显示时间。

1. 硬件电路

本实验的硬件电路如图 7.6 所示。

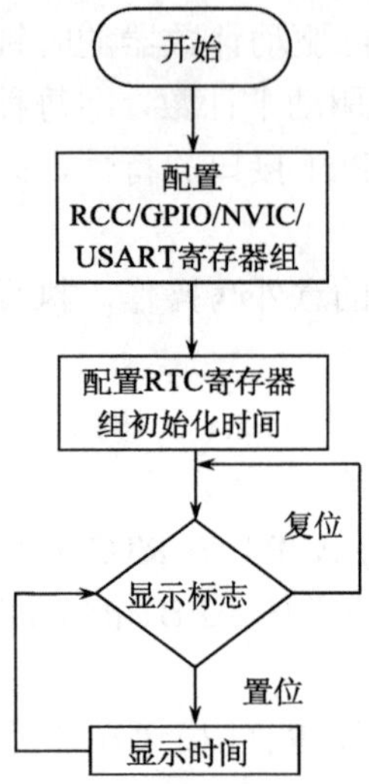

图 7.5　RTC 实验流程图

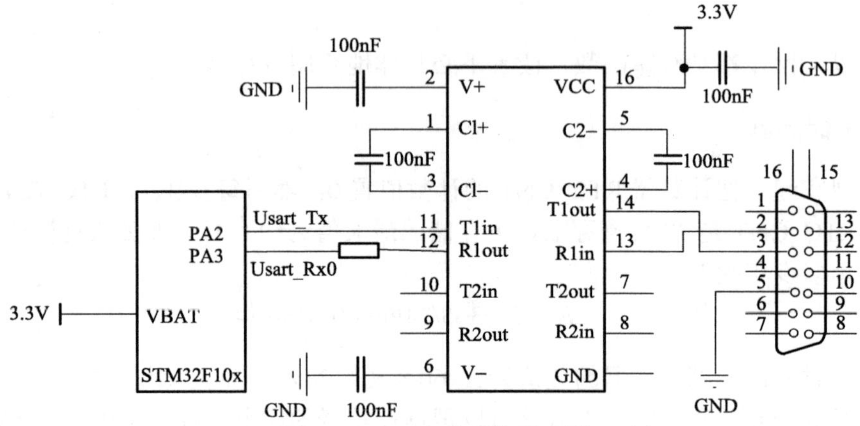

图 7.6　RTC 实验硬件原理图

2. 程序设计

本程序设计的要点如下。

(1) 配置 RCC 寄存器组，打开 APB1 总线上的 PWR、BKP 设备时钟，开启 LSE（Low Speed External Crystal，典型值为 32.768kHz），并将其选择为 RTC 的计时时钟。

(2) 配置 GPIO、USART 寄存器组。

(3) 配置 RTC 寄存器组，使能秒中断，设置 RTC 时钟分频值为 32767。

(4) 配置 NVIC，开启 RTC 秒事件中断。

(5) 编写 RTC 读/写应用程序。

(6) 本程序的重点在于 RTC 计时频率与驱动时钟之间的关系，其与其他普通定时器的计算原理相仿，过程如下。

①确认使用频率为 32.768kHz 的外部晶振作为驱动 STM32 微控制器的 RTC 单元计数的驱动时钟。

②设置 RTC 单元的分频值为 32767，根据 STM32 官方数据手册，分频值为设置的值加 1，

因此实际分频值为 32768。

不难得到 RTC 进行一次计时的时间 $T=(32767+1)/32.768\text{kHz}=1\text{s}$。工程文件组详情如表 7.6 所示。

表 7.6　RTC 实验工程文件详情

文件组	包含文件	详情
BOOT 文件组	cortexm3_macro.s	STM32 的启动文件
	stm32f10x_vector.s	
LIBRARY 文件组	stm32f10x_rcc.c	RCC 的底层配置函数
	stm32f10x_flash.c	
	stm32f10x_gpio.c	GPIO 的底层配置函数
	stm32f10x_lib.c	对整个库进行集中管辖
	stm32f10x_systick.c	SysTick 定时器操作函数
INTERRUPT 文件组	stm32f10x_it.c	STM32 中断服务程序
SRC 文件组	main.c	用户代码

3. 程序清单

具体程序如代码清单 7.2 所示。

代码清单 7.2　main 函数

```
#include"stm32f10x_it.h"
#include"stm32f10x_lib.h"
#include"stdio.h"
#include"time.h"
extern vu32 TimeDisplay;  //时间显示标志位
void RCC_Configuration(void);
void GPIO_Configuration(void);
void USART_Configuration(void);
void RTC_Configuration(void);
void NVIC_Configuration(void);
void Time_show(void);
void Time_SetCalendarTime(struct tm t);
u32 Time_ConvCalendarToUnix(struct tm t);
struct tm Time_ConvUnixToCalendar(time_t t);
u32 Time_GetUnixTime(void);
void Time_SetUnixTime(time_t t);
/********************************************************
* 函数名    : main              * 输出结果       : 无
* 函数描述  : main函数          * 返回值         : 无
* 输入参数  : 无
********************************************************/
vu 32 TimeDisplay=0;
struct tm time_now={2011,2,8,2,20,0 };//定义时间结构体，2011年2月8日2点20分0秒
```

```
int main(void)
{
   RCC_Configuration();      //设置系统时钟
   NVIC_ Configuration();   //设置NVIC
   GPIO_ Configuration();   //设置GPIO端口
   USART_ Configuration();  //设置USART
   RTC_ Configuration();    //设置RTC
   Time_SetCalendarTime(time_now);  //设定初始时间
   while(1)
   {
    Time_Show();          //显示时间
   }
}
/*************************************************************
* 函数名    : RCC_Configuration       * 输出结果      : 无
* 函数描述  : 设置系统各部分时钟         * 返回值        : 无
* 输入参数  : 无
*************************************************************/
void RCC_Configuration(void);
{
   RCC_APB1PeriphClockCmd(RCC_APB1Periph_PWR|RCC_APB1Periph_BKP,ENABLE);
   //开启PWR，BKP时钟
  RCC_APB2PeriphClockCmd(RCC_APB2Periph_USART2|RCC_APB2Periph_GPIOA,ENABLE);
}
/*************************************************************
* 函数名    : NVIC_ Configuration       * 输出结果      : 无
* 函数描述  : 设置NVIC参数               * 返回值        : 无
* 输入参数  : 无
*************************************************************/
void NVIC_ Configuration(void)
{
    NVIC_InitTypeDef NVIV_InitStructure;  //定义NVIC初始化结构体
    NVIC_PriorityGroupConfig(NVIC_PriorityGroup_1);  //选择优先级分组1
    NVIC_InitStructure.NVIC_IRQChannel=RTC_IRQChannel;
    NVIC_InitStructure.NVIC_IRQChannelPreemptionPriority=1;
    NVIC_InitStructure.NVIC_IRQChannelSubPriority=1;
    NVIC_InitStructure.NVIC_IRQChannelCmd=ENABLE;
    NVIC_Init(&NVIC_InitStructure);
}
/*************************************************************
* 函数名    : GPIO_ Configuration       * 输出结果      : 无
* 函数描述  : 设置GPIO端口功能           * 返回值        : 无
* 输入参数  : 无
*************************************************************/
void GPIO_ Configuration(void);
```

```
{
  GPIO_InitTypeDef GPIO_InitStructure; //定义GPIO初始化结构GPIO_InitStructure
  GPIO_InitStructure.GPIO_Pin=GPIO_Pin_2; //选择控制的引脚为PA.2
  GPIO_InitStructure.GPIO_Mode=GPIO_Mode_AF_PP; //设置PA.2为第2功能推挽输出
  GPIO_InitStructure.GPIO_Speed=GPIO_Speed_50MHz;  //引脚速率选择为50MHz
  GPIO_Init(GPIOA,&GPIO_InitStructure);
  GPIO_InitStructure.GPIO_Pin=GPIO_Pin_3;  //选择控制的引脚为PA.3
  GPIO_InitStructure.GPIO_Mode=GPIO_Mode_IN_FLOATING; //设置PA.3为浮空输入
  GPIO_Init(GPIOA,&GPIO_InitStructure);
}
/**************************************************************
* 函数名     : RTC_ Configuration       * 输出结果       : 无
* 函数描述   : 设置RTC                  * 返回值         : 无
* 输入参数   : 无
**************************************************************/
void RTC_ Configuration(void)
{
  PWR_BackupAccessCmd(ENABLE);   //使能RTC和后备寄存器访问
  BKP_DeInit();                  //复位备份寄存器设置
  RCC_LSEConfig(RCC_LSE_ON);      //开启LSE
  while(RCC_GetFlagStatus(RCC_FLAG_LSERDY)==RESET);  //等待LSE起振
  RCC_RTCCLKConfig(RCC_RTCCLKSource_LSE);           //选择LSE为RTC时钟源
  RCC_RTCCLKCmd(ENABLE);                 //使能RTC时钟
  RTC_WaitForSynchro();                  //等待RTC寄存器同步完成
  RTC_WaitForLastTask();                 //等待最近一次对RTC寄存器的写操作完成
  RTC_ITConfig(RTC_IT_SEC,ENABLE);  //使能RTC秒中断
  RTC_WaitForLastTask();                //等待最近一次对RTC寄存器的写操作完成
  RTC_SetPrescaler(32767);
  //设置RTC时钟分频值为32767，计数频率=(32.768kHz)/(32767+1)=1Hz
  RTC_WaitForLastTask();             //等待最近一次对RTC寄存器的写操作完成
}
/**************************************************************
* 函数名     : Time_Show            * 输出结果       : 无
* 函数描述   : 向串口打印当前时间   * 返回值         : 无
* 输入参数   : 无
**************************************************************/
void Time_Show(void)
{
   u32 CurrenTime=0;
   if(TimeDisplay)
   {
     CurrenTime=Time_GetUnixTime();  //读出当前RTC计数值(UNIX时间格式)
     time_now=Time_ConvUnixToCalendar(CurrenTime);
    //将UNIX时间格式转换为标准系统时间格式
     printf("\r\nTime:%d- %d- %d, %d: %d: %d\r\n",time_now.tm_year,
```

```
    time_now.tm_mon,time_now.tm_mday,time_now.tm_hour,time_now.tm_min,
    time_now.tm_sec);
  TimeDisplay=0;
 }
}
/***********************************************************
* 函数名    : USART_ Configuration     * 输出结果     : 无
* 函数描述  : 设置USART2               * 返回值       : 无
* 输入参数  : 无
***********************************************************/
void USART_ Configuration(void)
{
  USART_InitTypeDef USART_InitStructure;   //定义USART初始化结构体
  USART_InitStructure
  USART_ClockInitTypeDef USART_ClockInitStructure;
                                   //定义USART时钟管理初始化结构体
  USART_ClockInitStructure
  USART_ClockInitStructure.USART_Clock=USART_Clock_Disable; //禁止USART时钟
  USART_ClockInitStructure.USART_CPOL=USART_CPOL_Low;        //时钟极性低
  USART_ClockInitStructure.USART_CPHA=USART_CPHA_2Edge;  //在第二个边沿捕获数据
  USART_ClockInitStructure.USART_LastBit=USART_LastBit_Disable;
                                //最后一位数据的时钟脉冲不从SCLK输出
  USART_ClockInit(USART2,&USART_ClockInitStructure);
  USART_ClockInitStructure.USART_BaudRate=9600;    //波特率为9600bit/s
  USART_ClockInitStructure.USART_WordLength=USART_WordLength_8b;
                                          //8位数据长度
  USART_ClockInitStructure.USART_StopBits=USART_StopBits_1; //1个停止位
  USART_ClockInitStructure.USART_Parity=USART_ClockInitStructure.USART_
  Parity_No; //无检验位
  USART_ClockInitStructure.USART_HardwareFlowControl=USART_HardwareFlowCo
  ntrol_None;  //禁止硬件流控制
  USART_ClockInitStructure.USART_Mode= USART_Mode_Rx|USART_Mode_Tx;
  USART_Init(USART2,&USART_InitStructure);
  USART_Cmd(USART2,ENABLE);    //使能USART2
}

/***********************************************************
* 函数名    : fputc                        * 输出结果   : 无
* 函数描述  : 将printf函数重定位到USART2    * 返回值     : 无
* 输入参数  : 无
***********************************************************/
int fputc(int ch,FILE *f)
{
    USART_SenData(USART2,(u8) ch);
    while(USART_GetFlagStatus(USART2,USART_FLAG_TC)==RESET);
```

```
    return ch;
}
/*以下为UNIX时间函数组。需要调用stm32f10x_rtc.c中的函数:
*u32 RTC_GetCounter(void);
*void RTC_WaitForLastTask(void);
*RTC_SetCounter(u32 CounterValue); */
/*******************************************************************
* 函数名      : Time_SetCalendarTime()                 * 输出结果   : 无
* 函数描述    : 将公元时间格式转换成UNIX时间格式         * 返回值     : 无
* 输入参数    : struct tm t
*******************************************************************/
void Time_SetCalendarTime(struct tm t)
{
    Time_SetUnixTime(Time_ConvCalendarToUnix(t));
    return;
}
/*******************************************************************
* 函数名      : Time_ConvCalendarToUnix               * 输出结果   : 无
* 函数描述    : 写入RTC时钟当前时间                    * 返回值     : 无
* 输入参数    : struct tm t
*******************************************************************/
u32 Time_ConvCalendarToUnix(struct tm t)
{
    t.tm_year-=1900;
    return mktime=(&t);
}
/*******************************************************************
* 函数名      : Time_GetUnixTime                      * 输出结果  : 无
* 函数描述    : 从RTC取当前UNIX时间格式的时间值        * 返回值    : 无
* 输入参数    : 无
*******************************************************************/
u32 Time_GetUnixTime(void)
{
    Return (u32)RTC_GetCounter();
 }

/*******************************************************************
* 函数名      : Time_ConvUnixToCalendar(time_t t);     * 输出结果  : 无
* 函数描述    : 转换UNIX时间戳为日历时间                * 返回值    : struct tm
* 输入参数    : u32 t,当前时间的UNIX时间戳
*******************************************************************/
struct tm Time_ConvUnixToCalendar(time_t t)
{
    struct tm *t_tm;
    t_tm=localtime(&t);
```

```
    t_tm->tm_year+=1900;
    return *t_tm;
}
/*******************************************************************
* 函数名      : Time_SetUnixTim                  * 输出结果       : 无
* 函数描述    : 将给定的UNIX时间戳写入RTC          * 返回值         : 无
* 输入参数    : time_t t
*******************************************************************/
void Time_SetUnixTim(time_t t)
{
    RTC_WaitForLastTask();
    RTC_SetCounter((u32)t);
    RTC_WaitForLastTask();
    return;
}
/*******************************************************************
* 函数名      : RTC_IRQHandler                   * 输出结果       : 无
* 函数描述    : RTC全局中断服务                   * 返回值         : 无
* 输入参数    : 无
*******************************************************************/
void RTC_IRQHandler(void)
{
   if(RTC_GetITStatus(RTC_IT_SEC)!=RESET)
   {
     RTC_ClearITPendingBit(RTC_IT_SEC); //清除RTC秒中断
     TimeDisplay=1; //更新时间显示标志位
   }
}
```

4. 库函数说明

(1)要注意区分 RTC 的两个时钟：来自 APB1 总线的 PCLK1 时钟(36MHz)和外部低速晶振 LSE 提供的 32.768kHz 时钟。

(2)LSE 的时钟必须小于 PCLK1 时钟的 1/4。

(3)RTC 操作的原则之一：在每次读/写之前请保证上一次读/写已经完成。

建立并设置好工程，编辑好代码之后按 F7 键进行编辑，将所有错误警告排除后烧写程序进行仿真。可以看到 PC 端上位机以 1s 的时间间隔出现时间信息。

程序里面使用到的库函数 BKP_DeInit、RCC_LSEConfig、RCC_RTCCLKConfig、RCC_RTCCLKCmd、RTC_WaitForLastTask、RTC_ITConfig、RTC_SetCounter、RTC_GetITStatus、RTC_ClearITPendingBit 如下所述。

(1)BKP_DeInit 函数说明见表 7.7。

表 7.7　BKP_DeInit 函数说明

函数名	BKP_DeInit
函数原型	void BKP_DeInit(void)
功能描述	将外设 BKP 的全部寄存器重设为默认值

续表

输入参数	无
函数名	BKP_DeInit
输出参数	无
返回值	无
先决条件	无
被调用函数	RCC_BackupResetCmd

(2)RCC_LSEConfig 函数说明见表 7.8。

表 7.8　RCC_LSEConfig 函数说明

函数名	RCC_LSEConfig
函数原型	void RCC_LSEConfig(u32 RCC_LSE)
功能描述	设置外部低速晶振(LSE)
输入参数	RCC_LSE: LSE 的新状态，参阅 Section：RCC_LSE 查看更多该参数允许的取值范围
输出参数	无
返回值	无
先决条件	无
被调用函数	无

函数原型中的 RCC_LSE 说明如表 7.9 所示。

表 7.9　RCC_LSE 说明

RCC_LSE	描述
RCC_LSE_OFF	LSE 晶振关闭
RCC_LSE_ON	LSE 晶振开启
RCC_LSE_Bypass	LSE 晶振被外部时钟旁路

(3)RCC_RTCCLKConfig 函数说明见表 7.10。

表 7.10　RCC_RTCCLKConfig 函数说明

函数名	RCC_RTCCLKConfig
函数原型	void RCC_RTCCLKConfig(u32 RCC_RTCCLKSource)
功能描述	设置 RTC 时钟(RTCCLK)
输入参数	RCC_RTCCLKSource: 定义 RTCCLK。参阅 Section：RCC_RTCCLKSource 查看更多该参数允许的取值范围
输出参数	无
返回值	无
先决条件	RTC 时钟一经选定就不能更改，除非复位后备域
被调用函数	无

函数原型中的 RCC_RTCCLKSource 说明见表 7.11。

表 7.11　RCC_RTCCLKSource 函数说明

RCC_RTCCLKSource	描述
RCC_RTCCLKSource_LSE	选择 LSE 作为 RTC 时钟
RCC_RTCCLKSource_LSI	选择 LSI 作为 RTC 时钟
RCC_RTCCLKSource_HSE_Div128	选择 HSE 时钟频率除以 128 作为 RTC 时钟

(4) RCC_RTCCLKCmd 函数说明见表 7.12。

表 7.12　RCC_RTCCLKCmd 函数说明

函数名	RCC_RTCCLKCmd
函数原型	void RCC_RTCCLKCmd (FunctionalState NewState)
功能描述	使能或者失能 RTC 时钟
输入参数	NewState：RTC 时钟的新状态。这个参数可以取 ENABLE 或者 DISABLE
输出参数	无
返回值	无
先决条件	该函数只有在通过函数 RCC_RTCCLKConfig 选择 RTC 时钟后，才能调用
被调用函数	无

(5) RTC_WaitForLastTask 函数说明见表 7.13。

表 7.13　RTC_WaitForLastTask 函数说明

函数名	RTC_WaitForLastTask
函数原型	void RTC_WaitForLastTask (void)
功能描述	等待近一次对 RTC 寄存器的写操作完成
输入参数	无
输出参数	无
返回值	无
先决条件	无
被调用函数	无

(6) RTC_ITConfig 函数说明见表 7.14。

表 7.14　RTC_ITConfig 函数说明

函数名	RTC_ITConfig
函数原型	void RTC_ITConfig (u16 RTC_IT, FunctionalState NewState)
功能描述	使能或者失能指定的 RTC 中断
输入参数 1	RTC_IT：待使能或者失能的 RTC 中断源，参阅 Section：RTC_IT 查看更多该参数允许的取值范围
输入参数 2	NewState：RTC 中断的新状态。这个参数可以取 ENABLE 或者 DISABLE
输出参数	无

续表

返回值	无
先决条件	在使用本函数前必须先调用函数 RTC_WaitForLastTask()，等待标志位 RTOFF 被设置
被调用函数	无

函数原型中的 RTC_IT 说明见表 7.15。

表 7.15　RTC_IT 说明

RTC_IT	描述
RTC_IT_OW	溢出中断使能
RTC_IT_ALR	闹钟中断使能
RTC_IT_SEC	秒中断使能

(7) RTC_SetCounter 函数说明见表 7.16。

表 7.16　RTC_SetCounter 函数说明

函数名	RTC_SetCounter
函数原型	void RTC_SetCounter(u32 CounterValue)
功能描述	设置 RTC 计数器的值
输入参数	CounterValue：新的 RTC 计数器值
输出参数	无
返回值	无
先决条件	在使用本函数前必须先调用函数 RTC_WaitForLastTask()，等待标志位 RTOFF 被设置
被调用函数	RTC_EnterConfigMode()、RTC_ExitConfigMode()

(8) RTC_GetITStatus 函数说明见表 7.17。

表 7.17　RTC_GetITStatus 函数说明

函数名	RTC_GetITStatus
函数原型	ITStatus RTC_GetITStatus(u16 RTC_IT)
功能描述	检查指定的 RTC 中断发生与否
输入参数	RTC_IT：待检查的 RTC 中断，参阅 Section：RTC_IT 查看更多该参数允许的取值范围
输出参数	无
返回值	RTC_IT 的新状态(SET 或者 RESET)
先决条件	无
被调用函数	无

(9) RTC_ClearITPendingBit 函数说明见表 7.18。

表 7.18 RTC_ClearITPendingBit 函数说明

函数名	RTC_ClearITPendingBit
函数原型	ITStatus RTC_GetITStatus (u16 RTC_IT)
功能描述	清除 RTC 的中断待处理位
输入参数	RTC_IT：待清除的 RTC 中断待处理位，参阅 Section：RTC_IT 查看更多该参数允许的取值范围
输出参数	无
返回值	无
先决条件	在使用本函数前必须先调用函数 RTC_WaitForLastTask ()，等待标志位 RTOFF 被设置
被调用函数	无

7.4 通用定时器模块

所有的通用定时器都是基于 16 位的计数器，带有 16 位预分频器和自动重载寄存器。定时器的计数模式可以设置为向上计数、向下计数和中央计数模式(从中间往两边计数)。定时器的驱动源有 8 个可选，这里包括系统主时钟提供的专用时钟、另外一个定时器产生的边沿输出以及通道捕获比较引脚输入的外部时钟。如果使用定时器边沿输出时钟或外部时钟，则需要 ETR 引脚将定时器内部的输入门控打开。

7.4.1 定时器模块结构与工作原理

STM32 通用定时器的内部组成如图 7.7 所示，除了基本的计时功能外，每个定时器还带有 4 个捕获比较单元。这些单元不仅具备基本的捕获比较功能，还有一些特殊工作模式。例如，在捕获模式下，定时器将启用一个输入过滤器和一个特殊的 PWM 测量模块，同时还支持编码输入；而在比较模式下，定时器可实现标准的比较功能、输出可定制的 PWM 波形以及产生单次脉冲，在这些特殊模式下，帮助用户完成一些常用的操作。此外，每个定时器都支持中断和 DMA 传输。总体来说，通用定时器的功能可以总结为以下几点。

(1) 16 位向上、向下、向上/向下自动装载计数器(TIMx_CNT)。

(2) 16 位可编程(可以实时修改)预分频器(TIMx_PSC)，计数器时钟频率的分频系数为 1～65535 的任意数值。

(3) 4 个独立通道(TIMx_CH1～TIMx_CH4)，这些通道可以用来作为输入捕获、输出比较、PWM 生成、单脉冲模式输出。

(4) 可使用外部信号(TIMx_ETR)控制定时器和定时器互连(可以用一个定时器控制另外一个定时器)的同步电路。

(5) 如下事件发生时产生中断/DMA。

①更新：计数器向上溢出/向下溢出，计数器初始化(通过软件或者内部/外部触发)。

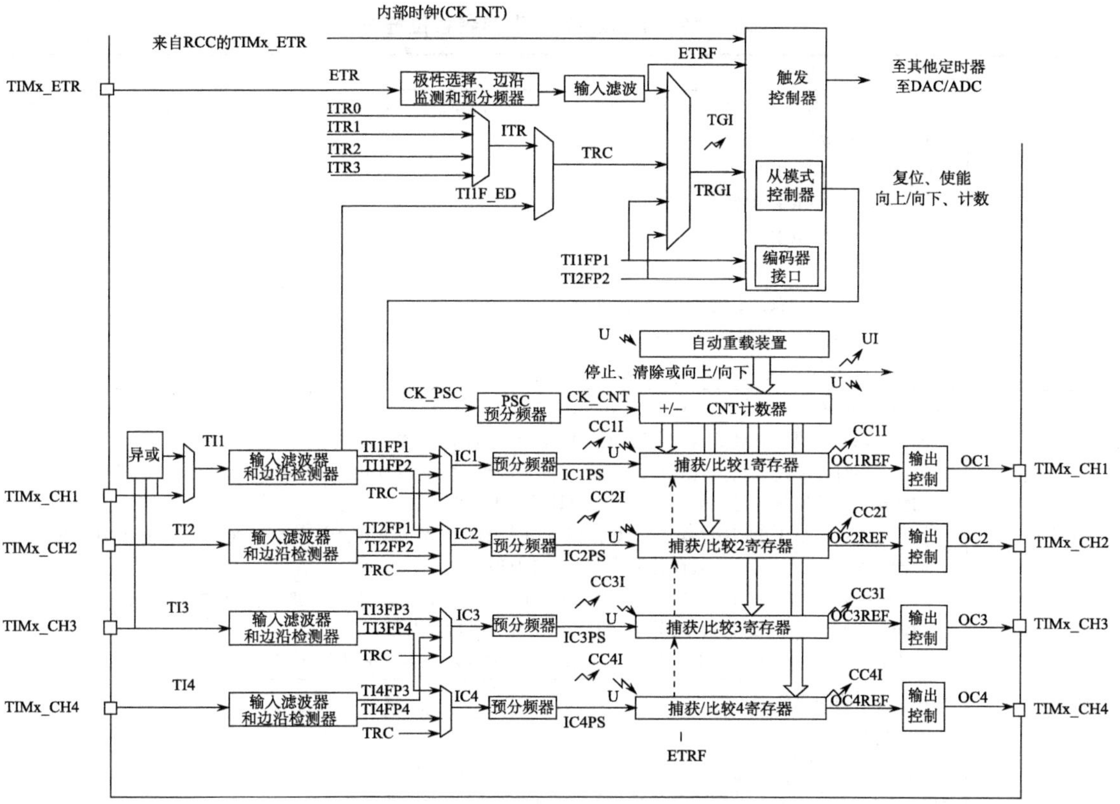

图 7.7　STM32 通用定时器的内部组成

②触发事件(计数器启动、停止、初始化或者由内部/外部触发计数)。

③输入捕获。

④输出比较。

⑤支持针对定位的增量(正交)编码器和霍尔传感器电路。

⑥触发输入作为外部时钟或者按周期的电流管理。

7.4.2　定时器寄存器

本章以定时器的中断实验介绍通用定时器的基本使用。下面介绍与本章的实验密切相关的几个通用定时器的寄存器。首先是控制寄存器 1(TIMx_CR1)，该寄存器的各位描述如图 7.8 和表 7.19 所示。

15	14	13	12	11	10	9	8
保留						CKD[1:0]	
						rw	rw

7	6	5	4	3	2	1	0
ARPE	CMS[1:0]		DIR	OPM	URS	UDIS	CEN
rw	rw	rw	rw	rw	rw	rw	rw

图 7.8　TIMx_CR1 寄存器数据位

表 7.19 TIMx_CR1 寄存器各位描述

位 15:10	保留，始终读为 0
位 9:8	CKD[1:0]: 时钟分频因子(Clock Division)。定义在定时器时钟(CK_INT)频率与数字滤波器(ETR，TIx)使用的采样频率之间的分频比例 00：tDTS= tCK_INT 01：tDTS= 2×tCK_INT 10：tDTS= 4×tCK_INT 11：保留
位 7	ARPE：自动重装载预装载允许位(Auto-Reload Preload Enable) 0：TIMx_ARR 寄存器没有缓冲 1：TIMx_ARR 寄存器被装入缓冲器
位 6:5	CMS[1:0]：选择中央对齐模式(Center-Aligned Mode Selection) 00：边沿对齐模式。计数器依据方向位(DIR)向上或向下计数 01：中央对齐模式 1。计数器交替地向上和向下计数。配置为输出通道(TIMx_CCMRx 寄存器中 CCxS=00)的输出比较中断标志位，只在计数器向下计数时被设置 10：中央对齐模式 2。计数器交替地向上和向下计数。配置为输出通道(TIMx_CCMRx 寄存器中 CCxS=00)的输出比较中断标志位，只在计数器向上计数时被设置 11：中央对齐模式 3。计数器交替地向上和向下计数。配置为输出通道(TIMx_CCMRx 寄存器中 CCxS=00)的输出比较中断标志位，在计数器向上和向下计数时均被设置 (注：在计数器开启时(CEN=1)，不允许从边沿对齐模式转换到中央对齐模式)
位 4	DIR：方向(Direction) 0：计数器向上计数 1：计数器向下计数 (注：当计数器配置为中央对齐模式或编码器模式时，该位为只读)
位 3	OPM：单脉冲模式(One Pulse Mode) 0：在发生更新事件时，计数器不停止 1：在发生下一次更新事件(清除 CEN 位)时，计数器停止
位 2	URS：更新请求源(Update Request Source)，软件通过该位选择 UEV 事件的源 0：如果使能了更新中断或 DMA 请求，则下述任一事件产生更新中断或 DMA 请求 (1)计数器溢出/下溢 (2)设置 UG 位 (3)从模式控制器产生的更新 1：如果使能了更新中断或 DMA 请求，则只有计数器溢出/下溢才产生更新中断或 DMA 请求
位 1	UDIS：禁止更新(Update Disable)，软件通过该位允许/禁止 UEV 事件的产生 0：允许 UEV。更新(UEV)事件由下述任一事件产生 (1)计数器溢出/下溢 (2)设置 UG 位 (3)从模式控制器产生的更新 具有缓存的寄存器被装入它们的预装载值(注：更新影子寄存器) 1：禁止 UEV。不产生更新事件，影子寄存器(ARR、PSC、CCRx)保持它们的值。如果设置了 UG 位或从模式控制器发出了一个硬件复位，则计数器和预分频器被重新初始化
位 0	CEN：使能计数器 0：禁止计数器 1：使能计数器 (注：在软件设置了 CEN 位后，外部时钟、门控模式和编码器模式才能工作。触发模式可以自动地通过硬件设置 CEN 位) 在单脉冲模式下，当发生更新事件时，CEN 被自动清除

尤其需要注意的是，TIMx_CR1 的最低位(位 0)，也就是计数器使能位必须置 1 才能让定时器开始计数。接着介绍第二个寄存器：DMA/中断使能寄存器(TIMx_DIER)。该寄存器是一个 16 位的寄存器，其各位描述如图 7.9 和表 7.20 所示。

15	14	13	12	11	10	9	8
保留	TDE	保留	CC4DE	CC3DE	CC2DE	CC1DE	UDE
	rw		rw	rw	rw	rw	rw
7	**6**	**5**	**4**	**3**	**2**	**1**	**0**
保留	TIE	保留	CC2IE	CC4IE	CC3IE	CC1IE	UIE
	rw		rw	rw	rw	rw	rw

图 7.9　TIMx_DIER 寄存器数据位

表 7.20　TIMx_DIER 寄存器各位描述

位 15	保留，始终读为 0
位 14	TDE：允许触发 DMA 请求(Trigger DMA Request Enable) 0：禁止触发 DMA 请求 1：允许触发 DMA 请求
位 13	保留，始终读为 0
位 12:9	CCxDE：允许捕获/比较 4～1 的 DMA 请求(Capture/Compare 4～1 DMA Request Enable) 0：禁止捕获/比较 4～1 的 DMA 请求 1：允许捕获/比较 4～1 的 DMA 请求
位 8	UDE：允许更新的 DMA 请求(Update DMA Request Enable) 0：禁止更新的 DMA 请求 1：允许更新的 DMA 请求
位 7	保留，始终读为 0
位 6	TIE：触发中断使能(Trigger Interrupt Enable) 0：禁止触发中断 1：使能触发中断
位 5	保留，始终读为 0
位 4:1	CCxIE：允许捕获/比较 4～1 中断(Capture/Compare 4～1 Interrupt Enable) 0：禁止捕获/比较 4～1 中断 1：允许捕获/比较 4～1 中断
位 0	UIE：允许更新中断 0：禁止触发中断 1：使能触发中断

位 4～1 是更新中断允许位，在使用定时器中断时需要将 DMA/中断使能寄存器中相应的位置 1。接下来介绍第三个寄存器：预分频寄存器(TIMx_PSC)。该寄存器用于设置对时钟进行分频，然后提供给计数器，作为计数器的时钟。该寄存器的各位描述如图 7.10 和表 7.21 所示。

15	14	13	12	11	10	9	8
PSC[15:8]							
rw	rw	rw	rw	rw	rw	rw	rw
7	6	5	4	3	2	1	0
PSC[7:0]							
rw	rw	rw	rw	rw	rw	rw	rw

图 7.10　TIMx_PSC 寄存器数据位

表 7.21　TIMx_PSC 寄存器各位描述

位 15:0	PSC[15:0]：预分频器的值（Prescaler Value），计数器的时钟频率 CK_CNT 等于 fCK_PSC/(PSC[15:0]+1)。PSC 包含了当更新事件产生时装入当前预分频器寄存器的值

这里，定时器的时钟来源于如下 4 个：

(1)内部时钟(CK_INT)；

(2)外部时钟模式 1——外部输入脚(TIx)；

(3)外部时钟模式 2——外部触发输入(ETR)；

(4)内部触发输入(ITRx)——使用 A 定时器作为 B 定时器的预分频器(A 为 B 提供时钟)。

具体选择以上哪个可以通过 TIMx_SMCR 寄存器的相关位来设置。这里的 CK_INT 时钟是由 APB1 倍频得来的，除非 APB1 的时钟分频数设为 1，否则通用定时器 TIMx 的时钟是 APB1 时钟的 2 倍。当 APB1 的时钟不分频时，通用定时器 TIMx 的时钟就等于 APB1 的时钟。这里还要注意的就是高级定时器的时钟不是来自 APB1，而是来自 APB2。

接着介绍自动重装载寄存器(TIMx_ARR)。该寄存器在物理上实际对应着两个寄存器。一个是程序员可以直接操作的，另外一个是程序员看不到的，这个看不到的寄存器称为影子寄存器。事实上，真正起作用的是影子寄存器。根据 TIMx_CR1 寄存器中 APRE 位的设置：APRE=0 时，预装载寄存器的内容可以随时传送到影子寄存器，此时二者是连通的；APRE=1 时，在每一次更新事件(UEV)时，才把预装在寄存器的内容传送到影子寄存器。自动重装载寄存器的各位描述如图 7.11 和表 7.22 所示。

15	14	13	12	11	10	9	8
ARR[15:8]							
rw	rw	rw	rw	rw	rw	rw	rw
7	6	5	4	3	2	1	0
ARR[7:0]							
rw	rw	rw	rw	rw	rw	rw	rw

图 7.11　TIMx_ARR 寄存器数据位

表 7.22　TIMx_ARR 寄存器各位描述

位 15:0	ARR[15:0]：自动重装载的值（Auto Reload Value）。ARR 包含了将要传送至实际的自动重装载寄存器的数值。 当自动重装载的值为空时，计数器不工作

最后要介绍的寄存器是状态寄存器(TIMx_SR)。该寄存器用来标记当前与定时器相关的各种事件/中断是否发生。该寄存器的各位描述如图 7.12 和表 7.23 所示。

15	14	13	12	11	10	9	8
保留			CC4OF	CC3OF	CC2OF	CC1OF	保留
			rc w0	rc w0	rc w0	rc w0	

7	6	5	4	3	2	1	0
保留	TIF	保留	CC4IF	CC3IF	CC2IF	CC1IF	UIF
	rc w0		rc w0	rc w0	rc w0	rc w0	rc w0

图 7.12 TIMx_SR 寄存器数据位

表 7.23 TIMx_SR 寄存器各位描述

位 15:13	保留，始终读为 0
位 12:9	CCxOF：捕获/比较 4～1 重复捕获标记(Capture/Compare 4～1 Overcapture Flag)。仅当相应的通道被配置为输入捕获时，该标记可由硬件置 1，写 0 可清除该位 0：无重复捕获产生 1：当计数器的值被捕获到 TIMx_CCR1 寄存器时，CC1IF 的状态已经为 1
位 8:7	保留，始终读为 0
位 6	TIF：触发器中断标记(Trigger Interrupt Flag)。当发生触发事件(当从模式控制器处于除门控模式外的其他模式时，在 TRGI 输入端检测到有边沿或门控模式下的任一边沿)时由硬件对该位置 1，它由软件清 0 0：无触发器事件产生 1：触发器中断等待响应
位 5	保留，始终读为 0
位 4:1	CCxIF：捕获/比较 4～1 中断标记(Capture/Compare 4～1 Interrupt Flag)。如果通道 CCx 配置为输出模式，当计数器值与比较值匹配时该位由硬件置 1，但在中心对称模式下除外(参考 TIMx_CR1 寄存器的 CMS 位)，它由软件清 0 0：无匹配发生 1：TIMx_CNT 的值与 TIMx_CCR1 的值匹配 如果通道 CC1 配置为输入模式，当捕获事件发生时该位由硬件置 1，它由软件清 0 或通过读 TIMx_CCR1 清 0 0：无输入捕获产生 1：计数器值已被捕获(复制)至 TIMx_CCR1(在 IC1 上检测到与所选极性相同的边沿)
位 0	UIF：更新中断标记(Update Interrupt Flag)。当产生更新事件时该位由硬件置 1，它由软件清 0 0：无更新事件产生 1：更新中断等待响应。当寄存器被更新时该位由硬件置 1 (1)若 TIMx_CR1 寄存器的 UDIS=0、URS=0，当 TIMx_EGR 寄存器的 UG=1 时产生更新事件(软件对计数器 CNT 重新初始化) (2)若 TIMx_CR1 寄存器的 UDIS=0、URS=0，当计数器 CNT 被触发事件重初始化时产生更新事件

只要对以上几个寄存器进行简单的设置，就可以使用通用定时器了，并且可以产生中断。

7.4.3 实验部分

本实验对 TIM2 通用定时器的比较输出功能进行实验设计，配置 TIM2 定时器的 4 个通道工作在比较输出模式，并设置比较匹配时间发生时反转相应的通道引脚电平。通过该实验，要求掌握定时器的基本概念、使用方法及简单的应用。

实验目的：掌握 STM32 TIM2 通用定时器的含义，对 STM32 定时器的定时功能熟练使用。

基本要求：配置 TIM2 定时器的 4 个通道工作在比较输出模式，比较匹配时间发生时，设置反转相应的通道引脚电平。

提高部分：(1)使用 STM32 微控制器的 TIM2 通用定时器产生长度为 2s、4s、8s 等时间间隔，并以此时间间隔闪烁 LED1。

(2)利用矩阵键盘设置定时间隔，使用 STM32 微控制器的 TIM2 通用定时器产生该时间间隔，并以此时间间隔闪烁 LED1～LED4。

拓展部分：利用 TIM2 通用定时器编制一个时钟显示程序，并用矩阵键盘液晶等设置并显示时间。

1. 硬件电路

本实验所需的硬件电路很简单，只有一个 STM32 的最小系统和一个发光 LED 指示灯，如图 7.13 所示。

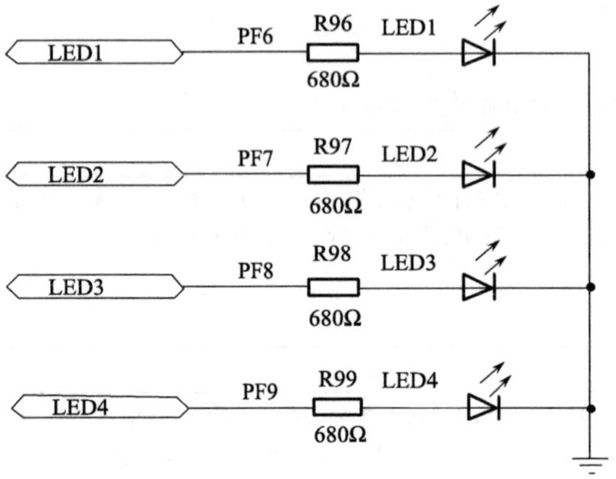

图 7.13　定时器实验硬件原理图

2. 程序设计

(1)GPIO 初始化。

①开启 GPIO 外设时钟。

②配置 GPIOF.6 为通用推挽输出，最大翻转频率为 50MHz。

(2)通过在 GPIOF.6 上输出高电平点亮 LED，反之输出低电平则熄灭 LED。工程文件组详情如表 7.24 所示。

表 7.24　定时器实验工程文件详情

文件组	包含文件	详情
CORE 文件组	core_cm3.c	CM3 内核接口
	startup_stm32f10x_hd.s	STM32 的启动文件
FWLIB 文件组	stm32f10x_gpio.c	GPIO 的底层配置函数
	stm32f10x_rcc.c	RCC 的底层配置函数
	stm32f10x_tim.c	TIM 的底层配置函数
HARDWARE 文件组	led.c	GPIO 初始化函数
	timer.c	定时器的配置函数
USER 文件组	mian.c	用户应用代码
	stm32f10x_it.c	STM32 的中断服务子程序
	system_stm32f10x.c	设置系统时钟和总线时钟文件

3. 程序清单

具体程序如代码清单 7.3 和代码清单 7.4 所示。

代码清单 7.3　main 函数

```
#include "stm32f10x.h"
#include "sys.h"
#include "timer.h"
#include "led.h"
#define LED1_TOGGLE  digitalToggle(GPIOF,GPIO_Pin_6)  //定义IO的宏
volatile u32 t = 0;
void delay_ms(u32 time);  //函数的声明
/*******************************************************************
* 函数名      : main                    * 输出结果        : 无
* 函数描述    : main函数                 * 返回值          : 无
* 输入参数    : 无
*******************************************************************/
int main(void)
{   LED_GPIO_Config();                //调用LED_GPIO_Config函数对GPIO进行配置
    TIM2_Configuration();             //调用TIM2_Configuration对定时器2进行配置
    TIM2_NVIC_Configuration();        //调用TIM2_NVIC_Configuration中断配置函数
    for(;;)
    {   delay_ms(1000);               //调用延时函数
       LED1_TOGGLE;                   //通过宏LED1_TOGGLE来实现LED1状态的反转
    }
}
/*******************************************************************
* 函数名      : delay_ms                * 输出结果        : 无
* 函数描述    : delay_ms函数             * 返回值          : 无
* 输入参数    : 无
*******************************************************************/
void delay_ms(u32 time)
{   t= time;
    while(t);
}
```

代码清单 7.4　LED_GPIO_Config 函数

```
#include "led.h"
#include "sys.h"
#include "timer.h"
/*******************************************************************
* 函数名        : LED_GPIO_Config          * 输出结果        : 无
* 函数描述      : LED_GPIO_Config函数       * 返回值          : 无
* 输入参数      : 无
*******************************************************************/
```

```
void LED_GPIO_Config(void)
{
  GPIO_InitTypeDef GPIO_InitStructure; //定义一个GPIO_InitTypeDef类型的结构体
  RCC_APB2PeriphClockCmd(RCC_APB2Periph_GPIOF, ENABLE); //开启GPIOF的外设时钟
  GPIO_InitStructure.GPIO_Pin=GPIO_Pin_6;       //选择要控制的GPIOF.6引脚
    GPIO_InitStructure.GPIO_Mode=GPIO_Mode_Out_PP; //设置引脚模式为通用推挽输出
  GPIO_InitStructure.GPIO_Speed=GPIO_Speed_50MHz; //设置引脚速率为50MHz
  GPIO_Init(GPIOF,&GPIO_InitStructure);            //调用库函数，初始化GPIOF6
  GPIO_SetBits(GPIOF,GPIO_Pin_6);                  //调用库函数，置位GPIOF6
}
/*****************************************************************
*函数名      : TIM2_NVIC_Configuration       *输出结果   : 无
*函数描述    : 定时器2的中断配置              *返回值     : 无
*输入参数    : 无
*****************************************************************/
void TIM2_NVIC_Configuration(void)
{   NVIC_InitTypeDef NVIC_InitStructure;  //定义结构体变量NVIV_InitStructure
    NVIC_PriorityGroupConfig(NVIC_PriorityGroup_0); //选择中断优先级分组的第0组
    NVIC_InitStructure.NVIC_IRQChannel=TIM2_IRQn;    //使能定时器TIM2
    NVIC_InitStructure.NVIC_IRQChannelPreemptionPriority=0;
                                                    //指定抢占式优先级别为0
    NVIC_InitStructure.NVIC_IRQChannelSubPriority=0;      //指定副优先级别为0
    NVIC_InitStructure.NVIC_IRQChannelCmd=ENABLE;         //中断使能
    NVIC_Init(&NVIC_InitStructure);                   //调用库函数,初始化相关配置
}
/*****************************************************************
*函数名      : TIM_Configuration             *输入参数   : 无
*函数功能    : 定时器配置                     *返回值     : 无
*****************************************************************/
void TIM2_Configuration(void)
{  TIM_TimeBaseInitTypeDef TIM_TimeBaseStructure;
   //定义初始化结构体TIM_TimeBaseStructure
   RCC_APB1PeriphClockCmd(RCC_APB1Periph_TIM2 , ENABLE); //开启APB1外设时钟
   TIM_DeInit(TIM2);                              //将外设TIM2寄存器重设为默认值
   TIM_TimeBaseStructure.TIM_Period=1000;      //寄存器周期的值设置为1000
   TIM_TimeBaseStructure.TIM_Prescaler=71;     //TIM2时钟频率预分频的值
   TIM_TimeBaseStructure.TIM_ClockDivision=0;
   //定时器时钟(CK_INT)频率与数字滤波器(ETR,TIx)使用的采样频率之间的分频比为1
   TIM_TimeBaseStructure.TIM_CounterMode=TIM_CounterMode_Up;
   //选择计数器的计数模式为向上计数
   TIM_TimeBaseInit(TIM2,&TIM_TimeBaseStructure); //定时器时基配置
   TIM_ClearFlag(TIM2,TIM_FLAG_Update);             //清除TIM2待处理标志位
   TIM_ITConfig(TIM2,TIM_IT_Update,ENABLE);         //允许TIM2溢出中断
   TIM_Cmd(TIM2,ENABLE);                            //使能TIM2
}
```

7.5　定时器脉冲宽度调制

7.5.1　定时器脉冲宽度调制输出工作原理

STM32 的定时器除了 TIM6 和 TIM7，其他定时器都可以用来产生 PWM 输出。其中，高级定时器 TIM1 和 TIM8 可以同时产生多达 7 路的 PWM 输出。在基本比较模式的基础上，每个定时器都拓展了一个专门的 PWM 输出模式。在 PWM 输出下，PWM 的周期在定时器自动重装载寄存器(Auto Reload Register)中设置。每个通用定时器都可以产生最多 4 路 PWM 信号。但 STM32 定时器可以巧妙地进行联合协议，甚至可以产生多达 16 路的 PWM 信号。

每个通道都可以选择以边沿对齐计数模式或者中央对齐计数模式产生 PWM 信号。在边沿对齐计数模式下，每当定时器重载事件产生时会在对应引脚出现负跳变。通过改变捕获比较寄存器的值可以调整上升沿出现的时间。在中央对齐计数模式下，定时器从中间开始往两边计数，当匹配事件产生时，在相应的引脚执行翻转操作。

7.5.2　定时器寄存器

下面首先对 PWM 相关的寄存器进行介绍，要使 STM32 的通用定时器 TIMx 产生 PWM 输出，除了第 6 章介绍的寄存器外，还会用到 3 个寄存器来控制 PWM。

首先是捕获/比较模式寄存器(TIMx_CCMR1/2)，TIMx_CCMR1 控制 CH1 和 CH2，TIMx_CCMR2 控制 CH3 和 CH4。以捕获/比较模式寄存器 1 为例来进行介绍，如图 7.14、表 7.25 和表 7.26 所示。

<table>
<tr><td>15</td><td>14</td><td>13</td><td>12</td><td>11</td><td>10</td><td>9</td><td>8</td></tr>
<tr><td>OC2CE</td><td colspan="3">OC2M[2:0]</td><td>OC2PE</td><td>OC2FE</td><td colspan="2" rowspan="2">CC2S[1:0]</td></tr>
<tr><td colspan="4">IC2F[3:0]</td><td colspan="2">IC2PSC[1:0]</td></tr>
<tr><td>rw</td><td>rw</td><td>rw</td><td>rw</td><td>rw</td><td>rw</td><td>rw</td><td>rw</td></tr>
<tr><td>7</td><td>6</td><td>5</td><td>4</td><td>3</td><td>2</td><td>1</td><td>0</td></tr>
<tr><td>OC1CE</td><td colspan="3">OC1M[2:0]</td><td>OC1PE</td><td>OC1FE</td><td colspan="2" rowspan="2">CC1S[1:0]</td></tr>
<tr><td colspan="4">IC1F[3:0]</td><td colspan="2">IC1PSC[1:0]</td></tr>
<tr><td>rw</td><td>rw</td><td>rw</td><td>rw</td><td>rw</td><td>rw</td><td>rw</td><td>rw</td></tr>
</table>

图 7.14　TIMx_CCMR1 寄存器数据位

表 7.25　TIMx_CCMR1 寄存器输出比较模式下各位描述

位 15	OC2CE：输出比较 2 清 0 使能(Output Compare 2 Clear Enable)
位 14:12	OC2M[2:0]：输出比较 2 模式(Output Compare 2 Mode)
位 11	OC2PE：输出比较 2 预装载使能(Output Compare 2 Preload Enable)

续表

位 10	OC2FE：输出比较 2 快速使能(Output Compare 2 Fast Enable)
位 9:8	CC2S[1:0]：捕获/比较 2 选择(Capture/Compare 2 Selection)。该位定义通道的方向(输入/输出)及输入脚的选择： 00：CC2 通道被配置为输出 01：CC2 通道被配置为输入，IC2 映射在 TI2 上 10：CC2 通道被配置为输入，IC2 映射在 TI1 上 11：CC2 通道被配置为输入，IC2 映射在 TRC 上。此模式仅工作在内部触发器输入被选中时(由 TIMx_SMCR 寄存器的 TS 位选择) (注：CC2S 仅在通道关闭时(TIMx_CCER 寄存器的 CC2E=0)才是可写的)
位 7	OC1CE：输出比较 1 清“0”使能(Output Compare 1 Clear Enable) 0：OC1REF 不受 ETRF 输入的影响 1：一旦检测到 ETRF 输入高电平，则清除，OC1REF=0
位 6:4	OC1M[2:0]：输出比较 1 模式(Output Compare 1 Mode)。这 3 位定义了输出参考信号 OC1REF 的动作，而 OC1REF 决定了 OC1、OC1N 的值。OC1REF 是高电平有效，而 OC1、OC1N 的有效电平取决于 CC1P、CC1NP 位 000：冻结。输出比较寄存器 TIMx_CCR1 与计数器 TIMx_CNT 间的比较对 OC1REF 不起作用 001：匹配时设置通道 1 为有效电平。当计数器 TIMx_CNT 的值与捕获/比较寄存器 1 (TIMx_CCR1)相同时，强制 OC1REF 为高 010：匹配时设置通道 1 为无效电平。当计数器 TIMx_CNT 的值与捕获/比较寄存器 1 (TIMx_CCR1)相同时，强制 OC1REF 为低 011：翻转。当 TIMx_CCR1=TIMx_CNT 时，翻转 OC1REF 的电平 100：强制为无效电平。强制 OC1REF 为低 101：强制为有效电平。强制 OC1REF 为高 110：PWM 模式 1——在向上计数时，一旦 TIMx_CNT<TIMx_CCR1，通道 1 为有效电平，否则为无效电平；在向下计数时，一旦 TIMx_CNT>TIMx_CCR1，通道 1 为无效电平(OC1REF=0)，否则为有效电平(OC1REF=1) 111：PWM 模式 2——在向上计数时，一旦 TIMx_CNT<TIMx_CCR1，通道 1 为无效电平，否则为有效电平；在向下计数时，一旦 TIMx_CNT>TIMx_CCR1，通道 1 为有效电平，否则为无效电平 (注：(1)一旦 LOCK 级别设为 3(TIMx_BDTR 寄存器中的 LOCK 位)并且 CC1S=00(该通道配置成输出)，则该位不能被修改；(2)在 PWM 模式 1 或 PWM 模式 2 中，只有当比较结果改变了或在输出比较模式中从冻结模式切换到 PWM 模式时，OC1REF 电平才改变)
位 3	OC1PE：输出比较 1 预装载使能(Output Compare 1 Preload Enable) 0：禁止 TIMx_CCR1 寄存器的预装载功能，可随时写入 TIMx_CCR1 寄存器，并且新写入的数值立即起作用 1：开启 TIMx_CCR1 寄存器的预装载功能，读写操作仅对预装载寄存器操作，TIMx_CCR1 的预装载值在更新事件到来时被加载至当前寄存器中 (注：(1)一旦 LOCK 级别设为 3(TIMx_BDTR 寄存器中的 LOCK 位)并且 CC1S=00(该通道配置成输出)，则该位不能被修改；(2)仅在单脉冲模式下(TIMx_CR1 寄存器的 OPM=1)，可以在未确认预装载寄存器情况下使用 PWM 模式，否则其动作不确定)
位 2	OC1FE：输出比较 1 快速使能(Output Compare 1 Fast Enable)。该位用于加快 CC 输出对触发输入事件的响应 0：根据计数器与 CCR1 的值，CC1 正常操作，即使触发器是打开的。当触发器的输入有一个有效沿时，激活 CC1 输出的最小延时为 5 个时钟周期 1：输入触发器有效沿的作用就像发生了一次比较匹配。因此，OC 被设置为比较电平而与比较结果无关。采样触发器的有效沿和 CC1 输出间的延时被缩短为 3 个时钟周期 OCFE 只在通道被配置成 PWM1 或 PWM2 模式时起作用

位 1:0	CC1S[1:0]：捕获/比较 1 选择(Capture/Compare 1 Selection)。这两位定义通道的方向(输入/输出)及输入脚的选择 00：CC1 通道被配置为输出 01：CC1 通道被配置为输入，IC1 映射在 TI1 上 10：CC1 通道被配置为输入，IC1 映射在 TI2 上 11：CC1 通道被配置为输入，IC1 映射在 TRC 上。此模式仅工作在内部触发器输入被选中时(由 TIMx_SMCR 寄存器的 TS 位选择) (注：CC1S 仅在通道关闭时(TIMx_CCER 寄存器的 CC1E=0)才是可写的)

表 7.26　TIM_CCMR1 寄存器输入捕获模式下各位描述

位 15:12	IC2F[3:0]：输入捕获 2 滤波器(Input Capture 2 Filter)
位 11:10	IC2PSC[1:0]：输入/捕获 2 预分频器(Input Capture 2 Prescaler)
位 9:8	CC2S[1:0]：捕获/比较 2 选择(Capture/Compare 2 Selection)。这两位定义通道的方向(输入/输出)及输入脚的选择 00：CC2 通道被配置为输出 01：CC2 通道被配置为输入，IC2 映射在 TI2 上 10：CC2 通道被配置为输入，IC2 映射在 TI1 上 11：CC2 通道被配置为输入，IC2 映射在 TRC 上。此模式仅工作在内部触发器输入被选中时(由 TIMx_SMCR 寄存器的 TS 位选择) (注：CC2S 仅在通道关闭时(TIMx_CCER 寄存器的 CC2E=0)才是可写的)
位 7:4	IC1F[3:0]：输入捕获 1 滤波器(Input Capture 1 Filter)。这几位定义了 TI1 输入的采样频率及数字滤波器长度。数字滤波器由一个事件计数器组成，它记录到 N 个事件后会产生一个输出的跳变 0000：无滤波器，以 fDTS 采样 1000：采样频率 fSAMPLING=fDTS/8，N=6 0001：采样频率 fSAMPLING=fCK_INT，N=2 1001：采样频率 fSAMPLING=fDTS/8，N=8 0010：采样频率 fSAMPLING=fCK_INT，N=4 1010：采样频率 fSAMPLING=fDTS/16，N=5 0011：采样频率 fSAMPLING=fCK_INT，N=8 1011：采样频率 fSAMPLING=fDTS/16，N=6 0100：采样频率 fSAMPLING=fDTS/2，N=6 1100：采样频率 fSAMPLING=fDTS/16，N=8 0101：采样频率 fSAMPLING=fDTS/2，N=8 1101：采样频率 fSAMPLING=fDTS/32，N=5 0110：采样频率 fSAMPLING=fDTS/4，N=6 1110：采样频率 fSAMPLING=fDTS/32，N=6 0111：采样频率 fSAMPLING=fDTS/4，N=8 1111：采样频率 fSAMPLING=fDTS/32，N=8
位 3:2	IC1PSC[1:0]：输入/捕获 1 预分频器(Input Capture 1 Prescaler)。这两位定义 CC1 输入(IC1)的预分频系数。一旦 CC1E=0(TIMx_CCER 寄存器中)，则预分频器复位 00：无预分频器，捕获输入口上检测到的每一个边沿都触发一次捕获 01：每 2 个事件触发一次捕获 10：每 4 个事件触发一次捕获 11：每 8 个事件触发一次捕获

续表

位 1:0	CC1S[1:0]：捕获/比较 1 选择(Capture/Compare 1 Selection)。这两位定义通道的方向(输入/输出)及输入脚的选择 00：CC1 通道被配置为输出 01：CC1 通道被配置为输入，IC1 映射在 TI1 上 10：CC1 通道被配置为输入，IC1 映射在 TI2 上 11：CC1 通道被配置为输入，IC1 映射在 TRC 上。此模式仅工作在内部触发器输入被选中时(由 TIMx_SMCR 寄存器的 TS 位选择) (注：CC1S 仅在通道关闭时(TIMx_CCER 寄存器的 CC1E=0)才是可写的)

接下来介绍捕获/比较使能寄存器(TIMx_CCER)。该寄存器控制着各个输入输出通道的开关。该寄存器的各位描述如图 7.15 和表 7.27 所示。

15	14	13	12	11	10	9	8
保留		CC4P	CC4E	保留		CC3P	CC3E
		rw	rw			rw	rw
7	**6**	**5**	**4**	**3**	**2**	**1**	**0**
保留		CC2P	CC2E	保留		CC1P	CC1E
		rw	rw			rw	rw

图 7.15　TIMx_CCER 寄存器数据位

表 7.27　TIMx_CCER 寄存器各位描述

位 15:14、位 11:10、位 7:6、位 3:2	保留，始终读为 0
位 13、位 9、位 5、位 1	CCxP：输入/捕获 4～1 输出极性(Capture/Compare 4～1 Output Polarity)。CC1 通道配置为输出时： 0：OC1 高电平有效 1：OC1 低电平有效 CC1 通道配置为输入时，该位选择是 IC1 还是 IC1 的反相信号作为触发或捕获信号 0：不反相，捕获发生在 IC1 的上升沿；当用作外部触发器时，IC1 不反相 1：反相，捕获发生在 IC1 的下降沿；当用作外部触发器时，IC1 反相
位 12、位 8、位 4、位 0	CCxE：输入/捕获 4～1 输出使能(Capture/Compare 4～1 Output Enable)。CC1 通道配置为输出时： 0：关闭，OC1 禁止输出 1：开启，OC1 信号输出到对应的输出引脚 CC1 通道配置为输入时，该位决定了计数器的值是否能捕获入 TIMx_CCR1 寄存器 0：捕获禁止 1：捕获使能

最后介绍捕获/比较寄存器(TIMx_CCR1～TIMx_CCR4)。该寄存器总共有 4 个，对应 4 个输入/出通道 CH1～CH4。因为这 4 个寄存器相差不多，仅以 TIMx_CCR1 为例介绍。该寄存器的各位描述如图 7.16 和表 7.28 所示。

15	14	13	12	11	10	9	8
CCR1[15:8]							
rw	rw	rw	rw	rw	rw	rw	rw

7	6	5	4	3	2	1	0
CCR1[7:0]							
rw	rw	rw	rw	rw	rw	rw	rw

图 7.16　TIMx_CCR1 寄存器数据位

表 7.28　TIMx_CCR1 寄存器各位描述

位 15:0	CCR1[15:0]: 捕获/比较通道 1 的值（Capture/Compare 1 Value）。若 CC1 通道配置为输出，CCR1 包含了装入当前捕获/比较 1 寄存器的值(预装载值) 如果在 TIMx_CCMR1 寄存器(OC1PE 位)中未选择预装载功能，写入的数值会立即传输至当前寄存器中；否则只有当更新事件发生时，此预装载值才传输至当前捕获/比较 1 寄存器中。当前捕获/比较寄存器参与同计数器 TIMx_CNT 的比较，并在 OC1 端口上产生输出信号 若 CC1 通道配置为输入，CCR1 包含了由上一次输入捕获 1 事件(IC1)传输的计数器值

7.5.3　实验部分

PWM 输出模式可以产生一个由 TIMx_ARR 寄存器确定频率、由 TIMx_CRRx 寄存器确定占空比的信号，并在定时器通道引脚上输出。本节实验设计的目的在于使用 TIM2 定时器产生占空比固定为 50%的信号。

实验目的：熟悉 STM32 的定时器 PWM 的使用。

基本要求：使用 TIM2 定时器产生占空比固定为 50%的信号。

提高部分：(1)要求独立完成 1 路 PWM 输出，占空比为 25%，并在逻辑仿真仪上显示出波形。

(2)利用 PWM 波形，直接驱动 LED，并利用键盘修改频率和占空比，观察 LED 的亮度和频率变化。

(3)要求定时器 2 的通道 1 输出 PWM，在液晶显示器上显示该 PWM 的频率和占空比参数。例如，频率 f=2000，占空比=0.82，并利用键盘调节这些参数。初始参数为频率 f=1000，占空比=0.5。

拓展部分：用电位器和按键设置该 PWM 的参数。其中，按键 Key1 改变到原来的 2 倍，按键 Key2 按频率改变为原来的 50%。电位器可以调节 PWM 的占空比，顺时针增加，从 0 到 1 可调。同时在液晶显示器上显示周期值和占空比。

1. 硬件电路

此电路不需要其他模块，只需要 STM32 的最小系统支持即可。

2. 程序设计

本程序的重点在于定时器相关模式的设置部分，要点如下。

(1)GPIO 初始化。

①开启 GPIO 外设时钟。

② 配置 PA0 为复用推挽输出。

(2)初始化 TIM 时基结构体和 PWM 模式的设置，并确定 PWM 的占空比。工程文件组详情如表 7.29 所示。

表 7.29　PWM 输出实验工程文件详情

文件组	包含文件	详情
CORE 文件组	core_cm3.c	CM3 内核接口
	startup_stm32f10x_hd.s	STM32 的启动文件
FWLIB 文件组	stm32f10x_gpio.c	GPIO 的底层配置函数
	stm32f10x_rcc.c	RCC 的底层配置函数
	stm32f10x_usart.c	串口配置函数
	stm32f10x_tim.c	TIM 的底层配置函数
USER 文件组	main.c	用户应用代码
	stm32f10x_it.c	STM32 的中断服务子程序
	system_stm32f10x.c	设置系统时钟和总线时钟文件

3. 程序清单

具体程序如代码清单 7.5 和代码清单 7.6 所示。

代码清单 7.5　main 函数

```
#include "includes.h"
/*********************************************************
* 函数名    : main              * 输出结果      : 无
* 函数描述  : main函数          * 返回值        : 无
* 输入参数  : 无
*********************************************************/
int main(void)
{   delay_init();//延时函数
    uart_init(9600);//串口函数
    TIM2_PWM_Init();//定时器初始化
}
```

代码清单 7.6　TIM2_PWM_Init 函数

```
/*********************************************************
* 函数名    : TIM2_PWM_Init       * 输出结果      : 无
* 函数描述  : PWM波初始化函数     * 返回值        : 无
* 输入参数  : 无
*********************************************************/
#include "pwm.h"
void TIM2_PWM_Init(void)
{
    GPIO_InitTypeDef GPIO_InitStructure;
```

```
    TIM_TimeBaseInitTypeDef  TIM_TimeBaseStructure;
    TIM_OCInitTypeDef  TIM_OCInitStructure;
    RCC_APB1PeriphClockCmd(RCC_APB1Periph_TIM2,ENABLE); //初始化时钟
    RCC_APB2PeriphClockCmd(RCC_APB2Periph_GPIOA,ENABLE);
    GPIO_InitStructure.GPIO_Pin=GPIO_Pin_0; //初始化GPIO结构体
    GPIO_InitStructure.GPIO_Mode=GPIO_Mode_AF_PP;
    GPIO_InitStructure.GPIO_Speed=GPIO_Speed_50MHz;
    GPIO_Init(GPIOA,&GPIO_InitStructure);
    TIM_TimeBaseStructure.TIM_Period=60000; //初始化TIM时基结构体
    TIM_TimeBaseStructure.TIM_Prescaler=0;
    TIM_TimeBaseStructure.TIM_ClockDivision=0;
    TIM_TimeBaseStructure.TIM_CounterMode=TIM_CounterMode_Up;
    TIM_TimeBaseInit(TIM2,&TIM_TimeBaseStructure);
    TIM_OCInitStructure.TIM_OCMode=TIM_OCMode_PWM1; //初始化TIM2的PWM模式
    TIM_OCInitStructure.TIM_OutputState=TIM_OutputState_Enable;
    TIM_OCInitStructure.TIM_OCPolarity=TIM_OCPolarity_High;
    TIM_OCInitStructure.TIM_Pulse=CCR1_Val;    //通道1
    TIM_OC1Init(TIM2,&TIM_OCInitStructure);
    TIM_Cmd(TIM2,ENABLE);
}
/*******************************************************
* 函数名     : delay_init            * 输出结果      : 无
* 函数描述   : 延时函数              * 返回值        : 无
* 输入参数   : 无
*******************************************************/
void delay_init()
{
    SysTick_CLKSourceConfig(SysTick_CLKSource_HCLK_Div8); //选择外部时钟 HCLK/8
    fac_us=SystemCoreClock/8000000; //为系统时钟的1/8
    fac_ms=(u16)fac_us*1000; //非ucos下，代表每1ms需要的SysTick时钟数

}
/*******************************************************
* 函数名     : uart_init             * 输出结果      : 无
* 函数描述   : 串口初始化函数        * 返回值        : 无
* 输入参数   : 无
*******************************************************/
void uart_init(u32 bound)
{
    GPIO_InitTypeDef GPIO_InitStructure;
    USART_InitTypeDef USART_InitStructure;
    NVIC_InitTypeDef NVIC_InitStructure;
    RCC_APB2PeriphClockCmd(RCC_APB2Periph_USART2|RCC_APB2Periph_GPIOA,
    ENABLE) //使能USART2，GPIOA时钟
    USART_DeInit(USART2); //复位串口2
```

```
    GPIO_InitStructure.GPIO_Pin=GPIO_Pin_2;              //PA.2
    GPIO_InitStructure.GPIO_Speed=GPIO_Speed_50MHz;
    GPIO_InitStructure.GPIO_Mode=GPIO_Mode_AF_PP;         //复用推挽输出
    GPIO_Init(GPIOA,&GPIO_InitStructure);                 //初始化PA.2
    GPIO_InitStructure.GPIO_Pin=GPIO_Pin_3;               //PA.3
    GPIO_InitStructure.GPIO_Mode=GPIO_Mode_IN_FLOATING;   //浮空输入
    GPIO_Init(GPIOA,&GPIO_InitStructure);                 //初始化PA.3
    NVIC_InitStructure.NVIC_IRQChannel=USART2_IRQn;       //USART2 NVIC 配置
    NVIC_InitStructure.NVIC_IRQChannelPreemptionPriority=3; //抢占优先级3
    NVIC_InitStructure.NVIC_IRQChannelSubPriority=3;      //子优先级3
    NVIC_InitStructure.NVIC_IRQChannelCmd=ENABLE;         //IRQ通道使能
    NVIC_Init(&NVIC_InitStructure); //根据指定的参数初始化NVIC寄存器
    USART_InitStructure.USART_BaudRate=bound;             //一般设置为9600
    USART_InitStructure.USART_WordLength=USART_WordLength_8b;
    //字长为8位数据格式
    USART_InitStructure.USART_StopBits=USART_StopBits_1;  //一个停止位
    USART_InitStructure.USART_Parity=USART_Parity_No;     //无奇偶校验位
    USART_InitStructure.USART_HardwareFlowControl=USART_HardwareFlowControl_None;
    //无硬件数据流控制
    USART_InitStructure.USART_Mode=USART_Mode_Rx | USART_Mode_Tx;
    /收发模式
    USART_Init(USART2,&USART_InitStructure);              //初始化串口
    USART_ITConfig(USART2,USART_IT_RXNE, ENABLE);     //开启中断，接收使能中断
    USART_Cmd(USART2,ENABLE); //使能串口
}
```

4. 库函数说明

(1) TIM_Cmd 函数说明见表 7.30。

表 7.30　TIM_Cmd 函数说明

函数名	TIM_Cmd
函数原型	void TIM_Cmd (TIM_TypeDef* TIMx, FunctionalState NewState)
功能描述	使能或者失能 TIMx 外设
输入参数 1	TIMx：x 可以是 2、3 或者 4 来选择 TIM 外设
输入参数 2	NewState: 外设 TIMx 的新状态，这个参数可以取 ENABLE 或者 DISABLE
输出参数	无
返回值	无
先决条件	无
被调用函数	无

例如：

```
/* Enables the TIM2 counter */
TIM_Cmd(TIM2, ENABLE);
```

(2) TIM1_OC1Init 函数说明见表 7.31。

表 7.31　TIM1_OC1Init 函数说明

函数名	TIM1_OC1Init
函数原型	void TIM1_OC1Init (TIM1_OCInitTypeDef* TIM1_OCInitStruct)
功能描述	根据 TIM1_OCInitStruct 中指定的参数初始化 TIM1 通道 1
输入参数	TIM1_OCInitStruct：指向结构 TIM1_OCInitTypeDef 的指针，包含了 TIM1 时间基数单位的配置信息。参阅 Section：TIM1_OCInitTypeDef 查看更多该参数允许的取值范围
输出参数	无
返回值	无
先决条件	无
被调用函数	无

TIM1_OCInitTypeDef structure 结构体说明如下：
TIM1_OCInitTypeDef 定义于文件“stm32f10x_TIM1.h”中。

```
typedef struct
{
u16 TIM1_OCMode;
u16 TIM1_OutputState;
u16 TIM1_OutputNState;
u16 TIM1_Pulse;
u16 TIM1_OCPolarity;
u16 TIM1_OCNPolarity;
u16 TIM1_OCIdleState;
u16 TIM1_OCNIdleState;
} TIM1_OCInitTypeDef;
```

TIM1_OCMode 选择定时器模式。该参数取值见表 7.32。

表 7.32　TIM1_OCMode 说明

TIM1_OCMode	描述
TIM1_OCMode_TIM1ing	TIM1 输出比较时间模式
TIM1_OCMode_Active	TIM1 输出比较主动模式
TIM1_OCMode_Inactive	TIM1 输出比较非主动模式
TIM1_OCMode_Toggle	TIM1 输出比较触发模式
TIM1_OCMode_PWM1	TIM1 脉冲宽度调制模式 1
TIM1_OCMode_PWM2	TIM1 脉冲宽度调制模式 2

TIM1_OutputState 选择输出比较状态。该参数取值见表 7.33。

表 7.33 TIM1_OutputState 说明

TIM1_OutputState	描述
TIM1_OutputState_Disable	失能输出比较状态
TIM1_OutputState_Enable	使能输出比较状态

TIM1_OutputNState 选择互补输出比较状态。该参数取值见表 7.34。

表 7.34 TIM1_OutputNState 说明

TIM1_OutputNState	描述
TIM1_OutputState_Disable	失能输出比较 N 状态
TIM1_OutputState_Enable	使能输出比较 N 状态

例如：

```
/* Configures the TIM1 Channel1 in PWM Mode */
TIM1_OCInitTypeDef TIM1_OCInitStructure;
TIM1_OCInitStructure.TIM1_OCMode=TIM1_OCMode_PWM1;
TIM1_OCInitStructure.TIM1_OutputState=TIM1_OutputState_Enable;
TIM1_OCInitStructure.TIM1_OutputNState=TIM1_OutputNState_Enable;
TIM1_OCInitStructure.TIM1_Pulse=0x7FF;
TIM1_OCInitStructure.TIM1_OCPolarity=TIM1_OCPolarity_Low;
TIM1_OCInitStructure.TIM1_OCNPolarity=TIM1_OCNPolarity_Low;
TIM1_OCInitStructure.TIM1_OCIdleState=TIM1_OCIdleState_Set;
TIM1_OCInitStructure.TIM1_OCNIdleState=TIM1_OCIdleState_Reset;
TIM1_OC1Init(&TIM1_OCInitStructure);
```

5. 实验分析

MDK 的功能很强大，本次实验要求掌握 MDK 的在线仿真并学会使用 MDK 的逻辑分析仪器。

实验要求使用 STM32 基本定时器 2 的通道 1 产生占空比为 0.5 的 PWM 波形，在实验程序中首先应该对定时器进行初始化。打开源代码可以看到如下初始化步骤。

(1) 声明结构体(GPIO、TIM 时基单元、定时器通道 OC(Output))。

(2) 初始化时钟，GPIO 时钟和定时器的时钟必须都初始化。

(3) 初始化 GPIO 结构体(本实验用的是定时器 2 的通道 1，映射到 GPIOA.0)。表 7.35 为定时器 2 的引脚映射。

表 7.35 定时器 2 的引脚映射

复用功能	TIM2_REMAP[1:0] =00 (没有重映射)	TIM2_REMAP[1:0] =01 (部分重映射)	TIM2_REMAP[1:0] =10 (部分重映射)	TIM2_REMAP[1:0] =11 (完全重映射)
TIM2_CH1_ETR(2)	PA0	PA15	PA0	PA15
TIM2_CH2	PA1	PB3	PA1	PB3
TIM2_CH3	PA2		PB10	
TIM2_CH4	PA3		PB11	

(4) 初始化时基单元(主要起到计数的作用，定时器的核心就是一个计数器)。

(5) 初始化 PWM 输出通道。

(6) 使能定时器，开始使用。

下载好程序时，需要修改成 Simulation，而不是硬件仿真。右击图 7.17 中的 PWM_Multi 文件夹，依次选择 Option→Debug→Use Simulation。编译好程序后，进行软件调试。

接着，依次选择 View→Analysis Windows→Logic Analyzer→Setup，输入 PORTA.0(代表 PA.0)，如图 7.18 所示，然后全速运行。

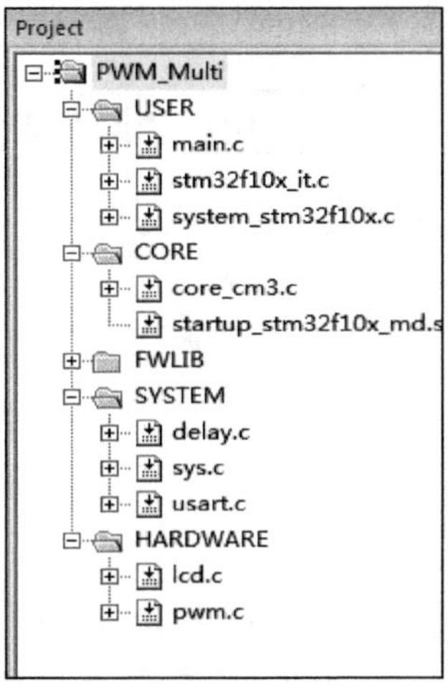

图 7.17　工程目录

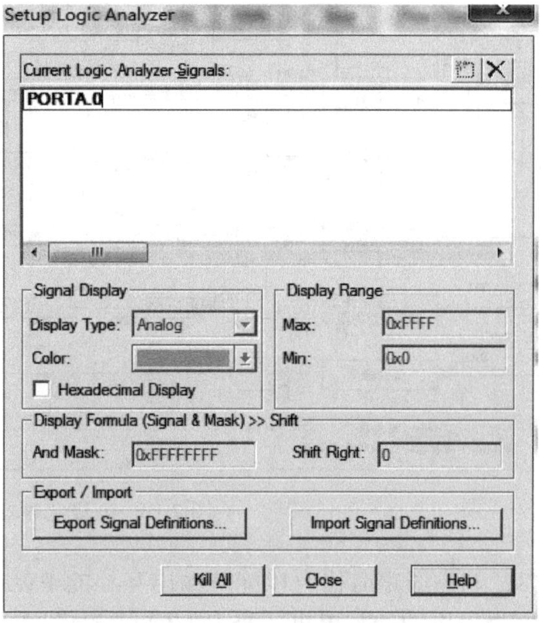

图 7.18　逻辑仿真仪

7.6　高级定时器

7.6.1　高级定时器死区原理

TIM1 和 TIM8 是两个高级定时器，它们具有基本定时器和通用定时器的所有功能，还具有三相六步电机的接口、刹车功能及用于 PWM 驱动电路的死区时间控制等，使它非常适用于电机的控制。图 7.19 所示为高级定时器结构。

如图 7.19 所示，与通用定时器相比，高级定时器主要多出了 BRK、DTG 两个结构，因此具有了死区时间的控制功能。

首先，死区时间是什么呢？在 H 桥、三相桥的 PWM 驱动电路中，上下两个桥臂的 PWM 驱动信号是互补的，即上下桥臂轮流导通，但实际上为了防止出现上下两个桥臂同时导通(会造成短路)，在上下两个桥臂切换时留一小段时间，上下桥臂都施加关断信号，这个上下桥臂都关断的时间称为死区时间。

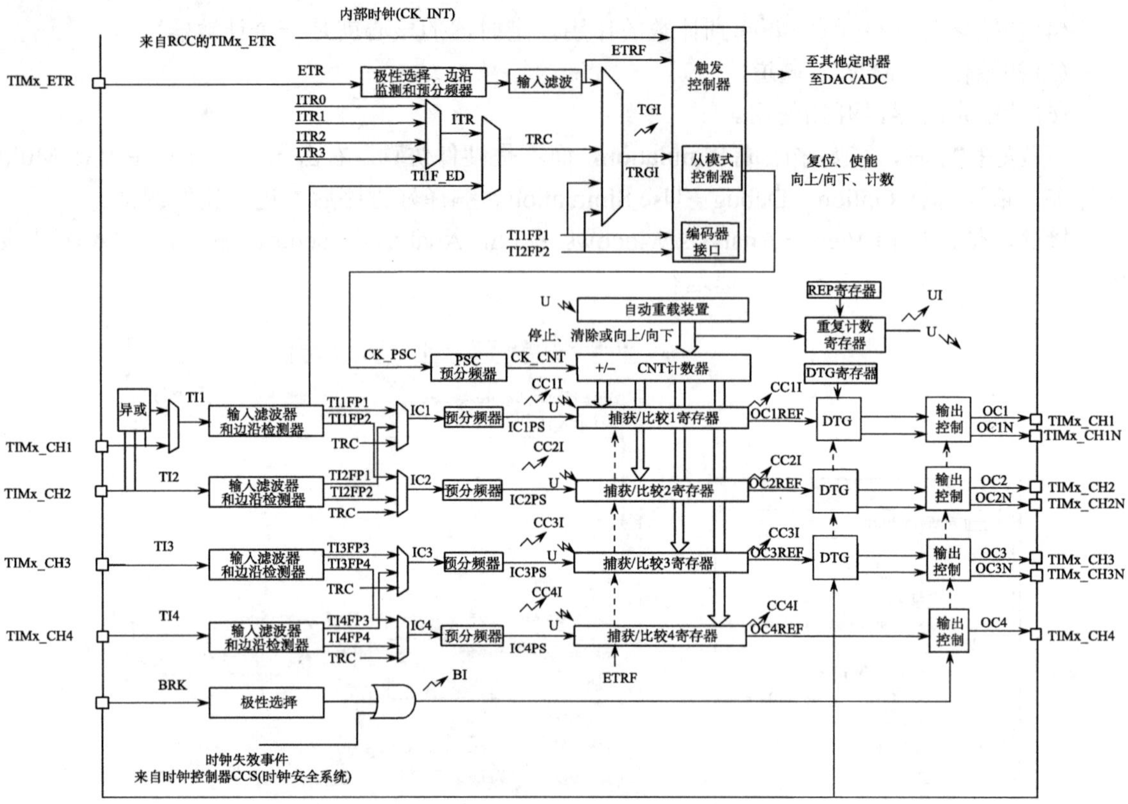

图 7.19　高级定时器结构

STM32 的高级定时器可以配置输出互补的 PWM 信号，并且在这个 PWM 信号中加入死区时间，为电机的控制提供了极大的便利，如图 7.20 所示。图中的 OCxREF 为参考信号(可理解为原信号)，OCx 和 OCxN 为定时器通过 GPIO 引脚输出的 PWM 互补信号。

若不加入死区时间，当 OCxREF 出现下降沿时，OCx 同时输出下降沿，OCxN 则同时输出相反的上升沿，即这 3 个信号的跳变是同时的。加入死区时间后，当 OCxREF 出现下降沿时，OCx 同时输出下降沿，但 OCxN 过了一小段延迟再输出上升沿，OCxREF 出现上升沿后，OCx 要经过一段延时再输出上升沿。假如 OCx、OCxN 分别控制上、下桥臂，有了延迟后，就不容易出现上、下桥臂同时导通的情况。这个延迟时间与 PWM 信号驱动的电子器件的特性相关。在保证不出现短路的情况下，死区时间越短越好，死区时间太长的情况如图 7.21 和图 7.22 所示。

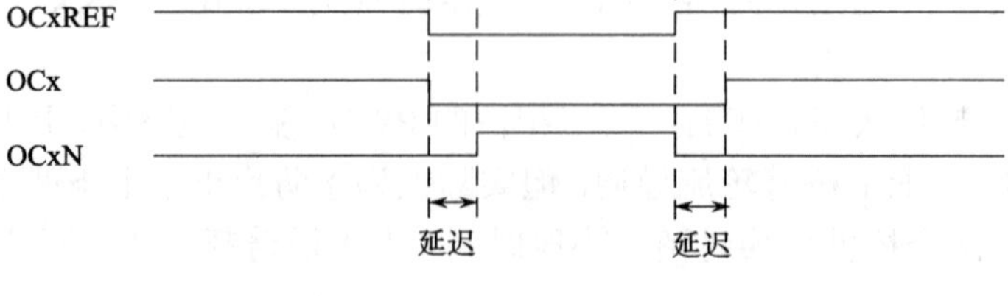

图 7.20　插入死区时间

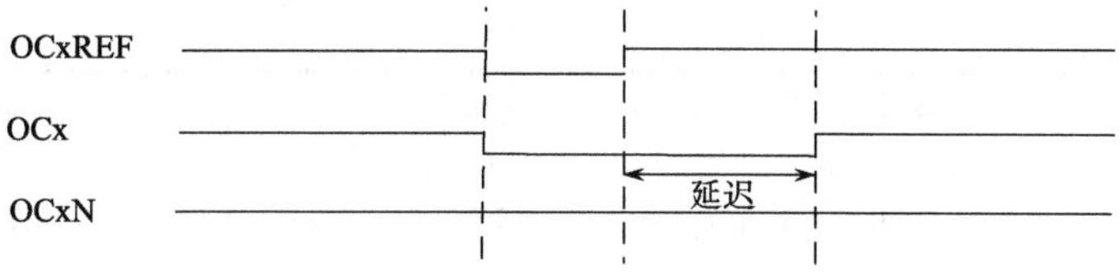

图 7.21　死区时间太长，OCxN 输出不正常

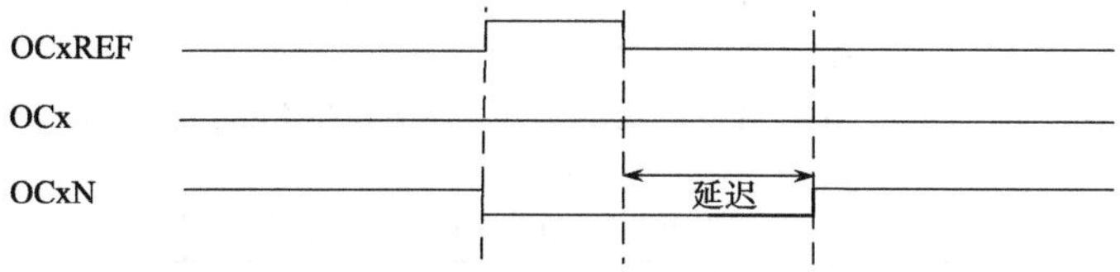

图 7.22　死区时间太长，OCx 输出不正常

7.6.2　刹车和死区寄存器(TIMx_BDTR)

TIMx_BDTR 数据位如图 7.23 和表 7.36 所示。其偏移地址为 0x44，复位值为 0x0000。

15	14	13	12	11	10	9	8
MOE	AOE	BKP	BKE	OSSR	OSSI	LOCK[1:0]	
rw	rw	rw	rw	rw	rw	rw	rw
7	6	5	4	3	2	1	0
DTG[7:0]							
rw	rw	rw	rw	rw	rw	rw	rw

图 7.23　TIMx_BDTR 数据位

注意：根据锁定设置，AOE、BKP、BKE、OSSI、OSSR 和 DTG[7:0]位均可被写保护，有必要在第一次写入 TIMx_BDTR 寄存器时对它们进行配置。

表 7.36　TIMx_BDTR 各数据位描述

位 15	MOE：主输出使能。一旦刹车输入有效，该位被硬件异步清 0。根据 AOE 位的设置值，该位可以由软件清 0 或被自动置 1。它仅对配置为输出的通道有效 0：禁止 OC 和 OCN 输出或强制为空闲状态 1：如果设置了相应的使能位(TIMx_CCER 寄存器的 CCxE、CCxNE 位)，则开启 OC 和 OCN 输出
位 14	AOE：自动输出使能 0：MOE 只能被软件置 1 1：MOE 能被软件置 1 或在下一个更新事件被自动置 1(如果刹车输入无效) (注：一旦 LOCK 级别(TIMx_BDTR 寄存器中的 LOCK 位)设为 1，则该位不能被修改)
位 13	BKP：刹车输入极性 0：刹车输入低电平有效 1：刹车输入高电平有效 (注：一旦 LOCK 级别(TIMx_BDTR 寄存器中的 LOCK 位)设为 1，则该位不能被修改)
位 12	BKE：刹车功能使能 0：禁止刹车输入(BRK 及 BRK_ACTH)； 1：开启刹车输入(BRK 及 BRK_ACTH) (注：一旦 LOCK 级别(TIMx_BDTR 寄存器中的 LOCK 位)设为 1，则该位不能被修改)

续表

位 11	OSSR：运行模式下“关闭状态”选择，该位用于 MOE=1 且通道为互补输出时。没有互补输出的定时器中不存在 OSSR 位 0：当定时器不工作时，禁止 OC/OCN 输出(OC/OCN 使能输出信号=0) 1：当定时器不工作时，一旦 CCxE=1 或 CCxNE=1，首先开启 OC/OCN 并输出无效电平，然后置 OC/OCN 使能输出信号=1 (注：一旦 LOCK 级别(TIMx_BDTR 寄存器中的 LOCK 位)设为 2，则该位不能被修改
位 10	OSSI：空闲模式下“关闭状态”选择，该位用于 MOE=0 且通道设为输出时 0：当定时器不工作时，禁止 OC/OCN 输出(OC/OCN 使能输出信号=0) 1：当定时器不工作时，一旦 CCxE=1 或 CCxNE=1，OC/OCN 首先输出其空闲电平，然后 OC/OCN 使能输出信号=1 (注：一旦 LOCK 级别(TIMx_BDTR 寄存器中的 LOCK 位)设为 2，则该位不能被修改)
位 9:8	LOCK[1:0]：锁定设置该位为防止软件错误而提供写保护 00：锁定关闭，寄存器无写保护 01：锁定级别 1，不能写入 TIMx_BDTR 寄存器的 DTG、BKE、BKP、AOE 位和 TIMx_CR2 寄存器的 OISx/OISxN 位 10：锁定级别 2，不能写入锁定级别 1 中的各位，也不能写入 CC 极性位(一旦相关通道通过 CCxS 位设为输出，CC 极性位是 TIMx_CCER 寄存器的 CCxP/CCNxP 位)及 OSSR/OSSI 位 11：锁定级别 3，不能写入锁定级别 2 中的各位，也不能写入 CC 控制位(一旦相关通道通过 CCxS 位设为输出，CC 控制位是 TIMx_CCMRx 寄存器的 OCxM/OCxPE 位) (注：在系统复位后，只能写一次 LOCK 位，一旦写入 TIMx_BDTR 寄存器，则其内容冻结直至复位)
位 7:0	DTG[7:0]: 死区发生器设置。这些位定义了插入互补输出之间的死区持续时间。假设 DT 表示其持续时间： DTG[7:5]=0xx => DT=DTG[7:0] × Tdtg，Tdtg = TDTS DTG[7:5]=10x => DT=(64+DTG[5:0]) × Tdtg，Tdtg = 2 × TDTS DTG[7:5]=110 => DT=(32+DTG[4:0]) × Tdtg，Tdtg = 8 × TDTS DTG[7:5]=111 => DT=(32+DTG[4:0]) × Tdtg，Tdtg = 16 × TDTS 例如，若 TDTS = 125ns(8MHz)，可能的死区时间如下： 0～15875ns，若步长时间为 125ns 16μs～31750ns，若步长时间为 250ns 32μs～63μs，若步长时间为 1μs 64μs～126μs，若步长时间为 2μs (注：一旦 LOCK 级别(TIMx_BDTR 寄存器中的 LOCK 位)设为 1、2 或 3，则不能修改这些位)

7.6.3 实验部分

本实验利用高级定时器 TIM1 产生三相六步脉冲信号。查阅芯片的数据手册可知，引脚 PA8、PA9、PA10 的默认复用功能分别为定时器的通道 1、2、3，PB13、PB14、PB15 三个引脚的默认复用功能分别为对应以上 3 个通道的互补输出通道。配置定时器 1 的参数，并调节示波器或利用 μVision 的仿真 Logic Analyzer 查看 PA8 和 PB13 的互补死区 PWM 波形。

实验目的：熟悉 STM32 高级定时器 TIM1 的设置与使用。

基本要求：利用高级定时器 TIM1 产生三相六步电机驱动信号。

提高部分：(1)调节定时器 TIM1 输出波形的占空比，分别为 10%、20%、40%、80%等任意设定参数。

(2)利用键盘和显示部分，编写设置定时器 TIM1 输出波形占空比的菜单并实现占空比的任意设置。

拓展部分： 调节死区时间，如为原始状态的 2 倍、3 倍等，在逻辑分析仪上显示波形，并分别截图保存比较，观察死区时间对波形的影响。

1. 硬件电路

此硬件电路部分不需要扩展模块，只需要用到 STM32 最小系统。

2. 程序设计

本程序的重点在于定时器相关模式的设置部分，要点如下。

(1) GPIO 初始化。

①开启 GPIO 外设时钟。

② 配置 PA8、PA9、PA10、PB13、PB14、PB15 为复用推挽输出。

(2) 初始化 TIM 时基结构体、PWM 模式的设置、初始化互补输出及刹车，确定占空比及死区时间。工程文件组详情如表 7.37 所示。

表 7.37 互补 PWM 输出实验工程文件详情

文件组	包含文件	详情
CORE 文件组	core_cm3.c	CM3 内核接口
	startup_stm32f10x_hd.s	STM32 的启动文件
FWLIB 文件组	stm32f10x_gpio.c	GPIO 的底层配置函数
	stm32f10x_rcc.c	RCC 的底层配置函数
	stm32f10x_usart.c	串口配置函数
	stm32f10x_tim.c	TIM 的底层配置函数
USER 文件组	main.c	用户应用代码
	stm32f10x_it.c	STM32 的中断服务子程序
	system_stm32f10x.c	设置系统时钟和总线时钟文件

3. 程序清单

具体程序如代码清单 7.7 和代码清单 7.8 所示。

代码清单 7.7 main 函数

```
#include "include.h"
/*************************************************************
* 函数名     : main              * 输出结果      : 无
* 函数描述   : main函数          * 返回值        : 无
* 输入参数   : 无
*************************************************************/
int main(void)
{
    SystemInit();//程序里面的System初始化操作
    TIM_Gao_Hubu();//定时器互补初始化配置
    while(1);
}
```

代码清单 7.8　TIM_Gao_Hubu 函数

```
#include "include.h"
u16 CCR1_Val=20000;
u16 CCR2_Val=60000;
u16 CCR3_Val=40000;
/*******************************************************
* 函数名      : TIM_Gao_Hubu           * 输出结果       : 无
* 函数描述    : 定时器1配置函数        * 返回值         : 无
* 输入参数    : 无
*******************************************************/
void TIM_Gao_Hubu(void)
{
    GPIO_InitTypeDef GPIO_InitStructure;
    TIM_TimeBaseInitTypeDef TIM_TimeBaseStructure;
                                          //定义TIM_TimeBase初始化结构体
    TIM_OCInitTypeDef TIM_OCInitStructure;   //定义TIM_OCInit初始化结构体
    TIM_BDTRInitTypeDef TIM_BDTRInitStructe; // 定义TIM_BDTRInit初始化结构体
    RCC_APB2PeriphClockCmd(RCC_APB2Periph_GPIOA|RCC_APB2Periph_GPIOB, ENABLE);
    RCC_APB2PeriphClockCmd(RCC_APB2Periph_TIM1, ENABLE);
    GPIO_DeInit(GPIOA);
    GPIO_DeInit(GPIOB);
    GPIO_InitStructure.GPIO_Pin=GPIO_Pin_8|GPIO_Pin_9|GPIO_Pin_10;
    //定时器1的3个通道
    GPIO_InitStructure.GPIO_Mode=GPIO_Mode_AF_PP;
                                            //PA8、PA9、 PA10复用推挽输出
    GPIO_InitStructure.GPIO_Speed=GPIO_Speed_50MHz;
    GPIO_Init(GPIOA,&GPIO_InitStructure);
    GPIO_InitStructure.GPIO_Pin=GPIO_Pin_13|GPIO_Pin_14|GPIO_Pin_15;
    GPIO_Init(GPIOB,&GPIO_InitStructure);
    TIM_DeInit(TIM1);  //初始化时基单元
    TIM_TimeBaseStructure.TIM_Period=60000;
    TIM_TimeBaseStructure.TIM_Prescaler=0;
    TIM_TimeBaseStructure.TIM_ClockDivision=0;
    //定时器时钟(CK_INT)频率与数字滤波器(ETR,TIx)使用的采样频率之间的分频比为1
    TIM_TimeBaseStructure.TIM_CounterMode=TIM_CounterMode_Up;
    TIM_TimeBaseInit(TIM1,&TIM_TimeBaseStructure);   //定时器时基单元配置
    TIM_SetCounter(TIM1,0);                          //清零计数器CNT
    TIM_OCInitStructure.TIM_OCMode=TIM_OCMode_PWM1; //初始化PWM输出配置
    TIM_OCInitStructure.TIM_OutputState=TIM_OutputState_Enable;
    TIM_OCInitStructure.TIM_OutputNState=TIM_OutputNState_Enable;
    TIM_OCInitStructure.TIM_Pulse=CCR1_Val;
    TIM_OCInitStructure.TIM_OCPolarity=TIM_OCPolarity_High;
    TIM_OCInitStructure.TIM_OCNPolarity=TIM_OCPolarity_High;
    TIM_OCInitStructure.TIM_OCIdleState=TIM_OCIdleState_Reset;
    TIM_OCInitStructure.TIM_OCNIdleState=TIM_OCNIdleState_Reset;
```

```
    TIM_OC1Init(TIM1,&TIM_OCInitStructure); //对OC1通道配置
    TIM_OCInitStructure.TIM_Pulse=CCR2_Val;
    TIM_OC2Init(TIM1,&TIM_OCInitStructure); //对OC2通道配置
    TIM_OCInitStructure.TIM_Pulse=CCR3_Val;
    TIM_OC3Init(TIM1,&TIM_OCInitStructure); //对OC3通道配置
    TIM_BDTRInitStructe.TIM_OSSRState=TIM_OSSRState_Enable;
                                              // 初始化互补输出和刹车
    TIM_BDTRInitStructe.TIM_OSSIState=TIM_OSSIState_Enable;
    TIM_BDTRInitStructe.TIM_LOCKLevel=TIM_LOCKLevel_1;//锁Level1
    TIM_BDTRInitStructe.TIM_DeadTime=0x94;              //死区时间
    TIM_BDTRInitStructe.TIM_Break=TIM_Break_Disable;  //刹车关闭
    TIM_BDTRInitStructe.TIM_BreakPolarity=TIM_BreakPolarity_Low;//低优先级
    TIM_BDTRInitStructe.TIM_AutomaticOutput=TIM_AutomaticOutput_Enable;
                                              //自动输出使能
    TIM_BDTRConfig(TIM1,&TIM_BDTRInitStructe);
    TIM_Cmd(TIM1,ENABLE);
}
```

4. 实验分析

定时器实验的核心是参数的配置，本实验配置包括 3 个步骤，首先初始化时基模块，然后是对 PWM 波占空比的配置，最后是高级定时器死区和相关高级功能的配置。高级定时器的特殊功能其实也很简单，ARM 公司在进行内核构架时已经把功能设定好了，用户只需要在使用时设置其参数，就能从特定的引脚输出特定的信号波形。

程序运行正确后，进入仿真状态，在 μVision 的仿真 Logic Analyzer 查看 PA8 和 PB13 的互补死区 PWM 波形。

习题与思考题

7.1 STM32 的定时器有几个？简述其区别。

7.2 STM32 内部时钟和外部时钟的区别是什么？

7.3 如何计算 SysTick 的重装载值？

7.4 捕获比较寄存器捕获的值和计数器的值有什么区别？

7.5 TIM2 用于捕获时，如何调整 TIM2 的时钟？

7.6 STM32 的输入捕获可以在上升沿和下降沿都进行捕获吗？

7.7 简述 RTC 时钟的主要特性。

7.8 简述定时器脉冲调制的输出工作原理。

7.9 STM32 在控制无刷直流电机时，霍尔传感器是以异或方式连接的，那么在捕捉的时候，捕捉到的极性应如何设置？

7.10 PWM 互补通道在禁止输出时可不可以均默认为高或变为浮空输入通道，而不要在每次发生通道变换时人为去修改寄存器？

第 8 章　通信外设模块及其应用开发

8.1　概　　述

STM32 的外部通信电路有很多种。其中，USART 主要用于 STM32 处理器和 PC 的 RS232 端口传输数据。STM32 的 SPI 模块是一种三线同步通信接口，主要用于系统扩展显示驱动器、ADC 以及日历时钟芯片等。STM32 处理器也可以利用 SPI 接口与其他处理器通信。I2C 是一种新型的特殊同步通信形式，具有接口线少、控制方式简单、通信速率高的优点；STM32 芯片同时集成了 CAN 总线控制器，CAN 总线是国际上应用最广泛的总线之一，被广泛应用于汽车计算机控制系统与环境恶劣、电磁辐射强和振动大的工业环境。总之，STM32 配备通信模块非常丰富，只有与外部芯片之间的通信才能充分发挥 STM32 的性能。

USART 常被称为串口。USART 有着极低的硬件资源消耗、不错的可靠性以及简单的协议，在嵌入式领域，USART 的地位仍然不可取代。

STM32 系列的微控制器至少集成了一个 I2C 设备接口。它提供了多主机功能，可以实现所有 I2C 总线特定的时序、协议、仲裁和定时功能，支持标准传输和快速传输两种模式。可变静态存储控制器(FSMC)是 STM32 系列采用的一种新型的存储器扩展技术。

8.2　USART 通信模块

串口在任何 MCU 中的地位都是极其重要的。作为重要的外部接口的同时，串口也是软件开发的重要调试手段，其重要性不言而喻。现在基本上所有的 MCU 都会带有串口，STM32 自然也不会例外。

8.2.1　串行通信模块的结构与工作原理

STM32 的串口资源相当丰富，功能也非常强劲。STM32F103ZET6 最多可以提供 5 路串口，利用分数波特率发生器提供宽范围的波特率选择。它支持同步单向通信和半双工单线通信，也支持 LIN、智能卡协议和 IrDA SIR ENDEC 规范，以及调制解调器操作。它使用多缓冲器配置的 DMA 方式，可以实现高速数据通信。

其主要特性如下：全双工，异步通信；NRZ 标准格式；分数波特率发生器系统；可编程数据字长度(8 位或 9 位)；可配置的停止位——支持 1 或 2 个停止位；具有 LIN 主发送同步断开符的能力以及 LIN 从检测断开符的能力；发送方式为同步传输提供时钟；IrDA SIR 编码器解码器等。

由图 8.1 可以看到，串口外设主要由三部分组成，分别是波特率的控制部分、收发控制部分及数据存储转移部分。

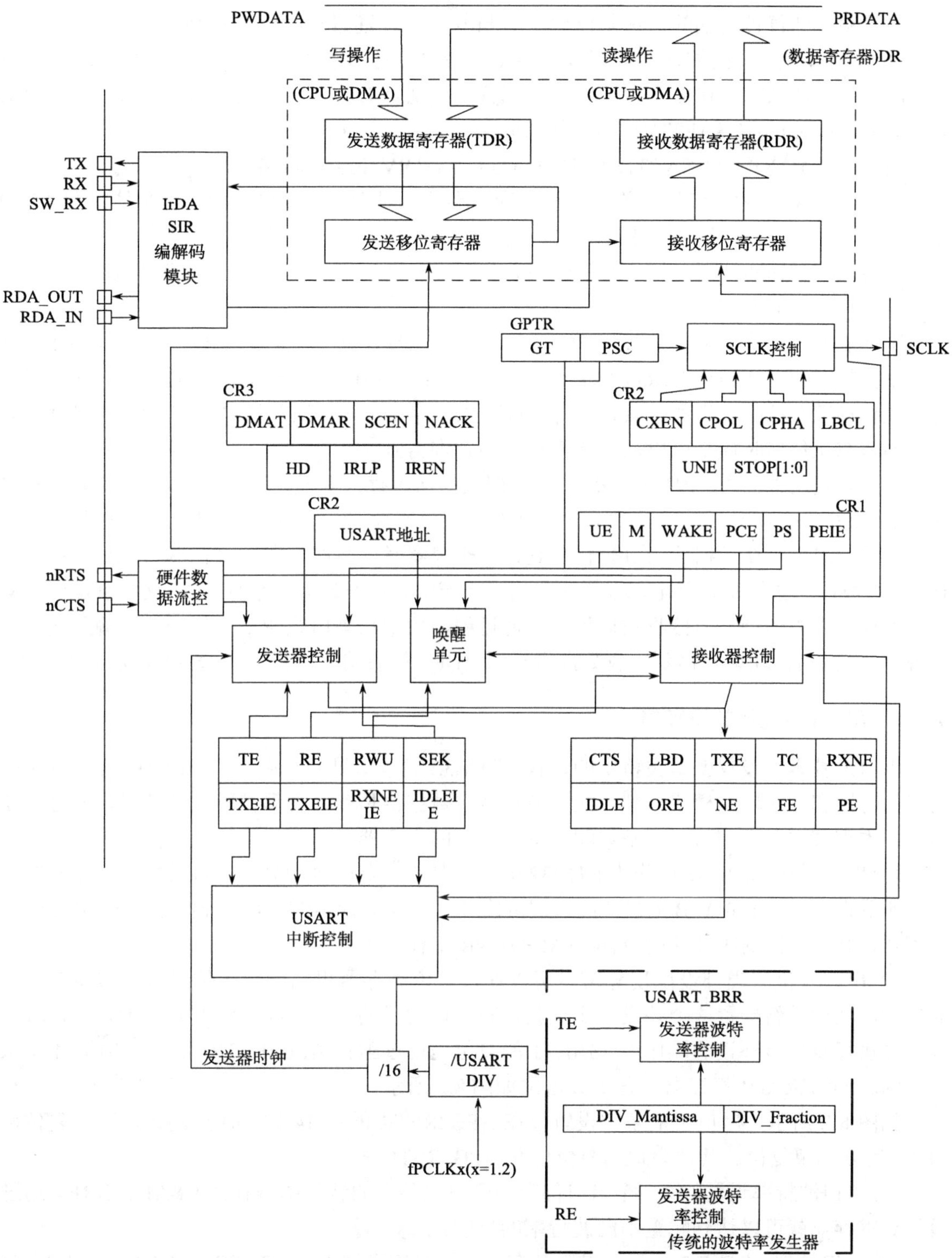

图 8.1　USART 结构图

波特率，即每秒传输的二进制位数，用 bit/s 表示，通过对时钟的控制可以改变波特率。在配置波特率时，向波特率寄存器 USART_BRR 写入参数，修改串口时钟的分频值 USARTDIV。USART_BRR 寄存器包括两部分，分别是 DIV_Mantissa（USARTDIV 的整数部分）和 DIV_Fraction（USARTDIV 的小数部分）。

最终，计算公式为 USARTDIV=DIV_Mantissa+DIV_Fraction/16。

USARTDIV 是对串口外设的时钟源进行分频的，对于 USART1，由于它是挂载在 APB2 总线上的，所以它的时钟源为 FPCLK2；而 USART2、USART3 挂载在 APB1 上，时钟源则为 FPCLK1，串口的时钟源经过 USARTDIV 分频后分别输出，作为发送器时钟及接收器时钟，控制发送和接收的时序。

围绕着发送器和接收器控制部分，有多个寄存器：CR1、CR2、CR3、SR，即 USART 的 3 个控制寄存器（Control Register）及一个状态寄存器（Status Register）。通过向寄存器写入各种控制参数来控制发送和接收，如奇偶校验位、停止位等，还包括对 USART 中断的控制；串口的状态在任何时候都可以从状态寄存器中查询得到。

当需要发送数据时，内核或 DMA 外设把数据从内存写入发送数据寄存器 TDR 后，发送控制器将适时地自动把数据从 TDR 加载到发送移位寄存器，然后通过串口线 Tx 把数据一位一位地发送出去。在数据从 TDR 转移到移位寄存器时，会产生发送寄存器 TDR 已空事件 TXE，当数据从移位寄存器全部发送出去时，会产生数据发送完成事件 TC。这些事件可以从状态寄存器中查询到。而接收数据是一个逆过程，数据从串口线 Rx 一位一位地输入接收移位寄存器，然后自动地转移到接收数据寄存器 RDR，最后用内核指令或 DMA 读取到内存中。

8.2.2 串行通信模块的寄存器

串口最基本的设置就是波特率的设置。STM32 的串口只要开启了串口时钟，并设置相应的串口时钟和 I/O 口的模式，然后配置波特率、数据位长度、奇偶校验位等信息，就可以使用了。本小节主要介绍与串口基本配置直接相关的寄存器。

(1) 串口时钟使能。串口作为 STM32 的一个外设，其时钟由外设时钟使能寄存器控制，本书使用的 USART1 是 APB2ENR 寄存器中的第 14 位。除了 USART1 的时钟使能位在 APB2ENR 寄存器，其他串口的时钟使能位都在 APB1ENR 寄存器。

(2) 串口复位。当外设出现异常时可以通过复位寄存器里面的对应位设置，实现该外设的复位，然后重新配置这个外设达到让其重新工作的目的。一般在系统刚开始配置外设时，都会先执行复位该外设的操作。USART1 的复位是通过配置 APB2RSTR 寄存器的第 14 位来实现的。APB2RSTR 寄存器的各个数据位如图 8.2 所示。

如图 8.2 所示，串口 1 的复位设置位在 APB2RSTR 的第 14 位。通过向该位写 1 复位串口 1，写 0 结束复位。其他串口的复位位在 APB1RSTR 里。

(3) 串口波特率设置。每一个串口都有一个自己独立的波特率寄存器 USART_BRR，通过设置该寄存器就可以达到配置不同波特率的目的。

(4) 串口控制。STM32 的每个串口都有 3 个控制寄存器 USART_CR1～USART_CR3，串口的很多配置都是通过这 3 个寄存器设置的。本书只用到 USART_CR1 就可以实现所要的功能了。该寄存器的各个数据位如图 8.3 所示。

31	30	29	28	27	26	25	24	23	22	21	20	19	18	17	16
保留															

15	14	13	12	11	10	9	8	7	6	5	4	3	2	1	0
ADC3RST	USART1 RST	TIMS RET	TIM1 RET	ADC2 RST	ADC1 RST	IOPG RST	IOPF RST	IOPF RST	IOPE RST	IOPD RST	IOPC RST	IOPB RST	IOPA RST	保留	AFIO RST
rw	rw	rw	rw	rw	rw	rw	rw	rw	rw	rw	rw	rw	rw	res	rw

图 8.2 APB2RSTR 寄存器的数据位

31	30	29	28	27	26	25	24	23	22	21	20	19	18	17	16
保留															

15	14	13	12	11	10	9	8	7	6	5	4	3	2	1	0
保留		UE	M	WAKE	PCE	PS	PEIE	TXEIE	TCIE	RXNE IE	IDLE	TE	RE	RWU	SBK
res		rw	rw	rw	rw	rw	rw	rw	rw	rw	rw	rw	rw	rw	rw

图 8.3 USART_CR1 寄存器的数据位

USART_CR1 寄存器的高 18 位没有用到，低 14 位用于串口的功能设置。UE 为串口使能位，通过对该位置 1，以使能串口。M 为字长选择位，当该位为 0 时设置串口为 8 个字长外加 *n* 个停止位，停止位的个数(*n*)是根据 USART_CR2 的[13:12]位设置来决定的，默认为 0。PCE 为校验使能位，若设置为 0，则禁止检验，否则使能校验。PS 为校验位选择，若设置为 0，则偶校验，否则为奇校验。TXEIE 为发送缓冲区空中断使能位，设置该位为 1，当 USART_SR 中的 TXE 位为 1 时，将产生串口中断。TCIE 为发送完成中断使能位，设置该位为 1，当 USART_SR 中的 TC 位为 1 时，将产生串口中断。RXNEIE 为接收缓冲区非空中断使能，设置该位为 1，当 USART_SR 中的 ORE 或者 RXNE 位为 1 时，将产生串口中断。TE 为发送使能位，设置该位为 1，将开启串口的发送功能。RE 为接收使能位，用法和 TE 位相同。其他位的设置可以参考《STM32 参考手册》。

(5)数据发送与接收。STM32 的发送与接收是通过数据寄存器 USART_DR 来实现的，这是一个双寄存器，包含 TDR 和 RDR。当向该寄存器写数据时，串口就会自动发送，当收到数据时，也存到该寄存器内。该寄存器的各个数据位如图 8.4 所示。

31	30	29	28	27	26	25	24	23	22	21	20	19	18	17	16
保留															

15	14	13	12	11	10	9	8	7	6	5	4	3	2	1	0
保留							DR[8:0]								
							rw	rw	rw	rw	rw	rw	rw	rw	rw

图 8.4 USART_DR 寄存器的数据位

可以从图 8.4 中看出，虽然是一个 32 位寄存器，但是只用了低 9 位(DR[8:0])，其他都是保留的。DR[8:0]为串口数据，包含发送或者接收的数据。由于它是由两个寄存器组成的，一个发送用(TDR)，一个接收用(RDR)，该寄存器兼具读和写的功能。TDR 寄存器提供了内部总线和输出移位寄存器之间的并行接口。RDR 寄存器提供了输入移位寄存器和内部总线之间的并行接口。

当校验使能位(USART_CR1 中 PCE 位被置位)进行发送时，写到 MSB 的值(根据数据的长度不同，MSB 是数据的第 7 位或者第 8 位)会被后来的校验位取代。当校验使能位进行接收时，读到的 MSB 位是接收到的校验位。

(6)串口状态。串口的状态可以通过状态寄存器 USART_SR 读取。USART_SR 的各个数据位如图 8.5 所示。

31	30	29	28	27	26	25	24	23	22	21	20	19	18	17	16
保留															

15	14	13	12	11	10	9	8	7	6	5	4	3	2	1	0
保留						CTS	LED	TXE	TC	RXNE	IDLE	ORE	RE	FE	PE
						rc w0	rc w0	r	rc w0	rc w0	r	r	r	r	r

图 8.5　USART_SR 寄存器的数据位

这里需要关注两个位，第 5 位(RXNE)和第 6 位(TC)。当 RXNE(读数据寄存器非空)位被置 1 时，就是提示已经有数据被接收到，并且可以读出来。这时读者需要做的是尽快读取 USART_DR，通过读 USART_DR 可以将该位清 0，也可以向该位写 0，直接清除。当 TC(发送完成)被置位时，表示 USART_DR 内的数据已经被发送完成。如果设置了这个位的中断，就会产生中断。该位也有两种清零方式：①读 USART_SR，写 USART_DR；②直接向该位写 0。

通过以上一些寄存器的操作外加 I/O 口的配置，读者就可以得到串口最基本的配置了，关于串口更详细的介绍，读者可以参考《STM32 参考手册》。

8.2.3　实验部分

本小节将利用中断的方式使 STM32 的 USART2 与 PC 进行数据通信，使用 PC 向 STM32 的 USART2 发送一字节的数据，PC 收到字符后在串口助手的接收窗口打印出来。

实验目的：掌握 USART 串口的设置及应用。

基本要求：利用中断的方式使 STM32 的 USART2 与 PC 进行数据通信，并利用串口助手在计算机上显示。

提高部分：(1)用 USART2 与 PC 通信，修改波特率并设置为 115200。

(2)用 AD 采集电位器 1 的数据，并利用串口通信在 PC 上显示。

拓展部分：(1)此实验程序是利用 USART2 来与 PC 通信的，请改为 USART1。

(2)本实验是通过中断的方式来实现串口与 PC 通信的，请直接使用扫描的方式实现串口与 PC 通信。

1. 硬件电路

本实验的硬件电路如图 8.6 所示，PA2、PA3 分别与电平转换芯片 RS232 输入输出端口相连，在配套的开发板上，PA2 与 PA3 已经与此转换芯片连接好，只需要将 USART2 与 PC

端相连即可。如果读者想自制 USART 电路，可以参考本电路。

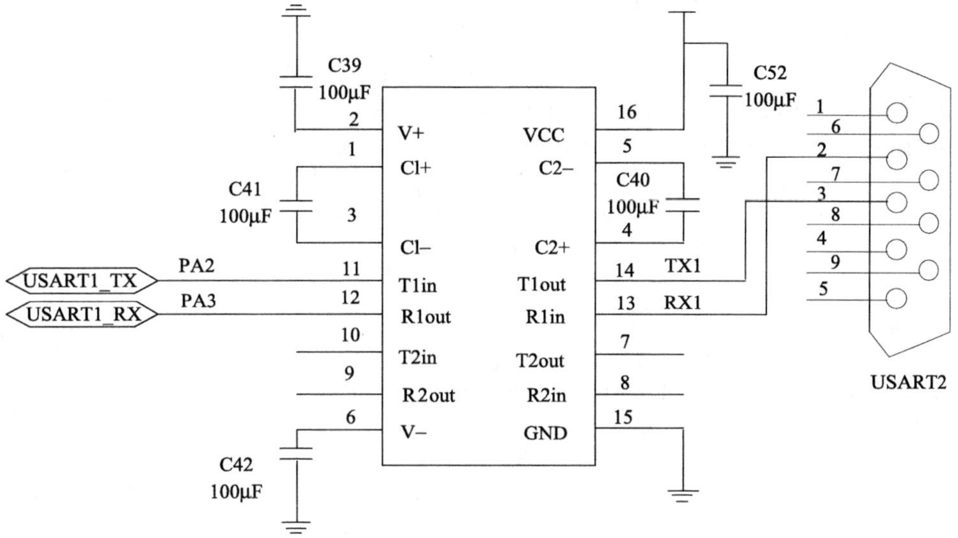

图 8.6　串口通信实验硬件原理图

2. 程序设计

本程序的重点在于对 USART 工作参数的设置部分，要点如下。

(1) GPIO 初始化。

①开启 GPIO 外设时钟。

②配置 GPIOA.2 为第二功能推挽输出模式，GPIOA.3 为浮空输入模式。

(2) 配置 USART 设备主要参数如下：使用 9600bit/s 的波特率、8 位数据长度、1 个停止位且无校验位、全双工模式。工程文件组详情如表 8.1 所示。

表 8.1　串口通信实验工程文件详情

文件组	包含文件	详情
CORE 文件组	core_cm3.c	CM3 内核接口
	startup_stm32f10x_hd.s	STM32 的启动文件
FWLIB 文件组	stm32f10x_gpio.c	GPIO 的底层配置函数
	stm32f10x_rcc.c	RCC 的底层配置函数
	stm32f10x_usart.c	USART 设备初始化与数据收发
USER 文件组	main.c	用户应用代码
	stm32f10x_it.c	STM32 的中断服务子程序
	system_stm32f10x.c	设置系统时钟和总线时钟文件

3. 程序清单

具体程序如代码清单 8.1～代码清单 8.3 所示。

代码清单 8.1　main 函数

```
#include "stm32f10x.h"
#include "bsp_usart2.h"
/*****************************************************
* 函数名     : main              * 输出结果       : 无
* 函数描述   : main函数          * 返回值         : 无
* 输入参数   : 无
*****************************************************/
int main(void)
{
    USART1_Config();
    NVIC_Configuration();
    printf("\r\n 这是一个串口中断接收回显实验");
    for(;;)
    {
    }
}
```

代码清单 8.2　USART2_Config 函数

```
#include "bsp_usart2.h"
/*****************************************************
* 函数名     : USART2_Config         * 输出结果       : 无
* 函数描述   : USART2函数            * 返回值         : 无
* 输入参数   : 无
*****************************************************/
void USART2_Config(void)
{
    GPIO_InitTypeDef GPIO_InitStructure;
   //定义一个GPIO_InitTypeDef类型的结构体
    USART_InitTypeDef USART_InitStructure;
   //定义一个USART_InitTypeDef类型的结构体
   //开启USART2和GPIOA的外设时钟
    RCC_APB2PeriphClockCmd(RCC_APB2Periph_USART2 | RCC_APB2Periph_GPIOA,ENABLE);
    GPIO_InitStructure.GPIO_Pin=GPIO_Pin_2;
   //将PA2配置为复用推挽输出模式
    GPIO_InitStructure.GPIO_Mode=GPIO_Mode_AF_PP;
    GPIO_InitStructure.GPIO_Speed=GPIO_Speed_50MHz;
    GPIO_Init(GPIOA,&GPIO_InitStructure);

    GPIO_InitStructure.GPIO_Pin=GPIO_Pin_13;
   //将PA3配置为浮空输入模式
    GPIO_InitStructure.GPIO_Mode=GPIO_Mode_IN_FLOATING;
    GPIO_Init(GPIOA,&GPIO_InitStructure);
    USART_InitStructure.USART_BaudRate=9600;
   //波特率设置为9600
```

```
    USART_InitStructure.USART_WordLength=USART_WordLength_8b;
   //8位数据长度
    USART_InitStructure.USART_StopBits=USART_StopBits_1;     //一位停止位
    USART_InitStructure.USART_Parity=USART_Parity_No ;       //无校验位
    USART_InitStructure.USART_HardwareFlowControl=USART_HardwareFlowControl_
    None;   //无硬件流
    USART_InitStructure.USART_Mode=USART_Mode_Rx | USART_Mode_Tx;
    //USART输入输出模式
    USART_Init(USART2,&USART_InitStructure);
    USART_ITConfig(USART2,USART_IT_RXNE,ENABLE);       //使能串口2接收中断
    USART_Cmd(USART2,ENABLE);                          //使能USART2
}
/*******************************************************
* 函数名     : NVIC_Configuration  * 输出结果      : 无
* 函数描述   : NVIC函数             * 返回值        : 无
* 输入参数   : 无
*******************************************************/
void NVIC_Configuration(void)
{
    NVIC_InitTypeDef  NVIC_InitStructure;
    //定义一个NVIC_InitTypeDef类型的结构体
    NVIC_PriorityGroupConfig(NVIC_PriorityGroup_0);
    //选择中断优先级向量组1
    NVIC_InitStructure.NVIC_IRQChannel=USART1_IRQn;
    NVIC_InitStructure.NVIC_IRQChannelPreemptionPriority=0;
    NVIC_InitStructure.NVIC_IRQChannelSubPriority=1;
    NVIC_InitStructure.NVIC_IRQChannelCmd=ENABLE;
    NVIC_Init(&NVIC_InitStructure);
}
/*******************************************************
* 函数名     : fputc            * 输出结果      : 无
* 函数描述   : 函数重定向        * 返回值        : ch
* 输入参数   : ch与文件指针
*******************************************************/
int fputc(int ch,FILE *f)
{
    USART_SendData(USART2,(uint8_t) ch);
    //发送一字节数据到USART2
    while (USART_GetFlagStatus(USART2,USART_FLAG_TC) == RESET);
    //等待发送完毕
    return (ch);
}
/*******************************************************
* 函数名     : fgetc            * 输出结果      : 无
* 函数描述   : 函数重定向        * 返回值        : 接收到的数据
```

```
* 输入参数    : ch与文件指针
*******************************************************/
int fgetc(FILE *f)
{
    while (USART_GetFlagStatus(USART2,USART_FLAG_RXNE)==RESET);
    //等待接收完毕
    return (int)USART_ReceiveData(USART2);
    //返回接收值
}
```

代码清单 8.3　USART2_IRQHandler 函数

```
#include "stm32f10x_it.h"
#include <stdio.h>
/*******************************************************
* 函数名     : USART2_IRQHandler     * 输出结果  : 无
* 函数描述   : USART中断子程序        * 返回值    : 无
* 输入参数   : ch
*******************************************************/
void USART2_IRQHandler(void)
{
    uint8_t ch;
    if(USART_GetITStatus(USART2,USART_IT_RXNE)!=RESET)
    {
        ch=USART_ReceiveData(USART2);
        printf( "%c",ch );      }            //将接收到的数据直接返回打印
    }
}
```

4. 库函数说明

(1) USART_SendData 函数说明见表 8.2。

表 8.2　USART_SendData 函数说明

函数名	USART_SendData
函数原型	viod USART_SendData (USART_TypeDef* USARTx，u8 Data)
功能描述	通过外设 USARTx 发送单个数据
输入参数 1	USARTx：x 可以是 1、2 或者 3 来选择 USART 外设
输入参数 2	Data：待发送的数据
输出参数	无
返回值	无
先决条件	无
被调用函数	无

例如：

```
/* Send one HalfWord on USART3 */
USART_SendData(USART3, 0x26);
```

(2) USART_GetFlagStatus 函数说明见表 8.3。

表 8.3　USART_GetFlagStatus 函数说明

函数名	USART_GetFlagStatus
函数原型	FlagStatus USART_GetFlagStatus (USART_TypeDef* USARTx, u6 USART_FLAG)
功能描述	检查指定的 USART 标志位设置与否
输入参数 1	USARTx：x 可以是 1、2 或者 3 来选择 USART 外设
输入参数 2	USART_FLAG：待检查的 USART 标志位，参阅 Section：USART_FLAG 查看更多该参数允许的取值范围
输出参数	无
返回值	USART_FLAG 的新装填(SET 或者 RESET)
先决条件	无
被调用函数	无

表 8.4 给出了所有可以被函数 USART_ GetFlagStatus 检查的标志位。

表 8.4　USART_FLAG 说明

USART_FLAG	描述	USART_FLAG	描述
USART_FLAG_CTS	CTS 标志位	USART_FALG_IDLE	空闲总线标志位
USART_FALG_LBD	LIN 中断检测标志位	USART_FALG_ORE	溢出错误标志位
USART_FALG_TXE	发送数据寄存器空标志位	USART_FALG_NE	噪声错误标志位
USART_FALG_LC	发送完成标志位	USART_FALG_FE	帧错误标志位
USART_FALG_RXNE	接收数据寄存器非空标志位	USART_FALG_PE	奇偶错误标志位

(3) USART_GetITStatus 函数说明见表 8.5。

表 8.5　USART_GetITStatus 函数说明

函数名	USART_GetIT Status
函数原型	ITStatus USART_GetITStatus (USART_TypeDef* USARTx,u16 USART_IT)
功能描述	检查指定的 USART 中断是否发生
输入参数 1	USARTx：x 可以是 1、2 或者 3 来选择 USART 外设
输入参数 2	USART_IT：待检查的 USART 中断源，参阅 Section：USART_IT 查看更多该参数允许的取值范围
输出参数	无
返回值	USART_IT 的新状态
先决条件	无
被调用函数	无

表 8.6 给出了所有可以被函数 USART_ GetITStatus 检查的中断标志位列表。

表 8.6　USART_IT 说明

USART_IT	描述	USART_IT	描述
USART_IT_PE	奇偶错误中断	USART_IT_LBD	LIN 中断探测中断
USART_IT_TXE	发送中断	USART_IT_CTS	CTS 中断
USART_IT_TC	发送完成中断	USART_IT_ORE	溢出错误中断
USART_IT_RXNE	接收中断	USART_IT_NE	噪声错误中断
USART_IT_IDLE	空闲总线中断	USART_IT_FE	帧错误中断

例如：

```
/* Get the USART1 Overrun Error interrupt status */
ITStatus ErrorITStatus;
ErrorITStatus=USART_GetITStatus(USART1,USART_IT_OverrunError);
```

5. 实验分析

要明确 USART 和 GPIO 是两种不同的设备，USART 是“借用”了 GPIO 设备作为自己的输出通道，所以不仅要打开 USART 的时钟，还要打开相应 GPIO 的时钟，同时将相应的 GPIO 设置为第二功能模式。在 main 函数下配置两个子函数，分别是 USART 的配置和中断优先级的设置。前者主要设置与串口相关的 GPIO 口，配置其输入输出模式，然后具体设置串口的通信模式，并使能通信。NVIC 的配置在此程序中也尤为重要，由于此串口程序只有一个中断，故中断优先级可任意配置，但在中断子函数中可将接收到的数据通过串口打印出来。

8.3　SPI 通信模块

8.3.1　SPI 模块的结构与工作原理

SPI 主要应用在 EEPROM、Flash、实时时钟、ADC，以及数字信号处理器和数字信号解码器之间。SPI 是一种高速、全双工同步的通信总线，并且在芯片的引脚上只占用 4 根线，节约了芯片的引脚，同时为 PCB 的布局节省了空间，提供方便。正是由于这种简单的物理层，现在越来越多的芯片集成了这种通信协议。STM32 也有 SPI。SPI 的内部结构简明图如图 8.7 所示。

SPI 一般使用 4 条线通信：①MISO 主设备数据输入，从设备数据输出；②MOSI 主设备数据输出，从设备数据输入；③SCLK 为时钟信号，由主设备产生；④CS 为从设备片选信号，由主设备控制。

从图 8.7 中可以看出，主机和从机都有一个串行移位寄存器，主机通过向它的 SPI 串行寄存器写入一字节指令来发起一次传输。寄存器通过 MOSI 信号线将字节传送给从机，从机也将自己移位寄存器中的内容通过 MISO 信号线返回给主机。这样，两个移位寄存器中的内容就被交换。外设的写操作和读操作是同步完成的。如果只进行写操作，主机只需要忽略接收到的字节；反之，若主机要读取从机的一字节，就必须发送一个空字节来引发从机的传输。

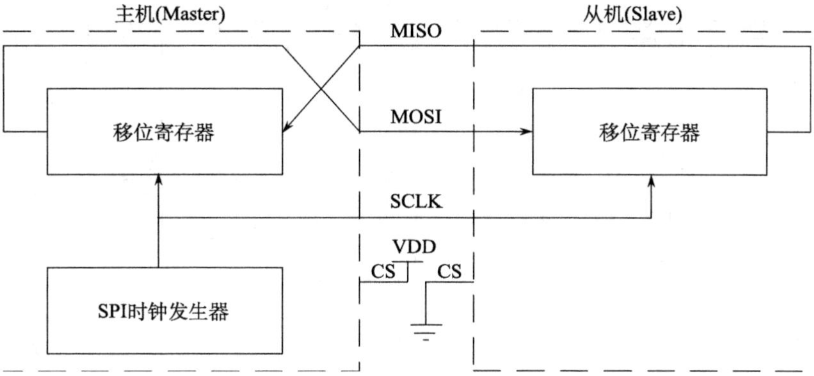

图 8.7　SPI 内部结构简明图

SPI 的主要特点如下：可以同时发出和接收串行数据，可以当作主机或从机工作，提供频率可编程时钟，发送结束中断标志，写冲突保护，总线竞争保护等。

SPI 总线有 4 种工作方式。SPI 模块为了和外设进行数据交换，根据外设的工作要求，其输出串行同步时钟极性和相位可以进行配置，时钟极性(CPOL)对传输协议没有重大的影响。如果 CPOL=0，串行同步时钟的空闲状态为低电平；如果 CPOL=1，串行同步时钟的空闲状态为高电平。时钟相位(CPHA)能够配置用于选择两种不同的传输协议之一进行数据传输。如果 CPHA=0，在串行同步时钟的第一个跳变沿(上升沿或下降沿)数据被采样；如果 CPHA=1，在串行同步时钟的第二个跳变沿(上升沿或下降沿)数据被采样。SPI 主模块和与之通信的外设时钟相位和极性应该一致。不同时钟相位下的总线数据传输时序如图 8.8 所示。

STM32 的 SPI 功能很强大，时钟最高可以达到 18MHz，支持 DMA。其接口特性如下。

(1) 可实现三线全双工同步传输。

(2) 可实现双线单工同步传输。

(3) 8 位或 16 位传输帧格式选择。

(4) 支持主机/从机传输。

(5) 支持多主模式。

(6) 8 个波特率预分频系数可选。

(7) 主模式和从模式可实现快速通信。

(8) 主从模式下均可以由软件或硬件进行 NSS 管理，可实现主从操作模式的动态改变。

(9) 可编程的时钟极性和相位。

(10) 可编程的数据顺序，MSB 在前或 LSB 在前。

(11) 可触发中断的专用发送/接收标志。

(12) 拥有 SPI 总线忙状态标志。

(13) 拥有硬件 CRC，保障可靠通信：在发送模式下，CRC 可以作为最后一个字节发送；在全双工模式中对接收到的最后一个字节自动进行 CRC 校验。

(14) 可触发中断的主模式故障、过载及 CRC 错误标志。

(15) 支持 DMA 功能的一字节发送和接收缓冲器，可产生发送和接收请求。

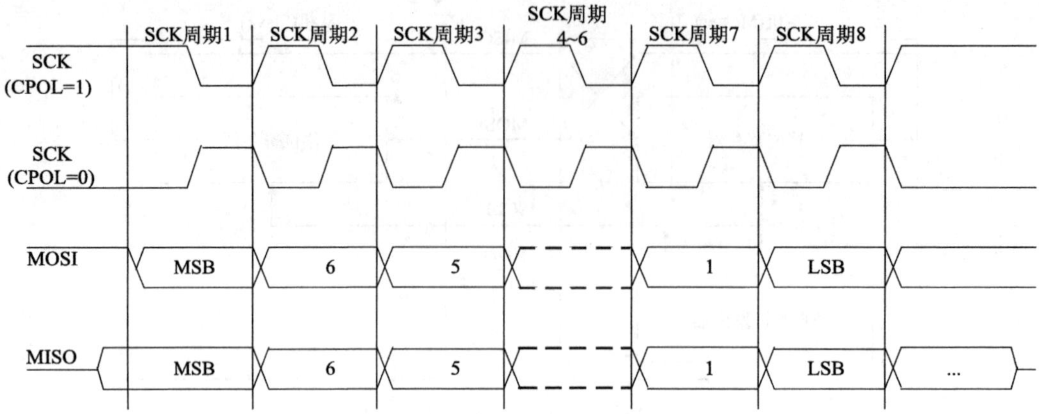

(a) CPHA=0时SPI总线数据传输时序

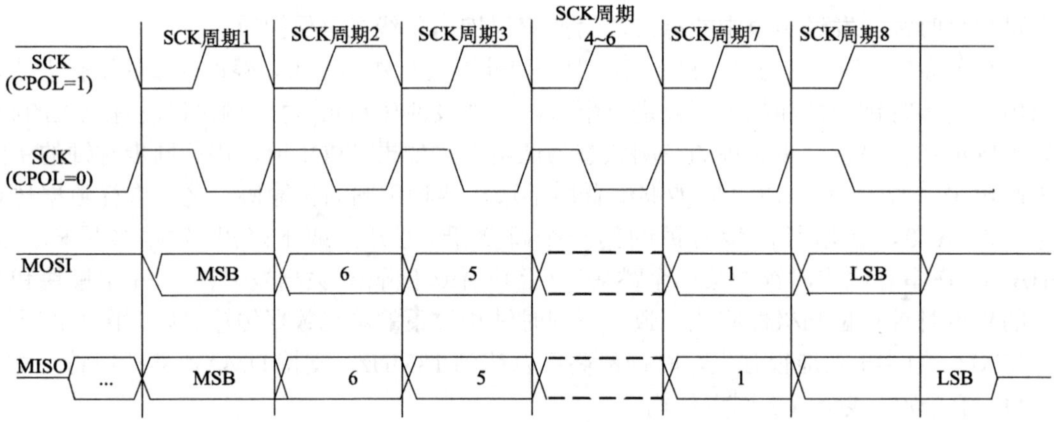

(b) CPHA=1时SPI总线数据传输时序

图 8.8　不同时钟相位下的总线传输时序(CPHA=0/1)

8.3.2　SPI 模块的寄存器

SPI 控制寄存器 1(SPI_CR1)的数据位如图 8.9 和表 8.7 所示。其地址偏移为 0x00，复位值为 0x0000。

15	14	13	12	11	10	9	8	7	6	5 4 3	2	1	0
BIDI MODE	BIDI OE	CRCEN	CRC NEXT	DFF	RX ONLY	SSM	SSI	LSB FIRST	SPE	BR[2:0]	MSTR	CPOL	CP HA
rw	rw	rw	rw	rw	rw	rw	rw	rw	rw	rw	rw	rw	rw

图 8.9　SPI_CR1 的数据位

表 8.7 SPI_CR1 的各位描述

位 15	BIDIMODE：双向数据模式使能（Bidirectional Data Mode Enable） 0：选择双线双向模式； 1：选择单线双向模式 (注：I2S 模式下不使用)
位 14	BIDIOE：双向模式下的输出使能(Output Enable In Bidirectional Mode)。和 BIDIMODE 位一起决定在单线双向模式下数据的输出方向 0：输出禁止(只收模式) 1：输出使能(只发模式) 这个单线数据线在主设备端为 MOSI 引脚，在从设备端为 MISO 引脚 (注：I2S 模式下不使用)
位 13	CRCEN：硬件 CRC 校验使能(Hardware CRC Calculation Enable) 0：禁止 CRC 计算 1：启动 CRC 计算 (注：(1)只有在禁止 SPI(SPE=0)时，才能写该位，否则出错；(2)I2S 模式下不使用)
位 12	CRCNEXT：下一个发送 CRC（Transmit CRC Next） 0：下一个发送的值来自发送缓冲区 1：下一个发送的值来自发送 CRC 寄存器 (注：(1)在 SPI_DR 寄存器写入最后一个数据后应马上设置该位；(2)I2S 模式下不使用)
位 11	DFF：数据帧格式（Data Frame Format） 0：使用 8 位数据帧格式进行发送/接收 1：使用 16 位数据帧格式进行发送/接收 (注：(1)只有在禁止 SPI(SPE=0)时，才能写该位，否则出错；(2)I2S 模式下不使用)
位 10	RXONLY：只接收（Receive Only)该位和 BIDIMODE 位一起决定在双线双向模式下的传输方向。在多个从设备的配置中，在未被访问的从设备上该位被置 1，使只有被访问的从设备有输出，从而不会造成数据线上数据冲突 0：全双工(发送和接收) 1：禁止输出(只接收模式) (注：I2S 模式下不使用)
位 9	SSM：软件从设备管理（Software Slave Management)。当 SSM 被置位时，NSS 引脚上的电平由 SSI 位的值决定 0：禁止软件从设备管理 1：启用软件从设备管理 (注：I2S 模式下不使用)
位 8	SSI：内部从设备选择（Internal Slave Select)。该位只在 SSM 位为 1 时有意义。它决定了 NSS 引脚上的电平，在 NSS 引脚上的 I/O 操作无效 (注：I2S 模式下不使用)
位 7	LSBFIRST：帧格式（Frame Format） 0：先发送 MSB 1：先发送 LSB (注：(1)当通信正在进行时不能改变该位的值；(2)I2S 模式下不使用)
位 6	SPE：SPI 使能（SPI Enable） 0：禁止 SPI 设备 1：开启 SPI 设备 (注：I2S 模式下不使用)

续表

位 5:3	BR[2:0]：波特率控制（Baud Rate Control） 000：fpclk/2　001：fpclk/4　010：fpclk/8　011：fpclk/16 100：fpclk/32　101：fpclk/64　110：fpclk/128　111：fpclk/256 当通信正在进行时，不能修改这些位 （注：I2S 模式下不使用）
位 2	MSTR：主设备选择（Master Selection） 0：配置为从设备 1：配置为主设备 （注：(1)当通信正在进行时，不能修改该位；(2)I2S 模式下不使用）
位 1	CPOL：时钟极性（Clock Polarity） 0：空闲状态时，SCK 保持低电平 1：空闲状态时，SCK 保持高电平 （注：(1)当通信正在进行时，不能修改该位；(2)I2S 模式下不使用）
位 0	CPHA：时钟相位（Clock Phase） 0：数据采样从第一个时钟边沿开始 1：数据采样从第二个时钟边沿开始 （注：(1)当通信正在进行时，不能修改该位；(2)I2S 模式下不使用）

SPI 控制寄存器 2(SPI_CR2)的数据位如图 8.10 和表 8.8 所示。其地址偏移为 0x04，复位值为 0x0000。

15 14 13 12 11 10 9 8	7	6	5	4 3	2	1	0
保留	TXEIE	RXNEIE	ERRIE	保留	SSOE	TXDMA EN	RXDMA EN
	rw	rw	rw		rw	rw	rw

图 8.10　SPI_CR2 的数据位

表 8.8　SPI_CR2 的各位描述

位 15:8	保留位，硬件强制为 0
位 7	TXEIE：发送缓冲区空中断使能（Tx Buffer Empty Interrupt Enable） 0：禁止 TXE 中断 1：允许 TXE 中断，当 TXE 标志置位时产生中断请求
位 6	RXNEIE：接收缓冲区非空中断使能（Rx Buffer Not Empty Interrupt Enable） 0：禁止 RXNE 中断 1：允许 RXNE 中断，当 RXNE 标志置位时产生中断请求
位 5	ERRIR：错误中断使能（Error Interrupt Enable）。当错误(CRCERR、OVR、MODF)产生时，该位控制是否产生中断 0：禁止错误中断 1：允许错误中断
位 4:3	保留位，硬件强制为 0

续表

位 2	SSOE：SS 输出使能（SS Output Enable） 0：禁止在主模式下 SS 输出，该设备可以工作在多主设备模式 1：设备开启时，开启主模式下 SS 输出，该设备不能工作在多主设备模式 (注：I2S 模式下不使用)
位 1	TXDMAEN：发送缓冲区 DMA 使能（Tx Buffer DMA Enable）。当该位被设置时，TXE 标志一旦被置位就发出 DMA 请求 0：禁止发送缓冲区 DMA 1：启动发送缓冲区 DMA
位 0	RXDMAEN：接收缓冲区 DMA 使能（Rx Buffer DMA Enable）。当该位被设置时，RXNE 标志一旦被置位就发出 DMA 请求 0：禁止接收缓冲区 DMA 1：启动接收缓冲区 DMA

SPI 状态寄存器(SPI_SR)的数据位如图 8.11 和表 8.9 所示。其地址偏移为 0x08，复位值为 0x0002。

15–8	7	6	5	4	3	2	1	0
保留	BSY	OVR	MODF	CRCERR	UDR	CHSIDE	TXE	RXNE
	r	r	r	rc w0	r	r	r	r

图 8.11　SPI_SR 的数据位

表 8.9　SPI_SR 的各位描述

位 15:8	保留位，硬件强制为 0
位 7	BSY：忙标志（Busy Flag）。该位由硬件置位或者复位 0：SPI 不忙 1：SPI 正忙于通信或者发送缓冲非空
位 6	OVR：溢出标志（Overrun Flag）。该位由硬件置位，由软件序列复位 0：没有出现溢出错误 1：出现溢出错误
位 5	MODF：模式错误（Mode Fault）。该位由硬件置位，由软件序列复位 0：没有出现模式错误 1：出现模式错误 (注：I2S 模式下不使用)
位 4	CRCERR：CRC 错误标志(CRC Error Flag)。该位由硬件置位，由软件写 0 而复位 0：收到的 CRC 值和 SPI_RXCRCR 寄存器中的值匹配 1：收到的 CRC 值和 SPI_RXCRCR 寄存器中的值不匹配 (注：I2S 模式下不使用)
位 3	UDR：下溢标志位(Underrun Flag)。该标志位由硬件置 1，由一个软件序列清 0 0：未发生下溢 1：发生下溢 (注：在 SPI 模式下不使用)

续表

位 2	CHSIDE：声道(Channel Side) 0：需要传输或者接收左声道 1：需要传输或者接收右声道 (注：在 SPI 模式下不使用)
位 1	TXE：发送缓冲为空（Transmit Buffer Empty） 0：发送缓冲非空 1：发送缓冲为空
位 0	RXNE：接收缓冲非空（Receive Buffer Not Empty） 0：接收缓冲为空 1：接收缓冲非空

SPI 数据寄存器(SPI_DR)的数据位如图 8.12 和表 8.10 所示。其地址偏移为 0x0C，复位值为 0x0000。

15	14	13	12	11	10	9	8	7	6	5	4	3	2	1	0
DR[15:0]															
rw	rw	rw	rw	rw	rw	rw	rw	rw	rw	rw	rw	rw	rw	rw	rw

图 8.12　SPI_DR 的数据位

表 8.10　SPI_DR 的各位描述

位 15:0	DR[15:0]：数据寄存器(Data Register)。表示待发送或者已经收到的数据 数据寄存器对应两个缓冲区：一个用于写(发送缓冲)；另外一个用于读(接收缓冲)。写操作将数据写到发送缓冲区；读操作将返回接收缓冲区里的数据 对 SPI 模式的注释：根据 SPI_CR1 的 DFF 位对数据帧格式进行选择，数据的发送和接收可以是 8 位或者 16 位的。为保证正确的操作，需要在启用 SPI 之前就确定好数据帧格式 对于 8 位的数据，缓冲器是 8 位的，发送和接收时只会用到 SPI_DR[7:0]。在接收时，SPI_DR[15:8] 被强制置为 0 对于 16 位的数据，缓冲器是 16 位的，发送和接收时会用到整个数据寄存器，即 SPI_DR[15:0]

SPI CRC 多项式寄存器(SPI_CRCPR)的数据位如表 8.11 所示。其地址偏移为 0x10，复位值为 0x0007。

表 8.11　SPI_CRCPR 的各位描述

位 15:0	CRCPOLY[15:0]：CRC 多项式寄存器（CRC Polynomial Register）。该寄存器包含了 CRC 计算时用到的多项式。其复位值为 0x0007，根据应用可以设置其他数值 (注：在 I2S 模式下不使用)

SPI RX CRC 寄存器(SPI_RXCRCR)的数据位如图 8.13 和表 8.12 所示。其地址偏移为 0x14，复位值为 0x0000。

15	14	13	12	11	10	9	8	7	6	5	4	3	2	1	0
RXCRC[15:0]															
r	r	r	r	r	r	r	r	r	r	r	r	r	r	r	r

图 8.13　SPI_RXCRCR 的数据位

表 8.12　SPI_RXCRCR 的各位描述

位 15:0	RXCRC[15:0]：接收 CRC 寄存器。在启用 CRC 计算时，RXCRC[15:0]中包含了依据收到的字节计算的 CRC 数值。当在 SPI_CR1 的 CRCEN 位写入 1 时，该寄存器被复位。CRC 计算使用 SPI_CRCPR 中的多项式。当数据帧格式被设置为 8 位时，仅低 8 位参与计算，并且按照 CRC8 的方法进行；当数据帧格式为 16 位时，寄存器中的所有 16 位都参与计算，并且按照 CRC16 的标准 (注：(1)当 BSY 标志为 1 时读该寄存器，将可能读到不正确的数值；(2)在 I2S 模式下不使用)

SPI TX CRC 寄存器(SPI_TXCRCR)的数据位如图 8.14 和表 8.13 所示。其地址偏移为 0x18，复位值为 0x0000。

15	14	13	12	11	10	9	8	7	6	5	4	3	2	1	0
TXCRC[15:0]															
r	r	r	r	r	r	r	r	r	r	r	r	r	r	r	r

图 8.14　SPI_TXCRCR 的数据位

表 8.13　SPI_TXCRCR 的各位描述

位 15:0	TXCRC[15:0]：发送 CRC 寄存器。在启用 CRC 计算时，TXCRC[15:0]中包含了依据将要发送的字节计算的 CRC 数值。当在 SPI_CR1 中的 CRCEN 位写入 1 时，该寄存器被复位。CRC 计算使用 SPI_CRCPR 中的多项式。当数据帧格式被设置为 8 位时，仅低 8 位参与计算，并且按照 CRC8 的方法进行；当数据帧格式为 16 位时，寄存器中的所有 16 个位都参与计算，并且按照 CRC16 的标准 (注：(1)当 BSY 标志为 1 时读该寄存器，将可能读到不正确的数值；(2)在 I2S 模式下不使用)

8.3.3　实验部分

以 STM32 控制器的 SPI 模块和 Flash 模块进行数据的读写为例来说明 SPI 模块的工作原理与应用编程方法。本实验使用 SPI1，各信号线相应连接到 Flash(型号为 M25PE80)的 S、Q、C 和 D 引脚，利用 SPI 通信模式读写 Flash 数据。

实验目的：了解 SPI 模块的工作原理与应用编程方法。

基本要求：利用 SPI 通信模式读写 Flash 数据。

提高部分：要求使用电位器 2 读取当前的 AD 值，同时用独立按键进行操作，当按下 KEY1 之后将 AD 值每隔 1s 写入 Flash 一个数据并用液晶屏幕显示该数据，一共写入 10 个数据；按下 KEY2 键读取出这 10 个数据，在液晶屏幕上显示这些数据并比较前后值的一致性，在掉电后检查这些数据是否能保存。

拓展部分：设计一个 6 位数字密码锁程序，通过矩阵键盘设置密码，将密码存入 Flash，当密码输入正确时 LED1 闪烁，否则 LED1 不亮。掉电后，检查密码是否保存完好。

1. 硬件电路

本实验的硬件电路如图 8.15 所示，左边的 4 根引脚线分别与 STM32 的 PB2、PA6、PA5 和 PA7 相连。M25PE80 的供电电源电压为 3.3V。

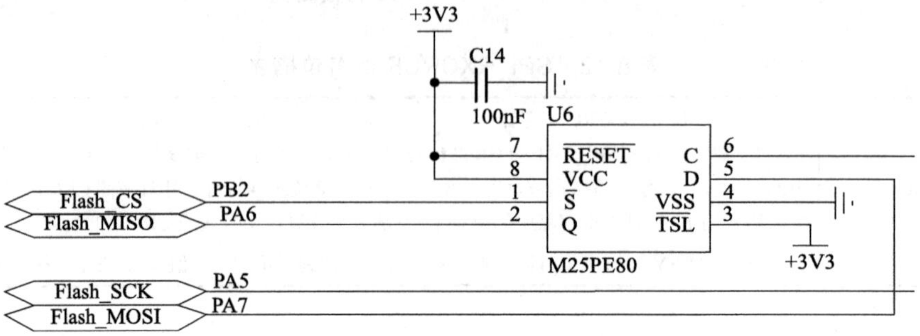

图 8.15　SPI-Flash 硬件电路图

2. 程序设计

(1) GPIO 初始化。

①开启 GPIO 外设时钟。

②配置 GPIOB.2 为推挽输出模式，GPIOA.5、GPIOA.6 和 GPIOA.7 为复用推挽输出。

(2) 根据将要进行通信器件的 SPI 模式，配置 STM32 的 SPI，使能 SPI 时钟。

(3) 配置好 SPI 后，根据各种 Flash 定义的命令控制它的读写。工程文件组详情如表 8.14 所示。

表 8.14　SPI-Flash 通信实验工程文件详情

文件组	包含文件	详情
CORE 文件组	core_cm3.c	CM3 内核接口
	startup_stm32f10x_hd.s	STM32 的启动文件
FWLIB 文件组	stm32f10x_gpio.c	GPIO 的底层配置函数
	stm32f10x_rcc.c	RCC 的底层配置函数
	stm32f10x_usart.c	串口配置函数
	stm32f10x_spi.c	SPI 的底层配置函数
	stm32f10x_fsmc.c	FSMC 的底层配置函数
USER 文件组	mian.c	用户应用代码
	stm32f10x_it.c	STM32 的中断服务子程序
	system_stm32f10x.c	设置系统时钟和总线时钟文件

3. 程序清单

具体程序如代码清单 8.4 和代码清单 8.5 所示。

代码清单 8.4　main 函数

```
#include "include.h"
```

```
/***************************************************************
* 函数名      : main                * 输出结果       : 无
* 函数描述    : main函数            * 返回值         : 无
* 输入参数    : 无
***************************************************************/
#include "delay.h"
#include "spi_flash.h"
#include "usart.h"
#define FlashWriteAddress  0x0
#define FlashReadAddress  FlashWriteAddress
#define FlashSectorAddress  FlashWriteAddress
u32 Flash_ID=0;
u8 TxBuffer[]="Helloooo";
u8 RXBuffer[11];
int main(void)
{
        delay_init();
        USART1_Config();
        SPI_FLASH_Init();
        Flash_ID=SPI_FLASH_ReadID();
        printf("\r\nThis Flash's ID is:%d\r\n",Flash_ID);
        SPI_FLASH_SectorErase(FlashSectorAddress);
        SPI_FLASH_BufferWrite(TxBuffer,0, 11);
        printf("\r\n 写入的数据为:%s\r\n",TxBuffer);
        SPI_FLASH_BufferRead(RXBuffer, 0, 11);
        printf("\r\n读入的数据为:%s\r\n",RXBuffer);
    while(1);
}
```

代码清单 8.5　SPI_FLASH_Init 函数

```
#include "include.h"
/***************************************************************
* 函数名      : SPI_FLASH_Init              * 输出结果       : 无
* 函数描述    : SPI_FLASH初始化函数         * 返回值         : 无
* 输入参数    : 无
***************************************************************/
void SPI_FLASH_Init(void)
{
    SPI_InitTypeDef  SPI_InitStructure;
    GPIO_InitTypeDef GPIO_InitStructure;
    RCC_APB2PeriphClockCmd(RCC_APB2Periph_SPI1|RCC_APB2Periph_GPIOA
    RCC_ APB2Periph_GPIO_CS,ENABLE);                //打开SPI1和GPIO时钟
    GPIO_InitStructure.GPIO_Pin=GPIO_Pin_5|GPIO_Pin_6|GPIO_Pin_7;
    GPIO_InitStructure.GPIO_Mode=GPIO_Mode_AF_PP;
    GPIO_InitStructure.GPIO_Speed=GPIO_Speed_50MHz;
```

```
    GPIO_Init(GPIOA,&GPIO_InitStructure);
    //配置SPI1引脚: SCK、 MISO 和 MOSI
    GPIO_InitStructure.GPIO_Pin=GPIO_Pin_CS;
    GPIO_InitStructure.GPIO_Mode=GPIO_Mode_Out_PP;
    GPIO_Init(GPIO_CS,&GPIO_InitStructure);     //配置SPI  FLASH片选IO
    SPI_FLASH_CS_HIGH();                        //初始化SPI FLASH片选为高电平
    SPI_InitStructure.SPI_Direction=SPI_Direction_2Lines_FullDuplex;
    //SPI为全双工通信
    SPI_InitStructure.SPI_Mode=SPI_Mode_Master;        //设置为SPI主模式
    SPI_InitStructure.SPI_DataSize=SPI_DataSize_8b;  //设置为8位数据格式
    SPI_InitStructure.SPI_CPOL=SPI_CPOL_High;
    //设置为SPI工作模式4，即CPOL=1
    SPI_InitStructure.SPI_CPHA=SPI_CPHA_2Edge;         //CPOH = 1
    SPI_InitStructure.SPI_NSS=SPI_NSS_Soft;             // 设置NSS为软件管理
    SPI_InitStructure.SPI_BaudRatePrescaler=SPI_BaudRatePrescaler_4;
    //SPI波特率fpclk/4
    SPI_InitStructure.SPI_FirstBit=SPI_FirstBit_MSB; //设置数据高位在先
    SPI_InitStructure.SPI_CRCPolynomial=7;
    SPI_Init(SPI1,&SPI_InitStructure);
    SPI_Cmd(SPI1,ENABLE);                                 //使能SPI1
}
/*******************************************************
* 函数名     : SPI_FLASH_ReadID        * 输出结果      : 无
* 函数描述   : 读取FLASH ID函数         * 返回值        : 无
* 输入参数   : 无
*******************************************************/
u32 SPI_FLASH_ReadID(void)
{
    u32 Temp=0,Temp0=0,Temp1=0,Temp2=0;
    SPI_FLASH_CS_LOW();                         //设置片选为低电平，选中SPI FLASH
    SPI_FLASH_SendByte(0x9F);                   //发送读ID指令0x9F
    Temp0=SPI_FLASH_SendByte(Dummy_Byte); //从SPI FLASH读出第一个字节(0x20)
    Temp1=SPI_FLASH_SendByte(Dummy_Byte); //从SPI FLASH读出第二个字节(0x20)
    Temp2=SPI_FLASH_SendByte(Dummy_Byte); //从SPI FLASH读出第三个字节(0x14)
    SPI_FLASH_CS_HIGH();                      //设置片选为高电平，取消选择SPI FLASH
    Temp=(Temp0<<16)|(Temp1<<8)|Temp2;
    Return Temp;
}
/*******************************************************
* 函数名     : SPI_FLASH_SectorErase  * 输出结果      : 无
* 函数描述   : 扇区擦除函数              * 返回值        : 无
* 输入参数   : 无
*******************************************************/
void SPI_FLASH_SectorErase(u32 SectorAddr)
{
```

```
    SPI_FLASH_WriteEnable();                  //发送写使能指令
    SPI_FLASH_CS_LOW();                       //扇区擦除，设置片选为低电平，选中SPI FLASH
    SPI_FLASH_SendByte(SE);                                  //发送扇区擦除指令
    SPI_FLASH_SendByte((SectorAddr&0xFF0000)>>16);  //发送扇区地址a23~a16
    SPI_FLASH_SendByte((SectorAddr&0xFF00)>>8);     //发送扇区地址a15~a8
    SPI_FLASH_SendByte(SectorAddr&0xFF);                //发送扇区地址a7~a0
    SPI_FLASH_CS_HIGH();                      //设置片选为高电平，取消选择SPI FLASH
    SPI_FLASH_WaitForWriteEnd();                             // 等待写操作完成
}
/*******************************************************
* 函数名      : SPI_FLASH_PageWrite    * 输出结果    : 无
* 函数描述    : 写入时序函数             * 返回值      : 无
* 输入参数    : 无
*******************************************************/
void SPI_FLASH_PageWrite(u8* pBuffer,u32 WriteAddr,u16 NumByteToWrite)
{
    SPI_FLASH_WriteEnable();                          //发送写使能指令
    SPI_FLASH_CS_LOW();                            //片选设为低电平，选中SPI FLASH
    SPI_FLASH_SendByte(WRITE);                        //发送页写入指令
    SPI_FLASH_SendByte((WriteAddr&0xFF0000)>>16); //发送地址a23~a16
    SPI_FLASH_SendByte((WriteAddr&0xFF00)>>8);    //发送地址a15~a8
    SPI_FLASH_SendByte(WriteAddr&0xFF);           //发送地址a7~a0
   while (NumByteToWrite--)
}
//循环写入NumByteToWrite个字节数据
     {
        SPI_FLASH_SendByte(*pBuffer);          //发送一字节数据
        pBuffer++;                             //pBuffer指向下一个要写入的数据
     }
SPI_FLASH_CS_HIGH();                           //片选设为高电平，取消选中SPI FLASH
SPI_FLASH_WaitForWriteEnd();                   //等待写操作完成
/*******************************************************
* 函数名      : SPI_FLASH_BufferRead    * 输出结果      : 无
* 函数描述    : 读取数据函数             * 返回值        : 无
* 输入参数    : 无
*******************************************************/
void SPI_FLASH_BufferRead(u8* pBuffer,u32 ReadAddr,u16 NumByteToRead)
{
    SPI_FLASH_CS_LOW();                            //片选设为低电平，选中SPI FLASH
    SPI_FLASH_SendByte(READ);                        //发送读数据指令
    SPI_FLASH_SendByte((ReadAddr&0xFF0000)>>16); //发送地址a23~a16
    SPI_FLASH_SendByte((ReadAddr&0xFF00)>>8);    //发送地址a15~a8
    SPI_FLASH_SendByte(ReadAddr&0xFF);           //发送地址a7~a0
    while (NumByteToRead--)                     //读取NumByteToRead个字节数据
    {
```

```
        *pBuffer=SPI_FLASH_SendByte(Dummy_Byte);  //从SPI FLASH读一字节数据
        pBuffer++;                    //pBuffer指针指向读出数据被存放到的下一个位置
    }
     SPI_FLASH_CS_HIGH();        //设置片选为高电平，取消选择SPI FLASH
}
/*******************************************************
* 函数名     : SPI_FLASH_SendByte       * 输出结果       : 无
* 函数描述   : 发送和接收函数             * 返回值         : 无
* 输入参数   : 无
*******************************************************/
u8 SPI_FLASH_SendByte(u8 byte)
{
    //等待数据寄存器非空，数据从发送缓冲寄存器已经到达移位寄存器，现在可以发送
    while (SPI_I2S_GetFlagStatus(SPI1,SPI_I2S_FLAG_TXE)==RESET);
    SPI_I2S_SendData(SPI1,byte);                        //通过SPI1发送数据
    while (SPI_I2S_GetFlagStatus(SPI1,SPI_I2S_FLAG_RXNE)==RESET);
    return SPI_I2S_ReceiveData(SPI1);                   //返回从SPI缓存中读取的数据
}
/*******************************************************
* 函数名     : SPI_FLASH_WriteEnable      * 输出结果       : 无
* 函数描述   : 写使能函数                  * 返回值         : 无
* 输入参数   : 无
*******************************************************/
void SPI_FLASH_WriteEnable(void)
{
    SPI_FLASH_CS_LOW();                                       //选择片选位低电平
    SPI_FLASH_SendByte(WREN);                                 //发送写使能指令
    SPI_FLASH_CS_HIGH();                                      //重置为高电平
}
/*******************************************************
* 函数名     : SPI_FLASH_WaitF9orWriteEnd * 输出结果  : 无
* 函数描述   : 读状态函数                   * 返回值    : 无
* 输入参数   : 无
*******************************************************/
void SPI_FLASH_WaitForWriteEnd(void)
{
    u8 FLASH_Status=0;
    SPI_FLASH_CS_LOW();                                       //片选SPI
    SPI_FLASH_SendByte(RDSR);                                 //发送读状态寄存器指令
    {FLASH_Status=SPI_FLASH_SendByte(Dummy_Byte);}
    while ((FLASH_Status&WIP_Flag)==SET);
    SPI_FLASH_CS_HIGH();
}
```

4. 库函数说明

本实验考虑到主要介绍 SPI 通信方式，采用 STM32 和外围芯片模块连接，具体函数可以参考 Flash 芯片 M25PE80 的数据手册，根据工作时序写出读写及相关函数。

(1) SPI_Init 函数说明见表 8.15。

表 8.15　SPI_Init 函数说明

函数名	SPI_Init
函数原型	void SPI_Init(SPI_TypeDef*SPI_InitTypeDef*SPI_InitStruct)
功能描述	根据 SPI_InitStruct 中指定的参数初始化外设 SPIx 寄存器
输入参数 1	SPIx：x 可以是 1 或者 2 来选择 SPI 外设
输入参数 2	SPI_InitStruct：指向结构 SPI_InitTypeDef 的指针，包含了外设 SPI 的配置信息，参阅 Section:SPI_InitTypeDef 查看更多该参数允许的取值范围
输出参数	无
返回值	无
先决条件	无
被调用函数	无

SPI_InitTypeDef structure 结构体说明如下：

SPI_InitTypeDef 定义于文件“stm32f10x_spi.h”中。

```
typedef struct
{
  u16 SPI_Direction;
  u16 SPI_Mode;
  u16 SPI_DataSize;
  u16 SPI_CPOL;
  u16 SPI_CPHA;
  u16 SPI_NSS;
  u16 SPI_BaudRatePrescaler;
  u16 SPI_FirstBit;
  u16 SPI_CRCPolynomial;
} SPI_InitTypeDef;
```

SPI_Direction 设置了 SPI 单向或者双向的数据模式，如表 8.16 所示。

表 8.16　SPI_Direction 数据模式说明

SPI_Mode	描述
SPI_Direction_2Lines_FullDuplex	SPI 设置为双线双向全双工
SPI_Direction_2Lines_RxOnly	SPI 设置为双线单向接收
SPI_Direction_2Lines_Rx	SPI 设置为单线双向接收
SPI_Direction_2Lines_Tx	SPI 设置为单线双向发送

SPI_Mode 设置说明如表 8.17 所示。

表 8.17　SPI_Mode 设置说明

SPI_Mode	描述
SPI_Mode_Master	设置为主 SPI
SPI_Mode_Slave	设置为从 SPI

SPI_DataSize 设置了 SPI 的数据大小，如表 8.18 所示。

表 8.18　SPI_DataSize 设置说明

SPI_DataSize	描述
SPI_DataSize_16b	SPI 发送接收 16 位帧结构
SPI_DataSize_8b	SPI 发送接收 8 位帧结构

SPI_CPOL 说明如表 8.19 所示。

表 8.19　SPI_CPOL 设置说明

SPI_CPOL	描述
SPI_CPOL_High	时钟悬空高
SPI_CPOL_Low	时钟悬空低

SPI_CPHA 设置了位捕获的时钟活动沿，如表 8.20 所示。

表 8.20　SPI_CPHA 设置说明

SPI_CPHA	描述
SPI_CPHA_2Edge	数据捕获于第二个时钟沿
SPI_CPHA_1Edge	数据捕获于第一个时钟沿

SPI_NSS 说明如表 8.21 所示。

表 8.21　SPI_NSS 设置说明

SPI_NSS	描述
SPI_NSS_Hard	NSS 由外部引脚管理
SPI_NSS_Soft	内部 NSS 信号由 SSI 位控制

SPI_NSS 指定了 NSS 信号由硬件(NSS 引脚)还是软件(SSI 位)管理。

SPI_BaudRatePrescaler 用来定义波特率预分频的值，这个值用以设置发送和接收的 SCK 时钟，如表 8.22 所示。

表 8.22　SPI_BaudRatePrescaler 设置说明

SPI_NSS	描述
SPI_BaudRatePrescaler2	波特率预分频值为 2
SPI_BaudRatePrescaler4	波特率预分频值为 4
SPI_BaudRatePrescaler8	波特率预分频值为 8
SPI_BaudRatePrescaler16	波特率预分频值为 16
SPI_BaudRatePrescaler32	波特率预分频值为 32
SPI_BaudRatePrescaler64	波特率预分频值为 64
SPI_BaudRatePrescaler128	波特率预分频值为 128
SPI_BaudRatePrescaler256	波特率预分频值为 256

注意：通信时钟由主 SPI 的时钟分频得到，不需要设置从 SPI 的时钟。

SPI_FirstBit 指定了数据传输从 MSB 位还是 LSB 位开始，如表 8.23 所示。

表 8.23　SPI_FirstBit 设置说明

SPI_FirstBit	描述
SPI_FirstBit_MSB	数据传输从 MSB 位开始
SPI_FirstBit_LSB	数据传输从 LSB 位开始

SPI_CRCPolynomial 定义了用于 CRC 值计算的多项式。

例如：

```
/* Initialize the SPI1 according to the SPI_InitStructure members */
SPI_InitTypeDef SPI_InitStructure;
SPI_InitStructure.SPI_Direction=SPI_Direction_2Lines_FullDuplex;
SPI_InitStructure.SPI_Mode=SPI_Mode_Master;
SPI_InitStructure.SPI_DatSize=SPI_DatSize_16b;
SPI_InitStructure.SPI_CPOL=SPI_CPOL_Low;
SPI_InitStructure.SPI_CPHA=SPI_CPHA_2Edge;
SPI_InitStructure.SPI_NSS=SPI_NSS_Soft;
SPI_InitStructure.SPI_BaudRatePrescaler=SPI_BaudRatePrescaler_128;
SPI_InitStructure.SPI_FirstBit=SPI_FirstBit_MSB;
SPI_InitStructure.SPI_CRCPolynomial=7;
SPI_Init(SPI1, &SPI_InitStructure);
```

(2) SPI_Cmd 函数说明见表 8.24。

表 8.24　SPI_Cmd 函数说明

函数名	SPI_Cmd
函数原型	viod SPI_Cmd (SPI_TypeDef*SPIx,FunctionalState NewState)
功能描述	使能或者失能 SPI 外设

续表

输入参数 1	SPIx：x 可以是 1 或者 2 来选择 SPI 外设
输入参数 2	NewState：外设 SPIx 的新状态，这个参数可以取 ENABLE 或者 DISABLE
输出参数	无
返回值	无
先决条件	无
被调用函数	无

例如：

```
/* Enable SPI1 */
SPI_Cmd(SPI1,ENABLE);
```

5. 实验分析

在写操作前要先进行存储扇区的擦除操作，擦除操作前也要先发出“写使能”命令。调用 SPI_FLASH_ReadID 读取 Flash 器件的设备 ID 信息。若读取到的 ID 正确，则调用 SPI_FLASH_SectorErase 把 Flash 的内容擦除，擦除后调用 SPI_FLASH_BufferWrite 向 Flash 写入数据，再调用 SPI_FLASH_BufferRead 从刚刚写入的地址中读出数据。将读出的数据写入 GetChar 数组并利用串口助手打印出来。

8.4 I2C 通信模块

8.4.1 STM32 的 I2C 模块简介

STM32 系列的微控制器至少集成了一个 I2C 设备接口。它提供了多主机功能，可以实现所有 I2C 总线特定的时序、协议、仲裁和定时功能，支持标准传输和快速传输两种模式，支持标准传输和快速传输两种模式，同时与 SMBus2.0 兼容。I2C 模块有多种功能，包括 CRC 码的生成和校验、支持 SMbus 协议和 PMBus 协议。根据特定的需要，还可以使用 DMA 以减轻 CPU 的负担。

STM32 的 I2C 接口的主要特点如下：配备并行总线 I2C 总线协议转换器；支持多主机功能，该模块既可以作为主设备也可以作为从设备。I2C 的参考设计使用一个 7 位元长度的位址空间但保留了 16 个位址，所以在一组总线最多可和 112 个节点通信。常见的 I2C 总线依传输速率的不同而有不同的模式：标准模式(100Kbit/s)、低速模式(10Kbit/s)，但时脉频率可被允许下降至零，这代表可以暂停通信。而新一代的 I2C 总线可以和更多的节点(支援 10 位元长度的位址空间)以更快的速率通信：快速模式(400Kbit/s)、高速模式(3.4Mbit/s)。

8.4.2 I2C 协议简介

I2C(Inter-Integrated Circuit)协议是由 Philips 公司开发的，由于它的引脚少、硬件实现简单、可扩展性强，不需要如 USART、CAN 的外部收发设备，现在被广泛地使用在系统内多个集成电路(IC)间的通信。

1. I2C 的物理层

I2C 只使用两条总线，一条是双向的串行数据线(SDA)，另一条是串行时钟线(SCL)。每个连接到总线的设备都有一个独立的地址，主机可以利用这个地址进行不同设备之间的访问。多主机同时使用总线时，为了防止数据冲突，会利用仲裁方式决定由哪个设备占用总线。其有三种传输模式：标准模式的传输速率为 100Kbit/s、快速模式为 400Kbit/s，高速模式下可达 3.4Mbit/s，但目前大多 I2C 设备尚不支持高速模式。片上的滤波器可以滤除总线数据线上的毛刺波，保证数据完整。连接到相同总线的 I2C 的数量受总线最大电容 400pF 的限制。常见的 I2C 通信系统如图 8.16 所示。

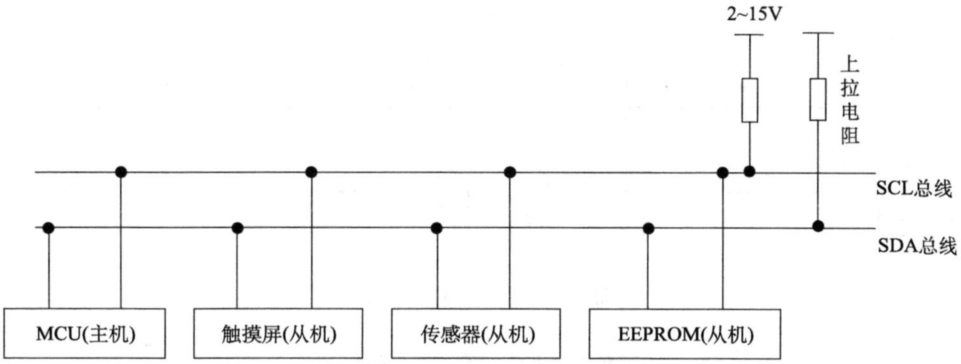

图 8.16　常见的 I2C 通信系统

2. I2C 的协议层

I2C 的协议层包括起始和停止条件、数据有效性、响应、仲裁、时钟同步和地址广播等环节。由于本书使用的是由 STM32 集成的硬件 I2C 接口，并不需要用软件模拟 SDA 和 SCL 的时序。图 8.17 是发送数据过程。

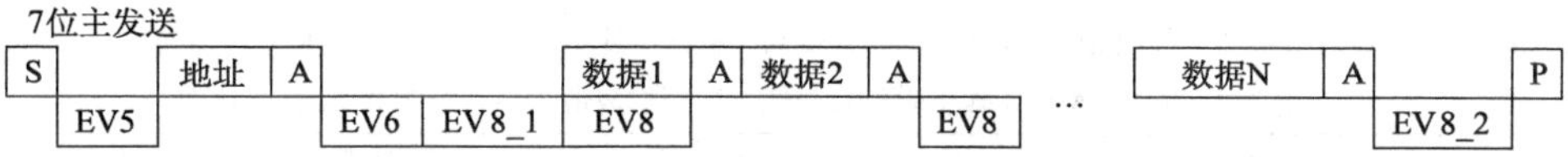

图 8.17　发送数据过程

3. I2C 主机接收数据过程

图 8.18 是接收数据过程。

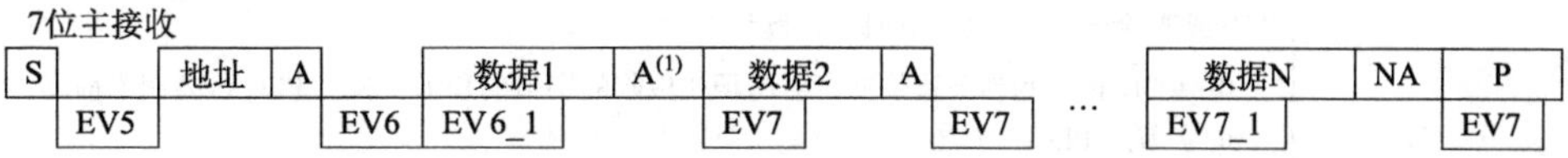

图 8.18　接收数据过程

4. 通信过程中的 EV 事件(仅用于 STM32)

EV5，检查状态寄存器的如下 3 位。SB：起始位(主模式)；MSL：主从模式；BUSY：总线忙。

EV6，主机发送时检查状态寄存器。BUSY：总线忙；MSL：主从模式；ADDR：地址已被发送；TxE：数据寄存器为空；TRA：发送/接收。

EV8，检查状态寄存器。TRA：发送/接收；BUSY：总线忙；MSL：主从模式；TxE：数据寄存器为空；BTF：字节发送结束。

EV7，检查状态寄存器。BUSY：总线忙；MSL：主从模式；RxNE：数据寄存器非空。

8.4.3 I2C 模块的寄存器

控制寄存器 1(I2C_CR1)的数据位如图 8.19 和表 8.25 所示。其地址偏移为 0x00，复位值为 0x0000。

15	14	13	12	11	10	9	8
SWRST	保留	ALERT	PEC	POS	ACK	STOP	START
rw		rw	rw	rw	rw	rw	rw

7	6	5	4	3	2	1	0
NOSTRETCH	ENGC	ENPEC	ENARP	SMBTYPE	保留	SMBUS	PE
rw	rw	rw	rw	rw		rw	rw

图 8.19 I2C _CR1 数据位

表 8.25 I2C_CR1 的各位描述

位 15	SWRST：软件复位(Software Reset)。当被置位时，I2C 处于复位状态。在复位该位前确信 I2C 的引脚被释放，总线是空的 0：I2C 模块不处于复位状态 1：I2C 模块处于复位状态 (注：该位可以用在 BUSY 位为 1，总线上又没有检测到停止条件时)
位 14	保留位，硬件强制为 0
位 13	ALERT：SMBus 提醒。软件可以设置或清除该位；当 PE=0 时，由硬件清除 0：释放 SMBAlert 引脚使其变高。提醒响应地址头紧跟在 NACK 信号后面 1：驱动 SMBAlert 引脚使其变低。提醒响应地址头紧跟在 ACK 信号后面
位 12	PEC：数据包出错检测 (Packet Error Checking)。软件可以设置或清除该位；当传送 PEC 或起始或停止条件或 PE=0 时硬件将其清除 0：无 PEC 传输 1：PEC 传输(在发送或接收模式) (注：仲裁丢失时，PEC 的计算失效)
位 11	POS：应答/PEC 位置(用于数据接收) (Acknowledge/PEC Position (for Data Reception))。软件可以设置或清除该位；当 PE=0 时，由硬件清除 0：ACK 位控制当前移位寄存器内正在接收的字节的(N)ACK。 PEC 位表明当前移位寄存器内的字节是 PEC 1: ACK 位控制在移位寄存器里接收的下一个字节的(N)ACK。PEC 位表明在移位寄存器里接收的下一个字节是 PEC (注：POS 位只能用在 2 字节的接收配置中，必须在接收数据之前配置) 为了 NACK 第 2 字节，必须在清除 ADDR 为之后清除 ACK 位 为了检测第 2 个字节的 PEC，必须在配置了 POS 位之后，拉伸 ADDR 事件时设置 PEC 位

续表

位 10	ACK：应答使能（Acknowledge Enable）。软件可以设置或清除该位；当 PE=0 时，由硬件清除 0：无应答返回 1：在接收到一个字节后返回一个应答(匹配的地址或数据)
位 9	STOP：停止条件产生（Stop Generation）。软件可以设置或清除该位：当检测到停止条件时，由硬件清除；当检测到超时错误时，硬件将其置位 在主模式下： 0：无停止条件产生 1：在当前字节传输或当前起始条件发出后产生停止条件 在从模式下： 0：无停止条件产生 1：在当前字节传输或释放 SCL 和 SDA 线 (注：当设置了 STOP、START 或 PEC 位，在硬件清除这个位之前，软件不要执行任何对 I2C_CR1 的写操作；否则可能会第 2 次设置 STOP、START 或 PEC 位)
位 8	START：起始条件产生（Start Generation）。软件可以设置或清除该位，当起始条件发出后或 PE=0 时，由硬件清除 在主模式下： 0：无起始条件产生； 1：重复产生起始条件 在从模式下： 0：无起始条件产生 1：当总线空闲时，产生起始条件
位 7	NOSTRETCH：禁止时钟延长(从模式)（Clock Stretching Disable (Slave Mode)）。该位用于当 ADDR 或 BTF 标志被置位，在从模式下禁止时钟延长，直到它被软件复位 0：允许时钟延长 1：禁止时钟延长
位 6	ENGC：广播呼叫使能（General Call Enable） 0：禁止广播呼叫，以非应答响应地址 00h 1：允许广播呼叫，以应答响应地址 00h
位 5	ENPEC：PEC 使能（PEC Enable） 0：禁止 PEC 计算 1：开启 PEC 计算
位 4	ENARP：ARP 使能（ARP Enable） 0：禁止 ARP 1：使能 ARP 如果 SMBTYPE=0，则使用 SMBus 设备的默认地址；如果 SMBTYPE=1，则使用 SMBus 的主地址
位 3	SMBTYPE：SMBus 类型（SMBus Type） 0：SMBus 设备 1：SMBus 主机
位 2	保留位，硬件强制为 0
位 1	SMBUS：SMBus 模式（SMBus Mode） 0：I2C 模式 1：SMBus 模式

续表

位 0	PE：I2C 模块使能(Peripheral Enable) 0：禁用 I2C 模块 1：启用 I2C 模块：根据 SMBus 位的设置，相应的 I/O 口需要配置为复用功能 (注：如果清除该位时通信正在进行，在当前通信结束后，I2C 模块被禁用并返回空闲状态。由于在通信结束后发生 PE=0，所有的位被清除) 在主模式下，通信结束之前，绝不能清除该位

控制寄存器 2(I2C_CR2)的数据位如图 8.20 和表 8.26 所示。其地址偏移为 0x04，复位值为 0x0000。

15	14	13	12	11	10	9	8	7	6	5	4	3	2	1	0
保留			LAST	DMAEN	ITBUFEN	ITEVTEN	ITERREN	保留		FREQ[5:0]					
			rw	rw	rw	rw	rw			rw	rw	rw	rw	rw	rw

图 8.20　I2C _CR2 数据位

表 8.26　I2C_CR2 的各位描述

位 15:13	保留位，硬件强制为 0
位 12	LAST：DMA 最后一次传输（DMA Last Transfer） 0：下一次 DMA 的 EOT 不是最后的传输 1：下一次 DMA 的 EOT 是最后的传输 (注：该位在主接收模式使用，以使在最后一次接收数据时可以产生一个 NACK)
位 11	DMAEN：DMA 请求使能（DMA Requests Enable） 0：禁止 DMA 请求 1：当 TxE=1 或 RxNE =1 时，允许 DMA 请求
位 10	ITBUFEN：缓冲器中断使能（Buffer Interrupt Enable） 0：当 TxE=1 或 RxNE=1 时，不产生任何中断 1：当 TxE=1 或 RxNE=1 时，产生事件中断(不管 DMAEN 是何种状态)
位 9	ITEVTEN：事件中断使能（Event Interrupt Enable） 0：禁止事件中断 1：允许事件中断 在下列条件下，将产生该中断： (1) SB = 1（主模式） (2) ADDR = 1（主/从模式） (3) ADD10= 1（主模式） (4) STOPF = 1（从模式） (5) BTF = 1，但没有 TxE 或 RxNE 事件 (6) 如果 ITBUFEN = 1，TxE 事件为 1 (7) 如果 ITBUFEN = 1，RxNE 事件为 1

续表

位 8	ITERREN：出错中断使能（Error Interrupt Enable） 0：禁止出错中断 1：允许出错中断
位 7:6	保留位，硬件强制为 0
位 5:0	FREQ[5:0]：I2C 模块时钟频率（Peripheral Clock Frequency）。必须设置正确的输入时钟频率以产生正确的时序，允许的范围为 2～36MHz 000000：禁用 000001：禁用 000010：2MHz ⋮ 100100：36MHz 大于 100100：禁用

数据寄存器(I2C_DR)的数据位如图 8.21 和表 8.27 所示。其地址偏移为 0x10；复位值为 0x0000。

15	14	13	12	11	10	9	8	7	6	5	4	3	2	1	0
保留								DR[7:0]							
res								rw	rw	rw	rw	rw	rw	rw	rw

图 8.21　I2C _DR 数据位

表 8.27　I2C_DR 的各位描述

位 15:8	保留位，硬件强制为 0
位 7:0	DR[7:0]：8 位数据寄存器（8-Bit Data Register），用于存放接收到的数据或放置用于发送到总线的数据 发送器模式：当写一个字节至 DR 寄存器时，自动启动数据传输。一旦传输开始(TxE=1)，如果能及时把下一个需传输的数据写入 DR 寄存器，I2C 模块将保持连续的数据流 接收器模式：接收到的字节被复制到 DR 寄存器(RxNE=1)。在接收到下一个字节(RxNE=1)之前读出数据寄存器，即可实现连续的数据传送 (注：(1)在从模式下，地址不会被复制进数据寄存器 DR；(2)硬件不管理写冲突(如果 TxE=0，仍能写入数据寄存器)；(3)如果在处理 ACK 脉冲时发生 ARLO 事件，接收到的字节不会被复制到数据寄存器里，因此不能读到它)

状态寄存器 1(I2C_SR1)的数据位如图 8.22 和表 8.28 所示。其地址偏移为 0x14，复位值为 0x0000。

15	14	13	12	11	10	9	8
SMB ALERT	TIME OUT	保留	PEC ERR	OVR	AF	ARLO	BERR
re wo	re wo	res	re wo	re wo	re wo	re wo	re wo
7	**6**	**5**	**4**	**3**	**2**	**1**	**0**
TxE	RxNE	保留	STOPF	ADD10	BTF	ADDR	SB
r	r	res	r	r	r	r	r

图 8.22　I2C_SR1 数据位

表 8.28　I2C_SR1 的各位描述

位 15	SMBALERT：SMBus 提醒（SMBus Alert）。该位由软件写 0 清除，或在 PE=0 时由硬件清除 在 SMBus 主机模式下： 0：无 SMBus 提醒 1：在引脚上产生 SMBAlert 提醒事件 在 SMBus 从机模式下： 0：没有 SMBAlert 响应地址头序列 1：收到 SMBAlert 响应地址头序列至 SMBAlert 变低
位 14	TIMEOUT：超时或 Tlow 错误（Timeout or Tlow Error）。该位由软件写 0 清除，或在 PE=0 时由硬件清除 0：无超时错误 1：SCL 处于低已达到 25ms（超时）；或者主机低电平累积时钟扩展时间超过 10ms（Tlow:mext）；或从设备低电平累积时钟扩展时间超过 25ms（Tlow:sext） 当在从模式下设置该位时，从设备复位通信，硬件释放总线；当在主模式下设置该位时，硬件发出停止条件
位 13	保留位，硬件强制为 0
位 12	PECERR：在接收时发生 PEC 错误（PEC Error in Reception）。该位由软件写 0 清除，或在 PE=0 时由硬件清除 0：无 PEC 错误，接收到 PEC 后接收器返回 ACK（如果 ACK=1） 1：有 PEC 错误，接收到 PEC 后接收器返回 NACK（不管 ACK 是什么值）
位 11	OVR：过载/欠载（Overrun/Underrun）。该位由软件写 0 清除，或在 PE=0 时由硬件清除 0：无过载/欠载 1：出现过载/欠载 当 NOSTRETCH=1 时，在从模式下该位被硬件置位，同时，在接收模式中当收到一个新的字节（包括 ACK 应答脉冲）时，数据寄存器里的内容还未被读出，则新接收的字节将丢失 在发送模式中要发送一个新的字节时，却没有新的数据写入数据寄存器，同样的字节将被发送两次 （注：如果数据寄存器的写操作发生时间非常接近 SCL 的上升沿，发送的数据是不确定的，并发生保持时间错误）
位 10	AF：应答失败（Acknowledge Failure）。该位由软件写 0 清除，或在 PE=0 时由硬件清除 0：没有应答失败 1：应答失败 当没有返回应答时，硬件将置该位为 1
位 9	ARLO：仲裁丢失（主模式）（Arbitration Lost（Master Mode））。该位由软件写 0 清除，或在 PE=0 时由硬件清除 0：没有检测到仲裁丢失 1：检测到仲裁丢失 当接口失去对总线的控制给另一个主机时，硬件将置该位为 1 在 ARLO 事件之后，I2C 接口自动切换回从模式（M/SL=0） （注：在 SMBus 模式下，在从模式下对数据的仲裁仅发生在数据阶段，或应答传输区间（不包括地址的应答））
位 8	BERR：总线出错（Bus Error）。该位由软件写 0 清除，或在 PE=0 时由硬件清除 0：无起始或停止条件出错 1：起始或停止条件出错 当接口检测到错误的起始或停止条件时，硬件将置该位为 1

位 7	TxE：数据寄存器为空(发送时) (Data Register Empty (Transmitters)) 0：数据寄存器非空 1：数据寄存器空 在发送数据时，数据寄存器为空时该位被置 0，在发送地址阶段不设置该位 软件写数据到 DR 寄存器时可清除该位；在发生一个起始或停止条件后或当 PE=0 时由硬件自动清除 如果收到一个 NACK，或下一个要发送的字节是 PEC(PEC=1)，该位不被置位 (注：在写入第 1 个要发送的数据后或设置了 BTF 时写入数据，都不能清除 TxE 位，这是因为数据寄存器仍然为空)
位 6	RxNE：数据寄存器非空(接收时) (Data Register Not Empty (Receivers)) 0：数据寄存器为空 1：数据寄存器非空 在接收时，当数据寄存器不为空时，该位被置 1。在接收地址阶段，该位不被置位 软件对数据寄存器的读写操作清除该位，当 PE=0 时由硬件清除 在发生 ARLO 事件时，RxNE 不被置位 (注：当设置了 BTF 时，读取数据不能清除 RxNE 位，因为数据寄存器仍然为满)
位 5	保留位，硬件强制为 0
位 4	STOPF：停止条件检测位(从模式) (Stop Detection (Slave Mode)) 0：没有检测到停止条件 1：检测到停止条件 在一个应答之后(如果 ACK=1)，当从设备在总线上检测到停止条件时，硬件将该位置 1 软件读取 SR1 寄存器后，对 CR1 寄存器的写操作将清除该位，当 PE=0 时，硬件清除该位 (注：在收到 NACK 后，STOPF 位不被置位)
位 3	ADD10：10 位头序列已发送(主模式) (10-Bit Header Sent (Master Mode)) 0：没有 ADD10 事件发生 1：主设备已经将第一个地址字节发送出去 在 10 位地址模式下，当主设备已经将第一个字节发送出去时，硬件将该位置 1 软件读取 SR1 寄存器后，对 CR1 寄存器的写操作将清除该位，当 PE=0 时，硬件清除该位 (注：收到一个 NACK 后，ADD10 位不被置位)
位 2	BTF：字节发送结束 (Byte Transfer Tinished) 0：字节发送未完成 1：字节发送结束 当 NOSTRETCH=0 时，在下列情况下硬件将该位置 1： (1)在接收时，收到一个新字节(包括 ACK 脉冲)且数据寄存器还未被读取(RxNE=1)时 (2)在发送时，一个新数据将被发送且数据寄存器还未被写入新的数据(TxE=1)时 在软件读取 SR1 寄存器后，对数据寄存器的读或写操作将清除该位；或在传输中发送一个起始或停止条件后，以及当 PE=0 时，由硬件清除该位 (注：在收到一个 NACK 后，BTF 位不会被置位) 如果下一个要传输的字节是 PEC(I2C_SR2 寄存器中 TRA 为 1，同时 I2C_CR1 寄存器中 PEC 为 1)，BTF 位不会被置位

位 1	ADDR：地址已被发送(主模式)/地址匹配(从模式)(Address Sent (Master Mode)/Matched (Slave Mode)) 在软件读取 SR1 寄存器后，对 SR2 寄存器的读操作将清除该位；当 PE=0 时，由硬件清除该位 地址匹配(从模式)： 0：地址不匹配或没有收到地址 1：收到的地址匹配 当收到的从地址与 OAR 寄存器中的内容相匹配或发生广播呼叫或 SMBus 设备默认地址或 SMBus 主机识别出 SMBus 提醒时，硬件就将该位置 1(当对应的设置被使能时) 地址已被发送(主模式)： 0：地址发送没有结束 1：地址发送结束 10 位地址模式时，当收到地址的第二个字节的 ACK 后该位被置 1 7 位地址模式时，当收到地址的 ACK 后该位被置 1 注：在收到 NACK 后，ADDR 位不会被置位
位 0	SB：起始位(主模式)(Start Bit (Master Mode)) 0：未发送起始条件 1：起始条件已发送 当发送出起始条件时该位被置 1 软件读取 SR1 寄存器后，写数据寄存器的操作将清除该位；当 PE=0 时，硬件清除该位

8.4.4 实验部分

以 STM32 控制器的 I2C 模块和温度模块进行数据的访问为例来说明 I2C 模块的工作原理与应用编程方法。使用 STM32 的 I2C 实现 LM75A 温度传感器的访问。

实验目的：熟悉 I2C 模块的工作原理与应用编程方法。

基本要求：利用 I2C 实现 LM75A 温度传感器的访问，并把温度数据显示在数码管上，精确到小数点后面 1 位。

提高部分：将读取温度数据显示在液晶显示器上，精确到小数点后面 2 位。

拓展部分：设计一个 6 位数字密码锁程序，通过矩阵键盘设置密码，将密码存入 EEPROM，当密码输入正确时蜂鸣器响起，否则蜂鸣器不响。掉电，看密码是否保存完好。

1. 硬件电路

如图 8.23 所示，将 PB7、PB6、PB5 分别与温度传感器的 SDA、SCL、$\overline{\text{OS}}$/INT 端相连，并分别接 4.7kΩ 上拉电阻至 3.3V 电源。

2. 程序设计

(1) GPIO 初始化。

①开启 GPIO 外设时钟。

②将 PB7、PB8 配置为复用开漏输出模式，PB5 配置为上拉输入模式。

(2) 配置 I2C 的通信模式。

(3) 对读取温度传感器输出值的程序设计。工程文件组详情如表 8.29 所示。

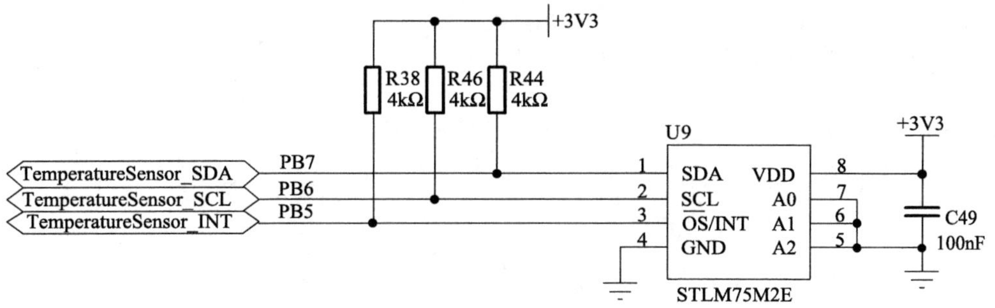

(a) 温度模块的I2C通信电路图

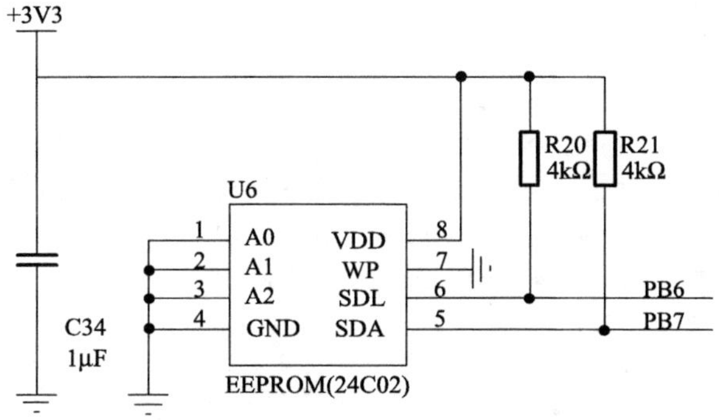

(b) EEPROM的I2C通信电路图

图 8.23　I2C 通信电路图

表 8.29　I2C 温度通信实验工程文件详情

文件组	包含文件	详情
CORE 文件组	core_cm3.c	CM3 内核接口
	startup_stm32f10x_hd.s	STM32 的启动文件
FWLIB 文件组	stm32f10x_gpio.c	GPIO 的底层配置函数
	stm32f10x_rcc.c	RCC 的底层配置函数
	stm32f10x_usart.c	串口的底层配置函数
	stm32f10x_i2c.c	I2C 通信的底层配置函数
USER 文件组	mian.c	用户应用代码
	stm32f10x_it.c	STM32 的中断服务子程序
	system_stm32f10x.c	设置系统时钟和总线时钟文件

3. 程序清单

具体程序如代码清单 8.6 和代码清单 8.7 所示。

代码清单 8.6　main 函数

```
#include "include.h"
/*********************************************************
```

```
* 函数名      : main              * 输出结果        : 无
* 函数描述    : main函数          * 返回值          : 无
* 输入参数    : 无
*******************************************************/
int main(void)
{
    u32 TempReadValue=0;
    float temperature;
    delay_init();                                   //延时函数初始化
    uart_init(9600);                                //串口初始化为9600
    NVIC_Configuration();                           //中断优先级设置
    I2C_LM75_Init();                                //I2C模式及温度读取子函数的初始化
    while(1)
    {
        TempReadValue=I2C_LM75_Temp_Read();   //读取LM75A温度寄存器的值
        temperature=TempReadValue * 0.125;//转换成实际的温度值，温度补码单位值=0.125
        printf("\r\n TempReadValue=%d \r\n",TempReadValue);
        printf("\r\n temperature=%.3f \r\n",temperature);
        delay_ms(1000);
    }
}
```

代码清单 8.7　I2C_LM75_Init

```
#include "include.h"
/*******************************************************
* 函数名      : I2C_LM75_Init       * 输出结果        : 无
* 函数描述    : I2C初始化           * 返回值          : 无
* 输入参数    : 无
*******************************************************/
void I2C_LM75_Init(void)
{
    GPIO_InitTypeDef GPIO_InitStructure;
    I2C_InitTypeDef I2C_InitStructure;
    RCC_APB2PeriphClockCmd(RCC_APB2Periph_GPIOB|RCC_APB2Periph_AFIO,ENABLE);
    RCC_APB1PeriphClockCmd(RCC_APB1Periph_I2C1,ENABLE);
    GPIO_InitStructure.GPIO_Pin=GPIO_Pin_6|GPIO_Pin_7;//端口配置
    GPIO_InitStructure.GPIO_Speed=GPIO_Speed_50MHz;
    GPIO_InitStructure.GPIO_Mode=GPIO_Mode_AF_OD;          //复用开漏输出
    GPIO_Init(GPIOB,&GPIO_InitStructure);
    //配置PB5为上拉输入，连接LM75A的INT引脚
    GPIO_InitStructure.GPIO_Pin=GPIO_Pin_5;
    GPIO_InitStructure.GPIO_Speed=GPIO_Speed_10MHz;
    GPIO_InitStructure.GPIO_Mode=GPIO_Mode_IPU;
    GPIO_Init(GPIOB,&GPIO_InitStructure);
    I2C_InitStructure.I2C_ClockSpeed=I2C_Speed;//设置I2C的时钟频率
```

```
    I2C_InitStructure.I2C_Mode=I2C_Mode_I2C;   //设置成I2C模式，不是SMBus模式
    I2C_InitStructure.I2C_DutyCycle=I2C_DutyCycle_2;
    I2C_InitStructure.I2C_OwnAddress1=0;
    //因为这里STM32作为主机，所以地址无所谓
    I2C_InitStructure.I2C_Ack=I2C_Ack_Enable;  //使能ACK应答
    I2C_InitStructure.I2C_AcknowledgedAddress=I2C_AcknowledgedAddress_7bit;
    I2C_Init(I2C1,&I2C_InitStructure);
    I2C_Cmd(I2C1,ENABLE);
}
/*******************************************************
* 函数名     : I2C_LM75_Temp_Read  * 输出结果      : 无
* 函数描述   : 温度读取函数         * 返回值        : 温度
* 输入参数   : 无
*******************************************************/
u16 I2C_LM75_Temp_Read(void)
{
    u32 RegValue=0;        //使能I2C1 ACK应答位(如果ACK被其他功能模块取消)
    I2C_AcknowledgeConfig(I2C1,ENABLE);
    I2C_GenerateSTART(I2C1,ENABLE);                          //发送I2C起始条件
while(!I2C_CheckEvent(I2C1,I2C_EVENT_MASTER_MODE_SELECT));//等待EV5事件
I2C_Send7bitAddress(I2C1,LM75_Addr,I2C_Direction_Transmitter);
//发送LM75A从机地址，写操作
while(!I2C_CheckEvent(I2C1,I2C_EVENT_MASTER_TRANSMITTER_MODE_SELECTED));
//等待EV6事件
I2C_SendData(I2C1,LM75_TEMP_Reg);                        //发送温度寄存器指针值
    while(!I2C_CheckEvent(I2C1,I2C_EVENT_MASTER_BYTE_TRANSMITTED));
    //等待EV8事件
    I2C_GenerateSTART(I2C1,ENABLE);                      //发送重复起始条件
    while(!I2C_CheckEvent(I2C1,I2C_EVENT_MASTER_MODE_SELECT));
    //等待EV5事件
    I2C_Send7bitAddress(I2C1,LM75_Addr, I2C_Direction_Receiver);
    //发送LM75A从机地址，读操作
    while(!I2C_CheckEvent(I2C1,I2C_EVENT_MASTER_RECEIVER_MODE_SELECTED));
    //等待EV6事件
    while(!I2C_CheckEvent(I2C1,I2C_EVENT_MASTER_BYTE_RECEIVED));
    //等待EV7事件
    RegValue=I2C_ReceiveData(I2C1)<<8;
    I2C_AcknowledgeConfig(I2C1,DISABLE);
    //取消应答位，LM75A读温度的第二个字节不需要应答位，参考LM75A的时序图
    I2C_GenerateSTOP(I2C1,ENABLE);                       //发送停止条件
    while(!I2C_CheckEvent(I2C1,I2C_EVENT_MASTER_BYTE_RECEIVED));
    //等待EV7事件
    RegValue|=I2C_ReceiveData(I2C1);                   //接收LM75A温度值的低8位
    Return (RegValue>>5);                              //返回温度值的高11位
}
```

```
/*******************************************************
* 函数名     : NVIC_Configuration            * 输出结果      : 无
* 函数描述   : 中断优先级函数                * 返回值        : 无
* 输入参数   : 无
*******************************************************/
NVIC_Configuration();
{
    NVIC_InitTypeDef NVIC_InitStructure;
    NVIC_PriorityGroupConfig(NVIC_PriorityGroup_2);             //中断优先组2
    NVIC_InitStructure.NVIC_IRQChannel=USART1_IRQn;
    NVIC_InitStructure.NVIC_IRQChannelPreemptionPriority=3;    //抢占优先级3
    NVIC_InitStructure.NVIC_IRQChannelSubPriority=3;           //子优先级3
    NVIC_InitStructure.NVIC_IRQChannelCmd=ENABLE;//IRQ通道使能
    NVIC_Init(&NVIC_InitStructure);            //根据指定的参数初始化NVIC寄存器
}

/*******************************************************
* 函数名     : uart_init                     * 输出结果      : 无
* 函数描述   : 串口初始化函数                * 返回值        : 无
* 输入参数   : 无
*******************************************************/
void uart_init(u32 bound)
{
  GPIO_InitTypeDef GPIO_InitStructure;
  USART_InitTypeDef USART_InitStructure;
  RCC_APB2PeriphClockCmd(RCC_APB2Periph_USART1|RCC_APB2Periph_GPIOA,ENABLE);
  //使能USART1，GPIOA时钟
  USART_DeInit(USART1);                                      //复位串口1
  GPIO_InitStructure.GPIO_Pin=GPIO_Pin_9;               //USART1_TX  PA.9
  GPIO_InitStructure.GPIO_Speed=GPIO_Speed_50MHz;
  GPIO_InitStructure.GPIO_Mode=GPIO_Mode_AF_PP;         //复用推挽输出
  GPIO_Init(GPIOA,&GPIO_InitStructure);                  //初始化PA9
  GPIO_InitStructure.GPIO_Pin=GPIO_Pin_10;              //USART1_RX  PA.10
  GPIO_InitStructure.GPIO_Mode=GPIO_Mode_IN_FLOATING;//浮空输入
  GPIO_Init(GPIOA,&GPIO_InitStructure);                  //初始化PA10
  USART_InitStructure.USART_BaudRate=bound;             //一般设置为9600;
  USART_InitStructure.USART_WordLength=USART_WordLength_8b;
  //字长为8位数据格式
  USART_InitStructure.USART_StopBits=USART_StopBits_1;//一个停止位
  USART_InitStructure.USART_Parity=USART_Parity_No;   //无奇偶校验位
  USART_InitStructure.USART_HardwareFlowControl
  USART_HardwareFlowControl_None;                          //无硬件数据流控制
  USART_InitStructure.USART_Mode=USART_Mode_Rx|USART_Mode_Tx;
  //收发模式
  USART_Init(USART1,&USART_InitStructure);                //初始化串口
```

```
  USART_ITConfig(USART1,USART_IT_RXNE,ENABLE);          //开启中断
  USART_Cmd(USART1,ENABLE);                               //使能串口
}
/*******************************************************
* 函数名     : USART1_IRQHandler       * 输出结果        : 无
* 函数描述   : 串口中断函数             * 返回值          : 无
* 输入参数   : 无
*******************************************************/
void USART1_IRQHandler(void)               //串口1中断服务程序
{
u8 Res;
#ifdef OS_TICKS_PER_SEC                   //如果时钟节拍数定义了，说明要使用ucosII了
OSIntEnter();
#endif
if(USART_GetITStatus(USART1,USART_IT_RXNE)!=RESET)
{
Res =USART_ReceiveData(USART1);          //(USART1->DR);读取接收到的数据
if((USART_RX_STA&0x8000)==0)             //接收未完成
{
     if(USART_RX_STA&0x4000)             //接收到了0X0D
        {
          if(Res!=0x0a)USART_RX_STA=0;  //接收错误，重新开始
          else USART_RX_STA|=0x8000;      //接收完成了
        }
        else                              //还没收到0X0D
        {
         if(Res==0x0d)USART_RX_STA|=0x4000;
         else
            {
             USART_RX_BUF[USART_RX_STA&0X3FFF]=Res ;
             USART_RX_STA++;
             if(USART_RX_STA>(USART_REC_LEN-1))USART_RX_STA=0;
               //接收数据错误，重新开始接收
             }
        }
}
}
```

4. *库函数说明*

本实验考虑到主要介绍 I2C 通信方式，采用 STM32 和外围芯片模块连接，具体函数可以参考 LM75A 温度传感器的数据手册。

(1) I2C_ Init 函数说明如表 8.30 所示。

表 8.30　I2C_ Init 函数说明

函数名	I2C_Init
函数原型	void I2C_Init(I2C_TypeDef*I2C_InitTypeDef*I2C_InitStruct)
功能描述	根据 I2C_InitStruct 中指定的参数初始化 I2Cx 寄存器
输入参数 1	I2C_x：x 可以是 1 或者 2 来选择 I2C 外设
输入参数 2	I2C_InitStruct：指向结构 I2C_InitTypeDef 的指针，包含了外设 GPIO 的配置信息。参阅 Section：I2C_InitTypeDef 查看更多参数允许的取值范围
输出参数	无
返回值	无
先决条件	无
被调用函数	无

I2C_InitTypeDef structure 结构体说明如下：
I2C_InitTypeDef 定义于文件“stm32f10x_ i2c.h”中。

```
typedef struct
{
  u16 I2C_Mode;
  u16 I2C_DutyCycle;
  u16 I2C_OwnAddress1;
  u16 I2C_Ack;
  u16 I2C_AcknowledgedAddress;
  u32 I2C_ClockSpeed;
} I2C_InitTypeDef;
```

I2C_Mode 用以设置 I2C 的模式，如表 8.31 所示。

表 8.31　I2C_Mode 设置说明

I2C_Mode	描述
I2C_Mode_I2C	设置 I2C 为 I2C 模式
I2C_Mode_SMBusDevice	设置 I2C 为 SMBus 设备模式
I2C_Mode_SMBusHost	设置 I2C 为 SMBus 主控模式

I2C_DutyCycle 用以设置 I2C 的占空比，如表 8.32 所示。

表 8.32　I2C_DutyCycle 设置说明

I2C_DutyCyle	描述
I2C_DutyCycle_16_9	I2C 快速模式 Tlow/Thigh=16/9
I2C_DutyCycle_2	I2C 快速模式 Tlow/Thigh=2

注意：该参数只有当 I2C 工作在快速模式(时钟工作频率高于 100kHz)下才有意义。
I2C_Ack 使能或者失能应答(ACK)，表 8.33 给出了该参数可取的值。

表 8.33　I2C_Ack 设置说明

I2C_Ack	描述
I2C_Ack_Enable	使能应答(ACK)
I2C_Ack_Disable	失能应答(ACK)

I2C_AcknowledgedAddress 定义了应答 7 位地址还是应答 10 位地址，如表 8.34 所示。

表 8.34　I2C_AcknowledgedAddress 设置说明

I2C_AcknowledgedAddress	描述
I2C_AcknowledgedAddress_7bit	应答 7 位地址
I2C_AcknowledgedAddress_10bit	应答 10 位地址

I2C_ClockSpeed 参数用来设置时钟频率，这个值不能高于 400kHz。
例如：

```
/* Initialize the I2C1 according to the I2C_InitStructure members */
I2C_InitTypeDef I2C_InitStructure;
I2C_InitStructure.I2C_Mode=I2C_Mode_SMBusHost;
I2C_InitStructure.I2C_DutyCycle=I2C_DutyCycle_2;
I2C_InitStructure.I2C_OwnAddress1=0x03A2;
I2C_InitStructure.I2C_Ack=I2C_Ack_Enable;
I2C_InitStructure.I2C_AcknowledgedAddress=I2C_AcknowledgedAddress_7bit;
I2C_InitStructure.I2C_ClockSpeed = 200000;
I2C_Init(I2C1, &I2C_InitStructure);
```

(2) I2C _ Cmd 函数说明见表 8.35。

表 8.35　I2C_ Cmd 函数说明

函数名	I2C_Cmd
函数原型	void I2C_Cmd (I2C_TypeDef*I2C，FunctionalState NewState)
功能描述	使能或失能 I2C 外设
输入参数 1	I2C_x：x 可以是 1 或 2 来选择 I2C 外设
输入参数 2	NewState：外设 I2C_x 的新状态。这个参数可以取 ENABLE 或 DISABLE
输出参数	无
返回值	无
先决条件	无
被调用函数	无

例如：

```
/* Enable I2C1 peripheral */
I2C_Cmd(I2C1,ENABLE);
```

5. 实验分析

LM75A 是 NXP 半导体公司推出的 I2C 接口的数字温度传感器，它也是一个温度检测器，提供过热检测输出功能。LM75A 有两种工作模式：正常模式或关断模式。这里只讨论正常模式。状态寄存器中有“起始条件已发送”等状态标志，这些标志组合起来就成了 I2C 通信过程中的事件：EV5、EV6、EV7、EV8 等。

通信过程中的 EV 事件(仅用于 STM32)如下。

EV5，检查状态寄存器的如下 3 位。SB：起始位(主模式)；MSL：主从模式；BUSY：总线忙。

EV6，主机发送时，检查状态寄存器的如下位。BUSY：总线忙；MSL：主从模式；ADDR：地址已被发送；TxE：数据寄存器为空；TRA：发送/接收。

主机接收时，检查状态寄存器的如下位。BUSY：总线忙；MSL：主从模式；ADDR：地址已被发送。

EV7，检查状态寄存器的如下几位。BUSY：总线忙；MSL：主从模式；RxNE：数据寄存器非空。

EV8，检查状态寄存器的如下几位。TRA：发送/接收；BUSY：总线忙；MSL：主从模式；TxE：数据寄存器为空；BTF：字节发送结束。

温度寄存器是 16 位寄存器，只有其中高 11 位有效，用于存放以 0.125℃为单位的温度值补码。Return (RegValue >> 5)，返回温度值的高 11 位。LM75A 包含许多寄存器，当指针寄存器的最后两位(B1、B0)为 0 时，选择操作温度寄存器。详情请参看 LM75A 参考手册。

8.5 局域网控制器

CAN 是由德国研发和生产的汽车电子产品，由著名的 BOSCH 公司开发，并最终成为国际标准(ISO11519，CAN 高速通信标准)，是国际上应用最广泛的现场总线接口之一。在北美和西欧，CAN 总线协议已经成为汽车计算机控制系统和嵌入式工业控制局域网的标准总线，并且拥有以 CAN 为底层协议、专为大型货车和重工机械车辆设计的 J1939 协议。近年来，其所具有的高可靠性和良好的错误检测能力受到重视，广泛应用于汽车计算机控制系统以及环境恶劣、电磁辐射强、振动大的工业环境。

8.5.1 CAN 协议简介

1. 物理层

与 I2C、SPI 等具有时钟信号的通信方式不同，CAN 通信并不是以时钟信号来同步的。它只有 CAN_High 和 CAN_Low 两条信号线，共同构成一组差分信号线，所以 CAN 是以差分信号的形式进行通信的，见图 8.24。

图 8.24 中的 CAN 通信网络是遵循 ISO11898 标准的高速短距离闭环网络，它的总线最大长度为 40m，通信速度最高为 1Mbit/s。还有一种是遵循 ISO11519-2 标准的低速远距离开环网络，它的最大传输距离为 1km，最高通信速率为 125Kbit/s。从 CAN 闭环总线通信网络图可以了解到，它的通信节点由一个 CAN 控制器和一个 CAN 收发器组成。例如，STM32 的

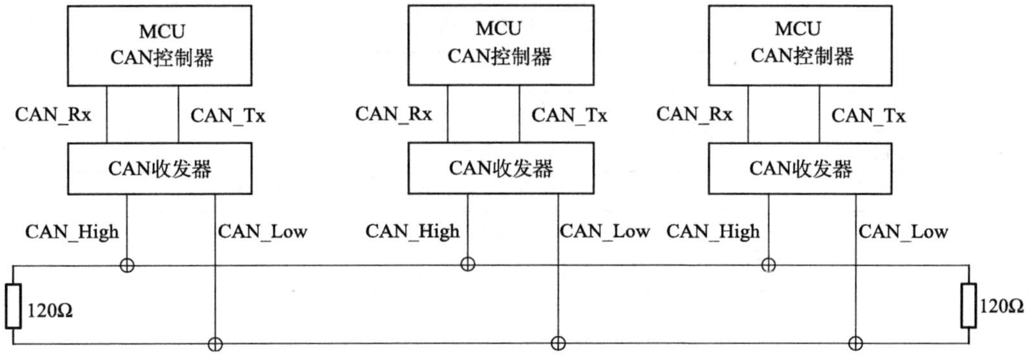

图 8.24　CAN 闭环总线通信网络

CAN 接口即为 CAN 控制器，为了构成完整的节点，还要给它外接一个 CAN 收发器。在发送数据时，CAN 控制器把要发送的二进制编码通过 CAN_Tx 线发送到 CAN 收发器，然后由收发器把这个普通的逻辑电平信号转化成差分信号，通过差分线 CAN_High 和 CAN_Low 输出到 CAN 总线网络。在接收数据时，这个过程相反。差分信号即信号的逻辑 0 和逻辑 1 由两根差分信号线的电压差来表示。ISO11898 标准规定 CAN 协议中处于逻辑 1(隐性电平)时，CAN_High 和 CAN_Low 线上的电平均为 2.5V，即它们的电压差 $V_h-V_l=0V$。而在逻辑 0(显性电平)时，CAN_High 的电平为 3.5V，CAN_Low 线的电平为 1.5V，即它们的电压差 $V_h-V_l=2V$。例如，当 CAN 收发器从 CAN_Tx 线接收到来自 CAN 控制器的低电平信号时，它会将该信号转化，使 CAN_High 输出 3.5V，同时 CAN_Low 输出 1.5V，即显性电平。与串口中的 MAX3232 用作电平转换一样，CAN 收发器的作用则是用作差分信号的转换。在 CAN 总线中，必须处于隐性电平(逻辑 1)或显性电平(逻辑 0)中的一个状态。假如有两个 CAN 通信节点，在同一时间，一个输出隐性电平，另一个输出显性电平，总线的“线与”特性将使它处于显性电平状态，即可以认为显性具有优先的意味。

2. CAN 的报文种类及结构

在 SPI 通信中，片选、时钟信号、数据输入及数据输出这 4 个信号都有单独的信号线。而 CAN 使用的是两条差分信号线，只能表达一个信号。简洁的物理层决定了 CAN 必然要配上一套更复杂的协议。如何用一个信号通道实现同样甚至更强大的功能呢？答案是对数据或操作命令进行打包。

1)报文的种类

在原始数据段的前面加上传输起始标签、片选(识别)标签、控制标签，在数据的尾段加上 CRC 校验标签、应答标签和传输结束标签。把这些内容按特定的格式打包好，就可以用一个通道表达各种信号了，各种各样的标签就如同 SPI 中各种通道上的信号，起到了协同传输的作用。当整个数据包被传输到其他设备时，只要这些设备按格式去解读，就能还原出原始数据。类似这样的数据包就称为 CAN 的数据帧。为了更有效地控制通信，CAN 协议一共规定了 5 种类型的帧，帧也称为报文。它们的种类及用途说明见表 8.36。

2)数据帧的结构

数据帧是在 CAN 通信中最主要、最复杂的报文，其结构如图 8.25 所示。

表 8.36　帧的种类及其用途

帧	用途
数据帧	用于发送单元向接收单元传送数据的帧
遥控帧	用于接收单元具有相同 ID 的发送单元请求数据的帧
错误帧	用于当检测出错误时向其他单元通知错误的帧
过载帧	用于接收单元通知其尚未做好准备的帧
帧间隔	用于将数据帧及遥控帧与前面的帧分离开来的帧

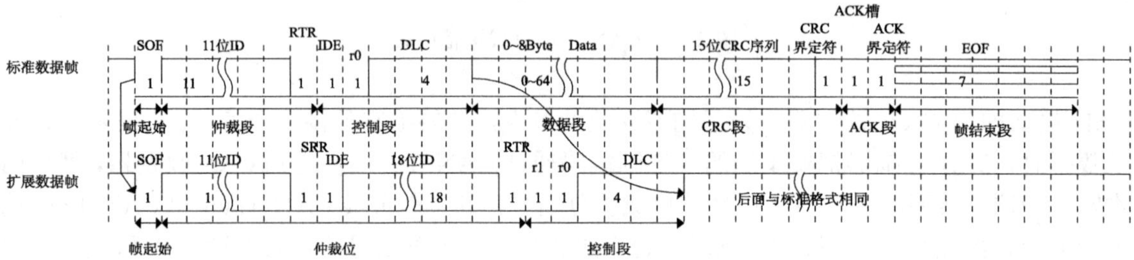

图 8.25　数据帧的结构

数据帧以一个显性位(逻辑 0)开始，以 7 个连续的隐性位(逻辑 1)结束。在它们之间，分为仲裁段、控制段、数据段、CRC 段和 ACK 段。

(1)仲裁段。

仲裁段的内容主要为本数据帧的 ID 信息。数据帧分为标准格式和扩展格式两种，区别就在于 ID 信息的长度：标准格式的 ID 为 11 位，扩展格式的 ID 为 29 位。在 CAN 协议中，ID 起着重要的作用，它决定着数据帧发送的优先级，也决定着其他设备是否会接收这个数据帧。CAN 协议不对挂载在它之上的设备分配优先级，对总线的占有权是由信息的重要性决定的，即对于重要的信息，会给它打包上一个优先级高的 ID，使它能够及时地发送出去。它具有这样的优先级分配原则，使 CAN 的扩展性大大加强，在总线上增加或减少节点并不影响其他设备。报文的优先级是通过对 ID 的仲裁来确定的。由前面对物理层的分析可以知道，如果总线上同时出现显性电平和隐性电平，总线的状态会被置为显性电平，优先级的仲裁就是根据这个特性实现的。若两个节点同时竞争 CAN 总线的占有权，在它们发送报文时，若首先出现隐性电平，则会失去对总线的占有权，进入接收状态。

仲裁段 ID 的优先级也影响着接收设备对报文的反应。因为在 CAN 总线上，数据是以广播的形式发送的，所有连接在 CAN 总线上的节点都会收到所有其他节点发出的有效数据，因而 CAN 控制器大多具有根据 ID 过滤报文的功能，即只接收某些 ID 的报文。仲裁段除了报文 ID 外，还有 RTR、IDE、SRR 位。其中，RTR(Remote Transmission Request)位是用于区分数据帧和遥控帧的，在数据帧里其为显性(逻辑 0)。IDE(Identifier Extension)位是用于区分标准格式与扩展格式的，在标准格式中为显性，在扩展格式里为隐性。SRR(Substitute Remote Request)位只存在于扩展格式，它用于替代标准格式中的 RTR 位。SRR 位为隐性位，由于 RTR 在数据帧中为显性位，所以在两个 ID 相同的标准格式报文与扩展格式报文中，标准格式的优先级较高。仲裁过程如图 8.26 所示。

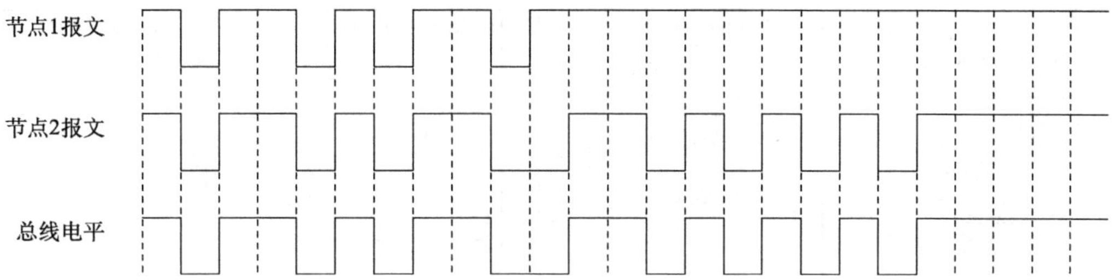

图 8.26　仲裁过程

(2)控制段。

在控制段中的 r1 和 r0 为保留位，默认设置为显性位，最主要的为 DLC 段。DLC 段由 4 位组成，MSB 先行，它的二进制编码用于表示本报文中的数据段含有多少个字节，DLC 段表示的数字为 0～8。

(3)数据段。

数据段为数据帧的核心内容，它由 0～8 个字节组成，MSB 先行。

(4)CRC 段。

为了保证报文的正确传输，CAN 的报文包含了一段 15 位的 CRC 校验码，一旦接收端计算出的 CRC 码跟接收到的 CRC 码不同，就会向发送端反馈出错信息并重新发送。CRC 部分的计算和出错处理一般由 CAN 控制器硬件完成或由软件控制最大重发数。在 CRC 校验码之后，有一个 CRC 界定符，它为隐性位，其主要作用是把 CRC 校验码与后面的 ACK 段隔开。

(5)ACK 段。

ACK 段包含一个 ACK 槽位和 ACK 界定符位。在 ACK 槽位中，发送端发送的为隐性位，而接收端在这一位中发送显性位以示应答。在 ACK 槽和帧结束之间由 ACK 界定符隔开。

(6)帧结束段。帧结束段由发送端发送 7 个隐性位表示结束。CAN 其他种类的帧结构请参阅 CAN 标准协议。由于 CAN 没有时钟信号线，而且它的报文中并没有包含用于同步的标志，所以要使用位同步的方式来确保通信时序，以及对总线的电平进行正确采样。位同步分解及同步过程分析请参考有关资料或参考手册。

8.5.2　STM32 的 CAN 特性及架构

1)CAN 特性

STM32 所有型号的芯片中都具有 bxCAN 控制器(Basic Extended CAN)，它支持 CAN 协议 2.0A 和 2.0B。bxCAN 接口可以自动地接收和发送 CAN 报文，支持标准标识符和扩展标识符。它具有 3 个发送邮箱，发送报文的优先级可以使用软件，可以记录发送的时间；有两个 3 级深度的接收 FIFO，可以使用过滤功能只接收或不接收某些 ID 号的报文；可以配置成自动重发；不支持使用 DMA 进行数据收发。

2)CAN 架构

图 8.27 为 STM32 的 CAN 架构，图中左边的 Control / Status / Configuration 的具体细节是关于 CAN 的各种配置。图 8.27 的右边有如下三个专业名词。

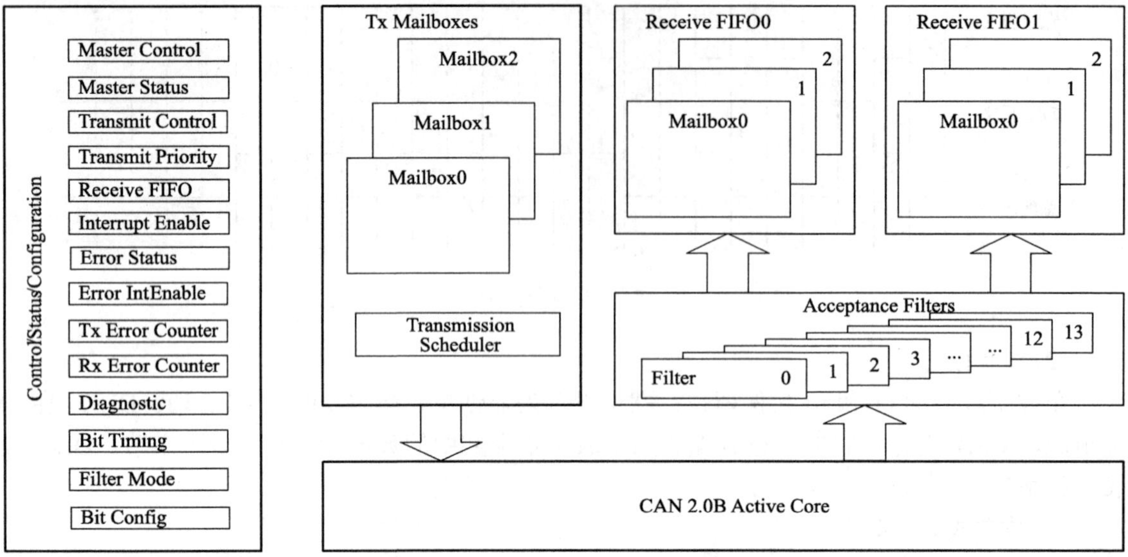

图 8.27　STM32 的 CAN 架构

(1) Tx Mailboxes(发送邮箱)。STM32 的 CAN 中共有 3 个发送邮箱供软件来发送报文。发送调度器根据优先级决定哪个邮箱的报文先被发送。

(2) Acceptance Filters(接收过滤器)。STM32 的 CAN 中共有 14 个位宽可变/可配置的标识符过滤器组，软件通过对它们编程，从而在 CAN 收到的报文中选择它需要的报文，而把其他报文丢弃掉。

(3) Receive FIFO(接收 FIFO)。STM32 的 CAN 中共有 2 个接收 FIFO，每个 FIFO 都可以存放 3 个完整的报文。它们完全由硬件来管理。CAN 的工作就是围绕这三部分展开的，下面通过实例进行详细介绍。

8.5.3　实验部分

本实验设计利用 STM32 的 bxCAN 控制器的回环工作模式，实现 bxCAN 控制器的自收发过程，并使用串口设备跟踪监视数据收发的情况。STM32 的 CAN 控制器程序设计的重点集中在 CAN 寄存器组的初始化过程当中。而 CAN 初始化的重点在于波特率的设置、过滤器的设置和位时序的配置。

实验目的：掌握 CAN 协议的通信方式及编程方法。

基本要求：设计一个基于一块开发板的 STM32 CAN 回环模式的自通信实验。

提高部分： 在 CAN 回环模式自通信实验的同时，通过串口助手显示通信内容。

拓展部分：(1) 利用两块开发板进行 CAN 通信，传送电位器 1 的数据并显示。

(2) 利用 USB 转 CAN 接口线进行开发板和 PC 间的通信实验，并显示通信结果。

1. *硬件电路*

配套开发板 ISO 使用的 STM32 型号为 STM32F103ZET6，它们都自带了一个 CAN 控制器(即 CAN 接口)。具体 I/O 定义为 PB8-CANRx、PB9-CANTx。板载的 CAN 外接了一个 TJA1050 型号的 CAN 收发器，它的 RXD 和 TXD 引脚分别连接到 STM32 的 PB8 和 PB9，

它的 CANH 和 CANL 引脚是外接到排针上的，并且在 CANH 和 CANL 之间连接了一个 120Ω 的电阻。

在使用双 CAN 通信时，可以利用双绞线或两条杜邦线把相应的信号连接起来，两个板上的电阻和双绞线就构成了 CAN 总线网络。而两块板就成为接入这个 CAN 网络的两个节点了。若只是用了 CAN 的回环测试，就不需要挂接外部的 CAN 节点。当用 CAN 的回环测试时，硬件会在内部将 TX 和 RX 连接起来，实现内部的收和发，因此本实验设计不需要针对 CAN 接口做任何连接，从而达到测试的目的。其回环测试的硬件电路如图 8.28 所示。

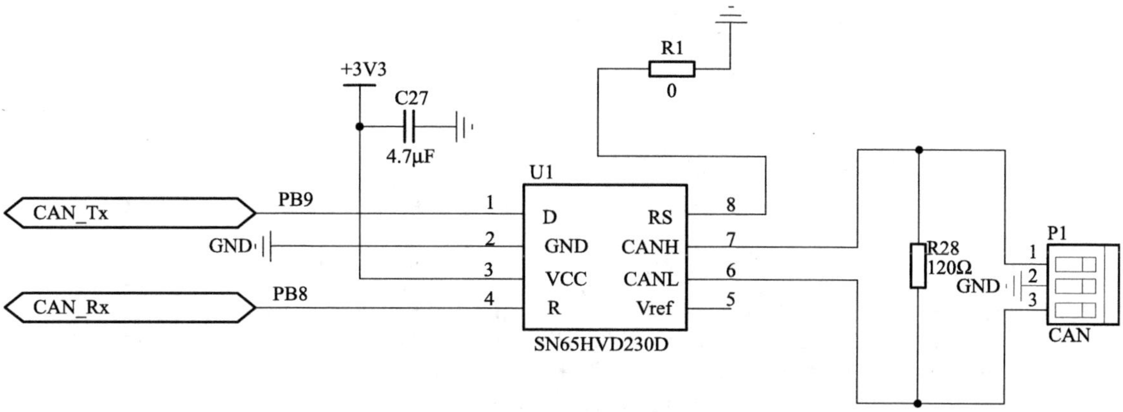

图 8.28 CAN 通信原理图

2. 程序设计

本程序的重点在于对 CAN 通信初始化及回环测试模式的设置部分，要点如下。

(1) GPIO 初始化。

①开启 GPIO 外设时钟。

② 配置 PB8 为上拉输入，PB9 为复用推挽输出。

(2) 初始化局域网控制器和 CAN 回环模式与中断模式的配置，并驱动 LED 显示信号传输成功与否。工程文件组详情如表 8.37 所示。

表 8.37 CAN 通信实验工程文件详情

文件组	包含文件	详情
CORE 文件组	core_cm3.c	CM3 内核接口
	startup_stm32f10x_hd.s	STM32 的启动文件
FWLIB 文件组	stm32f10x_gpio.c	GPIO 的底层配置函数
	stm32f10x_rcc.c	RCC 的底层配置函数
	stm32f10x_usart.c	串口配置函数
	stm32f10x_can.c	CAN 的底层配置函数
USER 文件组	mian.c	用户应用代码
	stm32f10x_it.c	STM32 的中断服务子程序
	system_stm32f10x.c	设置系统时钟和总线时钟文件

3. 程序清单

具体程序如代码清单 8.8 和代码清单 8.9 所示。

代码清单 8.8　main 函数

```
#include "stm32f10x.h"
#include "usart1.h"
#include "led.h"
#include "can.h"
/*******************************************************
* 函数名      : main                * 输出结果        : 无
* 函数描述    : main函数            * 返回值          : 无
* 输入参数    : 无
*******************************************************/
int main(void)
{
    USART1_Config();                        //串口通信配置
    LED_GPIO_Config();                      //LED配置
    printf( "\r\n 这是一个CAN(回环模式和中断模式)测试程序...... \r\n" );
    USER_CAN_Init();                        //CAN初始化
    printf( "\r\n CAN 回环测试初始化成功...... \r\n" );
    USER_CAN_Test();                          //CAN通信结果测试，成功则点亮相应LED

    printf( "\r\n CAN 回环测试成功...... \r\n" );
    while (1)
    {
    }
}
```

代码清单 8.9　USART1_Config 函数

```
#include "usart1.h"
#include <stdarg.h>
#define LED1(a) if (a)
                    GPIO_SetBits(GPIOF,GPIO_Pin_6);
                    else
                    GPIO_ResetBits(GPIOF,GPIO_Pin_6);

#define LED2(a) if (a)
                    GPIO_SetBits(GPIOF,GPIO_Pin_7);
                    else
                    GPIO_ResetBits(GPIOF,GPIO_Pin_7);

#define LED3(a) if (a)
                    GPIO_SetBits(GPIOF,GPIO_Pin_8);
                    else
```

```
                    GPIO_ResetBits(GPIOF,GPIO_Pin_8);
/*******************************************************
* 函数名      : USART1_Config       * 输出结果       : 无
* 函数描述    : 串口函数            * 返回值         : 无
* 输入参数    : 无
*******************************************************/
void USART1_Config(void)
{
    GPIO_InitTypeDef GPIO_InitStructure;
    USART_InitTypeDef USART_InitStructure;
    RCC_APB2PeriphClockCmd(RCC_APB2Periph_USART1|RCC_APB2Periph_GPIOA,ENABLE);

    GPIO_InitStructure.GPIO_Pin=GPIO_Pin_9;
    GPIO_InitStructure.GPIO_Mode=GPIO_Mode_AF_PP;
    GPIO_InitStructure.GPIO_Speed=GPIO_Speed_50MHz;
    GPIO_Init(GPIOA,&GPIO_InitStructure);

    GPIO_InitStructure.GPIO_Pin=GPIO_Pin_10;
    GPIO_InitStructure.GPIO_Mode=GPIO_Mode_IN_FLOATING;
    GPIO_Init(GPIOA,&GPIO_InitStructure);

    USART_InitStructure.USART_BaudRate=115200;
    USART_InitStructure.USART_WordLength=USART_WordLength_8b;
    USART_InitStructure.USART_StopBits=USART_StopBits_1;
    USART_InitStructure.USART_Parity=USART_Parity_No;
    USART_InitStructure.USART_HardwareFlowControl
    USART_HardwareFlowControl_ None;
    USART_InitStructure.USART_Mode=USART_Mode_Rx|USART_Mode_Tx;
    USART_Init(USART1,&USART_InitStructure);
    USART_Cmd(USART1,ENABLE);
}
/*******************************************************
* 函数名      : fputc               * 输出结果       : 无
* 函数描述    : 重定向函数          * 返回值         : 无
* 输入参数    : ch
*******************************************************/
int fputc(int ch,FILE *f)
{
    USART_SendData(USART1,(unsigned char) ch);       //将printf内容发往串口
    while (!(USART1->SR&USART_FLAG_TXE));
    return (ch);
}
/*******************************************************
* 函数名      : LED_GPIO_Config           * 输出结果       : 无
* 函数描述    : LED初始化函数             * 返回值         : 无
```

```
* 输入参数    : 无
*******************************************************/
void LED_GPIO_Config(void)
{
    GPIO_InitTypeDef GPIO_InitStructure;
    RCC_APB2PeriphClockCmd(RCC_APB2Periph_GPIOC,ENABLE);

    GPIO_InitStructure.GPIO_Pin=GPIO_Pin_6|GPIO_Pin_7|GPIO_Pin_8;
    GPIO_InitStructure.GPIO_Mode=GPIO_Mode_Out_PP;    //设置为推挽输出模式
    GPIO_InitStructure.GPIO_Speed=GPIO_Speed_50MHz;
    GPIO_Init(GPIOF,&GPIO_InitStructure);
    GPIO_SetBits(GPIOF,GPIO_Pin_6|GPIO_Pin_7|GPIO_Pin_8);     //关闭所有LED
}
/*******************************************************
* 函数名      : USER_CAN_Init            * 输出结果      : 无
* 函数描述    : CAN初始化函数             * 返回值        : 无
* 输入参数    : 无
*******************************************************/
void USER_CAN_Init(void)
{
    CAN_NVIC_Configuration();                              //中断优先级配置

    CAN_GPIO_Config();                                     //CAN的GPIO口配置
}
static void CAN_NVIC_Configuration(void) //中断优先级配置
{
    NVIC_InitTypeDef NVIC_InitStructure;
    NVIC_PriorityGroupConfig(NVIC_PriorityGroup_0);
    NVIC_InitStructure.NVIC_IRQChannel=USB_LP_CAN1_RX0_IRQn;
    NVIC_InitStructure.NVIC_IRQChannelPreemptionPriority=0; //主优先级为0
    NVIC_InitStructure.NVIC_IRQChannelSubPriority=1;        //次优先级为0
    NVIC_InitStructure.NVIC_IRQChannelCmd=ENABLE;
    NVIC_Init(&NVIC_InitStructure);
}
static void CAN_GPIO_Config(void)      //CAN的GPIO口配置
{
    GPIO_InitTypeDef GPIO_InitStructure;
    RCC_APB2PeriphClockCmd(RCC_APB2Periph_AFIO|RCC_APB2Periph_GPIOB, ENABLE);
    RCC_APB1PeriphClockCmd(RCC_APB1Periph_CAN1,ENABLE);
    GPIO_InitStructure.GPIO_Pin=GPIO_Pin_8;
    GPIO_InitStructure.GPIO_Mode=GPIO_Mode_IPU;        //上拉输入
    GPIO_Init(GPIOB,&GPIO_InitStructure);
    GPIO_InitStructure.GPIO_Pin=GPIO_Pin_9;
    GPIO_InitStructure.GPIO_Mode=GPIO_Mode_AF_PP;    //复用推挽输出
    GPIO_Init(GPIOB,&GPIO_InitStructure);
```

```
    GPIO_PinRemapConfig(GPIO_Remap1_CAN1,ENABLE);
}
/*********************************************************
* 函数名     : USER_CAN_Test               * 输出结果       : 无
* 函数描述   : CAN通信测试函数              * 返回值         : 无
* 输入参数   : 无
*********************************************************/
void USER_CAN_Test(void)
{
    TestRx=CAN_Polling();          //在回环模式下，接收信息的传输速率为100Kbit/s
    if (TestRx==FAILED)
    {
        LED1(OFF);                 //LED1 OFF
    }
    else
    {
        LED1(ON);                  //LED1 ON
    }
    TestRx=CAN_Interrupt();        //在中断模式下，接收信息的传输速率为500Kbit/s
    if (TestRx==FAILED)
    {
        LED2(OFF);                 //LED2 OFF
    }
    else
    {
        LED2(ON);                  //LED2 ON;
    }
}
/*********************************************************
* 函数名     : CAN_Polling                * 输出结果       : 无
* 函数描述   : CAN回环模式配置函数          * 返回值         : 无
* 输入参数   : 无
*********************************************************/
TestStatus CAN_Polling(void)
{
    CAN_InitTypeDef    CAN_InitStructure;
    CAN_FilterInitTypeDef  CAN_FilterInitStructure;
    CanTxMsg TxMessage;
    CanRxMsg RxMessage;
    uint32_t i=0;
    uint8_t TransmitMailbox=0;

    CAN_DeInit(CAN1);                             //CAN寄存器的初始化
    CAN_StructInit(&CAN_InitStructure);
```

```
/* CAN cell init */
CAN_InitStructure.CAN_TTCM=DISABLE;        //时间触发通信禁止
CAN_InitStructure.CAN_ABOM=DISABLE;        //离线退出是在中断置位清0后退出
CAN_InitStructure.CAN_AWUM=DISABLE;        //自动唤醒模式：清零sleep
CAN_InitStructure.CAN_NART=DISABLE;        //自动重新传送报文，直到发送成功
CAN_InitStructure.CAN_RFLM=DISABLE;        //FIFO没有锁定，新报文覆盖旧报文
CAN_InitStructure.CAN_TXFP=DISABLE;        //发送报文优先级确定：标识符
CAN_InitStructure.CAN_Mode=CAN_Mode_LoopBack;//回环模式
CAN_InitStructure.CAN_SJW=CAN_SJW_1tq;   //1tq、BS1、BS2的值与波特率有关
CAN_InitStructure.CAN_BS1=CAN_BS1_8tq;
CAN_InitStructure.CAN_BS2=CAN_BS2_7tq;
CAN_InitStructure.CAN_Prescaler=5;         //分频系数为5
CAN_Init(CAN1,&CAN_InitStructure);       //初始化CAN1

CAN_FilterInitStructure.CAN_FilterNumber=0; //CAN 通信模式初始化
CAN_FilterInitStructure.CAN_FilterMode=CAN_FilterMode_IdMask;
CAN_FilterInitStructure.CAN_FilterScale=CAN_FilterScale_32bit;
CAN_FilterInitStructure.CAN_FilterIdHigh=0x0000;
CAN_FilterInitStructure.CAN_FilterIdLow=0x0000;
CAN_FilterInitStructure.CAN_FilterMaskIdHigh=0x0000;
CAN_FilterInitStructure.CAN_FilterMaskIdLow=0x0000;
CAN_FilterInitStructure.CAN_FilterFIFOAssignment=0;
CAN_FilterInitStructure.CAN_FilterActivation=ENABLE;
CAN_FilterInit(&CAN_FilterInitStructure);

TxMessage.StdId=0x11;                   //设定标准标识符(11位，扩展的为29位)
TxMessage.RTR=CAN_RTR_DATA;             //传输消息的帧类型为数据帧(还有远程帧)
TxMessage.IDE=CAN_ID_STD;               //消息标识符实验标准标识符
TxMessage.DLC=2;                        //发送两帧，一帧8位
TxMessage.Data[0]=0xCA;                 //第一帧数据
TxMessage.Data[1]=0xFE;                 //第二帧数据
TransmitMailbox=CAN_Transmit(CAN1,&TxMessage);
i=0;
while((CAN_TransmitStatus(CAN1,TransmitMailbox)!=CANTXOK)&&(i!=0xFF))
// 用于检查消息传输是否正常
{
    i++;
}
i=0;
while((CAN_MessagePending(CAN1,CAN_FIFO0)<1)&&(i!=0xFF))
// 检查返回的挂号的信息数目
{
    i++;
}
RxMessage.StdId=0x00;                      //接收
```

```
    RxMessage.IDE=CAN_ID_STD;
    RxMessage.DLC=0;
    RxMessage.Data[0]=0x00;
    RxMessage.Data[1]=0x00;
    CAN_Receive(CAN1,CAN_FIFO0,&RxMessage);
    if (RxMessage.StdId!=0x11)
    {
        return FAILED;
    }
    if (RxMessage.IDE!=CAN_ID_STD)
    {
        return FAILED;
    }
    if (RxMessage.DLC!=2)
    {
        return FAILED;
    }
    if ((RxMessage.Data[0]<<8|RxMessage.Data[1])!=0xCAFE)
    //判断发送的信息和接收的信息是否相等
    {
        return FAILED;
    }
    return PASSED; /* Test Passed */
}
/*******************************************************
* 函数名     : CAN_Interrupt              * 输出结果       : 无
* 函数描述   : CAN中断模式配置函数         * 返回值         : 无
* 输入参数   : 无
*******************************************************/
TestStatus CAN_Interrupt(void)
{
    CAN_InitTypeDef  CAN_InitStructure;
    CAN_FilterInitTypeDef  CAN_FilterInitStructure;
    CanTxMsg TxMessage;
    uint32_t i=0;

    CAN_DeInit(CAN1);//CAN寄存器配置
    CAN_StructInit(&CAN_InitStructure);

    CAN_InitStructure.CAN_TTCM=DISABLE;          //时间触发通信禁止
    CAN_InitStructure.CAN_ABOM=DISABLE;          //离线退出是在中断置位清0后退出
    CAN_InitStructure.CAN_AWUM=DISABLE;          //自动唤醒模式：清零sleep
    CAN_InitStructure.CAN_NART=DISABLE;          //自动重新传送报文，直到发送成功
    CAN_InitStructure.CAN_RFLM=DISABLE;          //FIFO没有锁定，新报文覆盖旧报文
    CAN_InitStructure.CAN_TXFP=DISABLE;          //发送报文优先级确定：标识符
```

```
    CAN_InitStructure.CAN_Mode=CAN_Mode_LoopBack; //回环模式
    CAN_InitStructure.CAN_SJW=CAN_SJW_1tq;    //1tq、BS1、BS2的值与波特率有关
    CAN_InitStructure.CAN_BS1=CAN_BS1_8tq;
    CAN_InitStructure.CAN_BS2=CAN_BS2_7tq;
    CAN_InitStructure.CAN_Prescaler=1;              //分频系数为1
    CAN_Init(CAN1,&CAN_InitStructure);            //初始化CAN1

    CAN_FilterInitStructure.CAN_FilterNumber=1;  //CAN控制器初始化
    CAN_FilterInitStructure.CAN_FilterMode=CAN_FilterMode_IdMask;
    CAN_FilterInitStructure.CAN_FilterScale=CAN_FilterScale_32bit;
    CAN_FilterInitStructure.CAN_FilterIdHigh=0x0000;
    CAN_FilterInitStructure.CAN_FilterIdLow=0x0000;
    CAN_FilterInitStructure.CAN_FilterMaskIdHigh=0x0000;
    CAN_FilterInitStructure.CAN_FilterMaskIdLow=0x0000;
    CAN_FilterInitStructure.CAN_FilterFIFOAssignment=CAN_FIFO0;
    CAN_FilterInitStructure.CAN_FilterActivation=ENABLE;
    CAN_FilterInit(&CAN_FilterInitStructure);

    CAN_ITConfig(CAN1,CAN_IT_FMP0, ENABLE);        //中断使能

    TxMessage.StdId=0x00;                               //标准标识符为0
    TxMessage.ExtId=0x1234;                             //设置扩展标识符(29位)
    TxMessage.IDE=CAN_ID_EXT;                           //使用扩展标识符
    TxMessage.RTR=CAN_RTR_DATA;                         //消息类型为数据帧，一帧8位
    TxMessage.DLC=2;                                    //发送两帧信息
    TxMessage.Data[0]=0xDE;                             //第一帧信息
    TxMessage.Data[1]=0xCA;                             //第二帧信息
    CAN_Transmit(CAN1,&TxMessage);
    ret=0xFF;                                           //初始化返回值
    i=0;
    while((ret==0xFF)&&(i<0xFFF))
    {
       i++;
    }

    if (i==0xFFF)
    {
       ret=0;
    }
    CAN_ITConfig(CAN1,CAN_IT_FMP0,DISABLE);    //失能中断处理函数
    return (TestStatus)ret;
}
/*******************************************************
* 函数名    : USB_LP_CAN1_RX0_IRQHandler * 输出结果      : 无
* 函数描述  : CAN中断处理函数                * 返回值        : 无
```

```
* 输入参数    : 无
*******************************************************/
void USB_LP_CAN1_RX0_IRQHandler(void)
{
    CanRxMsg RxMessage;

    RxMessage.StdId=0x00;
    RxMessage.ExtId=0x00;
    RxMessage.IDE=0;
    RxMessage.DLC=0;
    RxMessage.FMI=0;
    RxMessage.Data[0]=0x00;
    RxMessage.Data[1]=0x00;

    CAN_Receive(CAN1, CAN_FIFO0, &RxMessage);

    if((RxMessage.ExtId==0x1234)&&
      (RxMessage.IDE==CAN_ID_EXT)&&
      (RxMessage.DLC==2)&&
      ((RxMessage.Data[1]|RxMessage.Data[0]<<8)==0xDECA))
    {
        ret=1;
    }
    else
    {
        ret=0;
    }
}
```

4. 库函数说明

(1)CAN_DeInit 函数说明见表 8.38。

表 8.38　CAN_DeInit 函数说明

函数名	CAN_DeInit
函数原型	void CAN_ DeInit(void)
功能描述	将外设 CAN 的全部寄存器重设为默认值
输入参数	无
输出参数	无
返回值	无
先决条件	无
被调用函数	RCC_APB1PeriphResetCmd()

例如：

```
/* Deinitialize the CAN */
CAN_DeInit();
```

(2) CAN_StructInit 函数说明见表 8.39。

表 8.39　CAN_StructInit 函数说明

函数名	CAN_StructInit
函数原型	void CAN_StructInit (CAN_InitTypeDef* CAN_StructInit)
功能描述	把 CAN_StructInit 中的每一个参数按默认值填入
输入参数	CAN_StructInit：指向待初始化结构 CAN_InitTypeDef 的指针，参阅 Table 83：查看该结构成员的默认值
输出参数	无
返回值	无
先决条件	无
被调用函数	无

(3) CAN_Init 函数说明见表 8.40。

表 8.40　CAN_Init 函数说明

函数名	CAN_Init
函数原型	u8 CAN_Init (CAN_InitTypeDef* CAN_StructInit)
功能描述	根据 CAN_StructInit 中指定的参数初始化外设 CAN 的寄存器
输入参数	CAN_InitStruct：指向结构 CAN_InitTypeDef 的指针，包含了指定外设 CAN 的配置信息。参阅：Section：CAN_InitTypeDef 查看更多该参数允许的取值范围
输出参数	无
返回值	指示 CAN 初始化成功的常数
先决条件	CANINITFAILED = 初始化失败 CANINTOK = 初始化成功
被调用函数	无

CAN_InitTypeDef structure 结构体说明如下：
CAN_InitTypeDef 定义于文件“stm32f10x_can.h”中。

```
typedef struct
{
   FunctionnalState CAN_TTCM;
   FunctionnalState CAN_ABOM;
   FunctionnalState CAN_AWUM;
   FunctionnalState CAN_NART;
   FunctionnalState CAN_RFLM;
   FunctionnalState CAN_TXFP;
```

```
    u8 CAN_Mode;
    u8 CAN_SJW;
    u8 CAN_BS1;
    u8 CAN_BS2;
    u16 CAN_Prescaler;
} CAN_InitTypeDef;
```

CAN_TTCM 用来使能或者失能时间触发通信模式，可以设置这个参数的值为 ENABLE 或者 DISABLE。

CAN_ABOM 用来使能或者失能自动离线管理，可以设置这个参数的值为 ENABLE 或者 DISABLE。

CAN_AWUM 用来使能或者失能自动唤醒模式，可以设置这个参数的值为 ENABLE 或者 DISABLE。

CAN_NART 用来使能或者失能非自动重传输模式，可以设置这个参数的值为 ENABLE 或者 DISABLE。

CAN_RFLM 用来使能或者失能接收 FIFO 锁定模式，可以设置这个参数的值为 ENABLE 或者 DISABLE。

CAN_TXFP 用来使能或者失能发送 FIFO 优先级，可以设置这个参数的值为 ENABLE 或者 DISABLE。

CAN_Mode 设置了 CAN 的工作模式。

(4) CAN_Transmit 函数说明见表 8.41。

表 8.41　CAN_Transmit 函数说明

函数名	CAN_Transmit
函数原型	u8 CAN_Transmit (CANTxMsg* TxMessage)
功能描述	开始一个消息的传输
输入参数	TxMessage：指向某结构的指针，该结构包含 CAN ID、CAN DLC 和 CAN Data
输出参数	无
返回值	所使用邮箱的号码，如果没有空邮箱返回 CAN_NO_MB
先决条件	无
被调用函数	无

CanTxMsg 定义于文件“stm32f10x_can.h”中。

```
typedef struct
{
   u32 StdId;
   u32 ExtId;
   u8 IDE;
   u8 RTR;
   u8 DLC;
   u8 Data[8];
```

```
}CanTxMsg;
```

StdId 用来设定标准标识符，它的取值范围为 0～0x7FF。

ExtId 用来设定扩展标识符，它的取值范围为 0～0x3FFFF。

IDE 用来设定消息标识符的类型，如表 8.42 所示。

RTR 用来设定待传输消息的帧类型，如表 8.43 所示。

表 8.42　IDE 设置说明

IDE	描述
CAN_RTR_DATA	数据帧
CAN_RTR_REMOTE	远程帧

表 8.43　RTR 设置说明

RTR	描述
CAN_RTR_DATA	数据帧
CAN_RTR_REMOTE	远程帧

DLC 用来设定待传输消息的帧长度，它的取值范围是 0～0x8。

Data[8]包含了待传输数据，它的取值范围为 0～0xFF。

例如：

```
/* Send a message with the CAN */
CanTxMsg TxMessage;
TxMessage.StdId=0x1F;
TxMessage.ExtId=0x00;
TxMessage.IDE=CAN_ID_STD;
TxMessage.RTR=CAN_RTR_DATA;
TxMessage.DLC=2;
TxMessage.Data[0] = 0xAA;
TxMessage.Data[1] = 0x55;
CAN_Transmit(&TxMessage);
```

(5) CAN_ITConfig 函数说明见表 8.44。

表 8.44　CAN_ITConfig 函数说明

函数名	CAN_ITConfig
函数原型	void CAN_ITConfig (u32 CAN_IT,Functionalstate NewState)
功能描述	使能或者失能指定的 CAN 中断
输入参数 1	CAN_IT：为使能或者失能的 CAN 中断
输入参数 2	NewState：CAN 中断的新状态。这个参数可以取 ENABLE 或者 DISABLE
输出参数	无
返回值	无
先决条件	无
被调用函数	无

输入参数 CAN_IT 为待使能或者失能的 CAN 中断。可以使用表 8.45 中的一个参数或者它们的组合。

表 8.45　CAN_IT 设置说明

CAN_IT	描述	CAN_IT	描述
CAN_IT_TME	发送邮箱空中断屏蔽	CAN_IT_EWG	错误警告中断屏蔽
CAN_IT_FMP0	FIFO0 消息挂号中断屏蔽	CAN_IT_EPV	错误被动中断屏蔽
CAN_IT_EF0	FIFO0 满中断屏蔽	CAN_IT_BOF	离线中断屏蔽
CAN_IT_FOV0	FIFO0 溢出中断屏蔽	CAN_IT_LEC	上次错误号中断屏蔽
CAN_IT_FMP1	FIFO1 消息挂号中断屏蔽	CAN_IT_ERR	错误中断屏蔽
CAN_IT_FF1	FIFO1 满中断屏蔽	CAN_IT_WKU	唤醒中断屏蔽
CAN_IT_FOV1	FIFO1 溢出中断屏蔽	CAN_IT_SLK	睡眠标志中断屏蔽

例如：

```
 /* Enable CAN FIFO 0 overrun interrupt */
CAN_ITConfig(CAN_IT_FOV0,ENABLE);
```

(6) CAN_Receive 函数说明见表 8.46。

表 8.46　CAN_Receive 函数说明

函数名	CAN_Receive
函数原型	void CAN_Receive (u8 FIFONumber，CanRxMsg* RxMessage)
功能描述	接收一个消息
输入参数	FIFONumber：接收 FIFO、CANFIFO0 或者 CANFIFO1
输出参数	RxMessage：指向某结构的指针，该结构包含 CAN ID、CAN DLC 和 CAN Data
返回值	无
先决条件	无
被调用函数	无

(7) CAN_TransmitStatus 函数说明见表 8.47。

表 8.47　CAN_TransmitStatus 函数说明

函数名	CAN_TransmitStatus
函数原型	u8 CAN_TransmitStatus (u8 TransmitMailbox)
功能描述	检查消息传输的状态
输入参数	TransmitMailbox：用来传输的邮箱号码
输出参数	无
返回值	CANTXOK CAN：驱动是否在传输数据 CANTXPENDING：消息是否挂号 CANTXFAILED：其他
先决条件	传输进行中
被调用函数	无

(8) CAN_MessagePending 函数说明见表 8.48。

表 8.48　CAN_MessagePending 函数说明

函数名	CAN_MessagePending
函数原型	u8 CAN_MessagePending (u8 FIFONumber)
功能描述	返回挂号的信息数量
输入参数	FIFONumber：接收 FIFO、CANFIFO0 或者 CANFIFO1
输出参数	无
返回值	NbMessage 为挂号的信息数量
先决条件	无
被调用函数	无

例如：

```
/* Check the number of pending messages for FIFO 0*/
u8 MessagePending=0;
MessagePending=CAN_MessagePending(CANFIFO0);
```

5. 实验分析

只要对 CAN 协议有清晰的了解，STM32 的 CAN 配置实际上并不复杂。建议读者进一步阅读 CAN2.0 的标准协议。通过设置不同的 APB1 总线工作频率、CAN 分频数和位时序组合可以产生得到不同的波特率。但若 APB1 总线工作频率固定在最大的 36MHz 下，就会有一些常用的波特率无法准确得到。如果使用的是互联型 STM32 微控制器，则注意 CAN1 控制器使用的是 0～13 号控制器，而 CAN2 控制器使用 14～27 号过滤器。实验编译下载成功后，可以看到 LED6、LED7 均点亮，证明数据互传成功。

8.6　可变静态存储控制器

FSMC 是 STM32 系列采用的一种新型存储器扩展技术。在外部存储器扩展方面具有独特的优势，可根据系统的应用需要，方便地进行不同类型大容量静态存储器的扩展。

8.6.1　FSMC 模块的结构与工作原理

在 STM32 内部，FSMC 的一端通过内部高速总线 AHB 连接到内核 Cortex-M3，另一端则是面向扩展存储器的外部总线。内核对外部存储器的访问信号发送到 AHB 总线后，经过 FSMC 转换为符合外部存储器通信规约的信号，发送到外部存储器的相应引脚，实现内核与外部存储器之间的数据交互。FSMC 起到桥梁的作用，既能够进行信息类型的转换，又能够进行信号宽度和时序的调整，屏蔽掉不同存储器类型的差异，使之对内核而言没有区别。

FSMC 内部包括 NOR 闪存和 NAND 闪存/PC 卡两个控制器，分别支持两种截然不同的存储器访问方式。使用 FSMC 控制器后，可以把 FSMC 提供的 FSMC_A[25:0]作为地址线，而把 FSMC 提供的 FSMC_D[15:0]作为数据总线。

(1) 当存储数据设为 8 位时，FSMC_NANDInitStructure.FSMC_MemoryDataWidth= FSMC_MemoryDataWidth_8b。地址各位对应 FSMC_A[25:0]，数据位对应 FSMC_D[7:0]。

(2) 当存储数据设为 16 位时，FSMC_NANDInitStructure.FSMC_MemoryDataWidth= FSMC_MemoryDataWidth_16b。地址各位对应 FSMC_A[24:0]，数据位对应 FSMC_D[15:0]。

FSMC 包括如下 4 个模块：

(1) AHB 接口(包括 FSMC 配置寄存器)。

(2) NOR 闪存和 PSRAM 控制器(驱动 LCD 时，LCD 就像一个 PSRAM 里面的两个 16 位的存储空间，一个是 DATA RAM，一个是 CMD RAM)。

(3) NAND 闪存和 PC 卡控制器。

(4) 外部设备接口。

FSMC 可以请求 AHB 进行有关数据宽度的操作。如果 AHB 操作的数据宽度大于外部设备(NOR 或 NAND 或 LCD)的宽度，FSMC 则将 AHB 操作分割成几个连续的较小数据宽度，以适应外部设备的数据宽度。所有的外部存储器共享控制器输出的地址、数据和控制信号，每个外部设备可以通过一个唯一的片选信号加以区分。FSMC 在任一时刻只访问一个外部设备。FSMC 框图如图 8.29 所示。

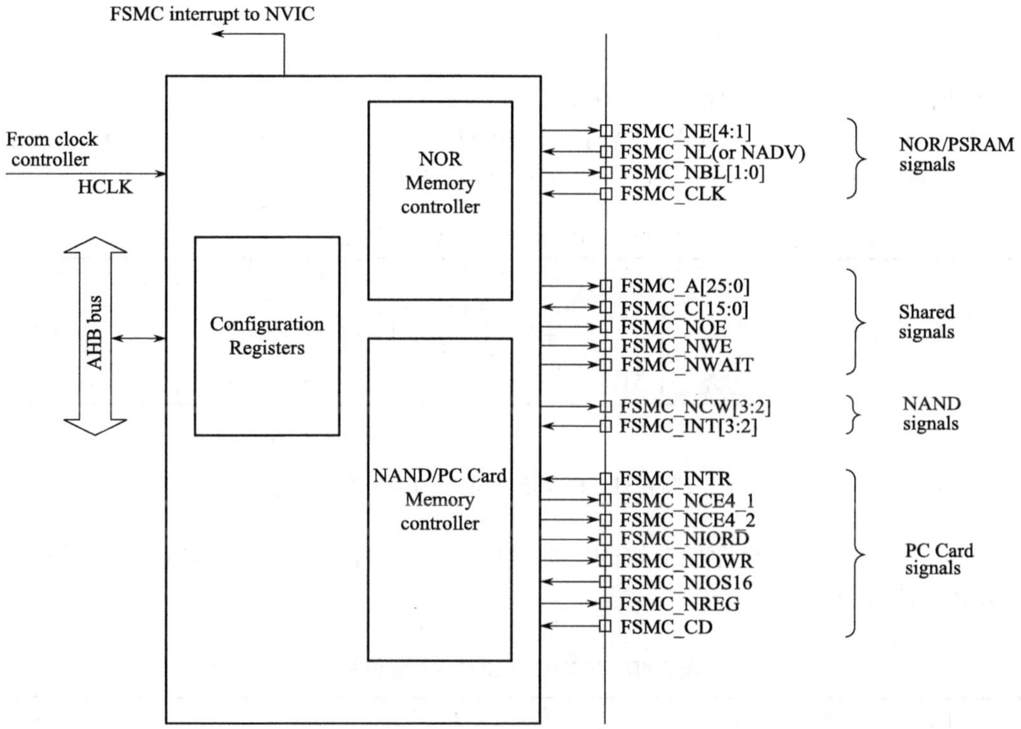

图 8.29　FSMC 框图

从 FSMC 的角度看，可以把外部存储器划分为固定大小为 256MB 的 4 个存储块。存储块 1 用于访问最多 4 个 NOR 闪存或 PSRAM 存储设备。这个存储区被划分为 4 个 NOR/PSRAM 区并有 4 个专用的片选。存储块 2 和存储块 3 用于访问 NAND 闪存设备，每个存储块连接一个 NAND 闪存。存储块 4 用于访问 PC 卡设备，每一个存储块上的存储器类型是由用户在配置寄存器中定义的。其存储块如图 8.30 所示。

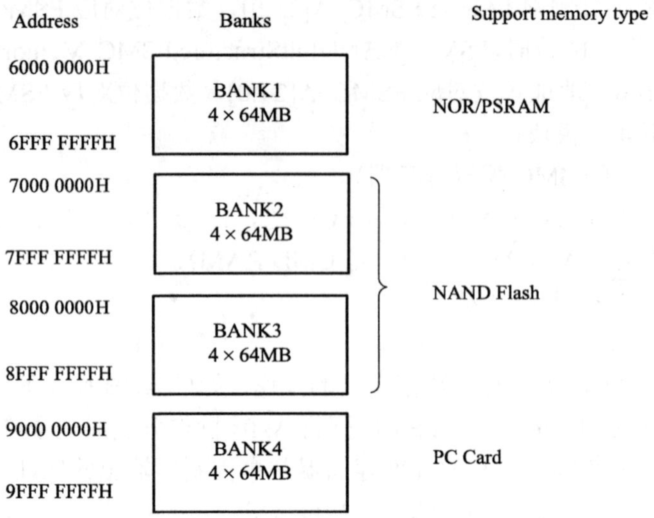

图 8.30　FSMC 存储块

8.6.2　FSMC 的寄存器

1）NOR 闪存和 PSRAM 控制器寄存器

SRAM/NOR 闪存片选控制寄存器 1～4（FSMC_BCR1～4）如图 8.31 和表 8.49 所示。其地址偏移为 0xA0000000 +8×（x–1），x=1,⋯,4；复位值为 0x000030DX。

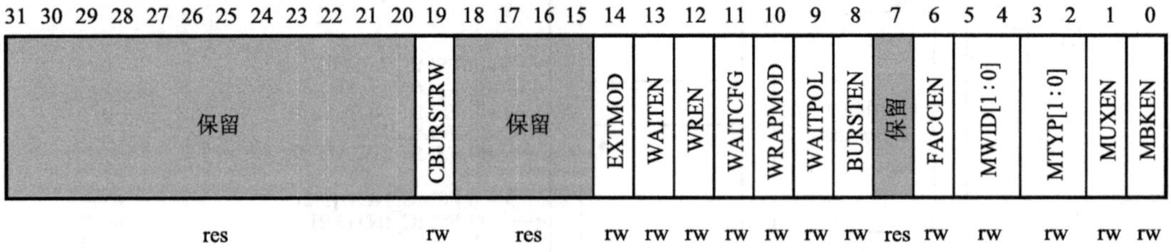

图 8.31　FSMC_BCR1～4 数据位

这个寄存器包含了每个存储器块的控制信息，可以用于 SRAM、ROM、异步或成组传输的 NOR 闪存存储器。

表 8.49　FSMC_BCR1～4 各位描述

位 31:20	保留
位 19	CBURSTRW：成组写使能位。对于 Cellular RAM，该位使能写操作的同步成组传输协议 对于处于成组传输模式的闪存存储器，该位允许/禁止通过 NWAIT 信号插入等待状态。读操作的同步成组传输协议使能位是 FSMC_BCRx 寄存器的 BURSTEN 位 0：写操作始终处于异步模式 1：写操作为同步模式

续表

位 18:15	保留
位 14	EXTMOD：扩展模式使能。该位允许 FSMC 使用 FSMC_BWTR 寄存器，即允许读和写使用不同的时序 0：不使用 FSMC_BWTR 寄存器，这是复位后的默认状态 1：使用 FSMC_BWTR 寄存器
位 13	WAITEN：等待使能位。当闪存存储器处于成组传输模式时，该位允许/禁止通过 NWAIT 信号插入等待状态 0：禁用 NWAIT 信号，在设置的闪存保持周期之后不会检测 NWAIT 信号插入等待状态 1：使用 NWAIT 信号，在设置的闪存保持周期之后根据 NWAIT 信号插入等待状态。这是复位后的默认状态
位 12	WREN：写使能位。该位指示 FSMC 是否允许/禁止对存储器的写操作 0：禁止 FSMC 对存储器的写操作，否则产生一个 AHB 错误 1：允许 FSMC 对存储器的写操作，这是复位后的默认状态
位 11	WAITCFG：配置等待时序。当闪存存储器处于成组传输模式时，NWAIT 信号指示从闪存存储器出来的数据是否有效或是否需要插入等待周期。该位决定存储器是在等待状态之前的一个时钟周期产生 NWAIT 信号，还是在等待状态期间产生 NWAIT 信号 0：NWAIT 信号在等待状态前的一个数据周期有效，这是复位后的默认状态 1：NWAIT 信号在等待状态期间有效(不适用于 Cellular RAM)
位 10	WRAPMOD：支持非对齐的成组模式。该位决定控制器是否支持把非对齐的 AHB 成组操作分割成两次线性操作。该位仅在存储器的成组模式下有效 0：不允许直接的非对齐成组操作，这是复位后的默认状态 1：允许直接的非对齐成组操作
位 9	WAITPOL：等待信号极性。设置存储器产生的等待信号的极性。该位仅在存储器的成组模式下有效 0：NWAIT 等待信号为低时有效，这是复位后的默认状态 1：NWAIT 等待信号为高时有效
位 8	BURSTEN：成组模式使能。允许对闪存存储器进行成组模式访问。该位仅在闪存存储器的同步成组模式下有效 0：禁用成组访问模式，这是复位后的默认状态 1：使用成组访问模式
位 7	保留
位 6	FACCEN：闪存访问使能。允许对 NOR 闪存存储器的访问操作 0：禁止对 NOR 闪存存储器的访问操作 1：允许对 NOR 闪存存储器的访问操作
位 5:4	MWID[1:0]：存储器数据总线宽度。定义外部存储器总线的宽度，适用于所有类型的存储器 00：8 位 01：16 位(复位后的默认状态) 10：保留，不能用 11：保留，不能用
位 3:2	MTYP[1:0]：存储器类型。定义外部存储器的类型 00：SRAM、ROM(存储器块 2～4 在复位后的默认值) 01：PSRAM(Cellular RAM：CRAM) 10：NOR 闪存(存储器块 1 在复位后的默认值) 11：保留

续表

位 1	MUXEN：地址/数据复用使能位。当设置了该位后，地址的低 16 位和数据将共用数据总线，该位仅对 NOR 和 PSRM 存储器有效 0：地址/数据不复用 1：地址/数据复用数据总线，这是复位后的默认状态
位 0	MBKEN：存储器块使能位。开启对应的存储器块。复位后存储器块 1 是开启的，其他所有存储器块为禁用。访问一个禁用的存储器块将在 AHB 总线上产生一个错误 0：禁用对应的存储器块 1：启用对应的存储器块

SRAM/NOR 闪存片选时序寄存器 1～4(FSMC_BTR1～4)与 SRAM/NOR 闪存写时序寄存器 1～4 (FSMC_BWTR1～4)的数据位可以参考《STM32 参考手册》。

2)NAND 闪存和 PC 卡控制器寄存器

PC 卡/NAND 闪存控制寄存器 2～4 (FSMC_PCR2～4)的数据位如图 8.32 和表 8.50 所示。其地址偏移为 0xA000 0000 + 0x40 + 0x20×(x–1), x=2,⋯,4；复位值为 0x0000 0018。

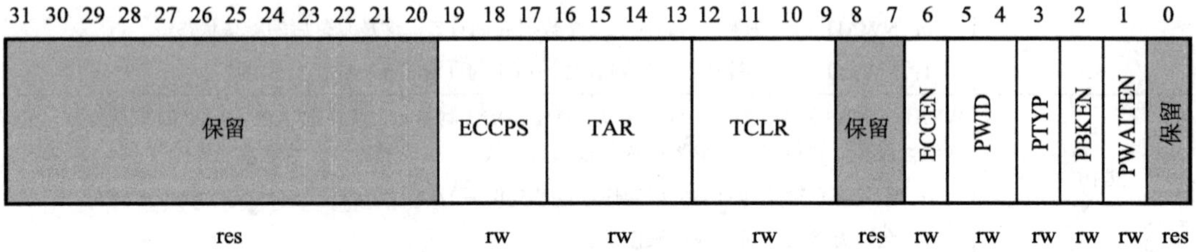

图 8.32　FSMC_PCR2～4 数据位

表 8.50　FSMC_PCR2～4 的各位描述

位 31:20	保留
位 19:17	ECCPS：ECC 页面大小。定义扩展的 ECC 页面大小 000：256B 001：512B 010：1024B 011：2048B 100：4096B 101：8192B
位 16:13	TAR：ALE 至 RE 的延迟。以 AHB 时钟周期(HCLK)为单位设置从 ALE 变低至 RE 变低的时间 时间计算：t_ar =(TAR + SET + 4)× THCLK，其中，THCLK 表示 HCLK 周期长度 0000：1 个 HCLK 周期(默认值) ⋮ 1111：16 个 HCLK 周期 (注：根据不同的地址空间，SET 是 MEMSET 或是 ATTSET。 该位允许 FSMC 使用 FSMC_BWTR 寄存器，即允许读和写使用不同的时序) 0：不使用 FSMC_BWTR 寄存器，这是复位后的默认状态 1：使用 FSMC_BWTR 寄存器

位 12:9	TCLR：CLE 至 RE 的延迟。以 AHB 时钟周期(HCLK)为单位设置从 CLE 变低至 RE 变低的时间 时间计算：t_clr = (TCLR + SET + 4) ×THCLK，其中，THCLK 表示 HCLK 周期长度 0000：1 个 HCLK 周期(默认值) ⋮ 1111：16 个 HCLK 周期 (注：根据不同的地址空间，SET 是 MEMSET 或是 ATTSET)
位 8:7	保留
位 6	ECCEN：ECC 计算电路使能位 0：关闭并复位 ECC 电路(复位后的默认值) 1：使能 ECC 电路
位 5:4	PWID：数据总线宽度。定义外部 NAND 闪存数据总线的宽度 00：8 位(复位后的默认值) 01：16 位(PC 卡必须使用此设置) 10：保留，不要使用 11：保留，不要使用
位 3	PTYP：存储器类型 定义对应的存储器块上连接的存储器类型 0：PC 卡、CF 卡、CF+卡或 PCMCIA 1：NAND 闪存(复位后的默认值)
位 2	PBKEN：PC 卡/NAND 存储器块使能位。使能存储器块。访问一个未使能的存储器块会产生一个 AHB 总线错误 0：关闭对应的存储器块(复位后的默认值) 1：使能对应的存储器块
位 1	PWAITEN：等待功能使能位。使能 PC 卡/NAND 闪存存储器块的等待功能 0：关闭(复位后的默认值) 1：使能
位 0	保留

FIFO 状态和中断寄存器 2～4(FSMC_SR2～4)、通用存储空间时序寄存器 2～4(FSMC_PMEM2～4)、属性存储空间时序寄存器 2～4(FSMC_PATT2～4)、I/O 空间时序寄存器 4(FSMC_PIO4)与 ECC 结果寄存器 2/3(FSMC_ECCR2/3)的数据位可以参考《STM32 参考手册》。

8.6.3 实验部分

掌握 STM32 的 ADC 的应用设置，进行电压信号的测量，并学会把要显示的数据显示在液晶屏幕上。

实验目的：掌握 FSMC 模块的工作原理与应用编程方法。

基本要求：掌握 STM32 的 ADC 的应用，对电位器 1 的电压信号进行 ADC 采集，并把该数据显示在 LCD 液晶屏幕上。

提高部分：同时采集电位器 1 和电位器 2 的数据，并在 LCD 上显示两路 ADC 采样电压值，调节电位器旋钮，观察电压变化。

拓展部分：在 LCD 液晶屏幕上绘出横坐标和纵坐标，横坐标以每 4 个像素点为一个间隔，纵坐标以每 30 个像素点为间隔，纵坐标为 0～4V，显示电位器 1 的电压波形，调节电位器旋钮，观察电压变化。

1. 硬件电路

STM32 教学平台的电位器信号是连接到 STM32 的 PC4 口的， PC4 正好是 A/D 转换的通道 14，STM32 实验教学平台上也标注了 A/D 转换的通道 14。A/D 转换液晶显示硬件图如图 8.33 所示。

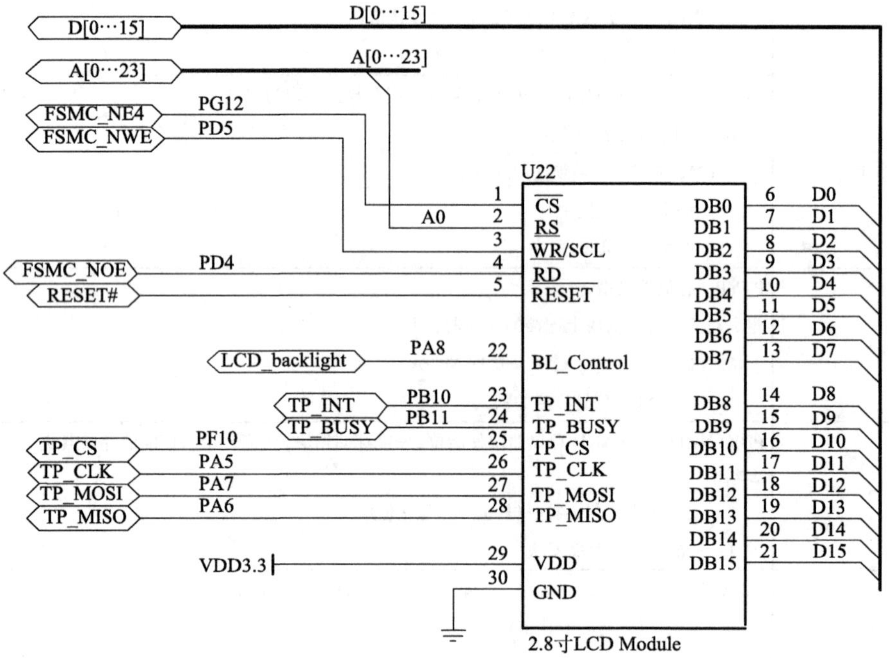

图 8.33　A/D 转换液晶显示硬件图

2. 程序设计

本节程序的重点在于对 A/D 模块及 LCD 显示模块工作参数的设置部分，要点如下。

(1) GPIO 初始化。

①开启 GPIO 外设时钟。

② 配置 PC4 为模拟输入模式。

(2) 初始化模数转换器和液晶控制器，再在 for 循环里面不断输出最新采集的 A/D 转换值并显示在 LCD 液晶屏幕上。工程文件组详情如表 8.51 所示。

表 8.51　A/D 转换液晶显示实验工程文件详情

文件组	包含文件	详情
CORE 文件组	core_cm3.c	内核文件
	startup_stm32f10x_hd.s	STM32 的启动文件

续表

文件组	包含文件	详情
FWLIB 文件组	stm32f10x_gpio.c	GPIO 的底层配置函数
	stm32f10x_rcc.c	RCC 的底层配置函数
	stm32f10x_usart.c	串口配置函数
	stm32f10x_adc.c	ADC 的底层配置函数
	stm32f10x_fsmc.c	FSMC 的底层配置函数
USER 文件组	main.c	用户应用代码
	stm32f10x_it.c	STM32 的中断服务子程序
	system_stm32f10x.c	设置系统时钟和总线时钟文件

3. 程序清单

具体程序如代码清单 8.10 和代码清单 8.11 所示。

代码清单 8.10　main.c

```
#include "includes.h"
/********************************************************
* 函数名      : main                 * 输出结果       : 无
* 函数描述    : main函数             * 返回值         : 无
* 输入参数    : 无
********************************************************/
int main(void)
{
    float Adc_Value;                                    //float可以带7位有效数字
    u32 ADC_ConvertedValue,zx,xs;
    delay_init();                                       //延时初始化
    uart_init(9600);                                    //串行通信初始化
    Adc_Init();                                         //ADC初始化
    LCD_Init();                                         //LCD初始化
    POINT_COLOR=RED;                                    //字符显示红色
    LCD_ShowString(30,20,"ADC TEST");                   //在指定位置显示字符
    POINT_COLOR=BLUE;                                   //字符显示蓝色
    LCD_ShowString(30,60,"ADC_CH0_VAL:.V");             //在指定位置显示字符
    POINT_COLOR=RED;                                    //字符显示红色
    for(;;)                                             //循环显示采样值
    {
        ADC_ConvertedValue=Get_Adc(ADC_Channel_14);//采用通道14来采样
        Adc_Value=(float)ADC_ConvertedValue/4096*3.3;
//ADC的精度是12位，故要将其数字除以4096，实现数据DA转化
        Adc_Value=Adc_Value*1000;
        zs=(u32)Adc_Value/1000;                         //整数部分
        xs=(u32)Adc_Value%1000;                         //小数部分
        LCD_DisNum(142,60,xs);                         //显示小数部分
```

```
        LCD_ShowChar(126,60,zs+'0',16,0);          //显示整数部分
        delay_ms(100);                                 //延时100ms
    }
}
```

代码清单 8.11　uart_init

```
/*******************************************************
* 函数名      : uart_init          * 输出结果      : 无
* 函数描述    : 串口初始化函数      * 返回值        : 无
* 输入参数    : 无
*******************************************************/
void uart_init(u32 bound)
{
    GPIO_InitTypeDef GPIO_InitStructure;USART_InitTypeDef USART_InitStructure;
    NVIC_InitTypeDef  NVIC_InitStructure;
    RCC_APB2PeriphClockCmd(RCC_APB2Periph_USART1|RCC_APB2Periph_GPIOA,ENABLE);
    //使能USART1,GPIOA时钟
    USART_DeInit(USART1);                        //复位串口1
    GPIO_InitStructure.GPIO_Pin=GPIO_Pin_9;          //PA.9
    GPIO_InitStructure.GPIO_Speed=GPIO_Speed_50MHz;
    GPIO_InitStructure.GPIO_Mode=GPIO_Mode_AF_PP;    //复用推挽输出
    GPIO_Init(GPIOA,&GPIO_InitStructure);             //初始化PA9
    GPIO_InitStructure.GPIO_Pin=GPIO_Pin_10;
    GPIO_InitStructure.GPIO_Mode=GPIO_Mode_IN_FLOATING; //浮空输入
    GPIO_Init(GPIOA,&GPIO_InitStructure);             //初始化PA10
    //-----------------------------Usart1 NVIC 配置-----------------
    NVIC_InitStructure.NVIC_IRQChannel=USART1_IRQn;
    NVIC_InitStructure.NVIC_IRQChannelPreemptionPriority=3; //抢占优先级3
    NVIC_InitStructure.NVIC_IRQChannelSubPriority=3;          //子优先级3
    NVIC_InitStructure.NVIC_IRQChannelCmd=ENABLE;             //IRQ通道使能
    NVIC_Init(&NVIC_InitStructure); //根据指定的参数初始化NVIC寄存器
    //-----------------------------USART 初始化设置------------------
    USART_InitStructure.USART_BaudRate=bound;              //一般设置为9600
    USART_InitStructure.USART_WordLength=USART_WordLength_8b;
    //字长为8位数据格式
    USART_InitStructure.USART_StopBits=USART_StopBits_1; //一个停止位
    USART_InitStructure.USART_Parity=USART_Parity_No;     //无奇偶校验位
    USART_InitStructure.USART_HardwareFlowControl
    USART_HardwareFlowControl_ None; //无硬件数据流控制
    USART_InitStructure.USART_Mode=USART_Mode_Rx|USART_Mode_Tx;
    //收发模式
    USART_Init(USART1,&USART_InitStructure);       //初始化串口
    USART_ITConfig(USART1,USART_IT_RXNE,ENABLE); //开启中断,接收使能中断
    USART_Cmd(USART1,ENABLE);                       //使能串口
}
```

```
/*****************************************************
* 函数名      : LCD_Init              * 输出结果        : 无
* 函数描述    : 液晶初始化函数        * 返回值          : 无
* 输入参数    : 无
*****************************************************/
void LCD_Init(void)
{
    LCD_GPIO_Config();                              //液晶显示器的IO口配置，程序略
    LCD_FSMC_Config();                              //FSMC配置
    LCD_Rst();                                      //软件复位，程序略
    LCD_REG_Config();                               //LCD寄存器配置，程序略
}
/*****************************************************
* 函数名      : Get_Adc              * 输出结果        : 无
* 函数描述    : 获取AD转换值函数     * 返回值          : 无
* 输入参数    : 无
*****************************************************/
u16 Get_Adc(u8 ch)
{
/*****************************************************
在配置好之后设置采样周期，最快为1.5个周期
转换时间=采样周期+12.5个ADC时钟周期
所以转换时间=1.5+12.5=14ADC时钟周期，就是1μs
*****************************************************/
ADC_RegularChannelConfig(ADC1,ch,1,ADC_SampleTime_1Cycles5 );
//ADC1,ADC通道3,规则采样顺序值为1,采样时间为1.5周期
ADC_SoftwareStartConvCmd(ADC1,ENABLE);        //使能指定的ADC1的软件转换启动功能

while(!ADC_GetFlagStatus(ADC1,ADC_FLAG_EOC)); //等待转换结束
return ADC_GetConversionValue(ADC1);          //返回最近一次ADC1规则组的转换结果
}
/*****************************************************
* 函数名      : LCD_FSMC_Config   * 输出结果        : 无
* 函数描述    : FSMC配置函数      * 返回值          : 无
* 输入参数    : 无
*****************************************************/
void LCD_FSMC_Config(void)
{
   FSMC_NORSRAMInitTypeDef  FSMC_NORSRAMInitStructure;
   FSMC_NORSRAMTimingInitTypeDef  p;
   p.FSMC_AddressSetupTime=0x02;                    //地址建立时间
   p.FSMC_AddressHoldTime=0x00;                     //地址保持时间
   p.FSMC_DataSetupTime=0x05;                       //数据建立时间
   p.FSMC_BusTurnAroundDuration = 0x00;
   p.FSMC_CLKDivision=0x00;
```

```
    p.FSMC_DataLatency=0x00;
    p.FSMC_AccessMode=FSMC_AccessMode_B;              // 一般使用模式B来控制LCD
   FSMC_NORSRAMInitStructure.FSMC_Bank=FSMC_Bank1_NORSRAM4;
   FSMC_NORSRAMInitStructure.FSMC_DataAddressMux=FSMC_DataAddressMux_Disable;
   FSMC_NORSRAMInitStructure.FSMC_MemoryType=FSMC_MemoryType_NOR;
   FSMC_NORSRAMInitStructure.FSMC_MemoryDataWidth=FSMC_MemoryDataWidth_16b;
   FSMC_NORSRAMInitStructure.FSMC_BurstAccessMode=FSMC_BurstAccessMode_Disable;
   FSMC_NORSRAMInitStructure.FSMC_WaitSignalPolarity=FSMC_WaitSignalPolarity_Low;
   FSMC_NORSRAMInitStructure.FSMC_WrapMode=FSMC_WrapMode_Disable;
   FSMC_NORSRAMInitStructure.FSMC_WaitSignalActive=FSMC_WaitSignalActive_
   BeforeWaitState;
   FSMC_NORSRAMInitStructure.FSMC_WriteOperation=FSMC_WriteOperation_Enable;
   FSMC_NORSRAMInitStructure.FSMC_WaitSignal=FSMC_WaitSignal_Disable;
   FSMC_NORSRAMInitStructure.FSMC_ExtendedMode=FSMC_ExtendedMode_Disable;
   FSMC_NORSRAMInitStructure.FSMC_WriteBurst=FSMC_WriteBurst_Disable;
   FSMC_NORSRAMInitStructure.FSMC_ReadWriteTimingStruct=&p;
   FSMC_NORSRAMInitStructure.FSMC_WriteTimingStruct=&p;
   FSMC_NORSRAMInit(&FSMC_NORSRAMInitStructure);
   FSMC_NORSRAMCmd(FSMC_Bank1_NORSRAM4,ENABLE);//使能 FSMC Bank1_SRAM Bank
}
```

4. 库函数说明

ADC_GetFlagStatus 函数说明见表 8.52。

表 8.52　ADC_GetFlagStatus 函数说明

函数名	ADC_GetFlagStatus
函数原型	FlagStatus ADC__GetFlagStatus (ADC_TypeDef* ADCx,u8 ADC_FLAG)
功能描述	检查指定 ADC 标志位置 1 与否
输入参数 1	ADCx：x 可以是 1 或 2 来选择 ADC 外设 ADC1 或 ADC2
输入参数 2	ADC_FLAG：指定需检查的标志位，参阅官方的参考手册，查阅更多该参数允许的取值范围
输出参数	无
返回值	无
先决条件	无
被调用函数	无

ADC_FLAG 设置说明见表 8.53。

表 8.53　ADC_FLAG 设置说明

ADC_AnalogWatchdog	描述
ADC_FLAG_AWD	模拟看门狗标志位
ADC_FLAG_EOC	转换结束标志位
ADC_FLAG_JEOC	注入组转换结束标志位
ADC_FLAG_JSTRT	注入转换开始标志位
ADC_FLAG_STRT	规则组转换开始标志位

5. 实验分析

STM32 的 PC4 引脚有 A/D 转换的复用功能，固定为通道 14，在初始化函数中配置引脚的通道模式要根据 datesheet 来配置，不能随意配置。为了获得动态的采样数据，需要在 for 循环里面循环显示。在 main 函数中，LCD_DisNum 显示的结果为 3 位有效数字，这里用来显示小数部分，整数部分采用函数 LCD_ShowChar 来操作。读者有兴趣可以探究这两种显示字符函数的区别。

习题与思考题

8.1 对于 STM32 串口通信中的 USART_WordLength，其数据位的长度包不包括开始位?

8.2 在 STM32 串口接收程序里“USART_GetFlagStatus(USART1,USART_FLAG_ORE)==RESET”是什么意思?

8.3 同步串行通信中的“同步”指的是什么?

8.4 使用 SPI 外设时如何设定 NSS 为通用 IO 口?

8.5 简述 I2C 发送接收数据的过程。

8.6 I2C 和 SPI 的主用应用领域有哪些？各有何特点?

8.7 CAN 通信报文的种类有哪些?

8.8 CAN 通信中使用的 120Ω 电阻的主要作用是什么?

8.9 简述 FSMC 模块的结构与工作原理。

第 9 章　ARM 在自平衡小车中的应用

9.1　两轮自平衡小车控制系统

两轮自平衡小车是目前非常流行的一种移动运载工具，有的又称为电动平衡车、体感车、思维车、摄位车等。市场上主要有独轮和双轮两类，其控制原理主要是建立在一种称为“动态稳定”(Dynamic Stabilization)的基础上。利用车体内部的陀螺仪和加速度计等传感器来检测车体姿态的变化；利用伺服控制系统，精确地驱动电机进行相应的状态控制，从而保持系统的平衡。两轮自平衡小车的控制系统是一个典型的嵌入式实时数据采集与控制系统，具有一定的难度和综合性。为了便于介绍 STM32 嵌入式系统的综合开发和应用，同时结合作者的实际工程项目，本章以两轮自平衡小车项目的软硬件为例，全面系统地介绍 STM32 的综合应用和工程开发。其中，两轮自平衡小车控制系统的 CPU 采用 STM32F103，使用卡尔曼滤波算法对姿态传感器采集的信息进行数据融合获得精确的姿态角信息，采用经典的 PID 控制算法实现小车的启停、转向等控制。

9.1.1　控制原理

两轮自平衡小车是一种具有左右两个轮的小车，其左右两个轮分别由两个直流电动机独立驱动，通过安装在其上的姿态传感器来判断自身姿态。车体法向与水平面法向的角度称为平衡角。平衡控制器根据平衡角实时计算控制量，驱动电机以保持自身平衡不倾倒，即让平衡角趋于零，这是控制器的主要控制目标，保持平衡是动态平衡的一个过程。

两轮自平衡小车的控制策略主要依赖动态平衡原理，在未对两轮自平衡小车进行控制时，小车处于静止状态，将车身前俯或后仰时，小车的两轮不发生运动状态的变化，仍然保持静止，而此时小车的车身前后变化和车轮的转动是独立的。当开始对两轮自平衡小车平衡控制时，小车在控制策略的作用下实现了静止、前进(前倾)、后退(后仰)三种运动方式，此时车身前后变化和车轮转动相互联系，形成一个统一的整体，保持小车自身的整体平衡。

当驾驶者身体前倾时，车身重心靠前，车轮立即产生一个向前的加速度，车辆前进以保持车体平衡；当驾驶者身体直立时，重心位于电机轴心线的正上方，车辆保持动态平衡静止状态；当驾驶者身体后倾时，车身重心靠后，车轮立即产生一个向后的加速度，车辆后退以保持车体平衡。

车体运用动态平衡的原理，当身体移动时，驾驶者的重心会不断改变，电机的转速随之改变，使车体达到平衡，就像人走路一样，但人体天生的平衡器官会告知大脑这一情形，并由大脑下达移动脚步的指令以维持平衡。这种设计用轮子取代了脚的功能，复制了人类高精密的平衡动作。两轮自平衡小车的运作原理主要是建立在动态稳定的基本原理上，也就是车辆本身的自动平衡能力。

本章主要研究电气控制系统的核心部分，即平衡控制系统，故忽略对设计机械载体和其他控制系统的论述。平衡控制系统的大致设计思路是以 STM32F103 作为控制核心；采用陀螺仪和倾角计多传感器组合检测的方式检测车体姿态信息；控制器实时采集陀螺仪和倾角计的传感数据，经过卡尔曼融合滤波后，交由平衡控制算法处理；同时，控制器还通过电机驱动器采集转矩电流信号；平衡控制算法根据上述数据计算控制量，控制器根据控制量产生相应的 PWM 控制信号加载到电机驱动器。控制目标是保持车身不倾倒，且在受到干扰后具有良好的恢复平衡的动态性能。

9.1.2 控制系统组成结构

本书针对自平衡小车复杂难控制的特征，使用了多个传感器以及其他辅助设备构成了姿态测控系统，主要由检测单元、控制单元、执行单元、上位机单元和电源单元等五部分构成。自平衡小车姿态测控系统总体设计框图如图 9.1 所示。

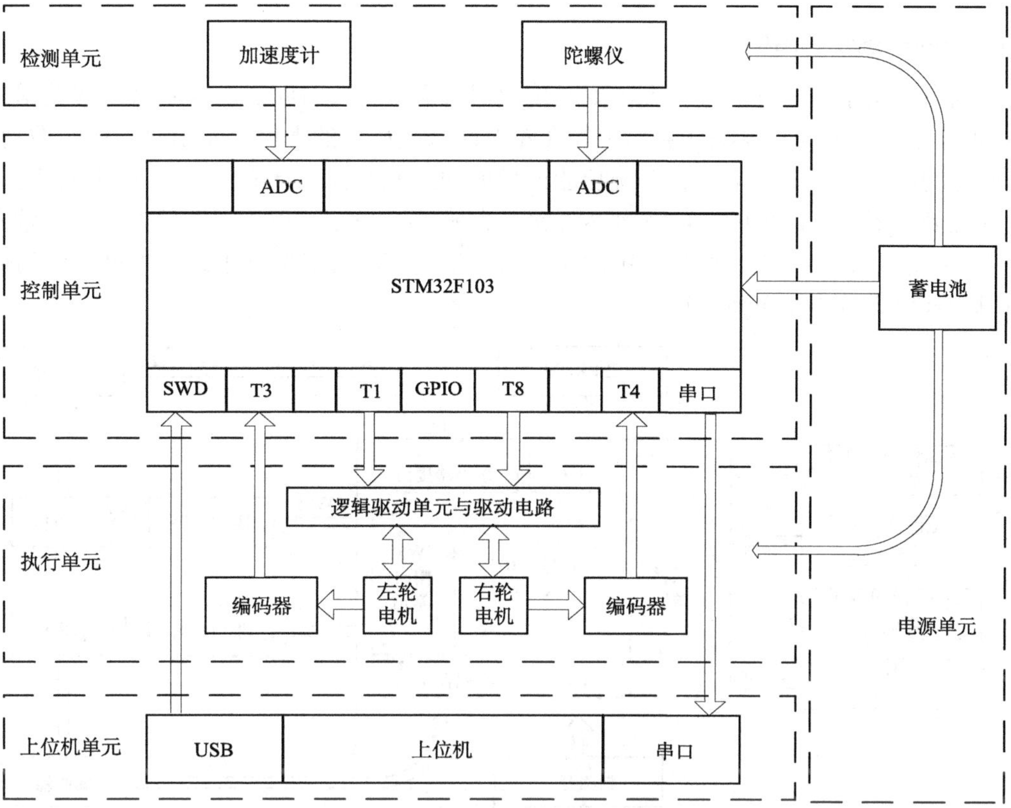

图 9.1 自平衡小车姿态测控系统总体设计框图

本书设计的自平衡小车姿态检测单元主要由陀螺仪与加速度计等传感器组成，STM32 微控制器将传感器实时检测到的姿态数据通过 ADC 采样的方式采集到内存中。

执行单元由左右两轮驱动电机以及其他辅助驱动装置组成，包括逻辑驱动单元、驱动电路及左右轮旋转编码器。嵌入式 STM32 微控制器将姿态信息与其他命令信息通过一定的控制算法计算得到实际的输出量，通过高级控制定时器 TIM1 和 TIM8 以脉冲宽度调制工作模式输出 PWM 波，逻辑控制单元将 PWM 波输出量与驱动方向信息转换成电机的逻辑驱动信号，使驱动电路有序地控制电机的前进或后退。旋转编码器将测量的速度信号以 AB 相正交方波脉冲的形式输入嵌入式 STM32 微控制器内，嵌入式 STM32 微控制器通过定时器 TIM3 和定时器 TIM4 以编码器模式解算 AB 相正交方波脉冲，得到实际的电机转速，从而进行反馈控制。

电源单元以蓄电池作为自平衡小车整个系统的供电单元，为检测单元、控制单元和执行单元提供电源保障。上位机与微控制器之间通过无线方式进行通信。上位机的 RS232 串口与无线通信模块相连，通过无线通信模块收发机器人状态信息并实时显示出来，同时可以通过上位机向机器人发送控制指令与调试参数。

自平衡小车作为一个被控对象，选择意法半导体 STM32F103 微处理器芯片作为系统的微控制单元，将各个传感器数据输入微处理器中，通过一定的数据处理与算法运算后，输出控制信号，对电机进行控制，从而使自平衡小车保持自平衡运动。

9.2 两轮自平衡小车控制系统硬件设计

9.2.1 控制系统硬件结构

两轮自平衡小车在行进过程中需要对传感器数据进行实时测量，并且对这些数据进行处理后，再经过一系列控制算法计算出施加在左右两个电机上的电压并发出对电机的控制信号。比较常见的两轮自平衡小车控制系统功能框架如图 9.2 所示，选择 ST 公司推出的新型 32 位嵌入式微处理器 STM32F103VCT6 作为系统控制核心。自平衡小车左右轮处于同一轴向，由两电机独立驱动。控制平台通过专用的驱动芯片搭建直流电机驱动电路，根据机体俯仰角控制电机运行以保持小车车体平衡。

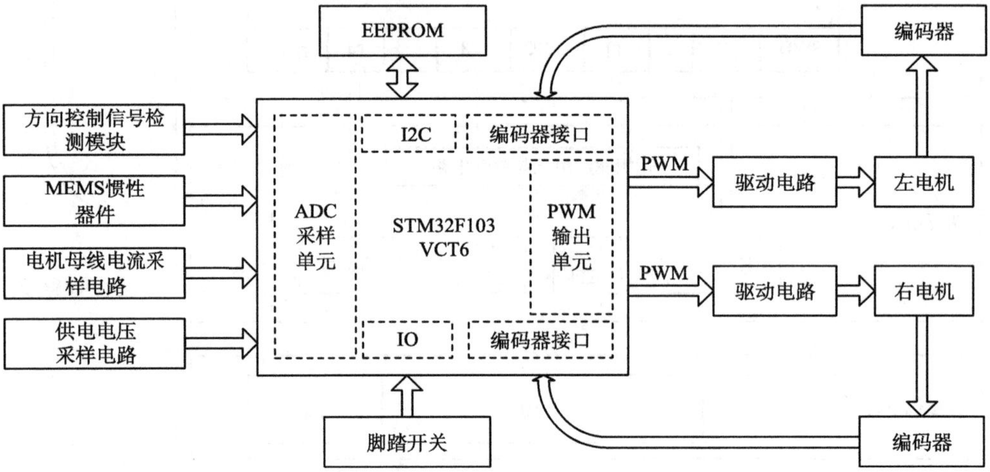

图 9.2 自平衡小车控制系统功能框架

图 9.2 中，MEMS 惯性器件包括加速度计和陀螺仪，将加速度计的数据和陀螺仪的数据通过卡尔曼滤波算法进行数据融合，可以解算小车的姿态角。小车在运行时需要采集电机转速以实现转速的闭环控制，通过在电机上加装以磁旋转编码器为核心的转速测量模块来达到测量电机转速的目的。根据磁旋转编码器输出信号的相位，STM32 内部的编码器接口同时还可以确定机体处于前进或者后退状态(即电机的正反转方向)。自平衡小车控制系统通过电阻采样法采集电机运行时的母线电流，用于过流保护。同时，系统采集供电电压用于系统的欠压保护。除此以外，控制系统还集成了一块作为数据存储单元的 EEPROM，用以保存自平衡小车的控制参数。两轮自平衡小车运行时，驾驶者站立在车体上，系统检测到脚踏开关按下时，开始进行电机控制。驾驶者转动把手，使方向控制信号检测模块输出发生变化，从而使

微控制器控制左右两电机产生转速差，实现小车的左右转动。

9.2.2 控制系统硬件原理

1. 电路原理图

整个系统的电路原理如图 9.3～图 9.6 所示。

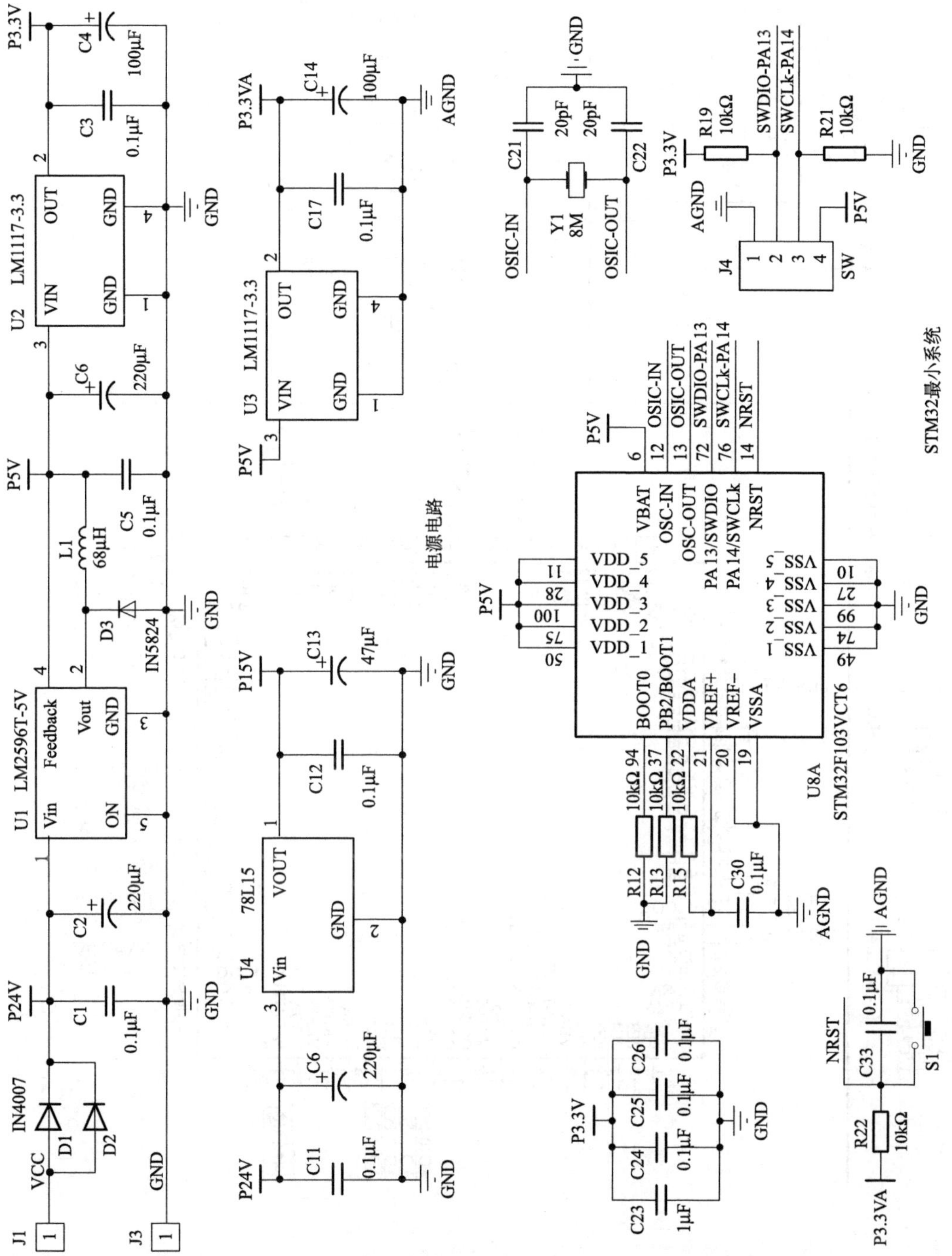

图 9.3　STM32 最小系统

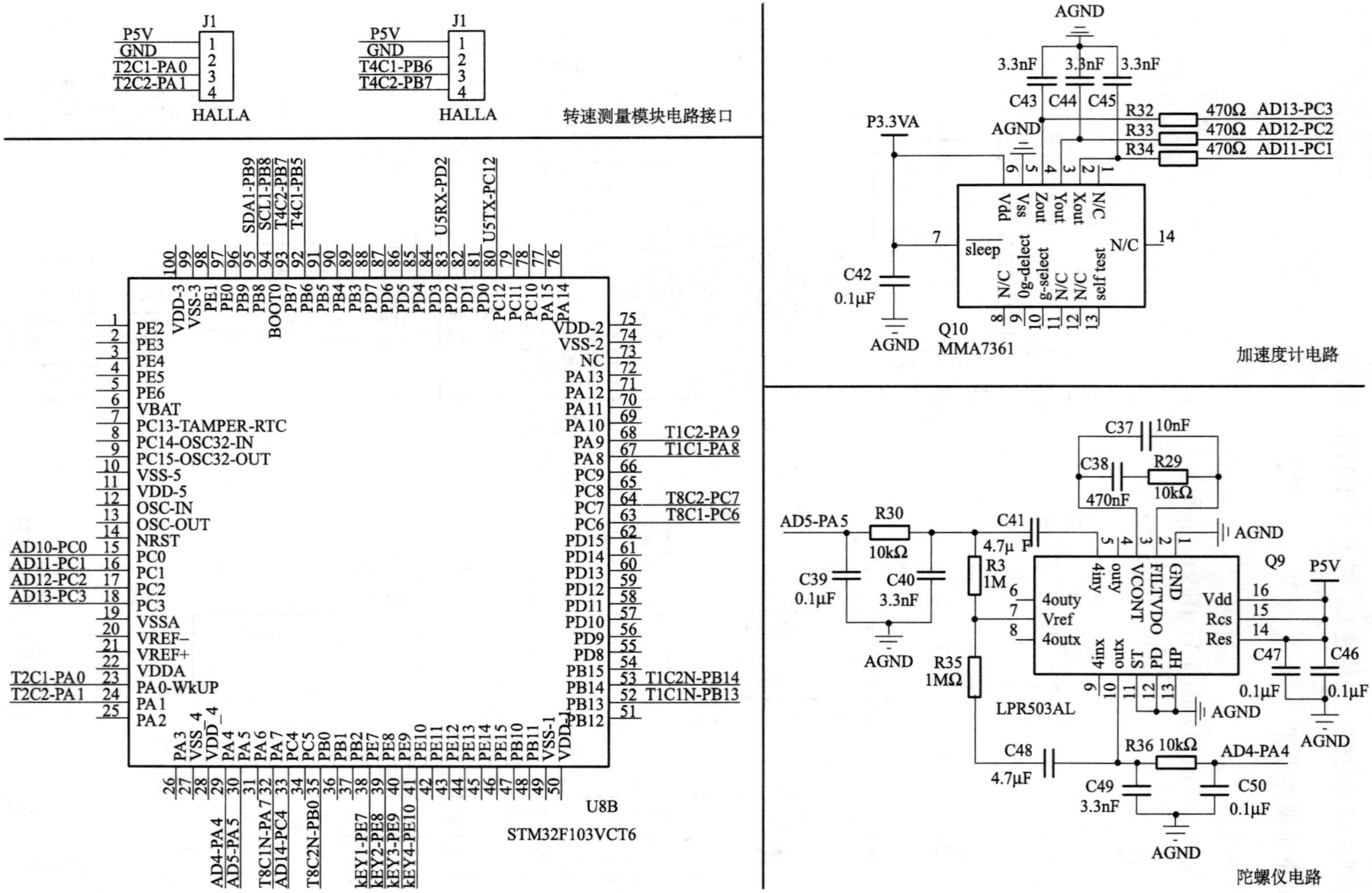
J1
P5V
GND
T2C1-PA0
T2C2-PA1
HALLA
J1
P5V
GND
T4C1-PB6
T4C2-PB7
HALLA
转速测量模块电路接口
U8B
STM32F103VCT6
AD10-PC0
AD11-PC1
AD12-PC2
AD13-PC3
T2C1-PA0
T2C2-PA1
SDA1-PB9
SCL1-PB8
T4C2-PB7
T4C1-PB5
U5RX-PD2
U5TX-PC12
T1C2-PA9
T1C1-PA8
T8C2-PC7
T8C1-PC6
T1C2N-PB14
T1C1N-PB13
AD4-PA4
AD5-PA5
T8C1N-PA7
AD14-PC4
T8C2N-PB0
kEY1-PE7
kEY2-PE8
kEY3-PE9
kEY4-PE10
AGND
P3.3VA
C42
0.1μF
Q10
MMA7361
R32 470Ω AD13-PC3
R33 470Ω AD12-PC2
R34 470Ω AD11-PC1
C43 C44 C45
3.3nF
加速度计电路
Q9
LPR503AL
P5V
AD5-PA5
R30
10kΩ
C39
0.1μF
C40
3.3nF
C41
4.7μ F
R3
1M
R35
1MΩ
C37
10nF
C38
470nF
R29
10kΩ
C46
C47
0.1μF
C48
4.7μF
R36 10kΩ
AD4-PA4
C49
3.3nF
C50
0.1μF
陀螺仪电路

图 9.4 相关传感器电路

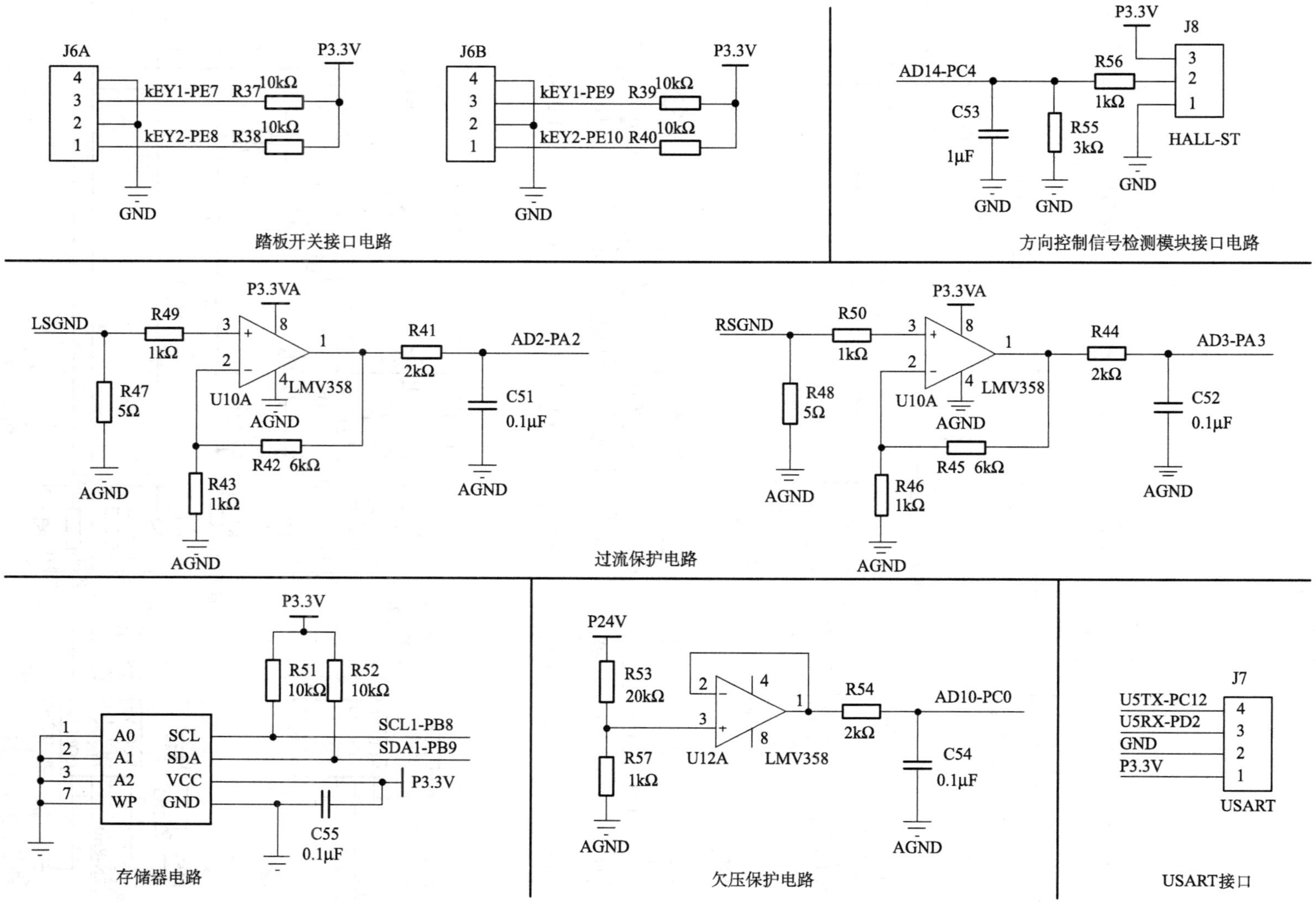

图 9.5 相关外设接口电路

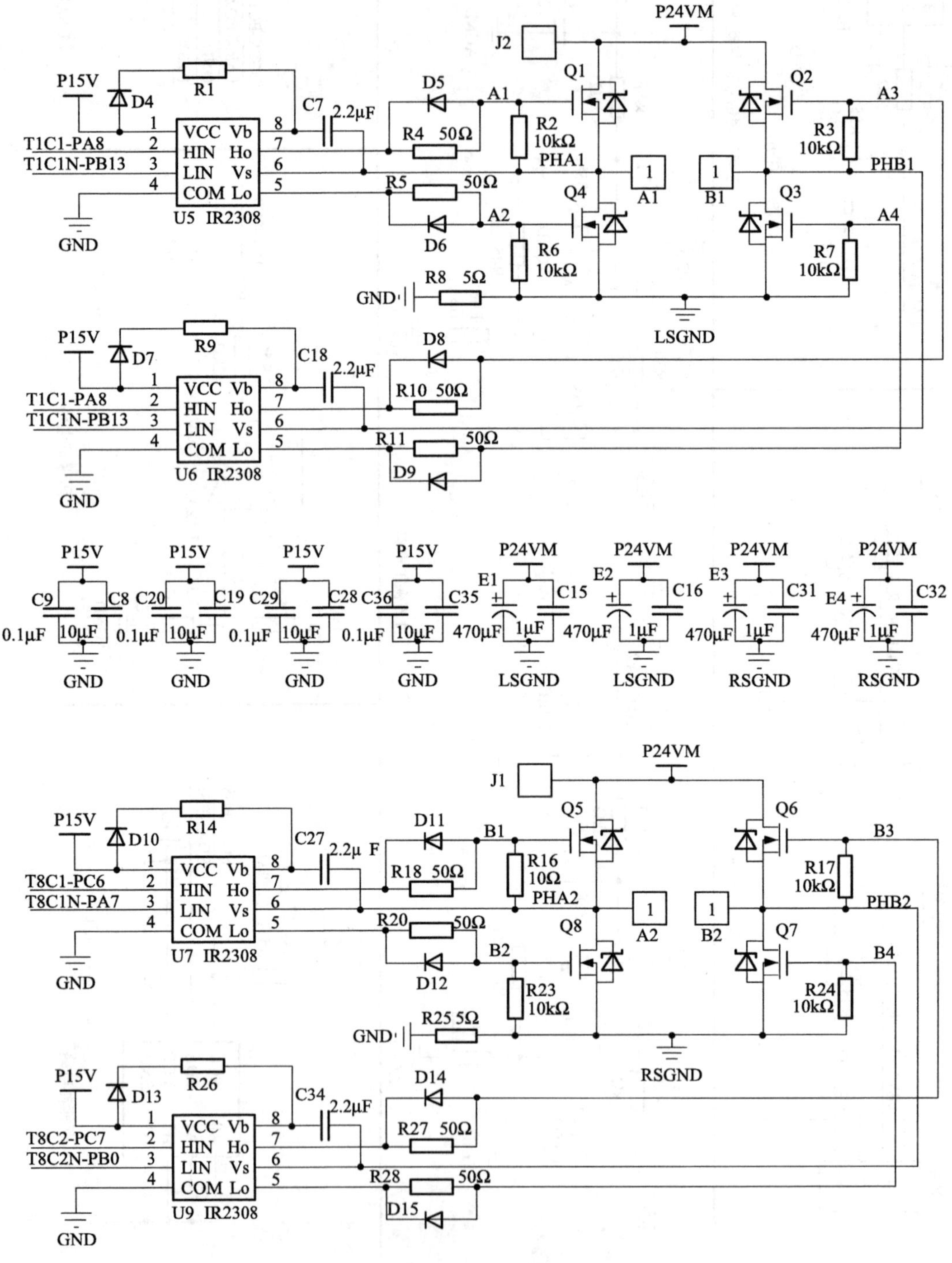

图 9.6 直流电机驱动电路

2. 电路原理说明

1) 电源电路

对于任何一个电气系统，供电设计都是不可或缺的一部分，合理、稳定的供电方案可以大大减少系统故障的发生率。自平衡小车控制平台包括微控制器最小系统、电机母线电流采样电路、供电电压采样电路、方向采样电路、存储器电路、电机转速测量模块和姿态检测模块等多个部分。供电单元需要提供多种电压输出以保证各模块的正常工作。

自平衡小车控制平台输入电压为 24V，然后通过专用芯片进行降压，得到 15V、5V 和 3.3V 等多种电压。电源转换电路原理如图 9.7 所示，首先通过 J_1 和 J_3 引入 24V，二极管 D_1 和 D_2 用于防止电源反接和分流，同时防止单管电流过大导致二极管烧坏。再通过 LM2596T-5V 将电压降至 5V，5V 电压主要为转速测量模块和姿态检测模块等外围部件进行供电，同时为 3.3V 电压转换芯片提供输入电压。LM2596T-5V 为开关型稳压芯片，能够输出 3A 的驱动电流，支持宽电压输入，输入电压可达 40V。芯片输出电压误差为±4%，具有良好的线性和负载调节特性。根据芯片手册选择合适的电感、吸纳二极管和输入输出电容，LM2596T-5V 即可正常工作。

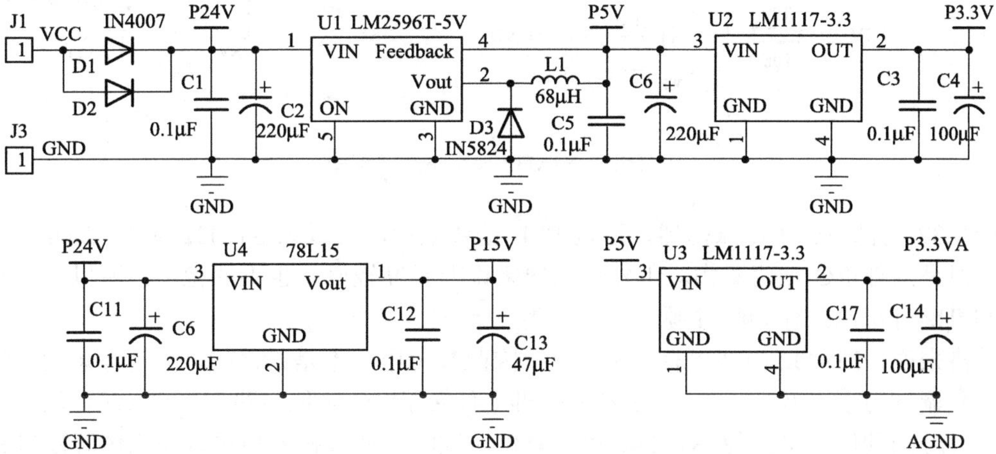

图 9.7 电源转换电路原理图

LM1117-3.3 在 LM2596T-5V 输出 5V 的基础上将电压降至 3.3V，LM1117-3.3 为线性稳压电源，输出电压稳定，纹波小，具有过载、过热保护功能，能有效防止由于温度过高而造成的芯片损坏。控制平台含有模拟电路和数字电路，因此供电单元采用两片 LM1117-3.3 对 5V 电压进行降压，将模拟电路和数字电路分开进行供电，从而增强系统的抗干扰能力。除了 5V 和 3.3V 外，供电单元还需要提供 15V 的电压为直流电机驱动芯片供电，因为 15V 电压只需要为驱动芯片供电，且驱动芯片功耗比较小，所以选择功率较小的 78L15 将电压降至 15V。78L15 为线性稳压芯片，输出电流可达 100mA，内部自带热关断保护功能，能使芯片避免由于负载过大而超负荷工作。

2) 微控制器最小系统

如图 9.8 所示，一个典型的 STM32 最小系统包含电源电路、时钟源、复位电路、调试端口和启动模式选择电路。STM32 使用单电源供电，内部含有一个电压调整器，可以给 Cortex-M3 核心提供 1.8V 的工作电压。STM32 的供电引脚 VDD 和 VSS 引脚均匀分布在芯片的四周，这种设计是基于电源完整性的考虑，可以降低电源阻抗，保证数字电路可靠工作，使用 P3.3V 和 GND 为这些引脚提供 3.3V 的电压。数据采集单元需要采集模拟信号，使用 P3.3VA 和 AGND 为 VDDA 和 VSSA 供电，使 ADC 和内部复位电路等模块正常工作。

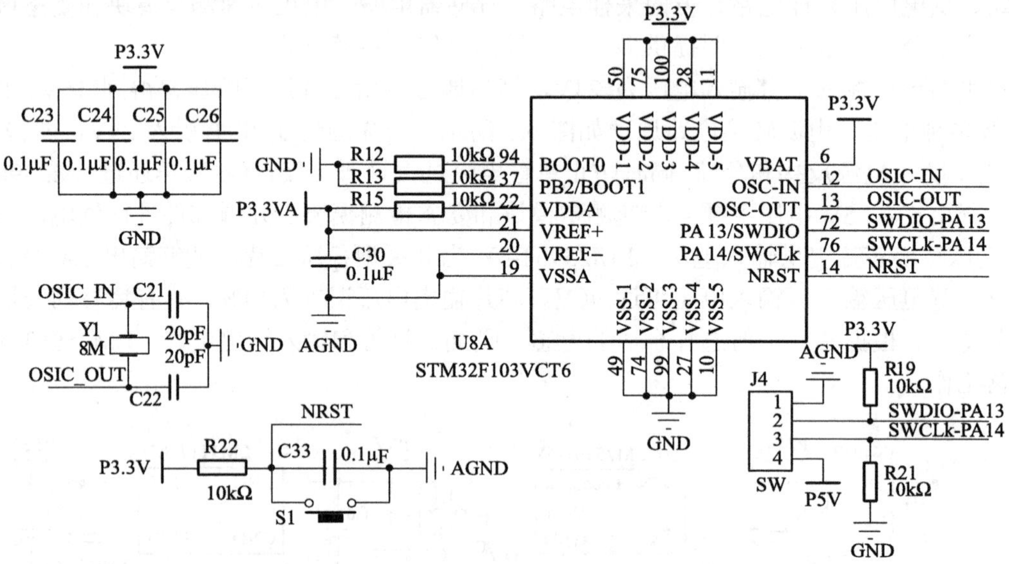

图 9.8　STM32 最小系统原理图

STM32 内部自带 RC 振荡器，通过 PLL 倍频之后，可以为 STM32 提供 72MHz 的满额主频。但是内部 RC 振荡器相对于外部晶振来说准确度较低，也不够稳定，所以系统外接了一个 8MHz 外部晶振作为时钟源。

严格来说，STM32 内部含有复位电路，因此复位电路不是必需的，但是考虑到系统的可靠复位和调试习惯，仍然在 STM32 复位引脚上外接了 RC 复位电路。在开机时，保持复位引脚上一段时间的低电平，使 STM32 可靠复位。同时，通过按键也可以在系统开发过程中进行人工复位。

为了让 STM32 最小系统运行起来，还需要硬件调试端口才可以使用调试仿真器连接 STM32。STM32 的 CoreSight 调试系统支持两种调试方式：JTAG 和 SWD。相较于 JTAG 方式，SWD 方式占用的引脚更少也更稳定，只需 4 个引脚(VCC、GND、SWDIO、SWCLK) 即可工作。因此选择 SWD 接口作为 STM32 的调试端口。

除了上述电路外，要让 STM32 正常工作还需要通过 BOOT0 和 BOOT1 引脚选择启动方式。STM32 有三种启动方式，通过改变启动方式，STM32 存储空间的起始地址会对齐到不同的内存空间上，这样就可以选择在用户 Flash、内部 SRAM 或者系统存储区上运行代码。本书将启动方式选择引脚均接地，在用户 Flash 上运行代码。

3) 姿态测量电路

目前，普遍采用的姿态估计方法是通过加速计和陀螺仪进行数据融合，从而获得最优姿态估计角。陀螺仪动态性能好，可以提供瞬间动态角度变化，而加速度计则有着较好的静态效应，能够准确提供静态角度。陀螺仪和加速度计的工作电路原理如图 9.9 和图 9.10 所示。

LPR503AL 是 ST 公司推出的采用 CMOS 工艺的低功耗双轴 MEMS 陀螺仪，其输出的模拟电压值用以表征测量到的角速率。图 9.9 中 C_{46} 和 C_{47} 为电源去耦电容，在滤除耦合噪声的同时也可作为陀螺仪的蓄能电容。陀螺仪内部含有一个 PLL 电路，用于同步驱动和传感器接口，在陀螺仪芯片的 FILTVDD 引脚和 VCONT 引脚接上如图 9.9 所示的元器件，保证 PLL 的正常工作。图 9.9 中，outx/outy 和 4outx/4outy 引脚为测量电压值的标准输出和放大输出。系统使用标准输出电压值，其对应的陀螺仪测量范围为 120°/s，测量精度为 8.3mV/[(°)/s]。在 LPR503AL 的 outx/outy 引脚上外接高通滤波器和低通滤波器，用于限制输出的响应速率。以陀螺仪 X 轴输出为例，C_{48} 为隔直电容，R_{36}、C_{49} 和 C_{50} 则组成一个 RC π 型低通滤波器。LPR503AL 带有陀螺仪自检、低功耗模式选择和高通滤波器重设置等功能。将芯片的 ST、PD 和 HP 引脚上拉或者接地即可选择功能的开启或关闭。本系统未使用这些功能，将相关引脚全部接地，其功能介绍在此不再赘述。

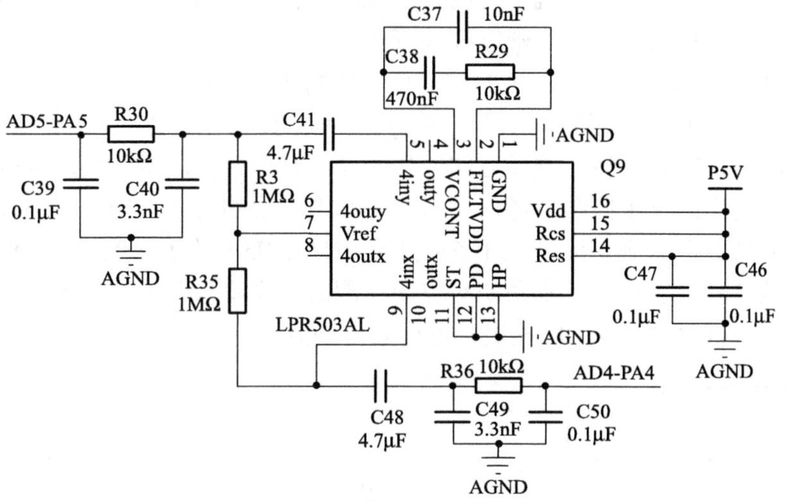

图 9.9　LPR503AL 电路原理图

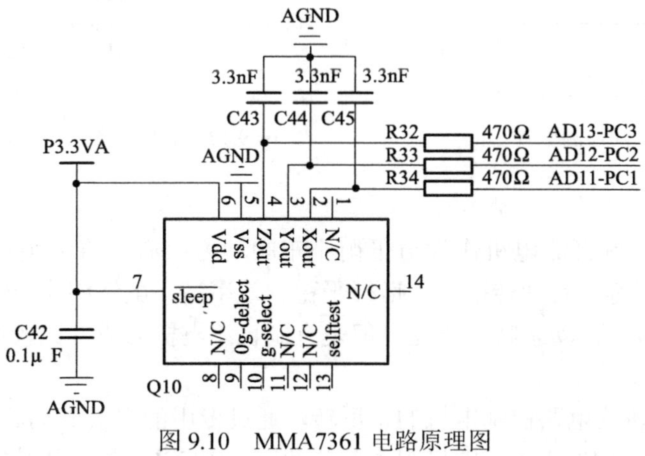

图 9.10　MMA7361 电路原理图

MMA7361 是 Freescale 公司推出的微型电容式加速度计，其输出为重力加速度在其敏感轴上的分量。MMA7361 提供了两个灵敏度供用户选择，灵敏度选择引脚 g-select 悬空时，由于内部有下拉电阻，引脚默认为低电平输入，此时对应的加速度计测量范围为±1.5g，测量精度为 800mV/g。加速度计的 sleep 引脚用于设置加速度计进入休眠模式，降低系统功耗，悬空时默认休眠模式关闭。selftest 引脚用于芯片自检，验证加速度计安装前后的机械和电气完整性，悬空时默认关闭该功能。0g-delect 为 0g 检测引脚，当三轴输出均为 0g 时，该引脚输出高电平，一般用于自由落体保护。加速度计内部带有低通滤波并已作 0g 补偿，在使用时仅需在输出引脚上外加 RC 滤波器即可。绘制 PCB 时，由于系统陀螺仪和加速度计靠得非常近，所以共用去耦电容。

4) 方向控制信号检测模块

霍尔元件是应用霍尔效应的半导体器件，是一种将磁输入信号转换成电动势输出的传感器。按照霍尔元件的功能可将它们分为霍尔线性器件和霍尔开关器件。前者输出模拟量，后者输出数字量。霍尔开关器件的抗干扰能力较强，但使用较为复杂。线性霍尔元件输出模拟信号，其输出电压随输入的磁力线密度线性变化。

本系统选择 Hallwee 公司推出的 HAL495A 型线性霍尔元件检测自平衡小车的左右转方向。使用霍尔元件进行方向检测的原理如图 9.11 所示。转动方向把手时，把手带动机构旋转，固定在机构上的磁铁随之旋转，磁场方向发生改变，霍尔元件测量到的磁场强度和方向也会随之改变。根据输出的电压值与参考值比对即可知道把手的转动方向。方向控制信号检测模块原理图如图 9.12 所示。霍尔元件采用 5V 供电，HAL495A 的集成度较高，内含修正的电阻提供精确的灵敏度和温度补偿。本系统对方向检测的精度要求并不高，对霍尔元件输出进行 RC 滤波后，送入 STM32 的 ADC 模块，进行采样和方向计算。

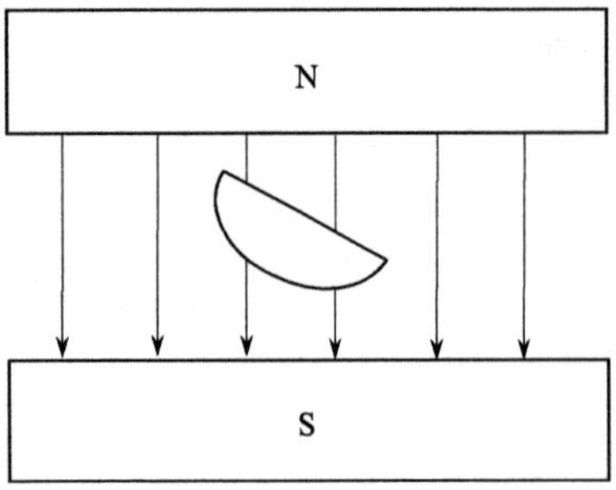

图 9.11　霍尔元件方向检测原理

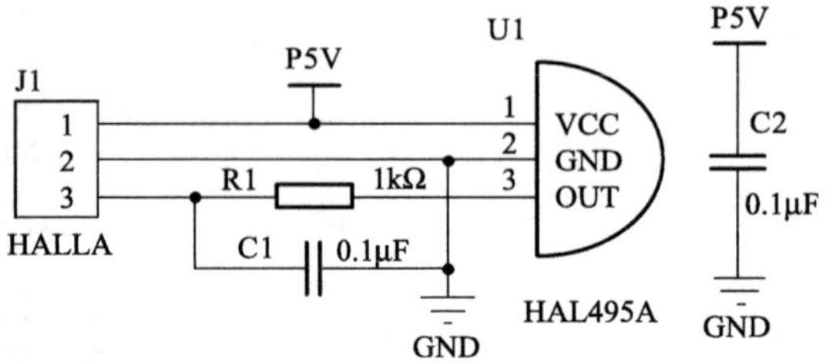

图 9.12　方向控制信号检测模块电路原理图

5) 电机驱动电路

该系统选用了有刷直流电机作为自平衡小车的动力核心，直流电机具有优越的调速性能，表现为调速范围宽、启动转矩大、运行平稳、效率高。虽然相比于无刷直流电机，有刷直流电机的寿命比较短，动态特性稍差，但是有刷直流电机的成本比较低，控制方法也相对较简单。

本书采用 H 型桥式电路控制电机的正反转，通过专用的电机驱动芯片 IR2308 构建驱动电路，电路原理如图 9.13 所示。电机驱动部分利用了 IR2308 的自举功能实现了全桥驱动电路的单一电源供电。现以 IR2308 驱动一个半桥为例来说明驱动电路的工作过程。自举二极管

D_4和自举电容 C_7 组成一个自举升压电路。若要使半桥高压侧管 Q_1 导通，首先要对自举电容进行充电，从而使 IR2308 的引脚 Vb 和 Vs 之间产生一个电压差。

自举电容的选择非常重要，其必须能够提供 MOS 管导通时所需要的栅极电荷，并且保持稳定，否则 Vb 可能会出现比较大的电压纹波，使电压值低于 MOS 管的欠压值，导致高端无输出，半桥停止工作。自举电容的取值主要由驱动芯片的工作频率、自举二极管的前向压降和开关频率决定。当电容取值过大时，可能出现驱动芯片频率过高而无法提供足够充电时间的问题。自举二极管前向压降越小，电容的充电速度越快。自举二极管一般选用肖特基二极管，从而减小自举电容向电源的回馈电荷。R_1 为限流电阻，用于防止充电电流过大而击坏器件。

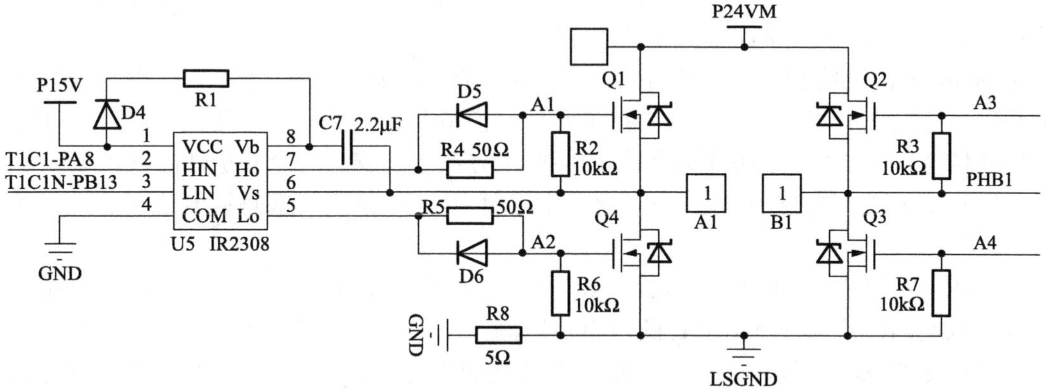

图 9.13　自平衡小车左轮电机驱动电路

由于驱动芯片和 MOS 管栅极之间的引线、地回路的引线会产生电感效应，同时 MOS 管内部存在寄生电感，在 MOS 管开启时会出现栅极振铃现象。在 MOS 管的栅极串接了一个电阻，用于抑制栅极振铃。另外，在 MOS 管的栅极上反接了一个二极管，这个二极管可以进一步加快 MOS 管的关断时间，有利于增强同一桥臂 MOS 管的死区周期。MOS 管的栅极和源极之间的阻抗很高，当漏极和源极的电压发生突变时，容易耦合到栅极和源极之间，使 MOS 管误导通。为了防止这种情况，在栅极和源极之间接上了一个 10kΩ 的电阻，减小栅源之间的阻抗。除了上述电路外，在 MOS 管的源极和漏极加了一个 TVS 管，用于钳制电压，防止 MOS 管损坏。

IR2308 的信号输出逻辑与输入信号相同，即 HIN=1、LIN=0 时，HO=1、LO=0；HIN=0、LIN=1 时，HO=0、LO=1。同时，IR2308 带有同侧导通逻辑保护，即 HIN=1、LIN=1 时，HO=0、LO=0；HIN=0、LIN=0 时，HO=0、LO=0。控制电机正反转时，需要根据一定的时序开通或关断 4 个桥的桥臂，其斩波方式如表 9.1 所示。

表 9.1　电机驱动斩波方式

控制信号	左桥臂		右桥臂	
	HIN	LIN	HIN	LIN
正转	PWM	$\overline{\text{PWM}}$	0	1
反转	0	1	PWM	$\overline{\text{PWM}}$
停止	0	1	0	1

表 9.1 中，PWM 与 $\overline{\text{PWM}}$ 为一组互补的反向信号。PWM 输出时，H 桥的上下管由于开关速度问题可能会出现同时导通的情况，此时需要设置一个死区保护时间。IR2308 内部自带 540ns 的死区关断时间，但是在实际应用中为了保证具有可靠的死区，一般会增加一个额外的软件死区时间。STM32 内部的高级定时器有 3 个输出通道可以进行互补输出，每个通道都有可编程死区功能，可以很方便地实现软件死区的插入功能。另外，调节 MOS 管的驱动电阻可以改变同一桥臂 MOS 管的开关时间，从而插入硬件死区。

6）转速测量模块

在自平衡小车控制过程中需要进行转速控制，而对左右轮电机转速进行实时测量和监控能直接反映控制算法的优劣。专用的测速仪价格较为昂贵，本系统利用磁旋转编码器搭建转速测量模块进行电机转速测量，测量方案简单可靠。

AS5040 是由奥地利微电子公司生产的一种非接触式磁旋转编码器，用于精确测量 360° 内的角度和速度。编码器内部整合了霍尔元件、模拟前端和数据信号处理模块。在进行角度或速度测量时，只需要在磁旋转编码器的中心上方或下方安装一个双极性磁铁。编码器采用绝对角度测量方式，其分辨率达到 0.35°，即每圈 1024 个位置。编码输出数字量，测量结果以串行比特流或 PWM 脉冲信号的形式给出。

AS5040 有三种工作模式。模式一为正交 A/B 输出，模式二为步/方向输出，模式三为无刷直流电机换向模式。在本书设计的电机转速测量模块中编码器工作在模式一状态下，芯片输出两路正交的脉冲信号，通道 A 与通道 B 之间的相位差指示了磁铁即电机的运动方向。俯视角度下，电机顺时针旋转，通道 A 的相位超前通道 B 电气角度 90°。逆时针方向旋转时，通道 B 的相位超前通道 A 电气角度 90°。利用 STM32 内部自带的编码器接口采集 A 通道与 B 通道的信号，可以直接得到两信号的相位，同时根据规定时间内旋转编码器采集到的脉冲个数，可以折算电机的转速。

电机测速模块电路原理图如图 9.14 所示。编码器的 15 和 16 脚为供电引脚，7 脚为电源地，而 5、13 和 14 脚由编码器内部使用，必须将引脚悬空。芯片内置电压调节器，允许其工作在 3.3V 或 5V 电源电压下，信号输出电压与供电电压相同。STM32 编码器接口输入引脚能容忍 5V 的电压，因此从增强信号抗干扰角度出发选择 5V 供电。11 脚为片选引脚，低电平有效，本系统中直接接地。8 脚为菊链模式下的 OTP 编程输入和数据输入，通过编程可以选择芯片的工作模式，默认状态下选择模式一，由于本系统不进行编程，所以直接接地。3 脚为正交通道 A 输出，4 脚为正交通道 B 输出。6 脚为 Index_W 信号，指示绝对零值。本系统

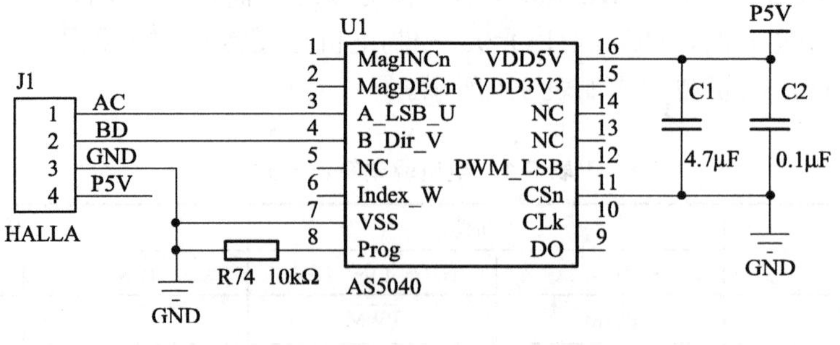

图 9.14　电机测速模块电路原理图

测速时仅用到通道 A 和通道 B 的信号。

7) 系统保护电路

系统需要采集小车电机母线电流，电机母线电流能有效地反映电机的运行状态，同时可以用于电机运行时的过流保护。目前，电机母线电流检测的方法主要有两种，一种是传感器检测法，另一种是电阻采样法。

传感器检测法是指采用专用的电流传感器进行采样。电流传感器相对精度较高，但价格昂贵且体积较大，不利于集成。电阻采样法是指将采样电阻串接在电机主回路中，将电流信号转变为电压信息，然后经过调理电路送入 STM32 的 ADC 采样模块。这种方法较为简单且易于集成。但是由于电阻制造过程中存在较大误差，且随着系统运行温度的上升，电阻的阻值会发生变化，这种方法的电流检测精度相对较低。

本系统对电流采集的精度要求不高，为了节约成本，最终选择电阻采样法作为系统电流采集的方式。自平衡小车左轮电机母线电流过流采样电路如图 9.15 所示，右轮电机母线电流采样电路与左轮完全相同，在此不再赘述。在主回路中，母线电流从 LSGND 流向 GND，经过 5mΩ 采样电阻转变为电压输出，然后通过同相比例放大器调节，将输出电压调整到 STM32 的 ADC 采样范围内，最后经过 RC 滤波器，送入 STM32 的 ADC 模块。

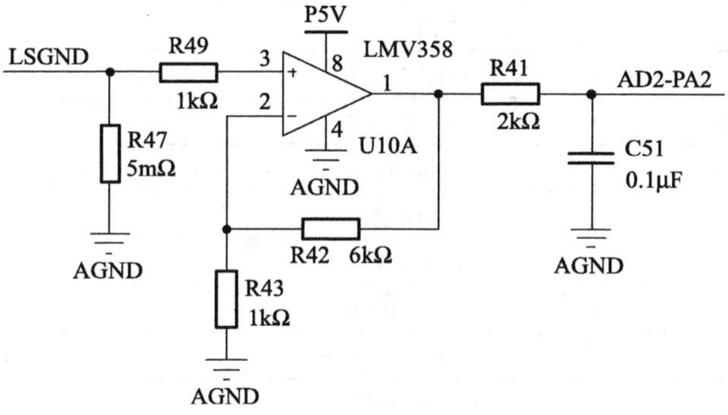

图 9.15 电流过流采样电路

控制系统需要实时采集系统供电电压，用于防止系统供电不足而出现故障，同时提醒用户对电池进行充电，欠压保护采样电路如图 9.16 所示。通过 STM32 的 ADC 模块对供电电压进行采集，系统供电电压的标值为 24V，STM32 ADC 模块的 ADC 采样有效电压范围为 0～3.3V，因此采用电阻对供电电压进行分压。系统驱动电机工作时，由于负载会导致供电电压出现比较大的波动，为了防止其对 STM32 造成损坏，在采样电路和 STM32 之间外加一个电

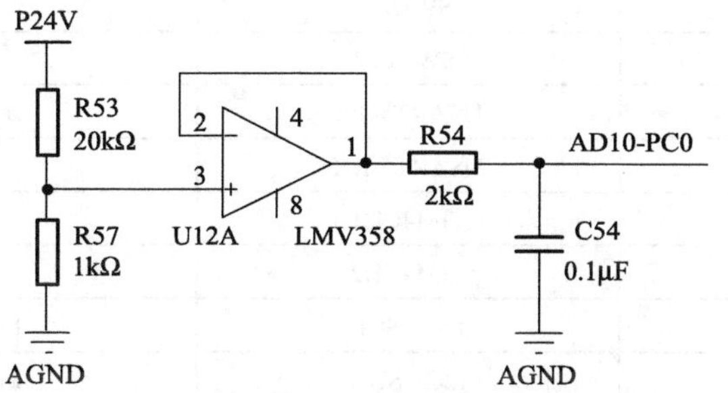

图 9.16 欠压保护采样电路

压跟随器，实现一个简单的隔离。本书使用运算放大器 LMV358 搭建电压跟随器。LMV358 为低功耗、低噪声单电源的双路运算放大器，采用 3.3V 为其供电。系统对供电电压的采样精度要求不高，因此对隔离之后的信号进行 RC 滤波，然后送入 STM32 的 ADC 采样引脚。

9.2.3 引脚配置说明

两轮自平衡小车控制系统中微控制器 STM32F103VCT6 使用到的硬件资源和 I/O 配置如表 9.2 所示。

表 9.2 两轮自平衡小车控制系统硬件资源和 I/O 配置

序号	引脚号	引脚配置	功能
15	PC0	ADC123_IN10	欠压保护
16	PC1	ADC123_IN11	加速度计 *X* 轴
17	PC2	ADC123_IN12	加速度计 *Y* 轴
18	PC3	ADC123_IN13	加速度计 *Z* 轴
23	PA0	TIM2CH1	左轮测速线 A 相
24	PA1	TIM2CH2	左轮测速线 B 相
25	PA2	ADC123_IN2	左轮电流测量
26	PA3	ADC123_IN3	右轮电流测量
29	PA4	ADC12_IN4	陀螺仪 *X* 轴
30	PA5	ADC12_IN5	陀螺仪 *Y* 轴
32	PA7	TIM8CH1N	右轮左桥臂下管控制信号
33	PC4	ADC12_IN14	方向控制信号
35	PB0	TIM8CH2N	右轮右桥臂下管控制信号
38	PE7	KEY1-TB-PE7	脚踏开关 1
39	PE8	KEY2-TB-PE8	脚踏开关 2
40	PE9	KEY3-TB-PE9	脚踏开关 3
41	PE10	KEY4-TB-PE10	脚踏开关 4
52	PB13	TIM1CH1N	左轮左桥臂下管控制信号
53	PB14	TIM2CH2N	左轮右桥臂下管控制信号
63	PC6	TIM8CH1	右轮左桥臂上管控制信号
64	PC7	TIM8CH2	右轮右桥臂上管控制信号
67	PA8	TIM1CH1	左轮左桥臂上管控制信号
68	PA9	TIM1CH2	左轮右桥臂上管控制信号
72	PA13	SWDIO	仿真口
76	PA14	SWCLK	仿真口
80	PC12	USART5-TX	串口
83	PD2	USART5-RX	串口
92	PB6	TIM4CH1	右轮测速线 A 相
93	PB7	TIM4CH2	右轮测速线 B 相
95	PB8	I2C1-SCL	EEPROM 的 I2C 接口
96	PB9	I2C1-SDA	EEPROM 的 I2C 接口

9.3 两轮自平衡小车控制系统软件设计

9.3.1 软件总体设计

两轮自平衡小车控制系统软件总体设计采用模块化设计思想，利用 STM32 微控制器的特点设计控制程序，其流程如图 9.17 所示。该软件流程大致可分为如下五部分。

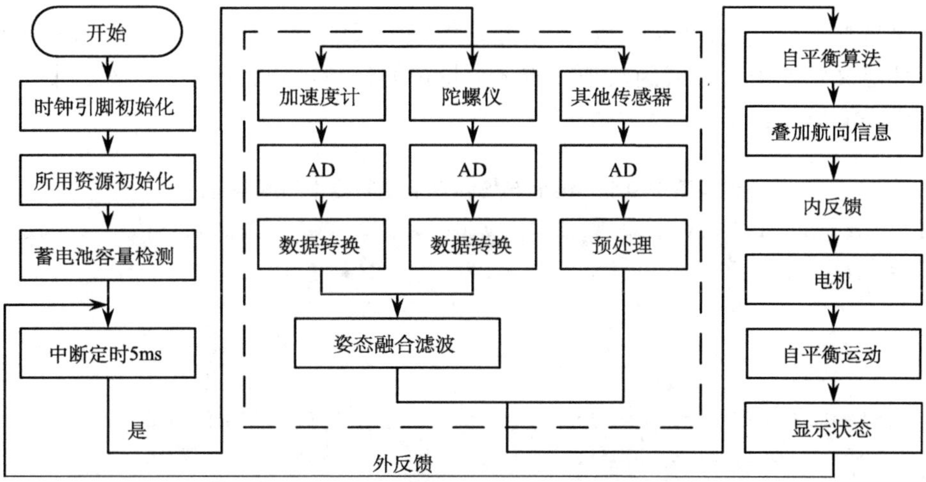

图 9.17 软件总体设计流程图

(1) 初始化部分。时钟初始化：配置时钟寄存器，使系统输出时钟频率为 72MHz。配置内部总线 APB1 与 APB2 上的 GPIO、定时器、USART、ADC 等资源的时钟。引脚初始化：对所用资源的引脚输入输出极性进行定义，其中输入有浮空输入、带上拉输入、带下拉输入、模拟输入，输出有开漏输出、推挽输出、复用功能的推挽输出、复用功能的开漏输出。模块资源初始化：对所用资源寄存器进行初始化配置，使所用资源能够工作在设置的工作模式下。初始化检测：对两轮自平衡小车的蓄电池进行初始化电量检测，如果电量不足，则提示不能启动，待充电完成后，方可运行。

(2) 定时中断服务。由于两轮自平衡小车控制系统软件程序运行过程中需要在一定的周期内完成各种算法的计算与定时控制，因此在软件运行过程中，设定 5ms 的定时中断，在中断服务程序中完成两轮自平衡小车的控制工作。

(3) 传感器数据采集。两轮自平衡小车控制系统采用了多个传感器，对其姿态和运行状态进行准确与实时的检测。该软件程序在完成采集数据的同时需要对数据进行均值化以及单位换算等预处理，才能得到姿态自平衡运动所需的参数。

(4) 姿态融合算法。由于惯性姿态传感器本身的误差问题，陀螺仪与加速度计输出数据在经过一系列预处理过程后，还需要经过姿态数据融合算法，才能得到所需的姿态信息。

(5) 自平衡控制算法。如果命令指令启动两轮自平衡小车，则其在自平衡算法的控制下，驱动电机完成自平衡运动以及其他运动方式；否则，电机停转。

9.3.2 部分模块软件设计

两轮自平衡小车控制系统软件设计中包括许多 STM32 内部模块，其中检测单元包括 ADC 采样模块；执行单元包括 TIM 模块；上位机单元包括串口模块；控制单元包括系统定时模块。其内部各个资源模块的软件设计以 STM32 的库函数为基础。为了更加清楚地了解两轮自平衡小车各个模块的作用，以下详细介绍其模块的软件设计。

1. 主程序

主程序是整个软件设计的入口。一个控制程序中只能有一个主程序，主程序可以调用已经声明并且定义好的子程序或函数来完成某个特定的任务。两轮自平衡小车控制系统的软件主程序如代码清单 9.1 所示。

代码清单 9.1　main 与 SysTick 定时器中断服务程序

```
/*********************** main主函数程序********************************/
int main(void)
{
    RCC_Configuration();                               //时钟初始化
    GPIO_Configuration();                              //引脚初始化
    TIM1PWM_Configuration();                           //TIM1PWM初始化
    TIM8PWM_Configuration();                           //TIM8PWM初始化
    ADC1_Configuration();                              //ADC初始化
    Angle_Init(ADC_DataInit());                        //角度初始化
    TIMSpeedRight_Configuration();                     //测速TIM8初始化
    TIMSpeedLeft_Configuration();                      //测速TIM1初始化
    USART_Configuration();                             //串口4初始化
    SystickInitialisation();                           //定时时钟初始化
    while(1);
}
/*********************** SysTick定时器中断服务程序*********************/
void SysTickHandler(void)
{
    ADC_DataSampling();                                //惯性传感器采样
    Process_TIMSpeed();                                //测速度
    ADC_STSampling();                                  //方向信号
    ADC_DataSampling();                                //数据预处理
    Angle_Kalman_Filter();                             //角度卡尔曼滤波
    Process_Car_Control();                             //小车电机控制
}
```

该两轮自平衡小车控制系统的主程序是无限循环过程，其主要功能是完成系统的初始化，如对时钟、引脚、片内资源、变量等进行初始化。由于系统的数据采集和控制任务是一个周期性的工作，所以这部分任务在 SysTick 定时器中断程序中完成。程序的主要框架是完成系统初始化后，执行“while(1);”死循环语句，等待系统中断的响应，在中断程序中完成系统的数据采集、控制算法、状态输出等核心功能。

SysTick 定时器中断服务程序主要完成以下工作：首先，完成惯性传感器加速度计与陀螺仪数据多次采样；然后，利用由通用定时器组成的编码器对磁编码器输出的 AB 相脉冲进行解算与计数，得到两轮自平衡小车的速度信息。同时，采样两轮自平衡小车的方向信号，得到航向信息。将 ADC 采样得到的传感器信息进行数据预处理，剔除采样奇异值，得到其平稳均值。将得到的惯性传感器的数据经过卡尔曼滤波融合后得到两轮自平衡小车的俯仰角，最后利用俯仰角度、角速度、速度、航向信息等获得小车电机控制的参数。时钟与引脚初始化的部分程序可以参考第 6 章的内容。其他资源(如高级定时器与通用定时器、ADC、通用同步异步收发器 USART 及 SysTick 定时器)的软件设计可以参考如下。

2. 高级控制定时器

高级控制定时器由一个 16 位的自动装载计数器组成，它由一个可编程的预分频器驱动。它有多种用途。两轮自平衡小车选用高级控制定时器资源，是为了其能够产生嵌入死区时间的互补 PWM 控制信号。通过产生的 PWM 控制信号驱动电机运动，从而达到自平衡效果。其具体配置程序如代码清单 9.2 所示。

代码清单 9.2　高级控制定时器配置程序

```
void TIM1PWM_Configuration(void)
{
  TIM_TimeBaseInitTypeDef TIM_TimeBaseStructure;        //定义时间基准结构体
  TIM_OCInitTypeDef TIM_OCInitStructure;                //定义输出通道结构体
  TIM_BDTRInitTypeDef TIM_BDTRInitStructure;            //定义结构体
  TIM_DeInit(TIM1);                                     //恢复默认值
  TIM_TimeBaseStructure.TIM_Period=1800;                //计数重置值
  TIM_TimeBaseStructure.TIM_Prescaler=0;                //预分频
  TIM_TimeBaseStructure.TIM_ClockDivision=0;            //时钟分割0
  TIM_TimeBaseStructure.TIM_CounterMode=TIM_CounterMode_Up;  //向上计数模式
  TIM_TimeBaseInit(TIM1,&TIM_TimeBaseStructure);        //写入TIM1
  TIM_SetCounter(TIM1,0);                               //清零计数器CNT
  TIM_PrescalerConfig(TIM1,0,TIM_PSCReloadMode_Immediate);
  TIM_OCInitStructure.TIM_OCMode=TIM_OCMode_PWM1;  //输出PWM1模式
  TIM_OCInitStructure.TIM_OutputState=TIM_OutputState_Enable;  //PWM输出使能
  TIM_OCInitStructure.TIM_OutputNState=TIM_OutputNState_Enable; //互补输出使能
  TIM_OCInitStructure.TIM_OCPolarity=TIM_OCPolarity_High;  //TIM输出比较极性高
  TIM_OCInitStructure.TIM_OCNPolarity=TIM_OCPolarity_High;
  //TIM互补输出比较极性高
  TIM_OCInitStructure.TIM_OCIdleState=TIM_OCIdleState_Reset;
  //空闲状态下输出状态
  TIM_OCInitStructure.TIM_OCNIdleState=TIM_OCNIdleState_Reset;
  //互补输出空闲状态
  TIM_OCInitStructure.TIM_Pulse=0;                      //输出占空比0
  TIM_OC1Init(TIM1,&TIM_OCInitStructure);               //赋予通道1
  TIM_OCInitStructure.TIM_Pulse=0;                      //输出占空比0
  TIM_OC2Init(TIM1,&TIM_OCInitStructure);               //赋予通道2
  TIM_OC1PreloadConfig(TIM1,TIM_OCPreload_Enable); //使能预装载寄存器
```

```
    TIM_OC2PreloadConfig(TIM1,TIM_OCPreload_Enable);      //使能预装载寄存器
    TIM_ARRPreloadConfig(TIM1,ENABLE);                 //使能TIM1的ARR预装载寄存器
    TIM_BDTRInitStructure.TIM_OSSRState=TIM_OSSRState_Enable;
    //使能TIM_OSSR状态
    TIM_BDTRInitStructure.TIM_OSSIState=TIM_OSSIState_Enable;
    //使能TIM_OSSI状态
    TIM_BDTRInitStructure.TIM_LOCKLevel=TIM_LOCKLevel_1;      //不使用锁电平
    TIM_BDTRInitStructure.TIM_DeadTime=0x05;                 //死区时间
    TIM_BDTRInitStructure.TIM_Break=TIM_Break_Disable;        //刹车失能
    TIM_BDTRInitStructure.TIM_BreakPolarity=TIM_BreakPolarity_Low;
    //刹车失能引脚为低
    TIM_BDTRInitStructure.TIM_AutomaticOutput=TIM_AutomaticOutput_Enable;
    //自动输出功能使能
    TIM_BDTRConfig(TIM1,&TIM_BDTRInitStructure);         //初始化
    TIM_Cmd(TIM1,ENABLE);                                //启动TIM计数
}
```

两轮自平衡小车通过高级控制定时器嵌入死区时间的 PWM 工作方式的配置程序可以参考一般 PWM 的输出设置程序，根据连接的输出器件和它们的特性，如电平转换的延时、电源开关的延时等来调整死区时间。配置 TIMx_CCER 寄存器中的 CCxP 和 CCxNP 位，可以为每一个输出独立地选择极性(主输出 OCx 或互补输出 OCxN)。互补信号 OCx 和 OCxN 通过下列控制位的组合进行控制：TIMx_CCER 寄存器的 CCxE 和 CCxNE 位，TIMx_BDTR 和 TIMx_CR2 寄存器中的 MOE、OISx、OISxN、OSSI 和 OSSR 位，带刹车功能的互补输出通道 OCx 和 OCxN 的控制位。特别是，在转换到 IDLE 状态时(MOE 下降到 0)，死区被激活。同时设置 CCxE 和 CCxNE 位将插入死区，如果存在刹车电路，则还要设置 MOE 位。每一个通道都有一个 10 位的死区发生器。参考信号 OCxREF 可以产生两路输出 OCx 和 OCxN。如果 OCx 和 OCxN 为高电平有效，则 OCx 输出信号与参考信号相同，只是它的上升沿相对于参考信号的上升沿有一个延迟。OCxN 输出信号与参考信号相反，只是它的上升沿相对于参考信号的下降沿有一个延迟。如果延迟大于当前有效的输出宽度(OCx 或者 OCxN)，则不会产生相应的脉冲。高级定时器的死区时间主要通过对 TIM_BDTRConfig 库函数进行设置。

在 STM32 高级定时器中有死区时间设置寄存器 UTG[7:0]：死区发生器设置 (Dead-Time Generator Setup)位[7:0]。这些位定义了插入互补输出之间的死区持续时间。假设 DT 表示其持续时间，则 DTG[7:5]=0xx => DT=DTG[7:0] × Tdtg，Tdtg = TDTS；DTG[7:5]=10x => DT=(64+DTG[5:0]) × Tdtg，Tdtg = 2 × TDTS；DTG[7:5]=110 => DT=(32+DTG[4:0]) × Tdtg，Tdtg = 8 × TDTS；DTG[7:5]=111 => DT=(32+DTG[4:0]) × Tdtg，Tdtg = 16 × TDTS。例如，假设 TDTS = 125ns(8MHz)，若步长时间为 125ns，可能的死区时间为 0～15875ns；若步长时间为 250ns，可能的死区时间为 16μs～31750ns；若步长时间为 1μs，可能的死区时间为 32～63μs；若步长时间为 2μs，可能的死区时间为 64～126μs。根据两轮自平衡小车实际 PWM 的输出情况，确定其死区时间为 625μs。

3. 通用定时器

通用定时器由一个通过可编程预分频器驱动的 16 位自动装载计数器构成。它适用于多

种场合，包括测量输入信号的脉冲长度或者产生输出波形，每个定时器都是完全独立的，没有互相共享任何资源，它们可以一起同步操作。这里，两轮自平衡小车选用嵌入式 STM32 微控制器的定时器 TIM3 和定时器 TIM4，以编码器模式解算 *AB* 相正交方波脉冲，得到实际的电机转速，从而进行反馈控制。具体的通用定时器编码器模式设置程序如代码清单 9.3 所示。

代码清单 9.3　通用定时器设置程序

```
void TIMSpeedLeft_Configuration(void)
{
    TIM_TimeBaseInitTypeDef TIM_TimeBaseStructure; //定义初始化时间基准结构体
    TIM_ICInitTypeDef  TIM2_ICInitStructure;
    TIM_DeInit(TIM2);                                  //TIM2寄存器默认复位值
    TIM_TimeBaseStructure.TIM_Period=0xFFFF;           //设置计数周期0xFFFF
    TIM_TimeBaseStructure.TIM_Prescaler=0;             //时钟频率预分频值
    TIM_TimeBaseStructure.TIM_ClockDivision=0;         //时钟分割
    TIM_TimeBaseStructure.TIM_CounterMode=TIM_CounterMode_Up;//向上计数模式
    TIM_TimeBaseStructure.TIM_RepetitionCounter=0;
    TIM_TimeBaseInit(TIM2,&TIM_TimeBaseStructure);  //调用时间基准函数
    TIM_EncoderInterfaceConfig(TIM2,TIM_EncoderMode_TI12,TIM_ICPolarity_Ri
    sing,TIM_ICPolarity_Rising);                       //选择编码器模式12
    TIM_SetCounter(TIM2,0);                            //设置TIM2计数值为0
    TIM2_ICInitStructure.TIM_Channel=TIM_Channel_1;  //使用TIM通道1
    TIM2_ICInitStructure.TIM_ICPolarity=TIM_ICPolarity_Rising;//上升沿捕获
    TIM2_ICInitStructure.TIM_ICSelection=TIM_ICSelection_DirectTI;//选择输入
    TIM2_ICInitStructure.TIM_ICPrescaler=TIM_ICPSC_DIV1; //每一个边沿执行一次
    TIM2_ICInitStructure.TIM_ICFilter=0;               //比较滤波器0x0～0xF
    TIM_ICInit(TIM2, &TIM2_ICInitStructure);           //写入捕获配置
    TIM_Cmd(TIM2,ENABLE);                              //启动定时器2
}
```

该两轮自平衡小车通用定时器编码器模式设置主要通过 TIM_EncoderInterfaceConfig (TIM2, TIM_EncoderMode_TI12, TIM_ICPolarity_Rising, TIM_ICPolarity_Rising)库函数设置，一般情况下设置时可以参考通用定时器设置。其编码器接口模式具体设置方式是，如果计数器只在 TI2 的边沿计数，则设置 TIMx_SMCR 寄存器中的 SMS=001；如果只在 TI1 的边沿计数，则置 SMS=010；如果计数器同时在 TI1 和 TI2 的边沿计数，则置 SMS=011。

通过设置 TIMx_CCER 寄存器中的 CC1P 和 CC2P 位，可以选择 TI1 和 TI2 极性；如果需要，还可以对输入滤波器编程。TI1 和 TI2 这两个输入还可作为增量编码器的接口。如表 9.3 所示，假定计数器已经启动(TIMx_CR1 寄存器中 CEN=1)，计数器由每次在 TI1FP1 或 TI2FP2 上的有效跳变驱动。TI1FP1 和 TI2FP2 是 TI1 和 TI2 在通过输入滤波器和极性控制后的信号。如果没有滤波和变相，则 TI1FP1=TI1、TI2FP2=TI2。根据两个输入信号的跳变顺序，产生了计数脉冲和方向信号。依据两个输入信号的跳变顺序，计数器向上或向下计数，硬件同时对 TIMx_CR1 寄存器的 DIR 位进行相应的设置。不管计数器是依靠 TI1 计数、依靠 TI2

计数还是同时依靠 TI1 和 TI2 计数，在输入端(TI1 或者 TI2)的跳变都会重新计算 DIR 位。编码器接口模式基本上相当于使用了一个带有方向选择的外部时钟。这意味着计数器只在 0～TIMx_ARR 寄存器的自动装载值之间连续计数，所以在开始计数之前必须配置 TIMx_ARR。同样，捕获器、比较器、预分频器、触发输出特性等仍工作正常。在这个模式下，计数器依照增量编码器的速度和方向被自动修改，因此计数器的内容始终指示着编码器的位置。计数方向与相连的传感器旋转的方向对应。表 9.3 列出了所有可能的组合，假设 TI1 和 TI2 不同时变换。一个外部的增量编码器可以直接与 MCU 连接而不需要外部接口逻辑。但通常情况下会使用比较器将编码器的差动输出转换为数字信号，以此来增强抗噪声干扰的能力。编码器输出的第 3 个信号表示机械零点，可以把它连接到一个外部中断输入引脚并设置触发模式为一次计数器复位。

表 9.3 计数方向与编码信号的关系

有效边沿	相对信号的电平(TI1FP1 对应 TI2，TI2FP2 对应 TI1)	TI1FP1 信号		TI2FP2 信号	
		上升	下降	上升	下降
仅在 TI1 计数	高	向下计数	向上计数	不计数	不计数
	低	向上计数	向下计数	不计数	不计数
仅在 TI2 计数	高	不计数	不计数	向上计数	向下计数
	低	不计数	不计数	向下计数	向上计数
在 TI1 和 TI2 上计数	高	向下计数	向上计数	向上计数	向下计数
	低	向上计数	向下计数	向下计数	向上计数

通过编码器模式解算得到的计数值后，换算成两轮自平衡小车的速度值，作为控制两轮自平衡小车的参数。

4. SysTick 定时器

SysTick 常称为系统节拍时钟。所有基于 ARM Cortex-M3 内核的微控制器都带有 SysTick 定时器，方便程序在不同器件间的移植。SysTick 的工作流程是：首先，SysTick 从时钟源接口获得驱动时钟；然后，从重装寄存器将重装值加载到当前计数寄存器，并在时钟驱动下进行减一计数。而当 SysTick 发生下溢时将计数溢出标志置位，并在满足一定条件的情况下触发 SysTick 溢出中断，同时进行一次重装值载入操作。具体设置程序如代码清单 9.4 所示。

代码清单 9.4 SysTick 定时器设置程序

```
void SystickInitialisation(void)
{
   SysTick_CounterCmd(SysTick_Counter_Disable);        //使能SysTick定时器
  SysTick_CLKSourceConfig(SysTick_CLKSource_HCLK_Div8);//选择HCLK为SysTick时钟源
   SysTick_CounterCmd(SysTick_Counter_Clear);          //清除SysTick计数器
   SysTick_SetReload(9000*5);                          //5ms定时
   SysTick_ITConfig(ENABLE);                           //使能中断
   SysTick_CounterCmd(SysTick_Counter_Enable);       //启动SysTick定时器
}
```

SysTick 定时器每次溢出均会产生中断，两轮自平衡小车的控制算法与实时控制均在中断服务程序中完成。代码清单 9.5 是两轮自平衡小车 SysTick 定时器中断服务程序。

代码清单 9.5　SysTick 定时器中断服务程序

```
void SysTickHandler(void)
{
    ADC_DataSampling();                    //惯性传感器采样
    Process_TIMSpeed();                    //测速度
    ADC_STSampling();                      //方向信号
    ADC_DataSampling();                    //数据预处理
    Angle_Kalman_Filter();                 //角度卡尔曼滤波
    Process_Car_Control();                 //小车电机控制
}
```

如前所述，SysTick 定时器中断服务程序主要完成以下工作。首先，完成惯性传感器加速度计与陀螺仪数据多次采样；然后，利用由通用定时器组成的编码器对磁编码器输出的 AB 相脉冲进行解算与计数，得到两轮自平衡小车的速度信息。同时，采样两轮自平衡小车的方向信号，得到航向信息。将 ADC 采样得到的传感器信息进行数据预处理，剔除采样奇异值，得到其平稳均值。利用得到的惯性传感器的数据经过卡尔曼滤波融合后得到两轮自平衡小车的俯仰角，最后利用俯仰角、角速度、速度、航向信息等获得小车电机控制的参数。

5. 模数转换器与通用同步异步收发器

本书提到的 STM32 为 12 位 ADC，是一种逐次逼近型 ADC，有 18 个通道，可测量 16 个外部和 2 个内部信号源。各通道的 A/D 转换可以以单次、连续、扫描或间断模式执行。ADC 的结果可以以左对齐或右对齐的方式存储在 16 位数据寄存器中。STM32 中的同步异步收发器(USART)可以灵活地将 ADC 数据寄存器中的数据与符合 NRZ 工业标准的外部设备之间进行全双工数据交换。USART 利用分数波特率发生器可以提供宽范围的波特率选择。它支持同步单向通信和半双工单线通信，也支持局部互联网(LIN)、智能卡协议和红外数据组织(IrDA)的 SIR ENDEC 规范，以及调制解调器(CTS/RTS)操作。它还允许进行多处理器通信。使用多缓冲器配置的 DMA 方式，可以实现高速数据通信。ADC 模块与通用同步异步收发器模块在两轮自平衡小车中具有传感器数据采集、转换与收发的功能，其部分功能在第 6 章中已经提到，在这里不详细介绍。

9.3.3　姿态融合算法软件设计

传感器是控制系统的耳目，姿态传感器信号质量的优劣直接影响到两轮自平衡小车的平衡控制性能。两种传感器的性能特征见表 9.4。由表 9.4 可清楚地知道两种传感器各自的优点和缺点。

正是由于惯性姿态测量传感器自身的固有特性，其输出往往存在噪声和误差。惯性姿态测量传感器获得的原始数据常常不能直接使用，需要进行单位变换和预处理，如加速度计的测量数据需要换算才能获得关于倾角的信息，陀螺仪的测量数据因为温漂和零漂而存在噪声

表 9.4　加速度计与陀螺仪的各自特性

传感器	加速度计	陀螺仪
测量量	角度	角速度
优点	静态性能好	动态性能好
缺点	动态响应慢，不适合跟踪动态角度运动	存在累积漂移误差，不适合长时间单独工作

或误差，需要滤波和去噪处理。因此，在两轮自平衡小车姿态测控系统的姿态检测问题中，除了惯性姿态测量传感器外，惯性姿态融合算法也扮演着重要的角色。

针对两轮自平衡小车控制系统的 MEMS IMU 姿态估计数据融合问题，利用卡尔曼滤波算法与两轮自平衡小车姿态模型构建卡尔曼滤波器。由于两轮自平衡小车姿态平衡控制主要由俯仰轴姿态信息决定，利用单轴陀螺仪与单轴加速度计构成一个低成本的姿态测量单元。

1. 卡尔曼滤波

卡尔曼滤波作为信号处理的一种手段，在信息融合的复杂应用背景下，多传感器信息系统的大量涌现，使卡尔曼滤波算法逐步成为多传感器信息融合系统的主要技术方法之一，并且广泛应用在导航、制导与控制领域。该算法在 20 世纪 60 年代由 Kalman 首先提出，用递归迭代思想解决离散线性滤波问题。卡尔曼滤波算法的本质就是通过系统状态方程和观测方程对需要处理的信号做出满足最小均方误差(Minimum Mean-Square Error, MMSE)的估计。

考虑如下状态空间模型描述卡尔曼滤波器：

$$\begin{cases} x_k = \Phi_{k,k-1}x_{k-1} + \Gamma_{k,k-1}w_{k-1} \\ z_k = H_k x_k + v_k \end{cases} \tag{9.1}$$

式中，x_k 是卡尔曼滤波器的 n 维状态向量；z_k 是系统的 m 维观测序列；w_k 是 p 维系统过程噪声序列；v_k 是 m 维观测噪声序列；$\Phi_{k,k-1}$ 是系统的 $n\times n$ 维状态转移矩阵；$\Gamma_{k,k-1}$ 是 $n\times p$ 维噪声输入矩阵；H_k 是 $m\times n$ 维观测矩阵。图 9.18 是卡尔曼滤波流程图。

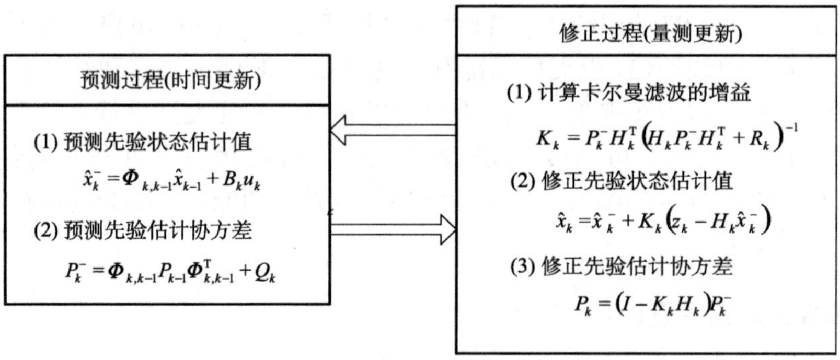

图 9.18　卡尔曼滤波流程图

2. 姿态估计建模

在两轮自平衡小车上，由与捷联式惯导相对应的卡尔曼滤波器线性模型(9.1)可得如下状态方程：

$$\begin{bmatrix}\dot{x}_1(t)\\ \dot{x}_2(t)\end{bmatrix}=\begin{bmatrix}0 & -1\\ 0 & 0\end{bmatrix}\begin{bmatrix}x_1(t)\\ x_2(t)\end{bmatrix}+\begin{bmatrix}1\\ 0\end{bmatrix}u_{\text{gyro}}(t)+w(t) \tag{9.2}$$

式中，$x=(x_1,x_2)^{\mathrm{T}}$ 为系统状态变量，$x_1=\theta$ 为两轮自平衡小车的俯仰角，x_2 为陀螺仪的漂移；$u_{\text{gyro}}(t)$ 为陀螺仪测量值；$w(t)$ 是过程噪声。

如果用加速度计测量数据校正陀螺预测值，那么系统测量方程可以描述为

$$z_{\text{inc}}(t_k)=[1,0]\begin{bmatrix}x_1(t_k)\\ x_2(t_k)\end{bmatrix}+v_k \tag{9.3}$$

式中，$z_{\text{inc}}=x_1=\theta$ 为系统倾角测量值；v 是观测噪声。

假定系统测量噪声 w 和 v 均为高斯白噪声，满足：

$$\begin{cases}E\{w(t)\}=0\\ E\{w(t)w^{\mathrm{T}}(t')\}=Q(t)\partial(t-t')\\ E\{v(t_i)v^{\mathrm{T}}(t'_j)\}=\begin{cases}R(t_i), i=j\\ 0, \quad i\neq j\end{cases}\end{cases} \tag{9.4}$$

相应地，卡尔曼滤波器具有常值噪声协方差矩阵，分别为 Q 和 R：

$$Q=\begin{bmatrix}q_{\text{inc}} & 0\\ 0 & q_{\text{gyro}}\end{bmatrix} \tag{9.5}$$

$$R=\left[r_{\text{means}}\right] \tag{9.6}$$

设观测系统初始条件为

$$\begin{aligned}&E\{x(t_0)\}=\hat{x}_0\\ &E\left\{\left[x(t_0)-\hat{x}_0\right]\left[x(t_0)-\hat{x}_0\right]^{\mathrm{T}}\right\}=P_0\end{aligned} \tag{9.7}$$

式中，$\hat{x}_0$ 为系统初始状态值；P_0 为协方差矩阵。

为了在计算机或数字信号处理器构成的“数字平衡”中实现卡尔曼滤波，需要将系统模型离散化。以 T_{s} 为系统采样周期或观测周期，离散化的系统状态方程和观测方程为

$$\begin{cases}\begin{bmatrix}x_1(t+1)\\ x_2(t+1)\end{bmatrix}=\begin{bmatrix}1 & -T_{\mathrm{s}}\\ 0 & 1\end{bmatrix}\begin{bmatrix}x_1(t)\\ x_2(t)\end{bmatrix}+\begin{bmatrix}T_{\mathrm{s}}\\ 0\end{bmatrix}u_{\text{gyro}}(t)\\ z(t)=[1,0]\begin{bmatrix}x_1(t)\\ x_2(t)\end{bmatrix}\end{cases} \tag{9.8}$$

式中，$t=0,1,2,\cdots$ 是离散时间。

3. 基于 STM32 的姿态估计程序

将以上卡尔曼滤波计算流程利用 C 语言在 STM32 中实现，形成了车体姿态检测信号融合滤波算法(代码清单 9.6)。至此，姿态检测的卡尔曼滤波器设计完成。

代码清单 9.6　姿态检测卡尔曼滤波程序

```
void Angle_Kalman_Filter(void)
{
```

```
    static const float Q_angle=0.001;           //过程噪声
    static const float Q_gyro=0.003;            //过程噪声
    static const float R_angle=0.5;             //观测噪声
    static const float dt=0.004;                // dt的取值为卡尔曼滤波器采样时间
    static float P[2][2]={{1,0},{0,1}};         //初始协方差值
    static float Pdot[4]={0,0,0,0};             //协方差计算中间变量
    static const char C_0=1;                    //观测矩阵，为计算方便
    static float q_bias=0;                      //修正值
    static float angle_err;                     //角度信息
    static float PCt_0,PCt_1;                   //中间计算变量
    static float E;                             //中间计算变量
    static float K_0,K_1;                       //卡尔曼增益
    static float t_0,t_1;                       //中间计算变量
    float A_m,G_m;                              //A/D采样转换后的加速度与陀螺仪值
    A_m=(GbAD3f_XA-GbAngle_A0)/4.0*DefAngle_Ka_Mma;   //单位为(°)
    G_m=(GbAD1f_XG-GbAngle_G0)/4.0*DefAngle_Kg_Enc;    //单位为(°)/s
//GbAD3f_XA,GbAD1f_XG为AD值，GbAngle_A0，GbAngle_G0为零点AD值
    GbAngle_Kalman+=(G_m-q_bias) * dt;                //状态预测方程
/**********************协方差预测**********************/
    Pdot[0]=Q_angle-P[0][1]-P[1][0];
    Pdot[1]=-P[1][1];
    Pdot[2]=-P[1][1];
    Pdot[3]=Q_gyro;
    P[0][0]+=Pdot[0]*dt;
    P[0][1]+=Pdot[1]*dt;
    P[1][0]+=Pdot[2]*dt;
    P[1][1]+=Pdot[3]*dt;
/*****************************************************/
    angle_err = A_m - GbAngle_Kalman;//角度新息
/**********************卡尔曼增益矩阵计算**************/
    PCt_0=C_0*P[0][0];
    PCt_1=C_0*P[1][0];
    E=R_angle+C_0*PCt_0;
    K_0=PCt_0/E;
    K_1=PCt_1/E;
/***********协方差更新计算****************************/
    t_0=PCt_0;
    t_1=C_0*P[0][1];
    P[0][0]-=K_0*t_0;
    P[0][1]-=K_0*t_1;
    P[1][0]-=K_1*t_0;
    P[1][1]-=K_1*t_1;
/**************状态更新计算 **************************/
    GbAngle_Kalman+=K_0*angle_err;            //角度值更新
    q_bias+=K_1*angle_err;                    //陀螺仪漂移值更新
```

```
        GbAngle_Gro=G_m-q_bias;                          //角速度值更新
    }
```

综上可知，两轮自平衡小车姿态检测采用加速度计和陀螺仪组合测量的方式进行，并且依据传感器的特点，论述了采用加速度计和陀螺仪组合检测的必要性。本书采用卡尔曼滤波器对加速度计和陀螺仪信号进行融合滤波，以提高信号质量，并发挥各个传感器自身的优势，抑制各自的劣势，从而使车体姿态检测更加可靠。实践证明，采用基于卡尔曼滤波的组合测量方式能明显提高信号质量，抑制噪声干扰，增加姿态检测的可靠性。

习题与思考题

9.1 STM32F103 高级控制定时器嵌入死区时间的 PWM 工作方式下死区时间如何计算？

9.2 高级控制定时器嵌入死区时间的 PWM 工作方式的作用是什么？如果改成一般 PWM 输出方式，会对驱动电路产生什么影响？

9.3 利用通用定时器的编码器工作模式解算电机磁旋转编码器的原理是什么？

9.4 如何利用 DMA 方式连续采集 50 次陀螺仪和加速度传感器的信号？

9.5 ADC 采样传感器后的数据预处理方式有哪些？

9.6 如何利用 USART 同时在线调试两轮自平衡小车的多个参数？

9.7 JTAG 调试方式与 SWD 调试方式有什么区别？

9.8 能否利用 STM32 的 USART 实现在应用程序中编程？

9.9 两轮自平衡小车角度估计除了应用卡尔曼滤波外，还可以用什么滤波？

9.10 如何利用 MDK 在线调试两轮自平衡小车的 STM32 程序？

9.11 试说明两轮自平衡小车控制系统的硬件组成及各部分的主要功能。

9.12 电源稳压芯片可以分为开关型稳压电源和线性稳压电源，试比较两者的区别及优缺点。

9.13 若要使电源稳压芯片 LM2596 正常工作，需要哪些外围电路？

9.14 简述利用霍尔元件检测两轮自平衡小车方向控制信号的原理，与利用电位器测量方向信号相比，此方法有何优势？

9.15 简述利用 H 型全桥控制直流电机的原理，在图 9.13 中 D5、R4 和 R2 分别有何作用？若增大 R_4 值，会对 MOS 管驱动波形造成什么影响？

9.16 计算图 9.15 所示电流过流采样电路的比例放大器的放大倍数表达式。

9.17 试说明图 9.16 所示欠压保护采样电路中电压跟随器的作用。

参 考 文 献

杜春雷, 2015. ARM 体系结构与编程[M]. 2 版. 北京: 清华大学出版社.

李宁, 2008. ARM 开发工具 RealView MDK 使用入门[M]. 北京: 北京航空航天大学出版社.

刘火良, 杨森, 2013. STM32 库开发实战指南[M]. 北京: 机械工业出版社.

蒙博宇, 2014. STM32 自学笔记[M]. 北京: 北京航空航天大学出版社.

彭刚, 秦志强, 2011. 基于 ARM Cortex-M3 的 STM32 系列嵌入式微控制器应用实践[M]. 北京: 电子工业出版社.

阮晓钢, 蔡建羡, 李欣源, 等, 2012. 两轮自平衡机器人的研究与设计[M]. 北京: 科学出版社.

杨百军, 王学春, 黄雅琴, 2016. 轻松玩转 STM32 微控制器[M]. 北京: 电子工业出版社.

Yiu J, 2014. ARM Cortex-M3 权威指南[M]. 2 版. 吴常玉, 程凯, 译. 北京: 清华大学出版社.

ARM 公司, 2010. Cortex™-M3 技术参考手册.

STMicroelectronics Ltd., 2008a. ARM-based 32-bit MCU STM32F101xx and STM32F103xx firmware library User manual (UM0427).

STMicroelectronics Ltd., 2008b. STM32F103 参考手册.

STMicroelectronics Ltd., 2008c. STM32F10E-EVAL evaluation board User manual (UM0488).

STMicroelectronics Ltd., 2010a. STM32F101xx, STM32F102xx, STM32F103xx, STM32F105xx and STM32F107xx Reference manual (RM0008).

STMicroelectronics Ltd., 2010b. STM32F10xxx Cortex™-M3 programming manual (PM0056).